U0612955

土地管理学

TUDI GUANLIXUE

关小克　任圆圆　主编

中国农业出版社

北　京

前 言

中国特色社会主义进入新时代，公共管理学科面临新的时代议题和发展挑战，一方面，政府治理实践亟须公共管理学科的发展，以理论创新回应并指导治理实践；另一方面，公共管理多学科交叉融合的特征愈加鲜明，研究方法越来越呈现多样化、集成化，以多学科交叉研究提升解释力、说服力、指导力势在必行。如何通过关注公共管理中的"大问题"，精准对接国家发展战略，聚焦时代之需和治理之问，打破人文社会管理与经济社会发展需求之间的"人才脱节"现象，是公共管理本科教育亟需回答的时代命题。

公共管理学科的理论基础来源于政治学、管理学、社会学、经济学等多个学科，需要运用多学科的思想、理论与方法来研究中国公共管理的实践问题。作为公共管理学科的土地资源管理，就其内涵来讲，是着眼于社会或政府如何确立和巩固与现行社会经济基础制度相适应的土地占用方式，调整土地关系；如何采取一系列经济、法律、行政与技术手段，对土地资源利用进行规划、控制、调节、监督和组织，实现土地资源既公平又有效的配置和可持续利用。以土地资源管理为核心的资源与环境管理已成为公共管理教学与研究的重要内容和主要分支学科，在大学本科、研究生及MPA教育中越来越受到重视。

土地问题是事关全局和子孙后代的大问题。土地资源的可持续利用是未来经济可持续发展的空间基础和物质保证。人口、发展、资源、环境问题的解决都直接与土地利用和管理有关。实现对土地的可持续利用，需要依靠土地科学从理论上解释、实践上解决人类所面临的土地问题，合理高效利用有限的土地资源，在国民经济各部门之间优化配置土地资源，全面提高土地利用的经济、社会和生态效益。未来一个国家和地区的土地资源是否能够可持续利用，将越来越取决于该地区的土地科学技术水平。我国是一个人均土地资源及耕地资源均不及世界三分之一的国家。人口多、耕地少、耕地后备资源严重不足，并且土地资源的总体质量差、退化与生态问题严重，这是我国土地的基本国情。我国经济发展进入新常态，已由高速增长阶段转向高质量发展阶段，我国的粮食生产紧平衡的态势将长期存在，而另一方面，由于土地管理制度的不完善，浪费与粗放利用土地资源的现象也较为突出。此外，农地非农化过程中征地补偿和增值收益分配的公平性问题，土地用途管制造成的发展权公平性问题，也成为了当前突出的社会问题之一。所有这些，都应该体现在公共管理学科体系、课程设置和教材内容之中。

本教材是在河南省、郑州轻工业大学系列教改项目支持下做出的专业教学改革成果之一，编写好本教材是编、学双方的共同愿望。近年来，我国的土地管理学科发展很快，为编写本教材提供了丰厚的实践基础，以前出版的诸多同名教材为本教材的编写提供了思路。在汲取前辈们优秀成果的基础上，本书的编者也做了一些努力去反映土地管理中的新问题，并为解决这些新问题而展开讨论。

郑州轻工业大学政法学院公共管理系的张绍阳、张家旗、冯华超等几位老师在编写过程中也提出了不少完善建议。由于教育教学改革还在进行，加上编写时间仓促，从选题到内容会有值得商榷之处，希望得到广大读者的评议和指正。

著　者

2022 年 3 月

目 录

CONTENTS

第一章 绪 论

第一节 土地的基本概念

一、土地的含义

研究土地管理，首先要了解土地的科学含义。

综观古今中外，对土地含义的表述，归纳起来大致有以下几种：

——土地与土壤是同义词。

——土地是指地球表面的陆地部分，它是由泥土和沙石堆成的固定场所。

——土地是指地球表面的陆地和水面，它是由气候、地貌、土壤、水文、岩石、植被等构成的自然历史综合体，还包含人类活动的成果。

——土地就是自然，土地的范围包括地球表面的水、陆、空气等自然物及光、热等自然力。

——土地是立国的要素。一个国家的土地、人民和主权共同构成立国三要素。这里的土地是指一国领土范围内的全部土地，包括陆地、水域和领海的海域。

——土地是指设置管辖权和所有权的地球陆地表层（含海岛和内陆水域）。

可见，土地的含义有广义、狭义之分。不同学科的学者，从各自研究的角度，赋予土地以不同的含义。土地管理学所研究的土地是指地球表面陆地和水面的总称，同时，土地还是一个空间概念，它是由气候、地貌、土壤、水文、岩石、植被等构成的自然历史综合体，并包含人类活动的成果。其中，气候是指农业气候；地貌是指地表的形态（如山地、丘陵、平原、盆地等）；土壤是指地球陆地上能够生长植物的疏松表层；水文是指地表水和浅层地下水；岩石是指地表岩石；植被是指地面植物覆盖层；人类活动成果是指人类投入土地的物化劳动和活劳动（施肥、耕作、排灌、土地平整等），与土地合为一体，不可分离的部分。在土地这个自然历史综合体中，土地质量和用途取决于全部构成要素的综合影响，离开了整体，各个单独的组成要素都不能理解为土地。正如不能将单棵树木看成是森林一样，也不能将单独的土壤，或水文，或岩石等看成是土地。

土地是自然资源，同时又是不动产。土地作为不动产，是土地实体与权利的有机结合。它既包括有形的土地实体，又包括寓于土地实体中的各种经济关系和由此形成的产权（所有权、占有权、使用权、收益权、出租权、抵押权等）。因此，土地管理所研究的土地是有形的土地实体与无形的土地权利的统一体。

随着科学技术的进步，人类控制、利用自然能力的增强，人们对土地的认识也不断地深化。在以农业生产为主的社会里，人们主要利用地球陆地表层的可更新资源，因而将土壤看成是土地。在工业社会里，人们扩大了土地利用范围，在将其作为农地利用的同时，市地、交通用地等非农业用地的比重迅速增大，土地的含义就被扩大成地球表面的陆地。随着人口—资源—环境矛盾的日益尖锐，科学技术的不断进步，人们在大量开发陆地资源，极大地提高对陆地利用集约度的同时，将土地利用的范围逐渐扩大到内陆水域，如发展水产养殖、航运等，于是，土地的含义又扩大成地球表面的陆地和内陆水域。目前世界上很多国家正掀起开发海洋的热潮，竞相开发海洋动物、植物资源，矿产资源，能源资源以及海洋空间资源（海运、海港、海上城市等），一些学者认为，土地的含义应扩大为地球表面的陆地和水域（含海洋）。

水域（包括内陆水域和海域）实际上是表层被水覆盖的低洼地。水是水域土地的覆盖物或附着物。水陆在不断地演化，虽然这种演化是极其缓慢的。世界屋脊喜马拉雅山在两千多万年以前，原本是一片海洋。湖北恩施山地的海螺化石和水成岩，证明它也是由海洋变迁而来。这种"沧海桑田"恰好说明水域也是土地。正如马克思所说，"土地在经济学上也包括水""只要水流等有一个所有者，是土地的附属物，我们也把它作为土地来理解"。

土地是一个空间概念。随着人口的增长和科学技术的发展，对土地的利用已从地表迅速向空间发展，包括地上空间和地下空间。例如，向高空发展的摩天大楼，向地下发展的地下室、地下铁道、海底隧道以及充分利用空间的立体农业等。土地权利涉及范围也随之扩大到地面上下空间。所以，对土地的利用与管理是不能脱离其上下空间的。

由于人类栖息生活在陆地上，对土地的利用也主要是对陆地的利用，对水面的利用比较粗放，对海洋的利用与对内陆水域的利用相比则更是粗放。因此，目前陆地与内陆水域与人类的关系较为密切，是土地管理学研究的重点。

二、土地资源与土地资产

要了解土地资源的概念，首先要了解什么是资源。

根据《辞海》的解释，资源是指生产资料或生活资料的来源。马克思在论述资本主义剩余价值的产生时曾指出，"劳动力和土地是形成财富的两个原始要素"，是"一切财富的源泉"。恩格斯在论述劳动在从猿到人转变过程中的作用时指出："其实劳动和自然界一起才是一切财富的源泉，自然界为劳动提供材料，劳动把材料变为财富。"联合国环境规划署认为，自然资源是指一定时间、地点条件下能够产生经济价值，以提高当前和将来福利的自然环境因素和条件。刘书楷认为："土地资源是指土地作为生产要素和生态环境要素，是人类生产、生活和生存的物质基础和来源，可以为人类社会提供多种产品和服务。"他还指出："土地资源是土地成为资产的基础。"综合以上论述，可以得出以下结论：第一，土地资源是将土地作为自然要素看待的；第二，土地作为自然要素，通过人类的劳动加以利用，能够产生财富；第三，土地资源是土地成为资产的基础。所以，土地资源是指土地作为自然要素，于现在或可预见的将来，能为人们所利用并能产生经济效益的那部分土地。

土地资产是土地财产的一部分。因此，要了解土地资产的概念必先了解什么是土地财产。财产对象实体最重要的属性是有限性（稀缺性）、有用性、可占用性和具有价值。土地资源是人类生产和生活的物质基础，当人类对它的需求越来越大时，土地资源出现了稀缺现象，因而被一部分人当作财产占有。从这个意义上说，土地财产是指具有明确的权属关系（有其物主）和排他性，并具有经济价值的土地资源。它是土地的经济形态，是资本的物的表现。

土地财产中用于生产、经营的那部分土地称为土地资产。土地资产是生产的要素，是用于商品生产和经营活动的土地财产。例如，属于某农村集体经济组织所有的土地是其所拥有的财产，其中，用于生产农作物的是土地资产，用于建自住房屋的宅基地，则是土地财产。

从法律角度看，财产并非是由物组成的，而是由"人对物的权利"所构成。正如美国著名经济学家 R. T. 伊利所指出的："财产就意味着一种控制经济财货的专有权利。"从这个意义上可以说，地产是产权主体对土地的独占权或是产权主体对土地资源作为其财产（含资产）的占有和排他性权利。

土地具有资源和资产的双重内涵，前者是指土地作为自然资源，是人类生产和生活的根本源泉，后者是指土地作为财产（含资产），具有了经济（价值）和法律（独占权）意义。

三、土地的功能

土地是宝贵的自然资源和资产，是人类不能出让的生存条件和再生产条件，土地的主要功能可归纳为以下几方面。

1. 负载的功能

土地能将万物，包括生物与非生物负载其上，成为它们的安身之所。动物、植物等生物，各种建筑物、构筑物、道路等非生物之所以能存在于地球上，是因为土地有负载的功能。没有土地，万物自无容身之地，正如古人所说："皮之不存，毛将焉附。"

2. 养育的功能

土地具有肥力，具备适宜生命存在的氧气、温度、湿度和各种营养物质，从而使各种生物得以生存、繁殖，使地球呈现出一片生机勃勃的景象。

3. 仓储的功能

土地蕴藏着丰富的矿产资源，如金、银、铜、铁等金属，石油、煤、水力、天然气等能源资源，沙、石、土等建材资源，为人类从事生产、发展经济提供了必不可少的物质条件。

4. 提供景观的功能

土地自然形成的各种景观：秀丽的群山、浩瀚的大海、奔腾的江河、飞泻的瀑布、无垠的沃野、悬崖幽谷、奇峰怪石、清泉溶洞，千姿百态，为人类提供了丰富的风景资源。

5. 储蓄和增值的功能

土地作为资产，随着人们对土地需求的不断扩大，其价格呈上升趋势。因此，投资于土地，能获得储蓄和增值的功效。

四、土地在社会物质生产中的地位和作用

正因为土地具有上述功能，因而成为人类社会物质生产活动中不可缺少的生产资料。它与劳动、资本一起被称为生产三要素，其中，尤以土地与劳动为最基本的生产要素，正如威廉·配第所说："劳动是财富之父，土地是财富之母。"

土地在农业生产中与在非农业生产中所起的作用是不同的。通常，土地在工业、运输业及其他非农业生产部门中，为厂房、道路等提供地基，为生产过程提供场地，为劳动者提供立足场所。没有土地，劳动过程就不能进行，但土地的数量与质量对工业产品的数量和质量，一般情况下，不产生什么影响（采掘业、酿造业、陶瓷业等除外）。所以，土地在非农业部门只起一般生产资料的作用。

在农业生产中，土地是主要的生产资料。土地不仅为农业生产过程提供场所和活动空间，还直接参与农产品的生产过程，农产品的产量和质量与土地的数量和质量密切相关。可以说，没有土地，就没有农业。

土地与其他生产资料一样具有两重性，它一方面是社会物质生产不可缺少的生产资料，另一方面还是土地关系的客体。

五、土地的基本特性

土地，作为生产资料，与其他生产资料相比，具有以下基本特性。

1. 土地是自然的产物

土地是自然生成的，是自然的产物。在人类出现以前，地球已经有了 40 多亿年的历史，所以，土地绝非人类劳动的产物。它的产生与存在是不以人类意志为转移的。其他生产资料几乎都是人类劳动创造的。

2. 土地面积的有限性

土地是自然的产物，土地的面积为地球表面积所限定（指正射投影面积）。地壳运动，空气、阳光、水、生物的分解作用，风力、流水的侵蚀、搬运作用，人类的生产活动等可使水地变为陆地（围海造田、围湖造田等），山地化为平地，坡地变为梯地，不断地改变着地球表面的形态，但土地的总面积始终未变。在现有的科学技术条件下，人力不可能创造土地、消灭土地或用其他生产资料来代替。正如列宁所指出的："土地有限是一个普遍现象。"

3. 土地位置的固定性

每一块土地都有固定的空间位置，不能移动，地块之间也不能互相调换位置，也就是说，土地的绝对位置是固定不动的，这就使得有限的土地在利用方面受到很大限制。但是，土地距离市场的远近及交通条件可以随着社会经济的发展、资源的开发、道路网的完善与扩建、城镇布局的调整及其经济辐射面的扩大而改变，即土地的相对位置是可以变化的，这种变化对土地的利用及地价有着重要的影响。例如，大庆由于石油的发现与开采而迅速发展成城市，交通条件也相应得到改善。又如福州市五四路附近的土地，因开发了地下温泉而地价大增。

其他生产资料可以根据生产的需要，不断地变换位置，或从某一地点搬迁到另一地点。

4. 土地质量差异的普遍性

土地是自然生成的，不是人类按统一标准制作的，因此，不同的土地单元所处的地形不一，所含养分、水分及土壤质地也都不一致，所处地点的小气候条件、水文、地质状况亦有很大差异，加之离城镇的远近、交通便利程度的差别，使得土地质量千差万别，质量完全相同的土地单元几乎没有。所以，对土地的利用要因地制宜。其他生产资料是按统一规定的标准设计制造的，只要原材料相同、技术条件一致，其质量基本上是相同的。

5. 土地利用的永续性

土地是可更新资源。在土地农业利用过程中，土壤养分和水分虽不断地被植物吸收、消耗，但通过施肥、灌溉、耕作、作物轮作等措施，可以不断地得到恢复和补充，从而使土壤肥力处于一种周而复始的动态平衡之中。若能合理利用土地，其生产能力不但不会随着时间的推移而丧失，相反，还会随着科学技术的进步而提高。因为土地具有储蓄银行的作用，投入土地的活劳动和资本，除转化为农产品外，其余部分则凝聚在土地中。正如马克思所说："土地的优点是，各个连续的投资能够带来利益，而不会使以前的投资丧失作用。"同时，随着科学技术的进步及其在农业中的应用，可以更好地将土壤中的有效肥力释放出来，从而提高土地生产力。例如，20 世纪 60 年代以来，化肥的广泛应用，使世界粮食产量增加了 1/3。

土地在非农业生产部门中，作为地基、活动场所等的作用，也不会随着时间的流逝而消失，也不会因水灾、旱灾、火灾、地震等而丧失，对土地载力的利用是永续的。例如唐山地震后，仍在原处矗立起了高楼大厦，使唐山市旧貌换新颜。

其他生产资料在使用过程中，会逐渐磨损、陈旧，最后丧失其有效性能而报废。

人口是生活在一定社会生产方式下，在一定时间、一定地域内，由一定社会关系联系起来的、有一定数量和质量的有生命的个人所组成的不断运动的社会群体。人口是质与量的统一体，其中，人口质量是指人本身具有的认识、改造世界的条件和能力。

人类自身生产，包括原有人口生命的生产和新一代人口生命的生产，必须以物质资料生产为基础。而在物质资料生产中，土地是不可缺少的生产资料。土地，一方面用于食物的生产，另一方面则用于工矿业、交通、城镇、风景旅游业等。随着人口的增长，人类对土地的需求也不断扩大。

第二节　我国土地资源的分布特征

一、土地资源的整体特征

中国是土地资源大国，总量居世界第三位，但人均土地拥有量约为世界人均土地拥有量的 1/3。土地资源的数量和质量与社会经济的可持续发展程度密切相关。了解中国土地资源状况，并做出科学评价，对认真贯彻"十分珍惜、合理利用土地和切实保护耕地"的基本国策，加强国土资源规划、管理、保护与合理利用，保障整个国民经济的持续、快速、健康发展，具有十分重要的意义。

（一）土地资源形成的地理环境

地理环境是指地表所有的自然地理因素，包括气候、地貌、水文、土壤、植被、动物等所组成的自然综合体。中国是全球自然地理环境最丰富多彩的国家之一。决定中国土地形成的基本因素是处于中纬度与欧亚大陆的东岸和复杂多样的地形结构，它们相互结合形成中国土地资源的基本特色。

1. 经纬度差大，以中纬度为主

中国最北境的黑龙江省漠河附近，位于北纬 53°33′；最南端南沙群岛的曾母暗沙则为北纬3°51′。南北之间太阳入射角大小与昼夜长短差别很大。如海南岛琅琊湾与漠河之间，太阳入射角相差30°以上，前者一年内最短的白昼为11时2分，最长为13时14分，差值仅为2小时；后者一年内最短白昼为7小时左右，最长达17小时，差值为10小时。由于太阳入射角不同，引起气候、土壤、植被等因素分布不同并呈带伏差异，一般称为"纬度地带性"。

中国疆土约有98%位于北纬20°～50°的中纬度地区，与地域广阔的俄罗斯、加拿大所处的高纬度相比，热量条件更具优势，与美国和位处南纬的澳大利亚相当，但与位处低纬度的巴西、印度相比，则总体热量条件略逊。

根据温度的差异，中国陆地上可以划分出9个温度带，从南向北依次为赤道热带、中热带、边缘热带、南亚热带、中亚热带、北亚热带、暖温带、温带和寒温带。此外，由于青藏高原的存在，干扰了热量带的分布而形成一个特殊的高寒区。赤道带大约位于北纬15°以南，$\geqslant 10℃$持续期活动温度总和在9 500℃上下；热带大约在北纬15°～23°，$\geqslant 10℃$活动积温为8 000～9 000℃；亚热带大约位于北纬22°～34°，$\geqslant 10℃$活动积温为4 500～8 000℃；暖温带大约位于北纬32°～43°，$\geqslant 10℃$活动积温为3 200～4 500℃；温带大约位于北纬36°～52°，$\geqslant 10℃$活动积温为1 700～3 200℃；寒温带在北纬50°以北，$\geqslant 10℃$活动积温在1 700℃以下。中国的亚热带、暖温带、温带所占面积最大，约占国土总面积的71.2%，其中亚热带占25.7%，暖温带占19.2%，温带占26.3%。农作物可一年三熟、二熟或一熟。但青藏高寒区所占面积达25.9%，是不利条件。至于热带与寒温带，在中国所占比例很小，热带占1.7%，寒温带占1.2%。

中国的经度位置，大体上西起新疆喀什市以西的帕米尔高原东缘，东经73°33′，东至黑龙江省抚远以东乌苏里江汇入黑龙江处的耶字界碑东角，东经135°5′。中国经度位置对地理环境的影响，远不如纬度位置所起的作用明显，虽然各地理环境要素的分布在一些地区，特别在中国的北部地区，呈明显的"经度地带性"，但起主要作用的是海陆因素与季风的影响。

2. 季风作用强烈

中国位于欧亚大陆与太平洋之间，西南境内又有全球最高最大最新的高原——青藏高原，季风气候异常发达，对自然地理环境的形成及地域差异起着非常重要的作用。

中国东部濒临太平洋，西南部距印度洋不远，大陆的水汽主要来自海洋季风，其降水量的分布大致与距海洋远近成正比，距海越近越多，越远越小。中国西部处于欧亚大陆的腹心，距太平洋、印度洋、大西洋和北冰洋甚远，加以四周高山阻挡，成为欧亚大陆的干旱中心。因此，中国的水分分布状况与热量分布状况不同，基本上由东南向西北渐减。参考《中国综合自然区划》

（1959），以干燥度为主要参考指标，从东南向西北将全国划分为四个水分地区：①湿润地区，干燥度<1.0；②半湿润地区，干燥度为 1.0～1.5；③半干旱地区，干燥度为 1.5～2.0；④干旱地区，干燥度>2.0。湿润地区面积占国土总面积的 35.1%，半湿润地区占 15.7%，半干旱区占 18.3%，干旱区占 30.9%。湿润、半湿润区（占 50.8%）与干旱、半干旱区（占 49.2%）的面积几乎相同。

受中国大陆东海岸的地理位置影响，西风带海洋性气候影响微弱，另外，冬季沿海台湾暖流（黑潮）对中国大陆海岸的调节作用也不显著，因此，即使在东部季风区，大陆性气候也有所表现，夏季较世界各地同纬度地区要热，而冬季较同纬度地区更冷，这就使得一年生的喜温作物能向北推移，而越冬作物与多年生作物的北界偏南。

中国季风气候有其特殊性。冬季盛行偏北的冬季风，夏季盛行偏南的夏季风；冬季寒冷、干燥，但在南方呈现阴雨天气，夏季高温高湿，但西北内陆具有高温低湿的特点。青藏高原的存在对中国季风的形成起着推动和复杂化的作用。冬季，高原东侧平原的上空产生东北风，加强了由于海陆分布而引起的东北季风；夏季，高空东侧上空的西南季风得以强化，增加了东部地区的降水。高原季风的存在，对西北地区干旱气候的继续加深也有着重要作用。除了高原本身阻碍了印度洋水汽的向北输送以外，夏季高原季风的北界正好位于新疆、甘肃荒漠地带的中心，是青藏高原热低压上空向四周流出气流下沉的地区，从而加剧了这些地区的干旱程度。

3. 地形复杂多样，山地面积大

中国地形总的特点是：高差大，西高东低，呈阶梯状下降，类型多样，山地面积大，结构复杂，地形骨架呈网格状结构。

中国地形海拔高度最高为 8 848 米（珠穆朗玛峰），最低为−155 米（吐鲁番盆地的艾丁湖）。根据在 1/1 500 000 地形图上测算的结果，海拔低于 500 米的面积约占全国总面积的 25.1%，低于 1 000 米的占 42.0%，低于 1 500 米的约占 60.4%，3 000 米以上占 25.0%。

中国地形由西向东呈三级阶梯下降。青藏高原海拔在 4 000 米以上，为第一阶梯；昆仑山和祁连山以北，横断山以东，海拔 1 000～2 000 米，为第二阶梯，其间有云贵高原、黄土高原、内蒙古高原和准噶尔盆地、塔里木盆地及四川盆地；沿大兴安岭、太行山、巫山、雪峰山一线以东地区，大部分海拔在 500 米以下，为第三阶梯，包括东北平原、华北平原、长江中下游平原和辽东、山东及长江以南的广大低山丘陵。这三级阶梯构成了中国地形的基本轮廓，深刻地影响着中国气候、土壤和植被的分布及农业生产地域分异的形成。

中国地貌类型，无论是在形态上还是在成因上都是多种多样的。青藏高原、云贵高原、黄土高原、内蒙古高原是中国著名的四大高原；塔里木盆地、准噶尔盆地、柴达木盆地、四川盆地是中国著名的四大盆地；东北平原、华北平原和长江中下游平原是中国著名的三大平原；还有众多的山间、丘间中小平原；有由喜马拉雅山、昆仑山、天山、祁连山和横断山等组成的中国西部巨大山系，也有由南岭、武夷山、秦岭、伏牛山、大别山、太行山、燕山、长白山、大小兴安岭等组成的东部各种各样的中低山以及广大的丘陵。由各类山地、丘陵、高原、盆地和平原组成了中国复杂而多样的地貌。据量算，中国山地面积约占国土总面积的 46.5%，丘陵占 19.9%，山地丘陵合计约占国土总面积的 2/3，平地仅占 1/3。以山地丘陵为主，山多平地少是中国土地构成的一个主要特点。

中国平地主要分布在三个层次，第一层次分布在海拔 300 米以下，约占全部平地面积的 35.5%，其中 100 米以下占 23.0%；第二层次分布在 500～1 500 米，占 35.5%；第三层次分布在 3 000～5 000 米，约占 11.8%。平地的分布基本上与陆地的三级阶梯相吻合。

在中国，海拔低于 500 米的山地占山地总面积 16%，其中低于 100 米的仅占 0.9%；500～1 500 米高程的占 33%；1 500～3 000 米高程的占 19.1%；3 000 米高程以上的占 31.9%。3 000 米以上高海拔山地比重大，几乎占了山地总面积的 1/3。海拔低于 500 米的丘陵占总面积的 31.4%，500～1 500 米高程的占 29.8%，500～3 000 米高程的占 11.3%，3 000 米高程以上的占 27.5%。以 500 米以下低海拔所占面积最大，几乎占了 1/3。

地形是影响中国土地资源生成的重要条件。它起到能量与物质再分配和能量物质的流通与屏障、分支及阻滞的作用。中国几条山脉往往是气候和自然地理的重要分界线。以东西走向的山脉为例，南岭山地是南亚热带与中亚热带的分界线，秦岭山地是亚热带与暖温带的分界线，天山山地是新疆干旱暖温带与干旱温带的分界线。东北—西南走向的山脉，如大兴安岭、太行山、伏牛山、吕梁山、豫西山地、鄂西山地及湘西山地，以及长白山、闽浙山地等都是东南季风深入大陆的障碍，造成山体两侧水热条件的明显差异。如大兴安岭是半湿润的森林草原与半干旱草原分界线，太行山则是华北平原与黄土高原的分界线。中国多山、多高山的特点，干扰了土地资源水平地带性的分布，非地带性规律与垂直地带的突出表现，是中国土地资源分布的一大特点。

（二）人类活动对中国土地资源的影响

中国是人类的发源地之一，从元谋人至今约有 170 万年，文明历史也有5 000 多年。中国人口从公元 2 年的 5 960 万人，发展到今天 14.1 亿人。从原始社会的采集狩猎到开阡陌、修水利、驯化培育品种，从原始的刀耕火种到现代的集约经营，从单纯的掠夺资源到持续地利用资源，人类活动对自然界的影响是巨大的、深刻的。长期的开发使中国的土地资源变成如今这样一个具有农、林、牧、渔等多种土地利用类型的空间格局。

1. 人类活动对土地资源的有利影响

一是开辟农田。开辟农田是人类利用自然资源的一种主要方式，是人类发展的进步方面。随着人口的增加，生产力的发展，中国在相当长的历史上，耕地面积不断扩大，耕地的扩大所带来的影响具有两面性。首先是改造了土地，特别是平原地区，形成了一个完全不同于原始自然的另一个人文景观，使原来分布于平原低洼积水的沼泽土地得以疏干，改造为良田，发展了大面积灌溉，塑造了大量的水田和人工绿洲，建立人工生态系统，更有利于调节环境；耕地的生物生产力由于人工投入的增加，而大大高于自然生产力。

二是兴修水利。首先是修筑堤防，使无序的洪水有序化，保护人类的生存与建设，与洪水做斗争。中国水利具有悠久的历史与成功的范例，历史上大禹治水的故事深入人心。中华人民共和国成立以来，长江、黄河、淮河、海河、辽河、松花江与珠江等治理已取得成效，防止了大江大河的洪水泛滥，竖立在东部沿海的万里海堤是中国历史上与长城、京杭大运河并列的大工程，保护着沿海人民不受海潮的侵袭。发展灌溉是水资源有效利用的一个重要方面，灌溉增加了土地的水分，协调了水土资源，不仅有利于资源的利用，可提高资源的生产能力，而且也有利于环境的保护。

三是驯化培育农作物与家畜品种。中国是许多农作物的起源地，也是许多农作物的重要产地。中国新石器时期就有了黍、粟、小麦、水稻、高粱、麻、桑等作物的栽培。目前中国农业生产上常见的作物已有 50 多种，已保存的农作物品种有 30 万份。中国也是最早驯化野生动物的国家。旧石器时代就驯化了狗，新石器时代又驯化了猪、羊、牛、马、鸡、鸭、牦牛、骆驼，原产于中国的家畜、家禽品种或类型有 200 多个。

四是矿山的开发。矿产资源和燃料动力资源的开发利用，不断扩展了资源的范围。人类社会从石器时代到青铜器时代，又到铁器时代的发展，用于制造生产工具的材料相继经历了深刻的变化，自然界中的铜矿、铁矿以及锡、铅、锌、镍、钼等各种有色金属矿已普遍为人们利用，多种矿石的利用程度也提高了。染料、制药、酸碱等化学工业的发展，扩大了硫、盐等非金属矿资源的用途。人们利用电解方法、采用光谱分析技术，发现了一系列较活泼的金属与稀有元素。铝代替铜的用途，使地球上蕴藏最丰富的铝土矿资源得到了开发利用。在燃料动力资源开发利用方面，人类最早是利用木材燃料，现在大量使用的是煤炭、石油和天然气。有机合成化学工业的出现，煤炭、石油、天然气资源不但作为能源，而且成为有机化学工业的基础。今天人类已经开发利用了84 种化学元素。

　　五是绿化环境。森林具有多种功能，主要是提供木材资源和保护生态环境。扩大森林面积，绿化环境，既起到保护生态环境的作用，又能提供木材。近年来中国政府非常重视绿化工作，森林覆盖率迅速增长，中华人民共和国成立初期全国森林覆盖率约9%，20世纪70年代末为12%，80年代末为13%，目前已达到16.7%。建设东北、华北、西北的"三北"防护林体系，长江上游防护林体系，沿海防护林体系与太行山绿化工程和平原绿化工程，对改善中国的生态环境产生了重要的作用。

2. 人类活动对土地资源的不利影响

　　人类活动对土地资源不利的影响，主要是由于人类利用资源的盲目性，只顾眼前利益，忽视长远利益，只顾局部利益，忽视整体利益，滥垦、滥伐、滥牧、滥樵、滥捕、滥采等滥用资源而引起资源的流失、退化、枯竭和环境的恶化。不利影响主要表现在以下几点。

　　一是森林缩小。中国的东半部即年降水量＞400毫米等雨线以东的湿润、半湿润地区，基本上属森林与森林草原带，尤其山地在原始天然状况下应为森林所覆盖。但是由于历代战争的破坏、不合理的砍伐和毁林开荒，导致森林面积逐年减少，使原始森林退缩在大兴安岭北部和西藏南部的局部地区，中国广大地区的原始天然森林已不复存在，代之而起的是次生林与人工林。中华人民共和国成立以后虽然进行了大量的造林活动，但与原始状况相差甚远。由于森林面积缩小，除木材资源供应紧张外，更重要的是山区水源涵养减弱，水土流失加剧，森林失去保护环境的功能。

　　二是土壤侵蚀。中国山多平地少，可供农耕土地资源有限，随着人口成倍增加，不合理的陡坡毁林毁草开荒以及历史上的撂荒、刀耕火种等掠夺式的经营方式，使土壤侵蚀不断发展，今天千沟万壑、支离破碎的黄土高原即是自然与人为共同作用的结果，人类不合理的利用是其中一个主要原因。土壤侵蚀不仅破坏了当地资源，而且淤塞河道，增加防洪的难度，给下游带来更大的危害。

　　三是物种的消失。由于森林砍伐、荒地开垦、草原退化以及过度的采集、捕杀与捕捞等，使大量的动植物资源的生境逐渐缩小，种群数量减少。据国际自然与自然资源保护联盟（IUCN）估计，全球物种将以每天一个种的速度消失。中国虽没有资料说明已经有多少物种消失，但许多动植物濒临绝灭境地是客观存在的事实，仅高等植物就有3 000种已处于受威胁状态，动物资源中的白貂、扬子鳄现已绝迹，麋鹿几乎灭绝。中国需要保护的稀珍濒危的1、2、3类植物共有389种，1、2类动物276种。

　　四是环境污染。中国是发展中国家，随着工业的高速发展，将有大量的工业废弃物进入环境，造成大气、水体与土地的污染，在近期内这一现象难以根本解决。如不采取有效的污染防治措施，中国的环境污染将呈扩大、蔓延和加重的趋势，进而降低资源的质量，影响资源的利用与社会经济的可持续发展。

二、分布的地域规律

土地是由土壤、地貌、空气、植被等多种要素和人类活动结果所组成的自然经济综合体，其中的每个要素在地球表面上都表现出一定的分布规律，必然造成土地这个综合体的客观存在表现出规律性分布特点。这种规律性由于环境条件等的不同而显示出各种差异，土地的这种按其位置、条件的不同，分化成不同类型的现象，称为地域分异。反映地域分异的客观规律，叫地域分异规律或空间变异性。

土地类型的空间变异规律包括两种类型：一是土地类型的地带性分布规律，二是非地带性或区域土地类型分布规律。本节仅讨论土地类型的地带性分布规律。土地类型的地带性分布规律是从宏观规律来考虑的，由于组成土地的各要素（主要是自然要素）具有地带性分布规律，使得土地类型的空间分布也呈地带性。土地类型的地带性分布规律表现为三种形式，即土地类型的纬向地带性、经向地带性和垂直地带性。

（一）土地类型的纬向地带性

土地类型的纬向地带性是指土地类型大致沿纬线方向带状延伸，不同土地类型按纬线方向南北更替的现象，它在地形平坦或均匀的大区域内表现比较明显。纬向地带性的表现决定于地球的形状和太阳辐射对地球表面不同的入射角引起不同纬度地带的热量差异。由于太阳辐射从赤道向两极递减，使地表的气候、植被、土壤等均呈现沿着纬线方向呈带状变化，土地类型这个由各自然要素组成的综合体也就表现出纬向延伸、南北更替的纬向地带性分布规律。例如：在全球性范围内，随着纬度的降低，土地类型依次出现苔原带的土地类型、针叶林带的土地类型、阔叶林带的土地类型和热带雨林带的土地类型。土地类型的纬向地带性分布，与地球的纬线基本平行，但实际上，由于自然界的复杂条件变化，这种平行有序往往由于海陆分布、大气环流、地表形态等复杂多样因素的影响而发生局部变形。

（二）土地类型的经向地带性

土地类型的经向地带性是指土地类型沿经线方向南北带状延伸，不同土地类型表现按经线方向东西更替的现象。这是由于大陆的大区域内各地区距离海洋远近的不同，使气候、土壤、植被等土地组成要素产生大致平行于经线的带状变化，从而造成土地综合体的经向地带性。土地类型的经向地带性在各大陆都有表现，其中以北美大陆的美国表现最为明显，其大陆的东西两侧被大西洋和太平洋所围绕，大西洋湿润气团带来的水分自东向西逐渐减少，并被东部的阿巴拉契亚山脉所阻拦，西部从太平洋湿润气团带来的充沛雨量却被南北走向的落基山所阻拦，造成大陆中部偏西地带最为干旱，与之相关的植被带、土壤带等均呈经向方向带状排列。我国温带地区东部由于受太平洋湿润气团的影响，气候湿润，向西逐渐减弱，由沿海向内陆土地类型的分布大致依次为阔叶林经向带的土地类型、森林草原经向带的土地类型、草原经向带的土地类型、荒漠经向带的土地类型以及沙漠土地类型。

（三）土地类型的垂直地带性

土地类型的垂直地带性是指随着山体海拔的升高，水热条件随海拔升高而变化，土地类型也呈有规律的更替。由于海拔升高，在一定高度范围内，温度随之下降，湿度随之增高，植被、土壤等产生了垂直带状变化，土地类型也表现出垂直地带性。土地类型在一定山体的由下往上的垂直变化规律与山体所在位置由低纬度向高纬度的纬向地带性分布相似，并且垂直带的基带为山地所在的纬向带。例如位于北纬 28°的喜马拉雅山，从亚热带常绿阔叶林开始，向上依次为：针阔混交林带、针叶林带、高山灌丛带、高山草甸带、高山冰雪带。由于土地类型垂直地带性表现的是地表高度规律，海拔升高的水热变化率高于纬度升高的水热变化，因此土地类型垂直地带的变化梯度比纬向地带性变化急剧得多。

第三节 土地、人口、环境与可持续发展

一、土地与人口的辩证关系

人口是全部社会生产行为的主体。具有一定的最低限度数量和密度的人口，才可能有土地利用和物质资料生产。

人口的数量和质量，在一定的生产条件下，对提高土地利用率和利用效率有着重要作用。它推动着未被利用的土地的开发和已利用土地的再开发，不断地提高土地利用效益。例如，素有"沙漠王国"之称的沙特阿拉伯，大力开发利用沙漠，使耕地由 1978 年的 15 万公顷增加到 1988 年的 563 万公顷，实现了粮食自给有余。我国著名的吐鲁番绿洲和青海柴达木盆地的香日德、诺木洪、德令哈等高产绿洲，也是改造沙漠和荒漠的结果。

土地是社会物质生产的基础，是人类不能出让的生存条件和再生产条件。但土地的自然供给，即自然所实际供给的各类土地数量，就某一区域或全世界来说，是固定不变的，是毫无弹性的。例如，地球的总面积是 5.1 亿平方千米，该面积是不会增加也不会减少的，沧海桑田只不过是土地的形态变化罢了。

在地表总面积中，仅有 29％是陆地，而陆地中又有一半，由于气候条件

或地形条件恶劣，很难作为生产利用。喜马拉雅山的珠穆朗玛峰可作为探险家和登山队员的目标，却难以种庄稼或盖工厂。据估算，若综合考虑气候、坡度、土壤等因素，陆地中，适宜农作物栽培的土地仅占 1/14。可见，土地的自然供给是有限的，耕地则更有限。

在土地自然供给与某些自然条件许可的范围内，某种用途土地的供给量能够随着土地利用效益的变化而变化的现象称土地的经济供给。例如，旅游业的发展，使建设用地的经济供给增加，耕地的经济供给相对减少。又如，原供种植水稻的土地，由于养鱼经济效益的提高，就有部分稻田转变为鱼池，这样水产养殖面积的经济供给就增加了。可见，土地的经济供给量是随着经济效益的提高而变化的，因而具有弹性。

土地的经济供给是以土地的自然供给为基础，在土地自然供给的范围内变动。

土地的经济供给是动态的、有弹性的供给，但在不同的土地利用上差异很大。如耕地，由于对自然条件要求较严，因而供给弹性较小，而建筑用地对自然条件要求不太严格，所以供给弹性较大。

总之，土地与人口的关系主要表现为土地的供求关系。随着人口的增加，人类科学技术水平及生活水平的提高，对土地的需求量也越来越大。在渔猎时代，人们不知道农耕，所以无人需要耕地，随着农业的出现，对耕地、林地等的需要量逐渐增大。随着生活水平的提高，人们不再满足于仅仅是吃饱，还要求有宽敞舒适的住宅、公园、草坪、游乐场、车库等，因而，对土地的需求程度也相应增大。土地是自然产物，其自然供给量有限，然而，土地的经济供给量却是可以根据需求加以调节的，人们不断调整土地利用结构，扩大需求量大且利用效益高的土地的供给。同时，随着科学技术的进步，人们能够将未利用或利用粗放的土地投入利用，并提高利用的集约度，以增大土地的经济供给量。

二、人地比例关系的变化与环境问题

土地比人类早出现 40 多亿年，人类的历史仅二三百万年，进入文明社会才几千年，但人口的增长速度是惊人的。公元 476 年，以西罗马帝国灭亡为标志的古代史结束时的世界人口仅 4 亿人，经过 1 000 多年，到 1804 年时，才达到 10 亿人。但到 1930 年，世界人口却达到了 20 亿人，1960 年增至 30 亿人，1976 年又猛增至 40 亿人，1987 年突破了 50 亿人，1999 年 10 月 12 日达 60 亿人，2011 年 10 月 31 日迎来了 70 亿人。可见，自 1804 年起人口增长的速度在逐渐加快，每增加 10 亿人口的间隔时间分别为 126 年、30 年、16 年、11 年、12 年……目前，世界人口仍在急剧增长，平均每分钟增加 170 多人，每天约增加 25 万人，每月增加 700 万人，每年增加 8 500 万人。按此速度增长，到 2050 年世界人口将达到 120 亿人，可称人口大爆炸。

我国人口增长情况与世界类似，清朝初期 1760 年有 2 亿人口，1900 年为 4 亿人，1954 年为 6 亿人，1969 年为 8 亿人，1981 年为 10 亿人，1989 年为 11 亿人，1995 年为 12 亿人，2005 年达 13 亿人。自 1760 年起，每增加 2 亿人口的时间间隔分别为：140 年、54 年、15 年、12 年、14 年……

在人口迅猛增加的同时，耕地面积却不断减少。据国家统计局统计，1986 年我国耕地面积与 1958 年相比，累计减少约 4 073 万公顷，平均每年减少 140 万公顷左右，扣除开荒造田增加的耕地，每年净减少耕地 50 多万公顷。1985 年耕地减少 100 万公顷。此后，由于贯彻中共中央、国务院关于加强土地管理制止乱占耕地的通知，耕地减少趋势有所缓解，1986—1995 年，耕地平均每年净减少 20 多万公顷。但 1996—2003 年，耕地减少势头有所增强，由 1.3 亿公顷减少为 1.23 亿公顷，净减少 667 万公顷，年均减少 90 多万公顷。据第二次全国土地调查主要数据成果公报，至 2009 年 12 月 31 日，我国人均耕地为 0.101 公顷，较 1996 年第一次土地调查时的人均耕地 0.106 公顷有所下降，已不到世界人均耕地的一半。

人口猛增、耕地锐减是造成粮食和环境两个问题的直接原因。

大量事实说明，人均耕地数量直接影响人均粮食占有量。虽然人均粮食占有量还受单位面积产量水平的影响，但在目前农业技术水平下，单位面积产量不可能有戏剧性的突破，因此，人均粮食占有量的主要影响因素是人均耕地面积。例如，在加拿大，人均耕地 1.85 公顷，粮食单产虽仅 2 055 千克/公顷，人均粮食占有量却高达 1 704 千克，名列世界前茅。日本，人均耕地 0.04 公顷，虽粮食单产高达 4 845 千克/公顷，但人均粮食占有量仅 113 千克。我国属于人多耕地少的国家，人均耕地 0.101 公顷，粮食单产 4 500 千克/公顷左右，人均占有粮食量 1984 年接近 400 千克，2011 年达到 420 千克左右，但距公认的粮食基本解决的标准水平（即人均 500 千克）还相差甚远。

由于粮食问题与耕地关系密切，不少地区为了弥补粮食的不足，毁林开荒、滥垦草原、围湖造田等，将林地、草地、水域转变为耕地，又大量施用化肥、农药，以期增产粮食，从而造成土地资源的退化、破坏，使水土流失面积、土地沙化面积、土地污染面积不断扩大，破坏了生态系统的平衡。生态环境的恶化反过来，又危及粮食生产。为了弥补粮食的不足，又急速地推进森林、草原、水域的耕地化，造成严重的环境问题，如此不断往复，形成一种恶性循环。

有关资料显示，世界上每年有 500 万～700 万公顷耕地退化。热带雨林地区的森林面积每年以 1 540 万公顷的速度遭到破坏，亚太地区每天有 5 000 公顷森林资源遭到破坏，栖息在森林中的鸟类不断遭到灭种威胁。

由于森林遭到破坏，流入河川的雨水量就会增加，而浸透到地面滋润含水层的雨水量就会减少，因此，我国屡屡出现洪水增加、含水层充水量减少、地下水位下降的局面。这样，雨季洪水发生的次数越多，旱季出现水不足的情况就会越严重。

在我国的大河中，黄河在1972年夏天出现了断流，这是它在长达3 000年悠久历史中首次断流，此后，断断续续出现断流情况。1985年以后，黄河每年必定发生断流，而且断流的时间越来越长。1997年的断流时间长达226天。淮河在1997年也出现了断流90天的情况。据《中国环境报》2001年5月2日报道，自1996年开始岷江也断流了，昔日的川江号子，今日无声了。岷江冬、春季的断流，使成都平原每年减少水稻种植面积3.33万公顷，江岸植被和生态环境也出现不同程度的退化、恶化趋势。

2012年，我国水土流失面积已达356万公顷，约占国土面积的37%。全国每年耕地表土损失量超过50亿吨，损失氮、磷、钾约1 000万吨。荒漠化土地面积达264万平方千米，占国土面积的27.5%，每年还以2 460平方千米的速度扩展，导致我国频繁发生沙尘暴灾害。

三、人口、资源、环境与可持续发展

由于人口急剧增长、资源不断耗竭、环境日益恶化、经济发展受阻，人口问题、资源问题、环境问题、社会经济发展问题成为当今世界人们密切关注的四大问题。为了解决上述问题，20世纪80年代初，联合国大会成立了以当时挪威首相布伦特兰为首的世界环境与发展委员会，该委员会于1987年7月向联合国提交了《我们共同的未来》报告。报告中指出，为了更美好的未来，必须实施可持续发展战略，并将可持续发展定义为："满足当代人需求，又不损害后代人满足其需求能力的发展。"1989年联合国环境规划署通过了《环境署第15届理事会关于"可扭亏为盈持续发展"的声明》，对"可持续发展"做出了界定："可持续发展系指满足当前需要而又不削弱子孙后代满足其需要能力的发展。"可持续发展还意味着维护、合理使用并且提高自然资源基础，这种基础支撑着生态抗压力及经济的增长。再者可持续的发展还意味着在发展计划和政策中纳入对环境的关注与考虑。可见可持续发展包含两层含义：一层是经济、社会发展的持久永续；另一层是社会、经济发展赖以支撑的资源、环境的持久永续。

中国是一个占世界人口20%以上，并快速发展中的大国，正面临着人口、资源、环境和发展的重大挑战。实施可持续发展战略是中国的必然选择。1992年6月联合国召开了"环境与发展"世界首脑会议，会上通过了《里约宣言》

和《21 世纪议程》。在该会议上，中国政府同与会各国一致承诺，把走可持续发展道路作为未来长期共同的发展战略。1994 年又在世界率先制定了《中国 21 世纪议程》，将可持续发展原则贯穿到社会经济发展的各个领域。1996 年正式将可持续发展作为国家的基本发展战略。

秦大河、张坤民、牛文元等在其专著《中国人口资源环境与可持续发展》中，建议用 50 年的时间，使我国全面达到世界中等发达国家可持续发展水平，进入世界总体可持续发展能力前 20 名的国家行列。2030 年实现人口数量和规模（自然增长率）的零增长，实现人口质量的极大提高；2040 年实现能源资源消耗速率的零增长，实现社会财富的极大提高；2050 年实现生态环境退化速率的零增长，实现生态质量和生态安全的极大提高。从而使我国全面进入可持续发展的良性循环。

中国，作为世界人口最多的发展中国家，也是承受人口数量和资源消耗巨大压力的国家，若能利用 50 年左右的时间实现可持续发展的良性循环，将是对整个人类的伟大贡献。

四、加强土地资源管理，促进可持续发展

资源供给的可持续性对实现可持续发展具有重要意义。而在众多的自然资源中，土地资源是最基本的资源。土地资源供给和利用的持续性是可持续发展的自然基础。加强土地资源管理，必须将土地资源置于人口、资源、环境、发展巨系统中综合考虑。从土地管理视角看，应采取以下对策。

1. 树立可持续发展观

可持续发展理论的核心，在于努力把握人与自然之间关系的平衡，有效地协调人与自然的关系，同时，努力实现人与人之间的关系（包括代际关系）以及地区之间的关系的和谐，特别是努力实现对大自然的索取和给予之间的平衡，也就是对大自然的索取不能逾越其自然恢复的阈值。

可持续发展是以社会、经济、人口、资源、环境的协调发展为宗旨，而不是单纯地追求经济增长。这里所说的发展，是指社会与自然所涉及的多个领域的协调发展，从这一目标出发，确定各领域、各行业、各地区发展的比例关系、制约关系、利益关系。

努力做到土地资源可持续利用，是实现社会、经济、人口、资源、环境协调发展的重要环节。为此，首先，要树立土地是一种稀缺自然资源的观念，如何支配、使用它，关系人类当代和后代的生存、福利和幸福，保护土地是当代人的责任。其次，要树立土地、人口、环境、经济发展的系统观，改变就人口论人口、就土地论土地、就环境论环境、就经济论经济的倾向。将通过对土地、环境破坏性的开发、利用来实现发展的观念，转变为既能促进发展，又有

利于土地利用、环境保护的可持续发展观。

2. 实现土地、人口、环境、经济的协调发展

土地、人口、环境、社会经济发展是一个开放的复杂巨系统，是一个相互关联的整体，既相辅相成，又相互制约。土地、人口、环境三者中任何一个单独要素均不具备社会经济可持续发展的能力，只有三者结合所构成的整体，才能形成可持续发展能力。因此，实现三者与社会经济的协调发展，使系统整体功能作用大于各要素功能作用之和，从而使可持续发展从低级阶段逐步进入高级阶段。

3. 选择与建立可持续发展的土地、人口、环境、经济组合运作模式

（1）要使经济增长与恶化环境的土地投入脱钩。例如，化肥、农药的大量投入，虽能使农作物增产，但也能使土壤结构变坏、环境遭受污染。因此，应使有损土地和环境的投入要素使用量持续下降，直至脱钩，以无污染、无公害的投入要素取而代之。

（2）实行以预防为主的环境政策。要改变治理的"事后战略"，实行以预防为主的环境政策。为此，要实行建设项目"环境影响评估"制度，贯彻"谁污染谁出资防治"的原则，使治理环境的经济负担由建设项目发起人承担。

（3）将土地资源利用的外部性内在化。外部性是指经济活动对他人或公共环境造成了影响，但经济活动主体又不将此种影响计入生产成本、交易成本和价格当中，而是转嫁给他人或公共环境。人们利用土地，从中获得利益，而把由此造成的资源退化、破坏、环境污染转嫁给社会、未来、自然界。例如，盲目毁林开荒、围湖造田等，使人们在获得粮食的同时，却将由此而造成的水土流失、洪水泛滥、大批农田受灾、环境恶化等带给了社会、自然界和子孙后代，而乱垦滥用土地的责任人则不承担任何损失。这种外部性的存在，是造成土地、人口、环境系统失调的基本动因。实行持续发展，要求将土地资源与环境利用的外部性内在化，将破坏土地资源与环境的代价由责任人承担，从而使合理利用和保护土地资源与环境成为人们的自觉行动。

建立土地资源核算制度，并将其纳入会计核算体系。核算的内容应包括：土地数量核算、土地质量核算、土地价值核算、土地利用成本—效益核算等。

在进行土地利用成本—效益核算时，除了将土地占用计入成本外，还应将因不合理的土地利用（如毁林开荒等）所造成的损失（如土地退化、水土流失、环境恶化等）也计入成本，使土地利用的外部性内在化，这样得出来的才是土地利用的真实效益。当效益大于成本时，才是可持续利用模式。

（4）实行有控制的人口转变。由政府对人口转变过程进行合理干预，根据资本积累、技术进步和自然资本变化，使人口规模和增长率与土地人口承载力、人均社会福利最大化相适应。

（5）消除贫困。贫困是人类—环境系统恶化的重要动力。为了维持生计，贫困人口不得不掠夺式地开发资源，致使环境恶化，而这种结果又反过来使贫困人口更加贫困，如此循环下去，使环境更加恶化。因此，实施可持续发展战略，必须逐步消除贫困。

4. 加强土地资源可持续利用的制度建设和法治建设

建立土地数量、质量的调查、评价、监测、预警制度，保护耕地、节约、集约用地制度，公众参与和督察制度等。对破坏、污染、乱占、滥用土地资源的行为规定应承担的法律责任，使土地管理有制度可循，有法可依。

思 考 题

1. 什么是土地？土地资源与土地资产有什么联系和区别？如何实现对土地资源和土地资产的科学管理？

2. 什么是土地的纬向地带性？什么是土地经向地带性？什么是土地垂直地带性？

3. 谈谈实施土地资源可持续利用的思路。

第二章　土地管理的任务和特征

第一节　管理与土地管理

一、管理与行政管理

（一）管理

管理（management）的出现是人类活动的特点所决定的，管理是人类各种活动中最重要的活动之一，管理无处不在，无时不在，它既是成功的要素，也是失败的根源，当今世界，人们把科学、技术、管理称为现代化社会鼎足而立的三大支柱。

我国古代人把开锁的钥匙称为"管"，"管理"一词从词义而论是"管辖、处理"的意思。英文中管理（management）的本义是"驾驭的技术"，可理解为"控制、支配"。

管理概念本身具有多义性，它不仅有广义和狭义之分，而且还因时代、社会制度和专业领域的不同产生不同解释和理解。管理的含义大致有以下几种具有代表性的观点。

——马克思提出：管理就如同一个乐队的指挥。

——美国早期著名的管理学家玛丽·福莱特（Volte）认为：管理就是借他人之力而实现目标。

——法国现代管理理论创造者亨利·法约尔（Fayol）提出：管理是由计划、组织、指挥、协调及控制等职能为要素组成的活动过程。

——决策理论学派代表人物西蒙（Simon）认为：管理就是决策，无非是从诸多供选方案中取其最优者并付诸行动的过程。

——经验主义派代表人物德鲁克（Drouk）认为：管理是一种不能移植，只能因人而异的管理者的经验、能力和技巧。

——管理科学学派索兴（Sosin）把管理视为用数学符号和公式来表示计划、组织、控制、决策等程序，以求最优解的途径。

——权变理论学派劳伦斯（Lawrance）把管理比喻为一种函数关系，其环境为自变量，管理思想和管理技术为因变量。

——我国管理学家周三多认为，管理是社会组织中，为了实现预期目标，以人为中心进行的协调活动（周三多，2003）。

——王万茂教授认为：管理是为了达到某一共同目标，有意识、有组织，不断进行的协调活动。还指出：①管理是一种有意识、有组织的群体活动；②管理是一个动态的协调过程；③管理是围绕某一共同目标进行的活动（王万茂，2003）。

不同的学者从不同的角度对管理有不同的理解，但总体来说，管理是人类的一种有意识、有目的、有组织的活动。因此，通常将某一社会组织、团体为达到一定目的，对社会活动的各种因素或过程所进行的决策、计划、组织、协调、控制、监督等行为称之为管理。

（二）行政管理

行政一词，在我国历史典籍中早就出现过。在距今 2 000 多年前编写的《左传》中，就有"行其政事""行其政令"的记载，意思是推行政令，执掌政务。在国外，2 000 多年前古希腊哲学家亚里士多德就使用过"行政"一词。现代英语中"行政（administration）"是从拉丁文"Administratre"演化而来的，意思是国家事务的管理。国际通用的《社会大辞典》解释行政为国家事务管理。

行政管理，是指国家通过行政机关依法对国家事务、社会公共事务实施的有效管理。行政管理的主体是国家行政机关，客体是依法管理的国家事务、社会公共事务，核心是进行公共权力和资源的有效配置，追求高绩效。

行政管理是在"行政"基础上提出来的概念。西方国家在 20 世纪 30 年代前后，我国在 20 世纪 80 年代以后，随着科学管理理论与方法的普及，尤其是随着科学管理理论与方法在政府管理中的应用，行政学与管理学发生相互渗透和边缘模糊现象，从而产生了行政管理和行政管理学等概念。第二次世界大战以后，随着政府行政管理与企业经营管理、公共行政与私人行政管理领域和学科领域的互相渗透，行政管理的概念得到了广泛的应用。

依据不同历史时期、不同国家和地区的政治历史和实践，政治学家、行政学家从不同角度或不同层面来理解行政，因而"行政管理"一词有着不同的解释，主要有以下 2 种（陈兆德，2002）。

（1）狭义的行政管理——从"三权分立"的角度来解释行政。认为行政是指除国家立法、司法系统以外的行政系统所从事的管理活动。这种观点以美国行政学家魏劳毕为代表，他提出了行政仅仅是指行政部门的政务活动的观点。台湾学者将这种观点称之为"法律执行说"，在三权分立的国家，立法是制定法律，行政是执行法律，司法是维护法律。这种解释的优点是把"行政管理"概念的本质表述得较为明确，有助于人们把握行政管理的特点，把行政管理活动与其他类型的管理活动区别开来；其缺点是，它不能反映"三权"之间的相互渗透性，不能全面反映当代各国行政管理的现状和发展趋势。事实上，在现代国家政治生活中，行政机关也有部分立法权；立法机关、司法机关同样也有人事、财务等方面的行政事务。

（2）广义的行政管理——从政治与行政分离的角度来解释行政，认为行政管理是一种与政治分离的、实现国家目的的执行活动。这种观点以美国行政学家古德诺为代表，他认为政治与行政是相互分离的，"政治是国家意志的表现，行政是国家意志的执行"。

（三）行政管理的特性

从行政管理的内涵和要点分析可以看出，行政管理具有如下特性。

①执行性。行政机关是国家权力的执行机关。

②政治性。行政机关同权力机关一样具有阶级性。

③权威性。行政管理活动是以国家名义进行的，代表国家并以国家强制力为后盾。

二、土地管理的概念

在我国目前的制度体系下，土地管理是国家的基本职能之一。国家通过立法机构将意志表示规范化并用法律形式固定下来，并由国家管理机关——各级人民政府和国土资源管理部门来保证法律法规的贯彻执行，从而达到国家管理土地的目的。

土地管理是指国家为了保护和合理利用土地资源，满足国民经济不断发展的需要，运用行政、经济、法律和工程技术的综合性措施对全国城乡土地资源进行管理和利用的过程，以及对由此所产生的人与人之间的权属、利益关系进行计划、组织、协调和控制等方面的行政管理活动。其实质是国家行政权力在土地配置领域的运用和实现。这一概念包括6个方面的含义。

（1）土地管理的主体土地管理是一种国家行为，其管理主体是国家。国家通过立法授权各级人民政府负责本行政区域内的土地管理，各级人民政府的国土资源管理部门代表国家和政府对土地实行统一管理。

（2）土地管理的客体是指土地。以及土地利用中产生的人与人、人与地、地与地之间的关系。

（3）土地管理的任务是维护土地所有制、调整土地关系、合理组织土地利用和贯彻土地基本国策。目标是不断提高土地利用的生态效益、经济效益和社会效益，以满足社会经济发展日益增长的需求。

（4）土地管理的手段与方法是综合运用行政、经济、法律、技术等手段管理土地。

（5）土地管理的职能是计划、组织、指挥、协调与控制。计划是预测未来、制定目标、决定策略和选择方案的一个连续过程。组织是指建立组织机构和配备工作人员，明确职、责、权，建立上、下各级机构的相互关系，以及横向之间的协作关系，以保证既定目标的实现。指挥是指土地行政管理领导者按既定目标和计划，对所属下级土地管理活动进行的指导，以实现管理目标的行为。根据土地管理机构的职责，协调人与人之间（包括国民经济各部门、社会各团体、单位和个人之间）在土地的分配、占有、利用、收益分配、处分等方面的关系，按照国家和社会的整体利益和长远需要统筹兼顾，搞好土地的分配和再分配，实施土地利用的组织、调控和监督。控制则是通过修正执行状况和原计划之间的偏差，确保预期目标实现的管理活动。

（6）土地管理具有鲜明的阶级性，其目的和特点受社会环境的制约，特别受社会制度、土地制度的制约。例如，我国是社会主义国家，在土地制度上实行土地公有制，这就决定了我国的土地管理除了要最大限度地提高土地利用综合效益外，还要维护社会主义土地公有制，从而为有计划地、合理地利用土地提供保证。

现阶段，我国土地管理的实质是政府处理土地事务、协调土地关系的活动。政府处理土地事务，是指政府代表国家开展土地行政管理工作中的各种事务，如：贯彻执行《土地管理法》及其相关的法律法规，组织编制国土空间规划，保护农用土地尤其是耕地和基本农田，制订土地利用计划，进行土地开发、复垦、整理，实行土地有偿使用制度，做好土地使用权的出让和转让，征收集体土地，供应建设用地，查处违法占地，调处土地权属纠纷，实施土地监测等。协调土地关系，是指政府在土地分配和再分配中对土地权属关系的调整，也就是政府在国民经济建设中，协调各部门、各单位或个人间用地的分配和再分配，实行用地的宏观调控，建立最佳的用地结构，保证土地的充分、合理、可持续的利用。

三、土地管理的对象

研究土地管理，开展土地管理实践，首先必须明确土地管理的对象，也就是说要了解土地管理过程的作用点在哪，这样才能科学地、准确地分析土地管理过程的客观规律，对有效开展土地管理实践工作也是必需的。根据我国目前土地管理实践的客观状况以及社会经济发展对土地管理的客观要求，土地管理的对象主要有以下 4 个方面。

（一）土地资源

这是土地管理的基础，也是其他土地管理对象的基础。没有土地资源，也就无所谓土地管理；没有土地资源，也就没有土地资源的配置、利用以及土地权属关系。因此，土地管理的对象首先是土地资源。而且，这一土地资源是指全国所有的土地，既包括城市土地，也包括农村土地；既包括已利用的土地，也包括未利用的土地；既包括国有土地，也包括集体土地。这既是实行全国城乡土地统一管理政策的要求，也是由土地资源本身就是一个统一的整体，各类土地的利用具有相互影响、相互联系的客观规律决定的。

（二）土地资源配置

土地资源配置实际是土地利用过程的前期阶段，也是能否实现土地利用最佳整体效益的关键。由于土地资源是基本的生产要素之一，它在国民经济各部门之间的分配将不同程度地影响国民经济各部门的结构和比例关系，因此合理地配置土地资源是国民经济和社会发展的客观要求。

土地资源配置是一个转换土地用途和对土地做实体性改变的社会过程。有关政府部门、经济组织和个人，以不同的权利，带着不同的目的，参与这个过程，他们的合力最终决定土地资源的配置。在这一过程中，政府及政府的土地管理部门发挥着重要的作用、甚至是决定性的作用。尤其在土地使用制度改革和经济体制改革以前，政府和政府部门既是用地计划制定和执行者，又是用地配置过程的审批和具体管理者，同时对有关土地权属变更进行确定和管理。在土地使用制度改革以后，土地市场逐步发育，一方面用地的需求不完全来自政府的计划，另一方面配置过程引入了市场机制，不再完全受行政力量的安排，比如用地者可以根据自己的需要和兴趣，在法律和规划许可的情况下，有确定用地面积和位置的自主权，当然还需要支付足够的（市场价格）经济补偿。但是，尽管在市场机制配置过程中，由于土地资源的特殊性和国家仍然掌握土地所有权，政府及政府部门仍要对土地的用途、位置、使用年限、利用方式和有关权属等进行规划控制和权属管理等。

（三）土地资源利用

由于土地利用过程涉及各种行业和部门，而且各行业、各部门的用地，或者各种类型的用地都遵循各自的内在规律，如农业用地中对土壤的水、肥、气、热的要求及农业用地内部结构的分配等，林业用地的合理开发与林分的确定等，涉及各部门内的土地利用过程，在土地管理中难以完全顾及，因而通常不是重点调控的对象。而重点主要在于两个方面：一是监督和保证土地利用过程符合法律、政策及土地所有者的要求，使土地利用过程中个人和企业的目标与国家和社会的目标相协调；二是协调各部门之间的土地利用关系，或不同用地类型之间的关系。

（1）农业利用与建设利用这两种方式利用土地的功能不同，要求也不一样，尤其是农业用地对土地的自然条件要求严格，在协调二者关系时通常考虑农业用地优先。

（2）中间开发过程的利用与最终使用者的利用前者是增加附加值的利用，使土地本身增加内涵和可利用程度；后者是创造附加值的利用，生产土地产品。前者不能没有，但不能仅停留在前者，前后者之间应有开发方向上和量上的协调，否则就会出现问题。1992年由于过量土地开发，引起土地供给过剩，所开发的土地不能完全进入创造附加值的利用过程，不仅影响了土地市场的正常发育，还占用了大量资金，更严重的是浪费了土地资源。

（3）直接追求经济效益的利用与非直接追求经济效益的利用是土地利用过程中的敏感问题。从经济学角度看，任何经济组织利用土地都必然而且也应该追求土地利用的最大经济效益，但是就整个社会系统来说，又必然有某些不能直接产生经济效益的土地利用方式，来维持整个社会的运行，如军事用地、国防用地、交通用地、教育和行政机关用地等。因此，这两种用地在区域布局和量上的协调，是能否实现土地利用的社会、经济综合效益的关键。如工业用地和交通用地的关系，我国由于自20世纪80年代初以来经济发展迅速，而对基础设施投入，尤其是交通设施的建设不够，因而一度出现"交通瓶颈"，反过来制约经济发展。近年来，各级政府大力加强交通建设，从土地和资金上进行投入，使得交通紧张状况有所缓解。

（四）土地权属关系

土地作为重要的经济财产之一，历来是人们追求的目标。尤其是在经济社会，人们通常以能否拥有足够数量的土地财产作为衡量一个人身份和地位的重要指标。因此，土地作为一种位置固定的经济财产（不动产），其权属关系的确定和协调，通常是土地管理过程的核心内容。在具体的土地管理过程中，首先是对土地权属关系的确定和认可，这是使土地权利归属具有法律意义，或被社会承认的必要手段，一般要办理土地权属登记，颁发土地权属证书等；其次是对土地权属纠纷进行协调和处理，即在出现土地权属纠纷时，根据有关法律和规定，依据土地权属证明和事实，利用行政手段进行调处。随着土地市场的发展，土地交易的日益频繁，土地权属关系作为土地管理的对象之一，已越来越重要。

四、土地管理与行政管理的内在区别与联系

行政管理是指国家依据宪法和有关法律，通过各级行政机关对国家事务、社会事务和政府事务进行管理的活动。土地管理是国家行政管理的组成部分，是管理国家土地事务的活动，具有行政管理的一般属性，具体是指国土资源管理专门机构依据国家宪法和土地法规，对土地分配、占有、开发、利用等过程和行为所进行的一系列的组织、协调、控制、监督等综合性措施和活动。因而行政管理与土地管理既有内在联系，又有不同的范围和内涵。①行政管理主

要指国家行政机关对国家政务的管理；土地管理是国土资源主管部门协调土地关系、合理组织和监督土地利用等活动的管理。②行政管理的直接目的是执行国家意志，推行国家政务，管理社会公共事务，而土地管理的直接目的是保护和合理利用土地资源，实现土地合理有效配置。③行政管理侧重管理过程的计划、组织、指挥、协调和控制，而土地管理则侧重对具体土地政策、土地利用计划的执行和实施，以及对土地管理事务处理的方法、技术和程序。

五、国家对土地进行行政管理的必要性

（一）土地资源是整个人类的资源决定了必须进行社会性管理

土地资源是人类生存和发展的最基本资源，这一点目前已得到广泛的共识。然而，事实并不仅于此，更重要的概念是：土地资源是整个人类的资源。这里的"整个"应包括不同的时间和空间的概念，即土地资源在投入人类的开发与利用过程中，其开发与利用的结果往往具有时间上的延续性和空间上的关联性。

土地资源开发与利用结果在时间上的延续性是众所周知的。首先，一定时期的土地利用结果是在人类的长期开发与利用过程中形成的，今天的美好环境是我们的前辈注重环境效益的土地利用方式的结果，今天的水土流失、土壤沙化、耕地资源紧张，也是前人过度开发或掠夺性经营造成的后果。以此类推，我们今天的合理开发与否，也会在未来产生完全相反的两种后果，甚至矛盾更突出，因为人类的需求已经增大而资源总量有限。当人们来到芝加哥最吸引人、公众利用率最高的绿色"黄金海岸"享受优美的环境或进行休闲时，人们不得不感谢 D. Burnham 早在 1909 年所做的芝加哥规划，他借助立法手段规定沿密执安湖滨 32 千米长、至少 1 千米宽的土地不得用于除了公共绿地外的任何用途。而当人们来到非洲科特迪瓦，却只能回忆和想象当初森林茂密的景象，当地人民还要承受经济衰退所带来的影响。其次，人类所共有的土地资源总量是有限的，今天适度开发，明天就会有足够的潜在资源和可持续的土地利用；今天过度开发和掠夺性利用，就会造成明天的土地资源紧缺和土壤退化，引起人类可利用的土地资源的减少和土地生产力的下降，而且这种损失往往是难以挽回的。我国政府近年来对曾是中华民族发源地的黄土高原进行整治，投入了大量的人力物力，然而其成效却差强人意，要让流出去的土再"流"回来，谈何容易。

土地资源开发与利用的结果在区域上的关联性也是明显的。就世界范围来说，森林用地面积的减少，可能会引起整个地球表面反射能力的变化和二氧化碳的不平衡，从而引起全球气候的变化；就地区性范围来说，林地、草地过量

开垦或开发，引起土地覆被物的重大变化，常常会导致水文的变化和土壤侵蚀的加速，而且这些变化通常要超出直接受到影响的地区，引起下游地区洪水泛滥、泥沙淤积等。建设一个排放大量废水、废气的工厂，其周围地区势必要遭到污染，并影响周围地区的土地利用方式。因此，一定地区内各种土地资源的利用方式是相互联系、相互影响的，完全从自身利益出发的土地利用方式将受到社会的反抗。

因此，土地资源不仅是其占有者的资源，也是非占有者的资源；不仅是当代人的资源，也是子孙后代的资源。土地资源是我们整个人类的资源，为了保证整个人类利益的实现，必须有人从公共利益的角度出发，对土地资源开发与利用进行合理干预。

（二）土地利用既是经济过程，更是社会过程，需要通过公众干预实现全社会的利益

土地利用过程首先是一个经济过程，这是不言而喻的。土地资源作为重要的生产要素之一，在参与生产过程中总是为了获得更高的经济效益，产生更大的经济结果，其土地利用过程也就自然而然地受到各种经济因素的制约。如土地产品市场价格的变化，使土地使用者总是将土地用作更高价格的产品生产；一定时期的金融或财税政策，将影响土地投资者是否最终将资金投入土地开发；还有土地开发的成本、土地开发或利用产品的市场状况等，都直接影响土地使用者的土地利用过程。在经济社会，这种影响的根源是经济利益的驱动。

土地利用过程也是一个社会过程，这往往是不以土地使用者的个人愿望为转移的。其原因在于土地利用过程通常可能是独立的，每一块土地的利用通常都会与周围的土地利用以及设施状况有关，都需要利用其周围的土地，比如用于交通、供水、供电等，而且对周围地块来说，该地块也是它的周围地块，也要满足有关公共服务。这就是土地利用的社会效果，任何土地使用者对土地的利用都要有意或无意地满足有关的社会效果。在满足社会效果的土地利用过程中，实际就实现了土地利用的社会过程。

然而，土地利用的社会效果在不同的土地利用过程中有不同程度的体现，差别取决于土地利用的经济过程与社会过程的一致程度。有时是一致的，比如交通企业、能源企业等设施性企业的用地，通常既能获得较好的经济效益，又能充分满足周围地区交通和能源等的要求；但有时是不一致的，而且大多数情况下是不一致的，工业用地会引起周围地区的污染，追求土地高利用率下的城市"人造石林"会造成城市热岛效应等。

土地利用过程还是对人类生存环境的创造和改造过程。当然这种改造可能是向好的方向发展，也可能会向坏的方向发展。人类的主观愿望通常都是希望向好的方向发展，但是往往事与愿违。埃及尼罗河上的阿斯旺水坝，修建者本想获得经济效益和社会效益双丰收，即扩大农田灌溉面积，提高农田利用率，并利用水能增加能源，这些目标倒是实现了，但却引起了红海海岸线缩短，捕鱼量下降，血吸虫病与疟疾流行等生态问题。

（三）土地资源利用与政府

在经济社会，土地利用过程追求高经济效益是必然的，也是自主的，但是如何保证社会效益和生态效益，在社会效益和生态效益与经济效益发生矛盾时如何进行协调，如何保证人类所共有的土地资源有效、合理以及可持续地利用，这就需要社会控制，需要政府从社会的角度和整个人类的角度，对土地利用过程以及由此所产生的人与人之间的社会经济关系进行干预——这就是土地管理。

但是，土地资源的利用过程是广泛的和开放的，要受到各种经济的或非经济的，政治的或非政治的因素的影响，整个发展过程有其自身的客观规律。社会控制或政府干预的过程不能是盲目的、不讲手段的，更不能是无目标的，行政管理过程只能是在深入研究其客观发展规律基础上，采用科学的、合理的、有效的方法，对土地利用过程进行引导和调控，否则难以实现人类赋予行政管理的目标。而且对土地管理还有个认识问题，管理过程不是为了妨碍发展，而正是为了长期的更好地发展。土地管理中有时对用地的控制表面看来好像限制了该项目的发展，但执行这些限制恰恰是为了保证绝大多数人的长期利益，为了未来更好的发展。关键在于土地管理过程能否真正实现大多数人的长期利益和未来利益，这就要求土地管理过程的方法是科学的，目标是合理的而且是有预见性的。因此，必须加强对土地管理的研究。

第二节　土地管理的特征和原则

管理是人类社会活动的一个组成部分，随着人类活动的历史进程而不断演变。管理对象是在不断变化的，管理理论是过去事实的总结，隐含着对过去的管理现象所总结出的规律，同时又有它的自身的一些特殊性。土地管理也是如此。

土地管理是国家行政管理的组成部分，是国家管理土地事务的活动。具有行政管理的一般属性和职能。土地管理一方面具有维护国家根本利益，维护土地所有制的阶级属性；另一方面具有对社会土地事务进行行政干预和管理，以便土地利用符合整个国民经济发展要求的社会属性。土地管理的二重性决定了土地管理具有决策和计划、组织与指挥、协调和控制、监督与教育等具体职能。

一、土地管理的特性

土地管理除具有一般行政管理的权威性、强制性、政治性等一般特性外，还具有自己独立的特殊性，这是由土地管理的对象——土地资源的特殊性所决定的。

（一）土地管理的自然性

我们知道，行政管理过程本身可以是强制的、无条件的，可以为了特殊的目的采取一些特殊的强制措施，这一切往往都是从行政者自身的利益出发。而土地管理的对象是人类共有的、不可再生的、数量有限的土地资源，土地资源的开发与利用在时间序列上具有延续性，今天适度开发，明天就会有足够的潜在资源和可持续的土地利用；反过来，今天过度利用和掠夺性开发，就会造成明天土地资源退化，水土流失，引起人类可利用的土地资源的减少和土地生产力的下降。因此，土地管理过程必须以促进和保证土地资源的可持续性利用为前提，考虑土地资源的自然属性，遵循自然规律。

（二）土地管理的经济性

土地资源是重要的生产要素之一。在人类的社会生产过程中，它或作为生产资料，如农业生产和房地产建设，或作为生产场所，如工业生产和商业经营等，都起着重要的作用，在整个生产过程中，自然要转移价值或创造价值。因此，土地资源是人类重要的经济资源。而且，人类对土地资源的开发与利用过程，总是以追求最大经济效益或产生其他功利性的结果为目的，并从开发程度、利用方式和类型等方面不断进行调整，以保证其目的的实现。因此，从这个角度说，土地利用过程又是一个经济过程。

在经济社会，土地资源同时又是人类的一种重要的财产。在土地私有制国家，土地所有权的广泛流通使土地经常成为公民普遍追求的经济财产，而且获得土地这种不动产的质量和数量状况，通常是一个人经济地位和社会地位高低的具体体现，这反过来又更加提高了土地作为财产的经济价值和社会价值。在我国虽然实行土地公有制，不允许土地非法买卖，但是在实行土地使用制度改革以后，土地使用权同所有权分离，土地使用权可以依法进入市场流通，使得土地使用权成为企业或个人的财产，也充分体现了土地的资产价值。而且，土地所有权仍归国家，并一定程度上实现了其所有权的经济意义（收取土地使用费等），土地所有权也体现了国家的财产价值。

土地管理是对土地资源及其利用过程所产生的一切社会经济关系所进行的行政控制和干预，必须保证土地资源利用过程创造更大的社会经济财富，满足人类经济生活不断发展的需要。尤其在市场经济条件下，行政管理过程还必须遵循客观经济规律，并充分利用经济规律进行行政管理，这样才能保证行政管理过程的有效性。

（三）土地管理的社会性

土地资源是整个人类的资源，而土地利用过程通常是个别人的经济行为。在这种情况下，如何保证土地资源利用过程中既满足个人的利益，又不损害整个人类或社会的利益？这就需要土地管理过程从整个社会的角度，合理配置土地资源，协调土地资源利用过程中个人与个人、个人与社会、单位与社会、单位与国家等方面的矛盾，最后实现土地资源的利用满足整个人类的需要，既满足使用者的需要，又满足社会的需要，或不影响其他社会个体；既满足当代人们的需要，又不损害子孙后代的利益。因此，土地管理过程更重要的是维护和保持土地利用过程的社会利益。尤其我国目前的土地管理，基本上把土地利用过程的社会利益作为行政过程的首要目标，例如，把"十分珍惜合理利用每寸土地，切实保护耕地"作为基本国策，近年来开展的"保护耕地就是保护我们的生命线"各种努力和工作，以及自 1991 年 6 月 25 日第一个"土地日"以来，每年的土地日所开展的各种宣传，都体现了土地管理工作充分追求社会效益的目标。

1991 年 5 月 24 日，国务院第 83 次常务会议决定每年的 6 月 25 日（1986 年 6 月 25 日《中华人民共和国土地管理法》颁布）为全国"土地日"，自 1991 年以来每年的"土地日"均确定一个主题，作为该年土地日宣传和土地管理工作的重点。

二、土地管理的原则

土地管理原则是指国土资源管理部门及其工作人员从事土地管理活动所必须遵循的基本行为规则和标准。土地管理原则取决于土地制度和土地管理的总目标。我国的土地管理是建立在社会主义土地公有制基础上的，是以充分、合理利用土地，切实保护耕地为总目标。因此，我国土地管理必须遵循以下基本原则。

（一）坚持依法管理土地的原则

土地是不可再生资源，是国家的财富，只有将土地管理纳入法制轨道，依法管理，才能有效地维护社会主义土地公有制和保证土地永续利用。我国《土地管理法》的颁布和施行，为依法统一，管好土地，包括惩治乱占滥用土地和破坏耕地的人和事提供了法律依据。在土地管理过程中，贯彻社会主义法制原则主要体现在两个方面：一是要求严格依照土地法律和法规办事，做到有法必依，执法必严，违法必究；二是在管理土地上做好法制宣传工作，提高执法的自觉性，做到有法可依，有规章可循。

（二）实行土地统一管理的原则

我国《土地管理法》第 2 条明确规定："中华人民共和国实行土地的社会

主义公有制，即全民所有制和劳动群众集体所有制。"第8条规定："城市市区的土地属于国家所有。农村和城市郊区的土地，除法律规定属于国家的以外，属于农民集体所有；宅基地和自留地、自留山，属于农民集体所有。"对于国有土地来说，国家具有土地所有者和管理者的双重身份；对于集体土地来说，法律规定由村集体经济组织或村民委员会经营，但集体土地的产权是一种不完全的物权。随着城市化、工业化步伐的加快，农村集体土地不断地被征为国有，国有的一些未利用土地资源的开发，使现实中的两种所有制形式一直处在动态变化之中，这在客观上要求对全国城乡土地实行统一管理。《土地管理法》第5条明确规定："国务院土地行政主管部门统一负责全国土地的管理和监督工作。"因此，国土资源部被授权对全国城乡土地实行统一管理的职能。由于土地位置固定的特殊性，又提出了属地管理的要求，即由地方各级人民政府管理各行政区域内的土地。所以，落实到具体区域或某个地块的土地用途，只能靠统一的规划和法律法规来实施，并由省（自治区或直辖市）、市（地）、县（区）和乡（镇）政府负责土地管理的日常工作。

（三）节约和集约利用土地，保护耕地的原则

中国是一个人多地少的国家，人均耕地面积约1.5亩[①]，不足世界人均耕地面积的1/2，现有耕地资源的不足，后备资源的缺乏，正日益严重地成为我国国民经济和社会发展的制约因素。

因此，土地管理要把节约、集约用地和保护耕地作为自己的最基本任务和基本行为准则。一方面，在经济建设中，通过土地利用规划引导和调控土地节约和集约用地，提高投入产出效益。另一方面，严格控制建设用地指标，尽可能少占或不占耕地。对建设确需占用耕地的，必须严格按照"占一补一"原则，及时补充耕地，确保有效的耕地面积。

（四）统筹兼顾，效率与公平兼顾的原则

随着经济的快速发展，各行各业都需要用地。而人类拥有的土地又是有限的，因此，土地在国民经济各部门分配与调整时，要根据社会主义建设全局的需要，兼顾各单位、各部门的特点和各地段的自然经济条件，协调处理部门之间的利益，并坚持统筹兼顾，正确处理局部与全局，当前与长远的关系，合理安排好各部门、各行业经济建设的用地需求。特别要注重处理好农地与建设用地间的分配关系，既要保护好耕地，把质量最好的土地优先用于农业，又要积极为各项经济建设提供必要的用地。土地是农业生产的基本生产资料，农业生产需要的只是土地的肥力，并不考虑土地的承载力。其他建设用地，一般不受土地质量的影响，只需考虑土地的承载力。为此，提供用地时，必须把质量

---

① 亩为非法定计量单位，1亩＝1/15公顷。——编者注

好、肥力高的宜农用地，优先用于农业生产。正确处理和协调各方面用地的利益关系，促进土地利用的可持续发展。

土地是公共资源，对于具体的土地使用者来说又是财产，在具体的土地利用和管理过程中，如国家建设征地、城市旧城改造中的拆迁等，均应坚持效率与公平兼顾的原则。

（五）坚持生态、经济和社会效益统一的原则

从全局的、长远的观点来看，土地利用的生态、经济和社会三效益是一致的，具有良好生态效益的土地利用，必然会取得良好的经济效益和社会效益。但在人们对土地利用的过程中，常常会出现只重视眼前的经济利益而忽视长远的社会和生态环境利益的短期行为，如大量的毁林开荒、盲目围湖造田、过量的施用化肥、随意采沙取土等，这些短期行为的后果在当时并不明显，经过较长的时间才会显现出来，当人们注意到时，严重的后果已经产生了，如果要消除这种后果，就要付出昂贵的代价。因此，在土地管理过程中，土地管理人员必须要从长远利益出发，科学规划，坚持生态、经济和社会三大效益的统一原则。

（六）公众参与原则

土地管理的公众参与是指在土地管理过程中，充分调动人民群众管理土地的积极性和主观能动性，保护和开发土地资源，维护社会主义土地公有制，保证土地管理目标实现的过程。

我国《土地管理法》修订时，通过新闻媒体公布，并广泛征求全国人民的修改意见，充分体现了我国社会主义民主的性质。人民群众不仅可以参与立法，也可以对国土资源管理部门的具体政策行为进行监督，同时还可以直接参与国土资源管理部门基层组织的一些具体活动，如国土资源管理巡查工作，在很大程度是依靠基层群众提供的信息而开展的。

公众参与是土地管理中的一个重要组成部分，是实现土地管理目标的重要一环。土地管理需要广泛征求公众或公众代表（专家和民众）的意见和建议，建立相关信息交流和互动渠道，通过公众参与，完善土地管理的决策机制和监督机制，做到以人为本、公正透明，提高土地管理的科学性。

第三节　土地管理的任务和内容

一、土地管理的任务

土地管理的含义和性质，决定了土地管理的任务。我国土地管理的基本任务是维护社会主义公有制及土地所有者和使用者的合法权益，保护、开发、合理利用土地，切实保护耕地，促进社会经济的可持续发展。在现阶段，土地管理的主要任务有以下几个方面。

（一）贯彻执行土地法律，维护土地所有制

贯彻执行土地法律法规，落实国家在土地开发、利用、保护和整治等方面的方针、政策，是土地管理的重要任务之一，也是科学地管好和用好土地的政治保证。

《土地管理法》及其他有关土地的法规，是土地管理的法律依据。同时，它又必须通过执法机构——各级国土资源管理部门来贯彻执行。只有这样，才能做到有法必依，违法必究，使土地管理走上法治的轨道。必须认真宣传土地立法的重要意义，提高广大干部群众依法用地、依法管地的自觉性，坚决制止对社会主义土地公有制的各种侵犯行为，保护社会主义土地所有者、使用者的合法权益，稳定社会主义土地利用方式。

（二）加强法制建设，做好土地管理的基础性工作

土地管理的基础工作，是指在一定历史时期为加强土地管理工作奠定基础和提供前提条件的各项工作。基础工作的重点：一是加强法制建设，以建立和健全土地管理法律体系，使土地管理的各个方面都做到有法可依；二是加强地籍管理，开展土地利用更新调查，全面核查各类土地的数量、质量、分布和利用状况，并依法进行登记、统计、确认土地的权属关系，掌握土地数量、质量和分布的变化信息及其规律，在此基础上，开展土地评价和定级估价；三是搞好非农业建设用地的清理和管理。

（三）保障土地使用者的合法权益

土地是整个社会的基本资源和财产，在土地的开发与利用过程中，会形成社会各方面的权利义务关系，比如从关系的主体上看，有国家、集体与个人之间的关系，有土地使用者与土地所有者之间的关系，还有土地使用者与土地使用者之间的关系；从关系的内容上看，有经济利益与经济责任的关系，有权利与义务的关系等。而这些关系都是在一定的法律制度框架下的土地利用过程中发生的，可能有合法的权益，也可能会产生不合法的权益，或者说在各种关系中会存在这样那样的矛盾，土地管理过程就是要保障合法的权益，防止或制止非法的权益，以保证土地利用过程合法、有序地进行。

（四）保护土地资源，促进土地资源合理配置与利用

土地资源是人类赖以生存和发展的基本资源，而且是有限的、不可再生的资源，土地管理必须从整个社会的角度，从人类长远发展的角度，去规范和控制土地开发与利用行为，促进土地资源的合理配置与利用。我国近年来开展的一系列的耕地保护工作就是这一任务的具体体现，制定了基本农田保护条例，建立了有关保护耕地的管理责任制度，甚至在国家有关实体法上也列入保护土地资源的内容和对破坏耕地的处罚措施，充分体现了我国政府保护土地资源的决心。

然而，保护和控制不是为了妨碍发展，而正是为了长期的更好地发展。从局部或短期来看，有的保护和控制土地利用措施，表面看起来限制了土地利用经济目标的实现，但是执行这些措施恰恰是为了保证更大范围的、绝大多数人的长期利益，为了未来更好的发展。保护土地资源是手段，促进土地资源合理配置与利用，使土地资源的利用满足社会经济长期的、可持续的发展是最终目标。

（五）运用现代化科技手段，提高土地管理水平

科学技术的发展，尤其是遥感技术、地理信息系统、卫星定位技术、计算机技术和网络技术的诞生和运用，使现代土地管理的内涵发生了深刻变化，也彻底改变了传统的技术方法和管理模式。将这些现代科学技术有机地集成为一体，对土地资源进行实时动态监测、综合分析评价和模拟预测，为土地管理工作提供实时的、准确有效的数据，提高土地资源科学管理和决策水平，使土地资源得到科学合理的利用、开发、整治和保护，实现土地资源的永续利用与社会、经济、资源环境的协调发展，满足社会经济长期发展的需要。

运用计算机网络通信与 GIS 技术，以土地规划管理、用地计划管理、土地审批管理、土地征用管理、土地登记管理、土地价格管理、土地监察管理、土地档案管理等为核心的集 GIS 与办公自动化为一体的图文办公信息系统，用于日常业务办公，可提高土地管理的工作效率。

二、土地管理的内容

依据上述任务和我国目前土地管理实践体系，考虑到社会经济发展对土地管理的客观要求，土地管理的主要业务内容有以下几方面。

（一）地籍管理

地籍和地籍管理是人们认识和利用土地的自然和社会经济属性的重要措施之一，是整个土地管理过程的基础。地籍最早是为了征税而建立的一种田赋册，即按地亩征税课目设置的簿册。所以地籍是反映土地的位置（地界、地号）、数量、质量、权属和用途（地类）等基本状况的簿册。但是随着社会的发展，地籍的概念和内容有了很大的发展。现代地籍不仅是课税对象的登记簿册，而且还包括土地产权登记、土地分类面积统计和土地级别、地价水平等内容。由此可见，地籍的作用从最初的以课税为目的的税收地籍，发展到产权地籍和为土地利用服务的多用途地籍。同时，随着科技的发展和社会的进步，地籍除采用簿册登记或统计以外，还编制地籍图，采用图簿册并用的手段。现代地籍又从图簿册逐步向利用电子计算机技术建立数据库和信息系统的方向发展。

地籍管理的内容，一方面取决于社会生产力水平及与其相适应的生产关系的变革；另一方面也取决于它的对象——土地的基本特性。最早，地籍管理的主要内容是进行土地原始统计。随着私有制的发展，地籍管理逐步成了历代统治阶级用以维护和强化土地私有制的工具，地籍管理的内容主要是为制定各种与土地占有制有密切关系的税收、劳役和租赋制度而进行的土地统计、登记工作。随着我国社会经济的发展，地籍管理的目的和内容也在不断地深化和扩展。根据我国的基本国情和建设的需要，现阶段地籍管理的主要内容包括：土地调查、土地登记、土地统计、土地级别确定、地籍档案管理等。地籍管理的内容不是一成不变的，各项内容也不是孤立存在的，而是相互联系和衔接的。

我国现阶段地籍管理工作正处在起步阶段，同世界各先进国家相比，在某些方面还有一定的距离。当前我国地籍管理应以开展城镇地籍管理和农村基层地籍管理为重点，建立符合我国基本国情的地籍管理体系。

（二）土地权属管理

土地权属管理（简称地权管理）是指有关土地所有权、使用权方面的行政管理活动，也就是国家用以确定、调整和处理有关土地所有权、使用权、他项权及其权属变更的一系列管理活动。

土地权属管理的主要任务是确定和维护与社会生产力相适应的土地关系和土地所有制。历代统治阶级为了维护和保障自己对土地的占有权，都通过国家制定一系列政策、法律等，作为土地所有权、使用权及其变更的依据。因此，阶级社会的地权管理"只对强者有利，而对贫农则是一种伤害"，我国现阶段土地权属管理的主要任务是：巩固并不断完善社会主义土地公有制，保护并监督土地资源的合理利用，提高土地使用者开发、利用土地和改善土地条件的积极性，预防和调解土地纠纷，稳定社会主义土地利用方式。其具体内容主要有土地权属的确定、变更与调整的行政管理，协调土地纠纷以及制定和实施有关权属管理的法规、政策等。

地籍管理和土地权属管理的区别在于，地籍管理是对土地权属的登记确认和统计过程，而且在登记、统计时除以权属为核心以外，还有许多其他内容，如土地质量状况、利用状况等；而土地权属管理则主要是对土地权属变更的审查、审批等行政管理过程。地籍管理是静态的，而权属管理是动态的，是对权属变化过程的管理。

（三）土地市场管理

随着我国市场经济体制的逐步建立和土地使用制度的改革，近年来我国土地市场得到迅速发展。土地是关系国计民生的重要的生产要素，又是一种不可再生的资源，其进入市场的数量、类型以及市场交易方式、交易主体、交易客体，即整个交易和利用过程都必须合国家整体利益和长远利益。因此，国家和政府必须对土地市场进行宏观调控，以保证有限的土地资源在市场经济条件下的可持续利用。

对土地市场的管理，主要依据法律、政策等对其实行宏观调控，合理利用市场机制和宏观调控手段进行有效的管理。具体内容有：①价格管理，主要包括对土地使用权出让、转让、租赁、抵押等交易过程的价格管理；②交易行为管理，主要是对土地市场交易过程中交易双方的行为进行规范和约束，使交易过程符合有关法律、法规的要求；③规划管理，主要是对进入市场进行交易的土地用途进行规划控制，以保证其土地利用过程符合社会整体利益和长远利益；④法制管理，即中央和地方政府通过制定土地法规和土地市场管理条例来约束市场交易活动。

(四) 土地利用管理

土地利用是由土地的固有特性和人的干预所决定的土地的功能。由于土地是最基本的生产资料，任何生产和生活都离不开土地，换言之，人类的任何生产和生活都是不同程度的土地利用过程。千百年来，人类的土地利用活动中，既有成功的经验，也有失败的教训；既有短期内给人类带来益处，而从历史的长河来看却是莫大灾难的情况，也有近期成效并不显著，而从长远来看则是造福子孙、功垂千古的实例。从土地利用活动本身来看，既是一个自然过程，也是一个社会过程；既要满足经济效益，更要满足社会效益和生态效益；既有个人的利用活动，也有国家或集体单位的利用过程。因此，要保证土地利用的合理性或协调性，充分发挥土地的功能，政府必须发挥调控功能，进行土地利用管理。现阶段土地利用管理的内容主要包括土地利用计划、土地利用规划和土地利用动态监测等。

(1) 土地利用计划是事先对一定地区的土地利用所进行的具体部署和安排，是为了达到土地利用的目标，根据当地土地资源的实际情况，对各种用地所制定的计划指标。这一用地计划指标是土地利用计划目标和任务的具体化和数量表现，一定时期所制定的土地利用计划体系是这一时期土地利用宏观调控的重要依据和手段之一。一个完整的土地利用计划体系包括全部土地资源的开发、利用、保护、整治的计划，按时间分短期、中期、长期计划，按地区必须是统一的、分级的多层次计划。

(2) 土地利用规划是在土地的空间上进行各项用地的组织与配置的一种综合性措施。国家的社会经济发展目标和地区的自然、社会、经济条件是土地利用规划的重要依据。在宏观上，要把各种用地结构具体落实到土地空间上，是各部门生产计划与规划的宏观控制。因此土地利用规划是合理组织和科学管理土地利用的重要措施和手段。

(3) 土地利用动态监测是通过对土地使用者及其所使用的土地进行定期定点观测、检查，及时掌握各种土地利用类型的数量、质量的动态变化趋势和规律，使土地资源得到保护；当土地资源一旦受到破坏和污染时，能在初始阶段得到制止，并采取措施加以治理。土地利用动态监测也是对土地规划方案及土地基本建设工程实施效果的检查和验证的必要手段，同时它还是保证社会主义土地公有制不受侵犯的有力措施。土地利用动态监测，按其意义和任务，可分为土地利用效果的监测、土地利用水平的监测、土地质量变化趋势的监测、土地权属稳定性的监测等。

（五）土地监察管理

土地监察管理是土地管理机关依法行使土地监察的管理行为。首先是监督检查土地法律、法规和规章的贯彻执行情况，对违法占地、用地行为依法行使制止权；其次是受理土地违法行为的检举或控告，调查处理土地违法案件等。土地监察管理是整个土地行政管理工作的重要环节，是强化土地行政管理的重要手段。通过实施土地监察管理工作，一方面可以保证国家的土地管理法律、法规得到全面的贯彻实施，提高广大干部群众珍惜土地、合理用地、依法用地的自觉性；另一方面可以有效地检查土地使用者、土地管理机关及其人员依法用地、依法管理的状况，既促进土地合理利用，也提高土地行政管理机关的威信。因此，土地监察管理是实现土地管理过程法制化的重要环节。

（六）土地税务管理

土地税收历来是国家的重要税收来源之一。土地税务管理就是国家对土地税的征收和缴纳过程所进行的行政管理。我国目前的土地税收涉及土地使用税、土地增值税、耕地占用税等多个税种，是国家税收的重要来源，也是合理进行土地收益再分配，促进土地资源合理利用的重要手段之一，因此加强土地税务管理是新时期土地管理的客观要求。

三、土地管理的方法

土地管理是一项综合、复杂而且社会性很强的工作，涉及社会、经济发展的方方面面，因此管理过程中所采用的方法非常重要，是能否进行充分、有效管理的基本前提。在实践中，人们常把土地管理的方法分为行政方法、法律方法、经济方法和技术方法等。

这里所谓的行政方法，是较狭义的概念，是指按照行政管理系统自上而下，通过行政命令、规定、通知、指示等方式，依靠行政组织和领导的权威来行使土地管理措施的过程。因此，它具有强制性、垂直性、单一性和无偿性等特点。

法律方法是指运用各种法律、条例和司法、仲裁等调整土地关系的行政管理过程。实践中主要包括两个环节：一是建立和健全各种法律、法规；二是严格进行行政执法和监督监察及相应的司法工作。这两个环节相辅相成，不可偏废。

经济方法是指根据土地管理过程的客观经济规律，充分运用价格、税收、信贷、利息、利润、工资、奖金、罚款等经济手段，调节和理顺各种土地关系，引导或约束人们合理组织土地利用的管理过程。其中价格、税收、信贷和利息等属于宏观经济调控手段，利润、奖金、罚款、工资等属于微观经济管理手段。在我国现行的市场经济条件下，土地市场逐步成熟，土地利用的经济机制和市场规律越来越明显，因此经济方法在土地管理过程中将占有越来越重要的地位。

技术方法是指在土地管理过程中所采用的测量、计算、统计、分析、评估、预测等措施体系。如土地面积的测绘技术、土地利用的动态监测技术、土地信息的数据库管理技术、土地利用规划、计划的预测技术等。这些技术的应用，是科学、客观、有效地进行土地管理的基础和保证。

不同土地管理的方法通常运用于土地管理的不同过程，下面具体地介绍几种主要的土地管理方法。

（一）命令和通知

这是属于行政强制的方法，通常是在土地管理政策制定以后，通过行政命令或通知的方式予以发布和实施。适用于解决土地管理过程中的具体问题或局部问题，具有较强的针对性和灵活性。

（二）法规和条例

这自然是属于法律方法，是在土地管理过程中，发现土地问题或出现新的土地利用要求，土地管理部门和有关立法部门经过研究制定出一系列相对完整的规定，然后通过国家法律或条例的形式予以颁布和实施。这种方法适用于解决较宏观、影响范围较大的问题，通常是全国性的问题，具有较强的强制性和权威性。而且法律一经制定，应有较长期的解决问题的生命力，要求制定法律过程中应有较长期的预见性，同时也是为了保证法律的相对稳定性。

（三）计划和规划

这是技术方法和行政方法的结合。在制订计划和规划时，通常要采用许多科学的、先进的技术手段，来保证计划和规划的科学性和合理性；在实施计划和规划时，要采用一定的行政强制手段来保证计划和规划的完整实施。

计划和规划是土地管理过程中两种最常用的方法。在过去的计划体制下是这样，在目前的市场经济体制下也同样不可缺少，而且市场经济下往往由于追求经济利益的驱动，更需要政府从社会和宏观的角度，制定计划和规划来引导土地资源的市场配置过程和约束土地利用行为。例如，通过制定土地市场供给计划，促使土地市场的供求平衡；通过制定土地利用规划和城市规划，规定进入市场的土地用途和开发利用方式等，保证土地利用过程与周围的其他土地利用相协调，满足整个社会的需要。

（四）激励和处罚

这是一种利用经济或名誉对土地利用的合法行为、有益行为进行激励或鼓励，对违法行为、破坏行为进行处分、处罚或制裁的方法。这是一种较微观的方法，适用于对具体的土地利用行为进行行政调处的过程。例如，对于建房使用老宅基地，不占用新耕地给予经济上的奖励；对于超标占地、荒废土地给予经济处罚等。这种方法还可以结合税收、工资、金融投资和土地价格等共同使用，以达到良好的行政调控效果。

（五）关联和连带

这实际是一种技术方法，是在土地资源配置和土地利用管理过程中，采用一些相关联的措施进行行政调控的方法。如为了鼓励开发边缘地区，若开发商能在投资于中心城区的同时，投资于待开发的边缘地区，则在中心城区的项目可以提高容积率；又如投资商业建筑的开发商，若能投资于普通住宅，则商业建筑的容积率可以增加。这种做法在国外称为"关联项目"，美国在进行城市增长管理过程中，还将这种方法形成了制度，即在进行土地利用规划、基础设施建设项目时与财政预算之间进行相互联系，使得规划或基础设施建设项目较易实施。

思　考　题

1. 简述土地管理的概念及特性。
2. 简述土地管理的任务。
3. 土地管理应遵循哪些原则？

第三章 土地管理的基本理论

第一节 资源科学理论

一、资源与资源科学

资源，是"资财之源"，或者说是创造人类社会财富之源泉。马克思主义认为创造社会财富的源泉是自然资源与劳动力资源，马克思在《资本论》中引用威廉·配第的话说"劳动是财富之父，土地是财富之母。"恩格斯在《自然辩证法》一书中也明确地指出："劳动和自然界一起才是财富的源泉，自然界为劳动提供材料，劳动把材料变成财富。"由此可见，资源包括自然资源与劳动力资源两个基本要素。

资源按其属性分为自然资源和社会资源两大类。自然资源指自然界存在的对人类有用的自然物，例如土地、水、矿产、生物、气候等。社会资源包括各类自然资源经过人类社会多次加工制成的生产资料、生活资料、资本等实物资源和劳动力资源以及信息、科技与教育、管理等非实物资源。资源是一个历史的、动态的范畴，随着社会生产力的不断发展，自然资源与劳动力资源经历了历史性的变化，从自然资源向实物资源演变，又从实物资源扩展到非实物资源，劳动力资源也从体力劳动逐渐向智力劳动演变。

人类研究资源问题由来已久，但提出资源科学体系时间并不久。资源科学是由学科群构成的大科学领域，是研究资源系统的结构与功能及优化配置的综合性科学。它由自然资源学、社会资源学与知识资源学三大部门组成。至今仅自然资源学及其诸多分支学科发展较快。知识资源学是随着信息资源的日益发达及知识经济的兴起，于20世纪90年代才引起人们注意，并提上研究日程。

资源作为人类社会的生产资料已有上万年历史。工业革命促使矿产、土地、水、森林等部门资源科学的形成与发展。但是资源作为一门科学进行整体的、系统的、综合的研究则是近几十年的事，它在中国始于20世纪50年代的自然资源综合考察，经过近半个世纪的努力，尤其在20世纪80年代以后，随着国民经济的蓬勃发展，资源科学研究取得了长足的进展。在20世纪90年代，这一研究领域完成了两项标志性的成果，一是由原国家计委主持完成的

42部"中国自然资源丛书"，二是由中国自然资源学会主持完成的《中国资源科学百科全书》。这两项成果系统地总结了近半个世纪以来中国资源研究的理论与实践，初步建立了资源科学的框架，对学科的理论体系进行了有益的探讨。

资源科学要研究与解决的主要矛盾是劳动力资源与自然资源之间的矛盾。人（力）与（自然）资源的关系是最基本的关系。自然资源的有限性与人类需求的无限性之间的矛盾将是长期存在的，中国人口众多，自然资源相对紧缺的矛盾已成为中国的一个基本国情，解决这对矛盾的力、法归根结底是要依靠自然资源与劳动力资源的优化组合和科学技术的进步。

人与资源这对矛盾中，人总是处在矛盾的主要方面。可是由于人类不合理的掠夺性的滥用资源，造成资源的流失、破坏、退化乃至枯竭和资源环境的恶化，加剧了自然资源的紧缺程度；人类也可以运用自己的智慧——智力资源，合理科学地利用资源，不断提高资源的利用率与产出率，使资源得到集约、高效、持续的利用。因此，资源科学工作者不仅要重视对自然资源系统深入的研究，也要加强对社会资源的研究和开展对知识资源的研究，更要重视彼此结合高层次的综合研究。中国是人力资源丰富而自然资源相对紧缺的国家，如何扬长避短，把中国雄厚的人力资源与相对紧缺的自然资源不断地优化组合，是一个永恒的主题。

在人与资源的关系中，还要提及的是资源与环境的关系。资源与环境是相互依存、相互影响的。资源本身就是人类生存环境的一部分，而且是重要的组成部分，是环境中能被人们直接利用的那一部分，人类利用了资源也就利用了环境。环境的恶化则是资源不合理利用，资源的破坏、流失与污染的结果。因此，保护环境首先要从合理利用资源着手。环境是资源生成的动力和条件，资源环境的恶化反过来影响资源的生产力，甚至产生不可逆转的结果，从这个意义上讲保护资源环境也就是保护资源的生产力。因此，资源科学研究与环境科学研究应密切结合，实现资源可持续利用与环境不断改善。

二、资源的特性

（一）资源在空间上的共生性与整体性

在自然界，气候资源、水资源、生物资源、土地资源、矿产资源是相互联系、相互制约的一个整体，它们在垂直空间上是共生的。在地球大陆的任意位置，土地资源、矿产资源、水资源、生物资源、气候资源等自然资源有机地组合在一起，共衰共荣，彼此间不断地进行物质和能量的交换。人们对某一类资源的合理利用或破坏，都会对其他资源产生有利或不利的影响。如一地森林生物资源的采伐、草原放牧，就可能造成水土流失与沙化等，因此，资源的存在与发展表现出明显的整体性。如果脱离对资源的整体性考虑,只顾及某一资源合理利用与保护是难以达到目的的。资源的共生性与整体性决定了对资源合理利用管理的综合性。农业生产是对全部农业资源的利用,即对土壤资源、水资源、生物资源、气候资源的同时利用,各类农业资源对农业生产具有同等重要性。可以断言,单一农业自然资源的农业利用不存在。农业生产是一类生物生产,由于土地利用具有排他性,所以农地作为农业生产时不能作为非生物生产所用,这造成了资源整体性与资源管理立法的单一性之间的矛盾。

(二) 资源分布的地域性

资源的分布,具有一定的空间范围和分布规律,表现出明显的地域性。气候资源、水资源、生物资源和土地资源的地域性分布规律主要受地带性因素的影响,但同时也受非地带性因素的制约;矿产资源和化石能源等的地域性分布规律主要受非地带性因素的制约。此外,资源开发利用的社会经济条件和技术工艺水平也具有地区发展的不均衡性,使社会经济资源也表现出一定的区域性特征。由于资源分布具有区域性特征,就要求资源的调查、评价,特别是对资源的保护与开发利用要做到因地制宜。

(三) 资源的相对有限性与绝对无限性

时间、空间和运动是无限的,物质与能量也是无限的,但在具体的时空范围内,就人与资源的关系而言,资源特别是自然资源又是有限的。从哲学观点出发,自然资源是相对有限性与绝对无限性的辩证统一。沿人类历史长河溯源,可以看到,人类不断繁衍,持续消耗更多的资源,而资源储存不断增加,尤其是新种资源不断涌现,这显然应归功于社会发展与科技进步的无限性。资源特别是自然资源的绝对无限性是人类无限生存下去和社会无限发展、进步的重要条件。而资源的有限性则为经济、合理地利用资源,有效地保护和管理资源提供了依据。

(四) 资源利用的多宜性

无论是单项自然资源还是复合性的资源,都具有多功能、多用途和多效益的特征。诸如土地资源可以作为农业、林业、牧业、渔业、建筑业、交通运输业等各种使用方向;一条河流既是农业灌溉水源,又可作为电力部门的动力源,还可以是交通部门的运输线,当然还可以作为工业的水源以及旅游用地等;森林资源的多功能性、多宜性更为明显。自然资源的多宜性,带来了资源利用的复杂性。显然,不是所有资源的多宜性功能都具有同等重要的意义。因此,在资源开发、区域规划和地区发展战略研究时,就需全面权衡利弊,特别是面对社会多种需求、资源广泛利用时,资源的多宜性功能抉择就更显重要。

(五) 资源系统的全球性

资源的全球性可以说是资源系统的地域性与整体性在全球尺度上的具体体

现。首先，全球自然资源是一个整体系统，一个国家或地区的资源利用后果往往会超过其主权范围而波及世界其他地区。其次，全球资源分布的地域性与不平衡性，导致了全球区域性的资源短缺与优势互补问题。再次，有些资源是全球性共享资源，诸如公海中的自然资源、北极的资源以及界河、多国流域和迁移性资源等。因此，在研究资源开发时，除了要立足本国外，也要放眼世界，了解国际上资源的供需状况及发展前景。这就涉及资源开发利用的国际合作问题。

三、土地管理的资源基础

任何国家和地区的土地管理都必须以其土地资源条件为基础，其土地管理的政策、法律及行政措施等都必须与其土地资源条件相协调，否则将不可能达到应有的管理效果。

（一）水资源及气候条件、土壤与地质地貌条件决定土地利用方式

人类任何土地利用或管理行为都必须遵循土地的自然条件，而一定区域内土地的水资源状况、气候条件、土壤质量及地质、地貌条件等都决定着其可利用方式和利用程度，如我国西北地区土地资源丰富，而水资源短缺，导致土地沙漠化，土地利用能力极低；东北地区土壤肥沃，人少地多，而其气候寒冷，决定了其土地自然生产能力仍然较低。我们在"以粮为纲"的年代，进行全国大开垦，尤其将一些坡地开发为耕地，从而导致水土流失，这是不遵循自然规律进行土地利用与管理的典型体现，从而招致自然的惩罚——水土流失、环境恶化，又不得不退耕还林、还草，劳民伤财。

（二）土地资源调查、评价与土地统计是土地管理的基础和前提

要进行有效的、合理的土地管理，其前提是必须摸清家底。土地资源调查就是为查清一定国家、一定地区或一定单位的土地数量、质量、分布及其利用状况而进行的量测、分析和评价工作，为合理调整土地利用结构和农业生产布局、制定农业区划和土地利用规划提供科学依据，并为进行科学的土地管理创造条件。尤其在我国目前实行土地用途管制制度体系下，准确、全面地掌握全国土地利用类型是土地管理最基本的工作。

第二节　制度理论

人类开发利用土地资源总是在广泛的制度框架内进行的。在我国土地管理界曾有一句名言："土地管理管的并不仅仅是土地，而是利用土地的人"。这句话至少说明两个问题：其一，土地资源并不仅仅是简单的自然资源，它在开发利用过程中涉及社会经济的方方面面，在土地利用过程中所体现出的社会、经

济关系往往是人与人之间的关系；其二，人类在开发利用土地资源过程中需要遵循社会的既有秩序和国家的管理要求。因此，制度因素是土地利用过程中的基本框架。

一、制度的概念

根据经济学家研究认为，"影响和控制个人行为的群体、集体或社会活动的各个方面叫作制度或制度因素"（雷利·巴洛维，1989）。从这一制度的概念来看，它与人们通常理解的与各种"主义"连在一起的诸种"制度"是两个不同的概念。前者更具有一般性，而后者则带有些特殊性，并且具有更浓重的意识形态色彩，使用的局限性较大。因此，从客观上说，制度就应该是实实在在的，与人们的生活息息相关的，而不应该是虚无缥缈的。尤其在经济社会中，制度用来固定人类生活的范围，规定人类生活的形式。实际上，现实世界是一张联结不断的制度网，制度涉及人类利益的每一个方面。财政经济、国家体制、工作要求、生活规律、民族习俗等各种秩序都是制度。各种制度的结构可能是僵硬的或灵活的，在其应用中也可能是严格的或宽松的，但是不管怎样，它们构成一致的准则，个人只有在危险时刻或冒着危险才会违反准则。当然，制度是人类自己制定或养成的，用来维护大多数人的利益，当人类出现一种迫切的要求时，一项制度往往就随之产生了。

总的来说，制度代表已建立的社会秩序和已形成的行为方式，它们是社会的行为准则。在许多方面，如经济、教育、家庭、法律和政治制度等基本制度方面，它们提出一个控制系统，指出什么是个人和群体可接受的行为，什么是社会、国家或他人不允许的行为。各个控制系统既不是统一的，也不是互斥的。相反，它们是必然交织和相互依赖的。一串串制度秩序和行为方式存在于各个系统之中，它们建立了控制系统的运行模式，这就是整个社会的制度框架。

与上述所谓社会制度相比，国家制度是一个更政治化的概念。国家制度（state system）有的国家又称为政治制度（political system），是指一个国家的统治阶级为实现和巩固其阶级专政而采取的统治方式方法的总称，包括国家政权的阶级实质（即国体，指社会各阶级在国家中的地位）、组织形式（即政体，指统治阶级采取何种形式组织自己的政权机关）、国家的结构形式（即单一制还是复合制，指国家的整体与部分、中央政权机关与地方政权机关之间的相互关系）以及为保证国家机器运行的一系列基本的具体的制度。国家制度是社会制度的有机组成部分，土地管理所依据的土地制度是国家制度的重要组成部分。

二、秩序与经济生活

在传统观念中，更多的是从政治学角度研究制度。但在现实社会中，从经济学角度认识制度同样意义重大。制度的关键功能是增进秩序：它是一套关于行为和事件的模式，它具有系统性、非随机性，因此是可理解的。在存在社会混乱的地方，社会的相互交往必然代价高昂，信任和合作也必然趋于瓦解，而作为经济福祉主要源泉的劳动分工则变得不可能。因此，制度在经济交往中能够促进秩序，在众多个人努力设法克服资源稀缺时影响行为模式。秩序鼓励着信赖和信任，并减少合作的成本。当秩序占据主导地位时，人们就可以预见未来，从而能更好地与他人合作，也能对自己冒险从事创新性试验感到自信。这样，人们在寻找能与之合作的专家方面将更易于发现其所需要的信息，更易于猜测什么可能是这种合作的代价和回报，结果是发现和应用更有用的知识。

　　经济学是研究稀缺性的。这意味着偏好一种行为的决策必然包含着放弃其他可选行为。这样的决策总是主观性的：各种可选方案要由不同的单个决策者来评估。因此，本书的每位读者都放弃了自己用于其他事情的时间来阅读本书。经济学家称资源的其他有价值用途为"机会成本"，很显然，一位读者的机会成本可以是听一堂课，而另一个机会成本可以是去海滩度假。即使被一项选择所排挤掉的其他机会在技术上是相同的——例如，因为正在读这本书，我们就不能去听一场摇滚音乐会——但在我们中间，满足的价值仍将因人而异。你感觉到的机会成本可能比我们感到的高许多。这一点非常重要：经济决策应尽可能地由个人做出，而不是集体做出。因为个人了解其主观机会，而集体决策者则缺乏充分的信息。

　　在一切要由具备不同欲望和能力的不同个人做出这类选择并评估其机会成本的场合，秩序和信赖都受到欢迎。信息因秩序而易于被传递给他人，而一个复杂的劳动分工也因秩序变得可能。因此，对多种多样处于变化着的环境中的人来讲，支撑秩序的制度在内容上与使人们满意的经济成果有极大的关系。

　　因此，制度是人类相互交往的规则。它抑制着可能出现的、机会主义的和乖僻的个人行为，使人们的行为更可预见并由此促进着劳动分工和财富创造。制度，要有效能，总是隐含着某种对违规的处罚。如果重复的人际交往遵循着某种可识别的模式，就说明秩序处于主导地位。如果具备了多组制度，它们充分地结合在一起引导着人的行动，从而使人的行为是非任意性的并基本上可以预见。

　　制度是如何产生的？一种可能性是规则及整个规则体系靠人类的长期经验积累而形成。人们也许曾发现过某些能使他们更好地满足其欲望的安排。例如，向约见的人问好的习惯可能已被证明是有用的。有用的规则如果被足够多的人采用，从而形成了一定规模，该规则就会变成一种传统并被长期保持下去，结果它就会通行于整个共同体。当规则逐渐产生并被整个共同体所了解时，规则会被自发地执行并被模仿。不能满足人类欲望的安排将被抛弃和终止。因此，在我们日常生活中占有重要地位的规则多数是在社会中通过一种渐进式反馈和调整的演化过程而发展起来的。并且，多数制度的特有内容都将渐进地循着一条稳定的路径演变。我们称这样的规则为"内在制度"。

其他类型的制度因人类的设计而产生。它们被清晰地制定在法规和条例之中，并要由一个诸如政府那样的、高踞于社会之上的权威机构来正式执行。这样的规则是由一批代理人设计出来并强加给社会的。这些代理人由一个政治过程选举出来。我们称这些制度为"外在制度"，一旦制度被统治者、议会或官员外在地强加于社会之后，一个基本问题也就产生了，即本应按公民利益行事的政治代理人往往会超越其权限，为自己的利益而使用规则和执行规则。由于这个原因和其他一些原因，政治过程本身就必须服从一定的规则。外在制度的有效性在很大程度上取决于它们是否与内在演变出来的制度互补，例如，司法系统是否支持一个社会的道德、文化习俗等。在分析外在制度时必须运用政治学和法律学。

本书所谈到的土地制度主要针对其"外在制度"方面。

三、土地制度框架

土地制度通常包括土地所有制度、土地使用制度和土地管理制度 3 大方面。

（一）土地所有制度

1. 土地所有制度的含义

土地所有制度是指人们在一定社会条件下拥有土地的经济形式。它是整个土地制度的核心，是土地关系的基础。土地所有权是土地所有制度的法律体现形式。土地所有权是土地所有者所拥有的、受到国家法律保护的排他性专有权利。

土地所有制度在土地私有制国家属于财产制度的范畴，而在我国实行土地公有制，因此土地所有制度重点是规范土地所有权的划分与归属，并由一系列国家的基本法律来予以明确。

人类社会自从产生了阶级和国家以后，任何一种土地所有制度都必须由国家法律的确认和保护才能得以实施。土地作为一种生产资料或财产，有其特殊的存在方式，如果没有国家法律的保护，任何一种土地所有制都难以得到实现。

2. 我国现行的土地所有制度

自从 1949 年中华人民共和国成立以后，就建立了社会主义制度。社会主义制度的基本特征是生产资料的社会主义公有制。生产资料归劳动者共同占有，劳动者成为生产资料的主人，在社会化大生产的基础上实现劳动者与生产资料的结合。这就是生产资料社会主义公有制的实质。

土地是最重要的生产资料之一。根据《宪法》和《土地管理法》的规定，我国现行的土地所有制为社会主义土地公有制，分全民所有制和劳动群众集体所有制两种形式。

《宪法》第 10 条规定："城市的土地属于国家所有。农村和城市郊区的土地，除由法律规定属于国家所有的以外，属于集体所有；宅基地和自留地、自留山，也属于集体所有"。第 9 条规定："矿藏、水流、森林、山岭、草原、荒地、滩涂等自然资源，都属于国家所有，即全民所有；由法律规定属于集体所有的森林和山岭、草原、荒地、滩涂除外"。《土地管理法》第 2 条规定："中华人民共和国实行土地的社会主义公有制，即全民所有制和劳动群众集体所有制。全民所有，即国家所有土地的所有权由国务院代表国家行使"。第 8 条规定："城市市区的土地属于国家所有。农村和城市郊区的土地，除由法律规定属于国家所有的以外，属于农民集体所有；宅基地和自留地（自留山），属于农民集体所有"。

3. 土地所有权的转移

随着经济的发展和社会关系的变化，必然要发生土地所有权的转移。土地所有权的让渡和转移，一般情况下是有偿的，如土地买卖；有时也可以是无偿的，如土地赠予、遗赠等。土地所有权的让渡和转移，是土地所有者处分权能的具体体现。

在土地私有制社会，土地作为一种商品进行买卖是经常发生的。在我国现行的土地公有制条件下，土地所有权是不能买卖的，也不能以其他形式非法转让土地。由于我国土地所有制只有国家所有和集体所有两种形式，因此根据有关法律规定，土地所有权的转移只有一种形式的单向流动，即国家对集体土地的征用，集体土地所有权转移为国家所有。

（二）土地使用制度

1. 土地使用制度的含义

土地使用制度是指国家对土地使用的程序、条件、形式及土地使用权属关系的法律规定。土地使用制度是土地制度的又一个重要组成部分。土地使用制度的核心和法律体现形式是土地使用权。土地使用权是土地使用者依法对土地进行利用、管理并取得收益的权利。

任何一个社会，只要存在着土地所有权，土地的使用就不会是完全自由的和任意的。在土地使用权与土地所有权分离的情况下，土地所有者和土地使用者都要按照一定的规范（程序、条件和形式）来确定两者的权利和义务，而这种规范通常是以国家法律、政策的形式得以体现，或直接体现在国家行政管理过程中，这就构成了土地使用制度。

2. 我国现行的土地使用制度

（1）城镇国有土地使用制度。我国现行的城镇国有土地使用制度是经过近年来的改革，将过去无偿、无限期、无流动（土地使用权的转让）的单一行政划拨体制，转变为有偿、有限期使用，可以依法进行土地使用权交易的有偿使用与行政划拨方式并存的土地使用制度。土地行政划拨制度是将原国有土地经过划拨给各企事业单位或个人使用，或将集体土地通过征用转变为国家所有，再将土地使用权划拨给国家企事业单位使用的制度；而土地有偿使用制度是在不改变土地国有的条件下，采取拍卖、招标、协议等方式将土地使用权有偿、有限期地出让给土地使用者；土地使用者的土地使用权在其使用年限内可以转让、出租、抵押或者用于其他经济活动，合法权益受国家法律保护；土地使用权期满，土地连同地上的建筑物由政府无偿收回；需要继续使用的，可在土地使用权到期前的一年内提出申请，经批准，期限可延长，同时按当时市场状况补交地价。

（2）农村集体土地使用制度。自 1978 年党的十一届三中全会以后，我国农村经济逐步改革，普遍实行了家庭联产承包责任制，即把集体所有的土地等生产资料承包给农民以户为单位独立经营，自负盈亏。除向集体上交提留和向国家交纳农业税以外，其余全部收入归农民个人。这种家庭联产承包制度，实际上是把土地的使用权与所有权在一定程度上分离开来，这在消除平均主义、体现按劳分配原则、调动农民生产积极性方面发挥了巨大的作用，促进了农业生产的迅速发展。

农村集体建设用地的使用制度，基本参照城镇国有土地的划拨管理方式进行行政管理，涉及权属变更的需要进行权属变更审批和登记以及对原有土地使用者的必要的经济补偿。

（三）土地管理制度

土地管理制度通常称为土地管理体制，是指土地管理机构的设置、行政职能权限的划分及土地管理的基本运行方式和原则的总称。一定国家或社会的土地管理体制通常受到国家的政治制度、经济体制以及土地制度甚至文化传统等的影响。土地管理过程总是在一定的行政环境和行政体制下进行的，土地管理体制是土地管理活动的基本依据和框架，是土地管理学研究的重要内容之一。

第三节　土地经济理论

土地利用过程是一个经济过程，因此土地利用的结果总是追求利益最大化，同时土地作为人类一种重要的财产——不动产，又是一种投资领域，与一切其他资本一样，具有资本运作过程中的一切功能，而这些过程在市场的、非市场的运行过程中，都会必然地遵循各种经济规律，同时受到各种经济因素的制约。而在土地管理过程中，掌握这些经济规律，并根据这些经济规律进行有效的管理是十分必要的。

一、土地利用的经济性

（一）土地是重要的生产要素，在参与生产过程中起着重要的经济作用

土地对农业生产来说，是基本的生产资料，为农产品的生产提供场地和土壤条件；对各种建设占用来说，没有土地就没有各行业、各部门的生产。因此，可以说国民经济各部门的生产和发展最终都要落实在一定的地域空间上。所以，在一定时期，土地资源的分配与利用状况最终影响国民经济各部门的协调发展状况。

土地利用就是各种类型的土地按照一定的方式被利用的总和。一定的经济结构必须通过相应的土地利用结构得到反映，反过来，可以通过调控土地利用结构来宏观调控经济结构。因此，深入研究土地利用结构与经济结构之间的关系极为重要。然而土地资源具有系统性、地区差异性和数量有限性，要实现土地利用的合理化，就必须保持土地利用系统的良性循环，由此取得土地利用的最大经济效益、社会效益和生态效益，为国民经济的协调、持续发展打下基础。

（二）土地是人类重要的财产之一，在土地利用和交易过程中又体现着人与人之间的经济关系

财产本身是个复杂的法律概念，许多人从能被拥有或占有的物体的角度去考虑，然而从法律意义上讲，财产并不是由物构成的，而是由"人对物的权利"所构成的。土地作为人类重要的财产，由于土地本身的特性，常被称为不动产。对不动产来说，其权利状况是其更重要的内容。人们在拥有或购买这种不动产的过程中，就不能像购买动产那样（如买一台电视机，可以放在自己的房间里，能够完全排他地自己使用；购买一辆小汽车，可以锁在自己的车库里，用与不用全由自己决定）可以任意移动其位置并保证自己拥有和使用，而不动产可以移动和变化的就是它的权属关系。

首先，土地财产的权属关系离不开法律的确认。土地在进入市场进行流通，实现其价值转移时，其流通的根本形式就是土地权属的变更。因此，土地市场交易往往以一定的契据、合同等法律文件为依据，权利的取得必须以法律为依据方为有效，并按地籍管理和土地市场管理的有关要求进行变更登记，使其权属的变更得到法律确认。

其次，土地作为财产，其权属是有限度的。在土地私有制国家，土地财产权属以所有权为核心，任何单位、政府和个人都可以获得土地所有权，但是国

家仍然保留征用权、征税权等。在我国，实行土地公有制，所有土地归国家所有和劳动群众集体所有，同时实行土地使用权同所有权分离，因此我国的土地市场实质是土地使用权市场，土地成为私人或单位财产也是以土地使用权为核心。任何单位和个人都可以依照法律程序获得土地使用权，但国家仍然保留土地所有权、因公共事业急需时的征用权和向土地使用者规定土地利用方式等权利。当然，国家在行使这些保留权利时，应以保护社会公众利益和保持土地资源可持续利用为目标。

除此之外，土地权属的限制性有时也来自个人。这是由土地相邻关系的特殊性所引起的。例如相互毗邻土地的拥有者，为了自己的权利，而使相邻土地的使用和通行（如过水、交通、管线的通过）等受到限制。最关键是引起相互干扰的情况，如遮阳、噪声及其他污染等，这些都会在相互使用过程中受到限制。政府在土地管理过程中，确定土地利用布局和土地利用方式时，以及在具体的土地利用过程中调整土地利用关系时，就需要时刻注意这些问题。

（三）土地利用收益通常决定着用地配置

由于土地利用的结果是要获得尽可能多的经济产品，因此土地资源开发方式和用途的确定总要受到其可能带来的经济产品的影响。对于土地开发者或土地使用者来说，在允许的情况下，总是将土地用于最有效的利用方式或类型。这种土地利用效益对土地用途的影响关系，美国学者雷利·巴洛维先生在其著作《土地资源经济学》一书中用地租三角形进行了充分的论述（这里的地租实际就是土地利用的纯收益）。

如图 3 - 1 所示，4 个三角形（$\triangle EOP'$、$\triangle FOR'$、$\triangle GOS'$ 和 $\triangle HOT$）表示 4 种不同土地用途间的竞争。整体来看，这 4 种用途可代表商业用地、住宅用地、农用耕地和林地或牧场用地；对城区来说，它们可表示大商场用地、轻工业用地、服务业用地和居住用地；若以农业为例，则可能分别代表牛奶生产用地、蔬菜用地、粮食生产用地和放牧地。从各个三角形上看，在任何一个位置上，某一用途能比任何其他用途有较高的土地利用收益，从单个经营者的经济立场来说，这种用途总是该土地的最高层次和最佳的利用方式。

这种土地利用收益对土地用途的影响，在我国目前的土地制度下，至少在 2 个层面上起作用，一是作用于国家或政府对土地资源的配置上，如在土地利用规划和城市规划中，各种土地利用的布局以及在土地行政管理实践中对各种用地的安排，从充分发挥土地利用经济效益的角度，都应考虑这一规律的作用；二是作用于具体的土地使用者或土地开发经营者，他们在开发利用土地过程中，总要考虑如何利用以及作为何种利用才能获得更大的经济效益，然后再具体确定土地开发利用方式。在这一过程当中，也可能会有两种情况发生，一是合法的利用，另一是非法的利用。例如土地使用者擅自改变土地用途甚至转

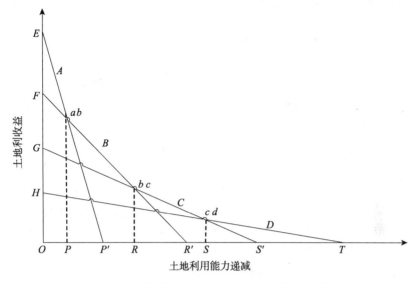

图 3-1　土地利用收益对土地用途分配的作用关系

移土地使用权，擅自改变批准的规划设计，提高规划容积率和建筑密度等，这些对个人来说，可能会带来可观的经济效益，但对社会来说，则可能会引起该区域整个土地利用的不和谐，甚至引起更大的土地问题，这正是政府的土地管理所要解决的问题。

二、土地报酬递减规律

（一）土地报酬递减规律的提出

当人们对土地的利用达到一定的深度和广度的时候，就会发现土地报酬的变动存在着一定的规律性。"土地报酬递减规律"是18世纪法国资产阶级经济学者杜尔哥（1727—1781）和英国安特生（1739—1804）分别同时提出的。杜尔哥对这一规律的表述是："如将农作物种子投入肥美但丝毫未经劳力整备的土壤中，一定是全部损失的；倘施用人力耕锄一次，则可获得一些收获量；倘耕锄两次或三次，其收获量将不止两三倍，可能增至四五倍，其增产的比例大于劳资投放量增加的比例。增至某点，收获量的比例增加为最大，过此点后，如仍继续增加投放量，产品虽可续增，但比例必渐减，直至地力耗竭，再增加投放单位，绝不会有任何产量增加。"在这里，杜尔哥已经比较清楚地表述了土地报酬递减规律的基本内容。英国农场主安特生在其1777年发表的关于谷物法的著作中指出："在合理的经营制度下，土地的生产率可以无限制地逐年提高，最后达到我们现在还难以设想的程度，在一定的科学技术条件下，这种提高是有限的，因而一定数量的土地能供养的人口是有限的。"

（二）土地报酬变动的规律性

土地报酬递减规律成立的前提是，在技术不变条件下，在一定的土地面积上，一个可变的生产因素（如肥料）同其他投入量不变的固定生产因素（如土地）相配合进行生产时，如果可变生产因素的投入量持续增加，则产量的变化先是递增然后转为递减。这里指的是投入与产出的实物量变化，不涉及二者的价格变动。其变化形式如图 3-2 所示。设图中 X 为可变生产因素（如肥料），土地为固定生产因素，Y 为农作物产量，TP 为总产量曲线，AP 为平均产量曲线，MP 为边际产量曲线，则 3 个阶段的变化情况如下：第 I 阶段 OQ 中的 OF 段，由于可变因素 X 投入量不足或过少，配合比例过小，所以产量 Y 等于零；随着可变生产因素（肥料）X 的增加，产量 Y 开始递增，初始时产量增加率大于 X 的增加率，表现出总产量、平均产量和边际产量曲线都一齐上升。当总产量以递增率增加到 S 点后，总产量的增加率开始递减，故 S 点称为转向点。这时边际产量达到最大点 G，即边际产量曲线 MP 的顶点，过此点后，总产量以递减率增加，边际产量下降，直到 N 点（总产量曲线与 ON 线的切点）为止，为第 I 阶段。此时对应 N 点的平均产量等于边际产量，即平均产量曲线 AP 与边际产量曲线 MP 相交于 AP 曲线的最高点，平均产量达到最大。

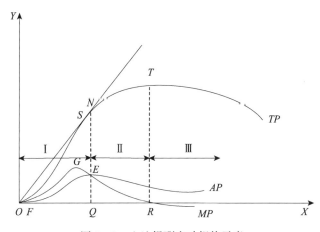

图 3-2　土地报酬变动规律示意

第 II 阶段为 QR，总产量曲线继续以递减率增加，增加的幅度继续小于可变因素 X 增加的幅度，直到 TR 为止。在此阶段中，边际产量与平均产量都继续下降，直至边际产量达到零，总产量达到最大值 T 点为止。过此点后，边际产量为负值，总产量和平均产量因而都表现为递减，为第 III 阶段。

通过以上 3 个阶段的分析，从投入产出关系看，主要在于投入的变量资源与固定资源（土地）的比例关系是否配合得当；二者在配合比例上协调与否和协调程度的大小，决定着土地报酬（收益）和生产力，即土地利用和各项变量资源利用效果的大小，以此作为投入生产资源适合与否的尺度。第Ⅰ阶段由于变量资源与固定资源（土地）在数量配合比例上前者少而后者多，配比不够均衡协调，所以产出效果反映在报酬上虽有利可图，生产上升也很快，但资源利用和生产潜力的发挥却很不充分。因此，在变量资源 X 较充裕的可能条件下，就应连续追加变量资源的投入，使总产量和平均产量继续提高，而不应停留在本阶段的任何一点上止步不前；否则，将不能集约利用土地资源，而限制农业产量的进一步增长。

第Ⅱ阶段是边际报酬和平均报酬同时递减的阶段。由于投入的变量资源与固定资源的配合比例在数量上较为接近而适当，所以每次增加的投入资源都带来总产量的增加。因此，此阶段内的报酬递减，对于生产的发展不仅没有妨害，而且随着变量资源投入的不断增加，继续使总产量上升，以致最后终于达到了最高点。这表明，在集约经营中只要总产量在增长，就不必担心边际报酬和平均报酬递减。但是，一旦总产量达到最高点之后，变量资源的投放也就达到了最终点，而不应继续增加其投放量。因此，合理利用土地和投放变量资源的适宜范围，必当落在第Ⅱ阶段之内。

在第Ⅲ阶段，随着变量资源投入的增加，不仅带来了边际报酬的负增长和平均报酬的进一步递减，而且导致了总报酬的递减。也就是说，各项投入产出效果均已无利可图，因而是生产投资的终止阶段。若继续投放可变生产因素，则每增加一单位投入，必将增大损失，投入愈多，损失愈大。

三、土地投资理论

土地作为一种生产要素和财产，很久以来就被人们作为投资的主要领域。只是由于不同的国家或地区的国家制度及土地制度的差异，使得土地进入投资领域的程度有所不同。在一些国家，大多数土地被国家、王族或几个主要家族拥有，或者由于风俗习惯和阶级观念的影响抑制了土地持有权的买卖；而在另一些国家，土地大部分为私人所有，使得土地在进入各个生产或消费领域时，都要充分体现出其资本价值，例如在美国几乎每一块土地都被视为具有交易的可能性。

在我国，实行的是土地公有制，但自从 20 世纪 80 年代中后期进行土地使用制度改革以来，实行土地使用权与所有权分离，使得土地使用权能够在市场上进行交易，这样既促进了土地资源的优化配置，提高了土地资源的利用率和利用效益，又在大量的土地交易过程中，盘活了土地资产，积累了资金，进而促进了整个经济的发展。

（一）土地投资过程的特性

1. 土地投资较多地受到传统观念和社会制度的影响

从经济财产的角度看，土地是不动产，在私有制社会，拥有不动产的数量和质量是衡量一个人的生存条件、社会地位的基本依据之一。因此，历史上人们常常将拥有土地作为终生奋斗的首要目标。在中国几千年的封建社会里，那些拥有土地所有权的人们，几乎无一例外地拥有特殊的经济、社会、政治地位，所谓"有土斯有财"。这些好处虽然在中华人民共和国成立后的社会主义改造中被土地公有制所取消，但是这些痕迹仍然在大多数人们的脑海中存在。在国际上，19世纪，成千上万的欧洲移民漂洋过海来到美国和加拿大，其主要驱动力就是能在美洲大地上获得一块属于自己的土地及其所有权。

当然，这都是在土地私有制条件下的情况。我国实行土地公有制，土地所有权不可能成为私人或单位拥有的对象，但是近年来的土地使用制度改革中，实行土地使用权与土地所有权分离，土地使用权可以依法进行交易，这给在土地公有制条件下进行土地投资提供了可能。近年来我国土地市场活跃，通过土地进行招商引资获得巨大的社会经济效益，正说明了这一点。

2. 土地投资具有长久性和固定性

土地投资之所以被人们广泛地重视，是因为它的耐久性和位置固定性，这是由土地资源本身的特点决定的。大多数土地资源开发项目都具有较长寿命的优势。这些资源在现在可以利用，在许多年以后，仍然具有相当大的价值。所谓土地是不动产，正在于此。

然而，土地的这种耐久性，并不意味着适宜土地利用的条件，如地貌、气候、土壤、水、空气等不会改变，不会被破坏、污染，恰恰相反，人们只有正确处理同土地的关系，切实注意保护和改良土地，才会实现土地的永续利用。

土地投资长久性的负面效应是占用资金时间太长。有人比喻投资土地好像"造林投资"，需要长达十几年甚至几十年的时间才能逐步回收投资。而且在这段时期内，土地市场的变化也是难以预想的，可能会引起土地价格的上涨，但也可能会引起土地价格的下降。因此，投资人将资金投入土地时，应事先做好心理准备，以免因为土地价格长期低下，而拖垮投资人的财务。

3. 土地投资具有增值性，对投资者来说能抵御通货膨胀

土地增值是指土地利用过程中土地价格的增加值，就是说它是地价的增加值，是土地价格的一部分。马克思的地价理论认为，"土地价格不过是资本化的地租"，那么反过来，地租就必然是地价的利息化了。这说明地租与地价之间存在着类似利息和本金之间的相互对应关系，这样就可以从地租的角度来分析地价的增加值。

土地增值是客观存在的，它不仅反映在土地交易中，还反映在土地利用中。只要有人类对土地的利用，作用于土地的活动，都会引起土地的增值（包括负增值）。这实际上反映了土地级差的可变性。例如平整土地、兴修水利、改善交通、扩建城市等大规模基本建设活动，改善了土地的生产条件或环境条件，提高土地利用的能力，引起土地正增值；与此相反，由于对土地的掠夺性经营，导致土地的生产能力下降，破坏了其良好的环境条件（较多地发生于农业、林业、采掘业等），引起土地负增值。同时，作为不动产的土地，由于其位置的固定性和总量的不变性，随着人类社会活动的发展和经济环境的变化，常常也会发生增值。

土地增值的形式多种多样，归纳起来主要有以下 4 种情况。

（1）由于土地经营者增加对土地的投资所引起的土地增值，这种土地增值实际上对应的是级差地租Ⅱ的资本化。但这对应的仅指由于对土地增加投资以后，各个资本的生产率不同的情况下，较高的生产率所产生的超额利润部分。而仔细分析一下，在这里土地价格的增加是否还应包括投入土地的资本本身呢？这里还是借助马克思的关于土地资本的理论加以说明。按照马克思所说的土地资本应该分为 2 类：其中一类是"比较短期的，如化学性质的改良、施肥等"，这种投入土地的资本，能直接改变土地的物理、化学、生物性能，同土地本身的性能结合在一起，可以把它称为狭义的土地资本；另一类则是"比较长期的，如修排水渠、建设灌溉工程、建造建筑物等"，这类土地资本与土地本身的功能并不直接联系，只是存在于土地之上，我们称它为广义的土地资本。狭义的土地资本由于其作用是短期的，而且其功能已经与土地功能结合在一起，并通过土地产品表现出来，已经反映在土地经营的利润或超额利润之中，因此土地价格中不应再包括一次这种土地资本本身。至于广义的土地资本，更不应计入土地价格之中，它应属于建筑造价，否则房价（包括其他建筑物价格）与地价就合二为一了。既然两类土地资本都不包含在土地价格之中，自然也就不包含在土地价格的增值之中。因此，对土地增加投资所引起的土地增值只表现为级差地租Ⅱ的资本化。

（2）由于土地周围设施的改善所引起的土地增值，有的文献把这种土地增值称为"城市土地投资的地租效应的扩散性"。这种情况是指在一定区域范围内，对某一块土地或某一地区的土地进行投资，进行土地建设或土地附属物的建设，不仅会增加该地块本身的级差地租 H，而且由于该项建设所产生的功能会扩散到相邻土地、周围土地或更远的受影响土地，从而提高这些土地的利用能力和经济效益，提高其级差地租的水平。实际上这里已经把这种土地增值和级差地租对应起来了。现在的问题在于这是什么形态的级差地租？要说清这个问题，我们先从引起这种级差地租提高的对周围土地的投资说起。如图 3-3 所示，我们的研究对象是 A 地块及其经营者。首先，对周围土地的投资是由

A 地块的经营者进行的，这时由于他并不是对自己的土地进行投资，因此投资给他带来的利润或超额利润并不是直接的，而是通过改善周围土地的利用条件，从而提高自己土地（A 地块）的利用能力，即提高了 A 地块的区位条件，这一改善了的区位条件才给他的投资带来超额利润，因此这一超额利润应该是级差地租 I。例如，某一地区集资修建道路或某种公共服务设施等，这些投资对投资者来说并不能直接增加经营利润，而是通过改善该地区的区位条件来提高其经营利润。

如果 A 地块的经营者并没有参与对周围土地的投资，而只是由周围土地的经营者自己经营的需要自己进行投资，或者由国家进行投资，从而影响 A 地块的利用功能。例如，A 地块经营饭店，周围某些地块经营旅馆，现在旅馆增加投资，扩大经营面积和改善经营条件，使旅客大大增加，这样使得饭店的顾客也会增加起来，使 A 地块的经营利润得到增加（当然情况相反的话也有可能引起地价的负增值）。这种完全由于周围土地的投资，从而改善了整个地区的区位条件，引起的超额利润的增加仍然是级差地租 I。之所以称它是级差地租 I，另一个原因是这种超额利润的增加是区域性的，总是伴随着一定区域内所有土地经营的超额利润共同提高，因为基础设施的增加、区位条件的改善是一定区域内所共有的。这也与马克思关于"级差地租 II 的基础和出发点……是级差地租 I"的论述相吻合（这有利于分析一定地区的所有土地的增值）。

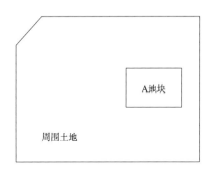

图 3-3　土地增值相邻关系示意

（3）土地利用类型的变化所引起的土地增值最明显的例子是由农用地变为建设用地所引起的地价增加值。从地租的角度来考虑，这种土地增值不过是由农业地租转变为建筑地段地租（城市地租）所增加的地租的资本化。那么由农业用地转变为建设用地为什么会引起地租的增加呢？其原因不外乎有两点，一是从理论上讲，由于部门差别引起的。由于农业部门资本有机构成要远远低于其他部门（工业、商业、建筑业等）的资本有机构成，农产品的价值就必然大于由平均利润率形成的社会生产价格，这样在社会交换中农业部门的超额利润就要远低于其他部门，因此其获得的地租量就少，尤其在存在工农产品价格剪刀差情况下更是如此。二是从土地利用的集约度上讲，建筑设施比农业利用能更大限度地将资金集中固定于一定面积的土地上，从而大大提高土地利用的效益，使其超额利润远高于农业利用。正如马克思指出的，"建筑上使用的土地……它的地租的基础，和一切非农业土地的基础一样，是由真正的农业地租调节的。"

至于由农业用地转化为建设用地所增加的地租应该属于什么形态的地租还需要进行具体的分析：由于马克思在分析地租时是以这样的假定为前提条件的：资本主义生产关系在农业中已占统治地位，资本在国民经济各部门之间，在农业和工业之间可以自由转移，平均利润、生产价格已经形成。从这一假定出发，不同部门的土地利用的绝对地租就应一致。因此，由农业用地转化为建设用地所增加的地租就主要是由于建筑设施利用的集约度更高引起的，因而应是级差地租；但实际上正如本书前面分析的一样，不同部门的资本有机构成不一样，存在着不同值的绝对地租。就是说，对建筑地段来说，其最边远或最差的土地上所必须支付的最低限度的地租，就是建筑地段的绝对地租，但它并不与农业绝对地租等值，而是在量上包含着农业绝对地租和级差地租。因此由农业用地转变为建设用地所增加的地租，在量上相当于原农业地租应包括其建筑地段绝对地租中高于农业绝对地租部分和级差地租。

（4）由于时间的推移、人口的增加和社会经济的发展所引起的土地增值实际上是由于土地供不应求所导致的土地增值，它是由土地本身的特性——总量的不变性和位置的固定性决定的。在一定区域内，随着人口的增加，人类社会活动的发展和经济环境的变化，对土地的需求就会越来越大，但土地总量是有限的，只有通过提高已利用土地的利用集约度，扩大对未利用土地的利用来满足要求，这样引起原来低收益的土地收益提高，原无收益的土地也产生了收益，从而产生土地增值。这是土地私有制国家的资本家购买地产的主要原因之一。

很明显，这种由于土地供不应求所引起的土地价格的增加值，通过绝对地租的增加得到反映，是绝对地租的资本化。由于人类对土地需求的增加，以至于利用更差的土地，使得更差的土地也提供地租。

（二）土地投资的杠杆原理

将杠杆原理应用到经济学上，就是用最少的钱做最大的买卖。而人们拥有的资金总是有限的，如果单凭自己所拥有的有限的资金去做买卖，买卖数额也会受到限制。也就是说，用够买一辆自行车的钱去买汽车，显然是不可能的。解决的办法就是向别人借钱，向银行贷款，于是一种新的可能就产生了：即便你仅有只够买一辆自行车的钱，但你仍然可以买得起汽车。

杠杆原理对土地投资十分重要，因为土地买卖通常数额巨大，动辄百万元、千万元，甚至上亿元，即便一个单位或个人一次能够拿出这种巨额投资，但是长期占用大量资金也不是有效率的。杠杆原理运用于土地投资的基本过程是抵押贷款。当土地投资者难以一次拿出巨额资金购买土地时，只要有能力支付首期付款，就可以得到土地的使用权，剩下的余额可以申请抵押贷款去支付。当土地投资者能够付清全部地价款，但在进一步的经营中苦于流动资金太少，这时同样可以将土地设定抵押，从银行获得贷款。这里虽然又多了一笔利息支出，但资金灵活运用，可获得更大的效益，相应的利息支出就微不足道了。

这种杠杆原理之所以在土地投资中得到广泛深入的应用，其主要原因有两个方面：一是土地具有位置固定的特性，属于不动产，所谓"跑得了和尚跑不了庙"，投资者可能会远走高飞，但是他所投资的地产却是跑不了的，这是银行能够提供贷款的根本原因；二是在对土地设定抵押后，投资者仍然可以继续使用和开发他所拥有的土地，并在使用和开发过程中获得收益，这是抵押的最大好处。

当然，杠杆原理的运用必须根据当时当地的国家的金融政策、土地投资政策的规定进行，因为一般情况下每个国家、地区在不同时期的金融政策、土地交易政策都是不同的，投资者必须在这些政策框架内运用杠杆原理。

（三）土地融资规律与土地管理

由于土地本身的特殊性，它进入投资领域也表现出特殊的经济规律。在土地管理过程中，掌握并运用这些特殊的经济规律是十分重要的，尤其在市场经济条件下，管理过程也必须遵循客观经济规律，否则难以进行有效的行政调控和管理。

1. 合理引导和调控土地投资的数量和结构

土地是一种重要的投资领域，如果能有效地利用土地进行招商引资，既有利于土地资源的合理开发和利用，又有利于地区经济的发展。但是，一定时期和一定地区内土地开发投资的数量上和结构上都应有一个量的概念，否则不但不能筹集资金，反而会大量占用资金，既浪费土地资源，又影响经济发展。我国 1992 年的土地"开发热"，虽然在短时间内对一定地区来说获得了较大的经济效益，如少数省份土地出让收入成为第二财政，甚至有近一半的财政收入来自土地出让，不可谓经济效益不明显，然而由此造成的问题也是深远的。首先，大量占地引起耕地资源紧张，造成的土地资源损失是不可挽回的。据统计仅 1992 年一年各种开发区占地多达 1.5 万平方千米，是当年各种建设占地计划指标的 7.5 倍；其次，如此大量的开发占用过多的资金，引起金融紧张，1993 年初的全国金融危机以及当年 7 月的金融整顿对各种开发区产生的釜底抽薪式的影响，都说明了这一点；最后，过量开发引起供给过剩，造成各开发区竞相压价，低价出让，甚至白送土地，以期得到短期繁荣，导致土地资产大量流失。

2. 合理分配土地增值收益

认识土地增值的目的在于在土地交易和土地利用过程中准确测算土地增值收益，准确测算土地价格，并在此基础上合理确定土地增值收益的分配方向，促成土地增值者获得应有的收益，其最终目的是通过合理分配土地增值收益这一经济杠杆促进土地的合理利用。相反，如果土地增值收益分配不合理，就会引起各种土地利用的问题。最明显的例子是前几年蔓延全国的土地隐形市场中所出现的问题，如用地单位自行转让已经增值了的土地使用权，使得大量本应归国家所有的土地增值收益流入个别单位腰包；由于在行政划拨过程中只注重对原土地使用者的适当补偿，而对由此所引起的土地增值未能给予足够的重视，使得行政划拨后的土地转让过程中土地增值收益无偿地流入了单位和个人手中；还有城镇近郊干部职工建私房屡禁不止，其原因之一就是在取得住房的同时，还占有了由农地变为建设用地所引起的土地增值收益。对这些土地增值收益不进行调节和合理分配，不仅损害了国家和集体的经济利益，更重要的是破坏了土地合理利用，影响了土地市场的正常发育，甚至扰乱了国家的经济秩序。

由于土地增值表现为不同形态地租的资本化，所以土地增值的分配可以以地租的分配为依据。在我国土地属于国家所有和集体所有，同时土地使用权与所有权分离，因此地租的分配应兼顾国家、集体和个人三方面的利益。其分配的基本原则应该是使导致土地级差的主体能够获得其应有的收益。从地租的产生来看，级差地租Ⅰ应主要归国家或集体所有，即应归社会所有。因为，土地肥力较好，位置有利的土地使用者，其劳动生产率之所以高，是因为垄断并使用了其他单位和部门不能具有的"自然力"，而土地和它具有的"自然力"是社会历史形成的财富，当然土地区位条件改善也有人为活动改善的，但这种改善也是依靠一定区域内的社会投资，甚至是国家投资，由此所产生的级差地租Ⅰ当然应归国家和社会所有。级差地租Ⅱ是土地经营者自己增加投资所产生的，应归土地经营者所有，这样会促使其更好地使用土地，促成土地级差地租的产生。

第四节　制度经济学理论

我国土地管理属于政府行政管理范畴，在我国现行的政府管理体制下，政府在进行土地资源配置与管理过程中既是公共管理者，又具有"经济人"性质，因此利用制度经济学理论研究政府土地管理行为和目标选择的制约机制和规律是非常有意义的。

一、委托—代理理论

(一) 委托—代理问题

人们成为代表他人的代理人是很普遍的。例如，一家公司的所有者雇佣职员，经理们在属于股东的商务组织中负责日常经营，或者公民们选举政治家来为与自己利益有关的某些任务做决策。在这些场合，如果代理人得知，委托人对代理人的行为细节不很了解或是保持着"理性的无知"，因而自己能采取机会主义行为而不受处罚，那么代理人就会受诱惑而机会主义地行事。如果委托人要想发现代理人实际上在干什么，就需耗费很高的监督成本（由于信息不对称）。结果，工人们在可以更努力工作时却能推卸某些职责而不受惩罚。企业经理们可以偏好优越的生活和满足，尽管他们若以敢冒风险的创新性企业家方式行事对企业所有者是有利的。而公民们，即委托人，则往往不可能从政府官员那里得到自己想要的东西，因为议员和官员们追求他们自己的目标。这被称为"委托—代理问题"，它是知识问题的产物，也是对人际团结的天然限制。

当人们觉得，由于他们所欺骗的人不知情或难以察觉，他们能机会主义地行事而不受惩罚时，就会沦入"败德行为"。这个词起初是在保险业中使用的，它是指投保人不采取充分的预防措施以避免损害，以及只有投保人才了解何谓充分预防这样一类情形。例如，若委托人不了解情况，或者代理人的行为未受恰当规则的约束，代理人就会沦入败德行为。

当人们受雇于大企业或政府组织时，委托—代理问题常常屡见不鲜。他们往往自行忙于他们自己觉得惬意的活动，而不一定是忙于促进组织或集体目标的活动，如为所有者促销和赢利，或者实现委托人的其他目标，这经常导致很高的组织成本。公司中的经理和雇员可能提出各种各样的计划，如组织大量的会议、研究项目、在职课程以及建立扭曲或分散风险责任的协调委员会。他们可能会证明需要旅行和其他一大堆看似"必不可少"的活动，其中有许多要占用他们的时间并增加管理费用，但对盈利却做不出充分的贡献。然而外部人，包括该公司的所有者即经理们的雇主，却并不知道哪些成本是必需的，哪些是多余的。

(二) 代理人的利益趋向

委托—代理问题是制度经济学的一个核心问题。在商务组织中，往往由经理代表所有者实施经营。在政府中，选民对政府事务知之甚少，而且往往根本就不想知道。在这样的环境中，必须设法激励政治家和政府官员按选民的要求行事。

在人们雇用代理人为其利益服务的所有场合都需要注意代理人的动力问题。委托人可以运用上面讨论过的 3 种动力机制来确保代理人为委托人的利益尽其所能。

①在一定的激励下，代理人能出于团结的考虑而将委托人的目标作为其自己的目标。在只涉及少数人的场合，比如说在一个小公司里，合作者能高度忠于所有者，或者所有者能直接要求其同事按他的利益行事；即使在一个较大的经营单位中，合作者们也能靠教育形成忠于委托人的习惯，这能节约监督成本和其他交易成本。

②可以用直接监管和强制命令的办法来控制代理人。如果委托人对代理人的行动和可能采取的行动了如指掌，就可以用指令来指挥代理人，如果他们不服从，委托人可以惩罚他们。

③代理人能遵守一般规则。这些规则创造出激励，使代理人出于其自身利益的考虑而追求委托人的利益（间接控制）。例如，即使在委托人的利润与工人无直接关系的情况下，工人们仍可能努力提高利润率，因为他们需要业绩报酬。

对可能奉行机会主义的代理人施加直接控制的一个例子是工厂里对工人的监管，看工人们是否产出了经理层所计划的产量。这要求委托人和监管者拥有大量知识。当生产任务变复杂后，会产生高昂的监督成本。另一种办法是通过一些规则和激励措施，诱导代理人自愿地按委托人意志行事，从而尽可能地诉诸代理人的自主动力。在抑制普遍存在的代理人机会主义上具有重要意义的间接控制还来源于竞争：代理人明白，如果他们不尽其所能实现委托人的目标，他们就可能失去代理机会。

在社会主义制度下出现了大量的委托—代理问题。社会主义是一种信条，它主张靠抛弃自利动机而达到很高的道德水平。既然"社会"团结已证明是有局限的，委托人们就不得不依赖强制，但他们自己也发现正面临着不可克服的信息成本和监督成本。那些委托人们完全无法知道能生产什么，能进行什么创新，能节约什么资源。他们强制和惩罚"其"代理人的能力非常有限，偷懒行为几乎无处不在。因此，如何建立公有制体系下的委托—代理机制，是值得深入究的问题。

二、公共选择理论

公共选择理论，有广义和狭义 2 种解释。广义的公共选择理论是经济学理论的一个重要流派。丹尼斯·穆勒将其概括为"公共选择可以定义为非市场决策的经济学研究，或者简单地说，是将经济学应用于政治科学。公共选择的主题就是政治科学的主题，即国家理论、投票规则、投票者行为、党派政治学、官方政治学等。然而，公共选择方法论则是经济学的方法论。"所以公共选择理论被认为是最名副其实的"政治经济学"，狭义的公共选择理论是作为行政管理学的一个流派而存在的，它将公共选择的方法应用于公共行政管理领域，其关注的重点是政府的管理活动及各个领域公共政策的制定和执行。由于公共选择学派将各级行政机关统称为官僚机构，因此它又被称为"官僚经济学"。

在制度经济学中研究公共选择，主要是研究那些公共物品的资源配置问题。在财产体系中，那些不能被独占运用的财产，即其成本和获益不能被内部化，从而这些资产不可能靠私人竞争者在自愿的双边契约中来配置。它们是：

a. 免费品。对这类物品不存在分配问题，因而也不存在做经济选择的必要。

b. 纯共享品。对这类物品，无须配给，因为在使用者中不存在争胜；但是，它的总供给却必须由集体选择来决定，因为它们的供给要耗费资源。

c. 共同财产。尤其是在其成员身份具有强制性的团体中的公域财产、社会化财产。

b 类和 c 类需要集体选择，这要由某种集中化的政治程序来决定。与私人选择相比，这种选择会在配置上和知识搜寻上造成一些难题。具体的分析如下。

（1）当别人不能被排除于财产运用之外时，就必须有 2 个以上的缔约当事人来进行协议。由于集体决策牵涉较多的参与者，他们的机会成本不断变化，目的也各不相同，所以要达成明确的决策会比较困难。而制定决策的交易成本大都要比私人的双边选择高。

（2）由于个人的偏好必须合为一体，形成一致，集体决策就不可能像形形色色的私人选择那样充分地满足个人欲望的多样性。"一规通万物"即指这种现象。中央计划经济中集体主义终结后的经验确凿地证明，人们是多么地欣赏他们自己对形形色色的服装、发型、职业、轿车和生活方式所作的选择。事后看来，强制穿着某种规定样式的制服可能带来了大批量生产的技术性好处，但却造成了个人满足上的巨大损失。

（3）在互惠、等价的私人交易中，付出和获取是明确相连的。这样，决策者从自己的决策得到完全的反馈。相反，集体选择牵涉多边的付出和获取。其中，利益通常是间接的和非相互性的，所以决策制定者得不到直截了当的反馈。例如，一个共同体的集体选择可以是要修筑一条分流市内交通量的环城道路。这会影响必须为修路出钱的纳税人，它又会对居民产生不同的影响。有的人可能会发现，交通噪声的减少会使他们受益；而另一些人则可能发现，他们的生意会变得难做起来。因为这是一桩"一揽子交易"，成本和获益被混在一起，且不相等，所以关于这条环城道路的决策在获得多数通过之后，必须按适当规则由共同体来强制实施，否则人们就会受诱惑而选择不付钱，靠搭便车白享受其获益。在成本和获益不对等的场合——不像在私人的、自负其责的决策中那样——会存在"败德危害"的诱惑、"公地灾难"的危险以及很高的监督成本的强制执行成本。

（4）公共选择还有一个更进一步的问题。以刘易斯·卡罗尔这个笔名闻名于世的牛津数学家查尔斯·道奇森，在他1865年的《艾丽丝漫游奇境记》一书中就已经为此问题而烦恼过。这个问题与肯尼思·阿罗（1951）在一项使他赢得诺贝尔经济学奖的分析中称之为"不可能定理"的发现有关。阿罗证明，个人偏好的混合不可能靠表决程序来加总，从而不可能确保个人所偏好的选择也被集体决策所选中。他证明，会出现各种不一致，它们不会让许多个人偏好无矛盾、无冲突地实现加总。与分散而多样化的个人"货币选票"相比，"集体意志"不可能得到完美的表现。

（5）除了极小的群体外，集体选择必须靠代表来进行。这种代表可以是自封的，也可以是选举出来的。他们将各种个人偏好掺合在一起以便做出具有可行性的决策。由代表来做集体选择需要有3个基本的安排。

①必须就集体表决的规则和程序达成一致。例如，该规则可以是全体一致同意（这要求耗费极高的协商成本），也可以是2/3多数或51%多数同意。这些规则和程序还必须规定如何接受选票，以及要授权代表们就哪些事务作决策。

②因为与私人财产的双边交易不同，在付出和获益之间不存在直接的相互关系，所以集体决策中的"付出"必须依靠政治选择来决定，如靠规定税率来决定。会有相当大的激励促使个人减少其贡献，参与者们也许能看到"付出"（税负）和"获益"（源于集体行动的好处）之间的某种对应性。在那种场合，代理成本也会相对较低。但在像国家那样的大型集体中，以及在个人感到无权无势的集体中，团结是很脆弱的。于是，监督成本和强制执行成本会相应地直线上升。

③第3种安排要规定应如何分配集体创造的效益，当公民们相互争胜时，他们应根据什么准则来获取那些共同财产品，这需要政治权力，并会造成政治权力自身的委托—代理问题。

（6）运用政治权力会造成委托—代理问题：公民——委托人如何才能确保他们的代理人一旦被任命，真能言必信，行必果？当政治系统全都由追求其自己目标的政党组织、有组织的利益集团和谋求私利的官员所占据时，这样的问题将层出不穷。在多级的按少数服从多数原则做决策的过程中会出现一个有关的政治选择问题：如果像党纲那样的原则性决策是根据一批集体选择做出的，而具体决策则在以后由当选政党或委员会中特殊的有关个人来做，那么很可能就只有委托人选票的 51％中的 51％（即 26％）在决定政策，甚至更少。那时，多数人会觉得权利遭到剥夺。完全可以想象，在一个群体中，在一项特殊的公共选择上具有重要利益的很小的少数派在制定决策，从而也可以说"多数派被贪婪的少数派所利用"。

（7）在一个复杂社会中，公民若想了解全部公共选择，要承受极其高昂的信息成本。他们更情愿停留于"理性的无知"之中。如果公民想使他们的个人偏好具有政治分量，他们必须另外再投入很高的组织成本，且往往只能得到有限的获益。因此，对于委托人来讲，消极无为并容忍在一定程度与己不利的集体选择往往是合算的。尽管这种理性的无知是可以理解的，然而，它会助长对群体团结的侵蚀，助长不安全感和权利丧失感。尤其是当财产运用方面的大部分决策都要服从于集体选择时，就更是如此。于是，追求非集体性经济决策的改革（将社会化财产私有化或转化为俱乐部品）就可能成为一个途径，通过这样的改革，能强化自发性共同体的内聚力以及对自愿规则的固守和信任。

三、政治行动和设租

（一）基本概念

设租是议员和官员配置"租金"的政治性活动。"租金"指不是靠市场中的竞争努力而获得的收入。它们来源于提供给私人支持者或由政治精英支持者构成的有组织集团的政治特权。典型的情况是，政治干预将产权从无组织的多数人那里再分配给有组织的少数人；然后，这些少数人就能与实施干预的政府代理人分享他们的租金。

既得利益集团由政治上积极主动的主体联合而成。这类主体在谋求偏袒其收入地位和赋予其政治影响力的政治性干预上利益一致。

政治"市场"是一种过程。这类市场中的需求来自对再分配产权的政治性干预有需要的生产者，而它的供给者则是各种政府主体。政府主体代表既得利益对自由竞争进行干预。根据这一与经济市场的简单类比，政治市场的需求方大都向市场干预的供应方（议员、政治家、官员和法官）支付干预价格，其方式是货币支付和政治支持。

（二）政府中的委托—代理机会主义

集体行动问题并不是单纯由知识问题和对集体行动可行性的无根据乐观态度而引起的。纵观历史，与政治权力有关的另一个关键问题是政府代理人——不论其是世袭的统治者、民选议员、部长还是被任命的政府官员——都受诱惑而按其私利行事。因此，委托—代理问题在政治组织和行政组织中也普遍存在。因为，代理人（官员、政治家）作为内部人，比他们的委托人（外部公民）更了解情况。然而，与企业代理人——经理要受竞争约束的企业不同，在政府里，对委托—代理问题缺少这样的自动监察。这造成了更大的信息不对称，并最终为代理人机会主义提供了更多的机会。

委托—代理问题呈现在集体行动的所有层面上。它往往源于有组织利益集团与政府机构之间的共谋。在多数政治系统中都存在着政治市场，它服务于干预和针对政府普适制度的歧视性变通：许多生产者都寻求对其行业的干预，以期缓和无休止的严峻竞争。政治性干预市场的供给方从事设租活动，这给政治家和官员带来了好处：他们获得了影响权势集团的能力，也获得了政治支持和物质支持，无论这些支持是给予政党的还是给予干预者个人的。政治干预通常还带来一种充当保护人的满足感，并能靠关心自己伙伴的保护人声誉生活。

设租者与不按公民—委托人利益行事的寻租者之间的联盟可以从许多时代和国家得到证明，并可以在集体行动的所有层面上见到。例如，英格兰的伊丽莎白女王一世、法国的路易四世和其他重商主义的君主都曾把与世界某一地区贸易的垄断权授予联系密切的商人。作为交换，政府同商人们共享垄断收益，其形式是进入国库和他们个人钱箱的资金。在近代，靠关税和配额阻挡国际竞争的保护为国内的农业和工业创造了租金，也为保护主义政府创造了回扣的好处。在此过程中，制度重点从商业性的正和心态转向再分配性的政治维护心态和经济停滞。

各种现代议会制民主政体都由投票联盟支配，这类联盟往往受惠于利益集团。那样，议会的多数就会向他们的客户集团提供歧视性特惠。议会多数派的形成常常以给予各种利益集团的其他施舍为基础。它遵循着议员们严格的政治理性，即他们想要再次当选。为了实现这一目标，他们必须收买向他们提供政治支持和资金支持的压力集团。这只能靠他们对代表和要迎合其他压力集团的政治家表示赞同的途径来实现。投桃报李变成了许多议会里的一种生活方式，它极大地助长了政治性再分配和寻租活动的兴起——但同时它也助长了对民主制的普遍幻灭和对政治过程的玩世不恭。在极端情况下，这可能使得广大公众在民主政体遭受集权体制进攻时拒绝捍卫民主。20世纪20年代和30年代初期，德国的魏玛共和国被残忍的特殊利益集团代表所支配，因而在极权主义者的进攻降临时，它没有得到人民的捍卫。

在政府代理人卷入设租活动的地方，他们会对收入和生活机会进行再分配，并使公共生活政治化和情绪化。成功的寻租联盟会成为样板，诱发其他集团的效仿。一旦人人都必须在市场中竞争这个前提（与对政治偏袒的竞争正相反）遭到否定，资本所有者团体和有组织劳工团体就会在越来越多的行业里联合起来要求政治特惠。那时，受偏袒的行业极易变成有组织劳工垄断的战利品。受保护的行业会变得无利可图，并为获得更多的保护而喧嚣叫嚷。那时，官员们会提高干预强度，以便搪塞政治批评和维护自己的政治、物质利益。

第五节　管理学理论

一、管理学的发展

管理学是研究管理理论、方法和管理实践活动的一般规律的科学。管理科学的初创阶段始于 19 世纪末至 20 世纪初。首先，由美国工程师费雷德里克·泰罗创造出"标准劳动方法"和劳动定额，被称为"泰罗制"，并于 1911 年发表了他的代表作《科学管理原理》，泰罗被誉为"科学管理之父"与"科学管理理论"同期问世的还有法约尔的"管理过程理论"和韦伯的"行政组织理论"。这三种理论统称为"古典管理理论"。管理科学的第二个里程碑是"行为科学理论"。它产生于 20 世纪 20 年代，创始人是美国哈佛大学教授乔治·奥尔顿·梅奥和费里茨·罗特利斯伯格等。后来，行为科学在其发展过程中，又形成一些新的理论分支。

20 世纪 50 年代以后，管理科学在广泛应用过程中同许多社会科学和自然科学交叉、渗透，产生了种种管理学分支。例如：管理社会学、行政管理学、军事管理学、教育管理学、卫生管理学、技术管理学、城市管理学、国民经济管理学等。今天，管理科学已经扩展到各个领域，形成了内容广泛、门类齐全的独立学科体系。管理现代化是应用现代科学的理论和方法，提高计划、组织和控制的能力，以适应生产力发展的需要，使管理水平达到当代国际先进水平的过程，也是由经验型的传统管理转变为科学型的现代管理的过程。

一般认为，从 20 世纪 50 年代开始，西方主要发达国家在高度工业化的同时实现了管理现代化，管理现代化所包含的内容极其广泛，主要有管理思想的现代化、管理组织的现代化、管理方法和手段的现代化等几个方面。管理现代化是一个国家现代化程度的重要标志。工业、农业、科学技术、国际的现代化，乃至整个国民经济的现代化都离不开现代化管理，现代化管理能够有效地组织生产力要素，充分合理地利用各种资源，大大提高各种经济和社会活动的效率，从而成为推进现代化事业的强大动力。

管理有自然属性和社会属性，管理的自然属性反映了社会劳动过程本身的要求，在分工协作条件下的社会劳动，需要通过一系列管理活动把人力、资金、物质等各种要素按照一定的方式有效地组织起来，才能顺利进行；管理的社会属性则体现了统治阶级的利益和要求，在一定的生产方式下，需要通过管理活动来维护一定的生产关系，实现一定的经济和社会目标。在经济管理中，管理的自然属性表现为科学合理地组织生产要素，处理和解决经济活动中物与物、人与物之间的技术联系，如生产中的配料问题、生产力布局和规划以及机器设备的技术性能对操作者的技术水平和熟练程度的要求等，都体现自然规律和技术规律的要求，不受社会的经济基础和上层建筑的影响；而经济管理的社会属性则表现为调和完善生产关系，处理调整人与人之间的经济利益关系，如分配体制、管理体制等，都由社会、经济规律支配。在现代社会的发展中，科学管理起着越来越重的作用，科学管理直接带来了经济效益、社会效益，在物质资源有限的情况下，管理资源的作用显得尤其重要。

二、管理学主要理论

（一）X-Y理论

美国管理学家麦格雷戈（Douglas McGregor）于1957年提出了X-Y理论。麦格雷戈把传统管理学称为"X理论"，把自己的管理学称为"Y理论"。

X理论认为：多数人天生懒惰，尽一切可能逃避工作；多数人没有抱负、宁愿被领导，怕负责任，视个人安全高于一切；对多数人必须采取强迫命令，软硬兼施的管理措施。

Y理论的看法则相反：一般人并不天生厌恶工作，多数人愿意对工作负责，并有相当程度的想象力和创造才能；控制和惩罚不是使人实现管理目标的唯一办法，还可以通过满足职工爱的需要、尊重的需要和自我实现的需要，使个人和组织目标融合一致，达到提高生产率的目的。

麦格雷戈认为，人的行为表现并非由固有的天性决定的，而是其所在的组织或群体中的管理实践造成的。剥夺人的生理需要，会使人生病；同样，剥夺人的较高级的需要，如感情上的需要、地位的需要、自我实现的需要，也会使人产生病态的行为。人们之所以会产生那种消极的、敌对的和拒绝承担责任的态度，正是由于他们被剥夺了社会需要和自我实现的需要而产生的疾病的症状，因而迫切需要一种新的、建立在对人的特性和人的行为动机更为恰当的认识基础上的新理论。麦格雷戈强调指出，必须充分肯定作为组织或单位主体的人，员工的积极性是处于主导地位的，他们乐于工作、勇于承担责任，并且多数人都具有解决问题的想象力、独创性和创造力，关键在于管理方面如何将员工的这种潜能和积极性充分发挥出来。

（二）彼得原理

每个组织都是由各种不同的职位、等级或阶层的排列所组成，每个人都隶属于其中的某个等级。彼得原理是美国学者劳伦斯·彼得在对组织中人员晋升的相关现象研究后，得出一个结论：在各种组织中，雇员总是趋向于晋升到其不称职的地位。彼得原理有时也被称为向上爬的原理。这种现象在现实生活中无处不在：一名称职的教授被提升为大学校长后却无法胜任；一个优秀的运动员被提升为主管体育的官员而无所作为。对一个组织而言，一旦相当部分人员被推到其不称职的级别，就会造成组织的人浮于事，效率低下，导致平庸者出人头地，发展停滞。因此，这就要求改变单纯的根据贡献决定晋升的职员晋升机制，不能因某人在某个岗位上干得很出色，就推断此人一定能够胜任更高一级的职务。将一名职工晋升到一个无法很好发挥才能的岗位，不仅不是对本人的奖励，反而使其无法很好地发挥才能，也影响管理职能的发挥，给单位和事业带来损失。

（三）酒与污水定律

酒与污水定律是指把一匙酒倒进一桶污水，得到的是一桶污水；如果把一匙污水倒进一桶酒，得到的还是一桶污水。在任何组织里，几乎都存在几个难管理的人物，他们存在的目的似乎就是为了把事情搞糟。最糟糕的是，他们像果箱里的烂苹果，如果不及时处理，它会迅速传染，把果箱里其他苹果也弄烂。烂苹果的可怕之处，在于它那惊人的破坏力。一个正直能干的人进入一个混乱的部门可能会被吞没，而一个无德无才者能很快将一个高效的部门变成一盘散沙。组织系统往往是脆弱的，是建立在相互理解、妥协和容忍的基础上的，很容易被侵害、被毒化。破坏者能力非凡的另一个重要原因在于，破坏总比建设容易。一个能工巧匠花费时日精心制作的陶瓷器，一头驴子一秒钟就能毁坏掉。如果一个组织里有这样的一头驴子，即使拥有再多的能工巧匠，也不会有多少像样的工作成果。

（四）木桶定律

木桶定律是讲一只木桶能装多少水，取决于它最短的那块木板。这就是说任何一个组织可能面临的一个共同问题，即构成组织的各个部分往往是优劣不齐的，而劣势部分往往决定整个组织的水平。木桶定律与酒与污水定律不同，后者讨论的是组织中的破坏力量，最短的木板却是组织中有用的一个部分，只不过比其他部分差一些，不能把它们当成烂苹果扔掉。强弱只是相对而言的，无法消除，问题在于容忍这种弱点到什么程度，如果严重到成为阻碍工作的瓶颈，就不得不有所动作。

（五）马太效应

《新约·马太福音》中有这样一个故事：一个国王远行前，交给3个仆人每人1锭银子，吩咐道：你们去做生意，等我回来时，再来见我。国王回来时，第1个仆人说：主人，你交给我的1锭银子，我已赚了10锭。于是，国王奖励他10座城邑。第2个仆人报告：主人，你给我的1锭银子，我已赚了5锭。于是，国王奖励他5座城邑。第3个仆人报告说：主人，你给我的1锭银子，我一直包在手帕里，怕丢失，一直没有拿出来。于是，国王命令将第3个仆人的1锭银子赏给第1个仆人，说：凡是少的，就连他所有的，也要夺过来。凡是多的，还要给他，叫他多多益善。这就是马太效应，反应当今社会中存在的一个普遍现象，即赢家通吃。对管理者而言，马太效应告诉我们，要想在某一个领域保持优势，就必须在此领域迅速做大。当你成为某个领域的领头羊时，即便投资回报率相同，你也更轻易地获得比弱小的同行更大的收益；而若没有实力迅速在某个领域做大，就要不停地寻找新的发展领域，才能保证获得较好的回报。

（六）零和游戏原理

零和游戏是指一项游戏中，游戏者有输有赢，一方所赢正是另一方所输，游戏的总成绩永远为零。零和游戏原理之所以广受关注，主要是因为人们在社会的方方面面都能发现与零和游戏类似的局面，胜利者的光荣后面往往隐藏着失败者的辛酸和苦涩。20 世纪，人类经历两次世界大战、经济高速增长，科技进步、全球一体化以及日益严重的环境污染，零和游戏观念正逐渐被双赢观念所取代。人们开始认识到利己不一定要建立在损人的基础上。通过有效合作，皆大欢喜的结局是可能出现的。但从零和游戏走向双赢，要求各方面要有真诚合作的精神和勇气，在合作中不要小聪明，不要总想占别人的小便宜，要遵守游戏规则，否则双赢的局面就不可能出现，最终吃亏的还是合作者自己。

（七）华盛顿合作规律

华盛顿合作规律说的是一个人敷衍了事，两个人互相推诿，三个人则永无成事之日，与"三个和尚没水吃"的故事有点类似。人与人的合作，不是人力的简单相加，而是要复杂和微妙得多。在这种合作中，假定每个人的能力都为1，那么 10 个人的合作结果有时比 10 大得多，有时甚至比 1 还要小。因为人不是静止物，更像方向各异的能量，相互推动时，自然事半功倍，相互抵触时，则一事无成。传统的管理理论中，对合作研究得并不多，最直观的反映就是，目前的大多数管理制度和行为都是致力于减少人力的消耗，而非利用组织提高人的效能。换言之，不妨说管理的主要目的不是让每个人做得更好，而是避免内耗过多。

（八）手表定理

手表定理是指一个人有一块表时，可以知道现在是几点钟，当他同时拥有两块表时，却无法确定。两块手表并不能告诉一个人更准确的时间，反而会让看表的人失去对准确时间的信心。手表定理在企业经营管理方面，给人们一种非常直观的启发，就是对同一个人或同一个组织的管理，不能同时采用两种不同的方法，不能同时设置两个不同的目标，甚至每一个人不能由两个人同时指挥，否则将使这个企业或这个人无所适从。手表定理所指的另一层含义在于，每个人都不能同时选择两种不同的价值观，否则行为将陷于混乱。

（九）不值得定律

不值得定律最直观的表述是：不值得做的事情，就不值得做好。这个定律再简单不过了，重要性却时时被人们忽视遗忘。不值得定律反映人们的一种心理，一个人如果从事的是一份自认为不值得做的事情，往往会保持冷嘲热讽，敷衍了事的态度，不仅成功率低，而且即使成功，也不觉得有多大的成就感。因此，对个人来说，应在多种可供选择的奋斗目标及价值观中挑选一种，然后为之奋斗。选择你所爱的，爱你所选择的，才可能激发斗志，也可以心安理得。而对一个单位或组织来说，则要很好地分析职员的性格特性，合理分配工作，如让成就欲较强的职员单独或牵头完成具有一定风险和难度的工作，并在其完成时，给予及时的肯定和赞扬；让依附欲较强的职工更多地参加到某个团体共同工作；让权力欲较强的职工担任一个与之能力相适应的主管。同时，要加强员工对企业目标的认同感，让员工感觉到自己所做的工作是值得的，这样才能激发员工的热情。

(十) 蘑菇管理

蘑菇管理是许多组织对待初出茅庐者的一种管理方法，初学者被置于阴暗的角落（不受重视的部门，或打杂跑腿的工作），浇上一头大粪（无端的批评、指责、代人受过），任其自生自灭（得不到必要的指导和提携）。相信很多人都有过这样一段蘑菇经历，这不一定是什么坏事，尤其是当一切刚刚开始的时候，当几天蘑菇，能够消除很多不切实际的幻想，更加接近现实，看问题也更加实际。一个组织，一般对新进的人员都一视同仁，从起薪到工作都不会有大的差别。无论你是多么优秀的人才，在刚开始的时候，都只能从最简单的事情做起。蘑菇经历对于成长中的年轻人来说，就像蚕茧，是羽化前必须经历的一步。因此，如何高效率地走过生命的这一段，从中尽可能汲取经验，成熟起来，并树立良好的值得信赖的个人形象，是每个刚入社会的年轻人必须面对的课题。

(十一) 奥卡姆剃刀定律

12世纪，英国奥卡姆的威廉主张唯名论，只承认确实存在的东西，认为那些空洞无物的普遍性概念都是无用的累赘，应当被无情地剃除。他主张，如无必要，勿增实体。这就是常说的奥卡姆剃刀。这把剃刀曾使很多人感到威胁，被认为是异端邪说，威廉本人也因此受到迫害。然而，这并未损害这把刀的锋利程度，相反，经过数百年的岁月，奥卡姆剃刀已被历史磨得越来越快，并早已超越原来狭窄的领域，而具有广泛、丰富、深刻的意义。奥卡姆剃刀定律在管理学中可进一步演化为简单与复杂定律：把事情变复杂很简单，把事情变简单很复杂。这个定律要求我们在处理事情时，要把握事情的实质，把握主流，解决最根本的问题，尤其要顺应自然，不要把事情人为地复杂化，这样才能把事情处理好。

(十二) 破窗理论

美国斯坦福大学的心理学家詹巴斗曾组织了一项试验。他找了两辆一模一样的汽车，把其中的一辆摆在帕罗阿尔托的中产阶级社区，而另一辆停在相对杂乱的布朗克斯街区。停在布朗克斯的那一辆，他把车牌摘掉了，并且把顶棚打开。结果这辆车一天之内就给人偷走了，而放在帕罗阿尔托的那一辆，摆了一个星期也无人问津。后来，詹巴斗用锤子把那辆车的玻璃敲了个大洞。结果呢？仅仅过了几个小时，它就不见了。

以这项试验为基础，政治学家威尔逊和犯罪学家凯琳 1982 年提出了"破窗理论"。理论认为：如果有人打坏了一个建筑物的窗户玻璃，而这扇窗户又得不到及时的维修，别人就可能受到某些暗示性的纵容去打烂更多的窗户玻璃。久而久之，这些破窗户就给人造成一种无序的感觉。结果在这种公众麻木不仁的氛围中，新的无序甚至犯罪就会滋生、繁荣。

"破窗理论"多用于社会治安管理，但对企业管理、行政管理同样重要。主要在于，组织或企业中对待随时可能发生的一些"小奸小恶"的态度。特别是对于触犯管理核心价值观念的一些"小奸小恶"，小题大做的处理是非常必要的，以防止"千里之堤，溃于蚁穴"，正是及时修好"第一个被打碎的窗户玻璃"的明智举措。

三、政府的职能

我国的土地管理，从机构上看属于国家政府的职能部门，行使政府的权力并为国家利益服务；从管理的内容上看，是以合理配置土地资源、协调土地利用关系及确定和保护土地产权关系为核心，对土地利用过程中所产生的各种权利义务关系进行协调和宏观调控；从管理的方法上看，是以国家的土地制度、法律、政策为依据，采用各种行政手段进行计划、组织、协调和控制；从管理的目标上看，是为了保护国家的土地资源，使土地资源的开发与利用充分满足国民经济不断发展的需要。因此，土地管理的实质是国家及地方政府处理土地事务、协调土地关系的活动，是行使国家权力的过程，而非一般的组织管理工作，因此性质上属于政府行政管理或公共管理的范畴。而土地同时又是一种经济品，政府在对这种经济品进行管理时必然要涉及经济主体的利益，乃至政府作为"经济人"的利益。那么，政府如何准确界定自己的"公共人"和"经济人"边界？准确界定政府职能成为关键。

经济学家始终非常重视研究政府的职能。萨缪尔森提出政府的 4 项经济职能是：①提高经济效率，政府通过促进竞争、控制诸如污染这类外部性问题以及提供公共品等来提高效率；②改善收入分配，政府通过税收和支出项目等手段，向某些团体进行倾斜的收入再分配，从而增进平等；③通过宏观经济政策稳定经济，政府通过财政政策和货币政策保证宏观经济的稳定和增长，并减少失业，降低通货膨胀；④执行国际经济政策。

世界银行在《1997 年的世界发展报告——变革世界中的政府》中提出，有 5 项基础性的任务处于每个政府使命的核心地位。如果这 5 项任务不完成，就不可能取得可持续的、共享的、减少贫困的发展。这 5 项任务是：①建立法律基础；②保持非扭曲的政策环境，包括宏观经济的稳定；③投资于基本的社会服务和基础设施；④保护承受力差的社会阶层；⑤保护环境。

总的来说，经济学对政府基本职能的认识尽管存在差异，但基本方向是一致的。其实，人们更应关心的是政府如何坚守或执行这些职能，即政府管理如何才能达到"既不缺位也不越位"。

（一）保护性职能

靠集体行动保护秩序和法治的做法可谓源远流长。其源头大概至少可上溯至永久定居的村庄、集镇和城市在某种领导体制下出现的时候。在这些共同体内，为了裁决冲突，并尊崇或制定能据以解决或避免共同体成员间冲突的原则（外在制度），出现了国王、高级僧侣和法官。最初，第三方裁决者的角色可能被授予了受人尊敬并富有经验的长者，但后来出现了正式的、产生统治者的宪法性安排。集体行动、政治权力和政府概念也由此而产生：为了共同体利益，一些特定的行动被付诸实施，特定的官员或官方组织获得了凌驾于普通公民和公民团体之上的权威和强制性权力。在这些情况下，都必须由宪法性安排来决定集体行动的基础：如何任命代表，如何分配集体行动的成本和获益。

政府最突出的保护性职能是防止一些公民受另一些公民的强制。如果人们处于无政府状态中，如果强制只能靠其他各方的"暴力潜能"来制约，如果所有公民都必须抵抗他人以保卫其财产，那将会付出极高的代价（极高的排他成本和强制执行成本）。它们会抑制大量有利的劳动分工并阻碍繁荣。因此，雇用一个代理人，赋予他保卫和平的使命，是很有利的做法，为了有效，代理人必须握有实施强制的权力。同时，必须保证代理人——政府——不用其权力反对委托人，即公民。

在政府的保护性职能中，有相当一部分是通过政府管制来实现的，如保护健康和安全的管制。这样的管制常常有其经济上的合理性，因为它们解决了外部性。例如，在一个产业中不受限制地使用一种专门的私人资产有可能危及工人们的安全，而保护工人的途径是管制该产业资产的使用，并制定出安全规则。外部性还会在与环境和保健有关的问题上发生。公共保健管制的一个目的是要减少信息成本和其他交易成本。例如，一个人可以假设，一种得到政府认可的药品在规定限度内是可以安全服用的——无须他自己去研究服用该药品的后果。或者，在某些地段限制车速的规则避免了表现为车祸的昂贵"发现过程"。但是，必须永远牢记管制的终极目的，即制度服务于公民。但现在，许多国家在保健、安全和环境方面正实施着的大量管制却并不符合这一检验标准。这类管制的激增提高了交易成本，并削弱着竞争市场的协调控制功能。问题并不在于有这样的专项干预，而在于这类干预的广泛影响和高发生率。因此，对这类管制措施中的每一项，都必须根据其可能给整个制度系统带来的成本和获益来加以评估。

（二）生产性职能

对属于纯共享品的物品和服务来讲，要想不让未付钱者享用，即使可能，也代价极高。而且，共享品一旦被提供出来就不会稀缺，因为在一定的限度内，它们的需求之间不存在争夺。在这种情况下，私人所有者只能容忍那些没有为努力获取和维护共享品承担成本的人搭便车，与此相同，实施公共供给并靠强制性税收来筹资也确有其根据。在这种场合，私人所有者不可能恰当地行使其产权，包括不可能行使排除他人的权利，这显示出了一种制度缺陷。这方面的一个经典例子就是街道照明：如果一个社会成员为享受街道照明的好处而出钱建立了街道照明系统，则其他社会成员都能免费享受到这一舒适。这种自然共享品的另一个经典例子是抵御外部侵略的国防：如果一个社会成员要提供国防军，则其他所有的公民都将得到这一保卫的好处，且不会被排除在外。与能被独享的获益相比，获取一种物品的成本越大，则努力获取这种物品的动力就越弱。与成本和获益能由个人充分内部化的私人品相比，共享品将供给不足。在政府供给具有显著正外部效应的场合，纯共享品是一种极端情形。

政府在决定要提供什么以及如何在公民中分摊成本时，有可能主要对某些有组织集团的偏好做出响应。因此，极易产生隐性再分配的问题。这类问题可以通过财政分权化而在一定程度上得到抑制。当部分公民和资本能向最可能提供理想共享品组合和其他地区特征的政区流动时，也能在一定程度上抑制这种问题。这是因为，纳税人和生产要素在地区之间的可流动性（开放性）能在一定程度上控制想在共享品的供给和筹资上对成本和获益进行再分配的政府。

对于不可能轻易排除他人使用、但对它的需求中存在争夺的那些物品，可以靠外在的规则和政府指令来配给获取机会。究竟是靠社会化财产还是私人竞争者来生产那样的物品和服务是次要的，重要的是要用公共资源来供给物品和服务。就获取途径而言，用社会化财产生产那些物品和服务肯定不具有必然性。然而，出于若干理由，政府会选择用公共所有的财产来组织生产并为其提供资金。

①在预计经济活动具有大量不可分解性，且超过了个人和私人合伙者的筹资组织能力的场合，或者在预计会存在很大规模经济的场合，统治者们常常自行承担工作设计、筹资和实施的职能。如我国的三峡工程，还有一些国家的宇航工程等。在这样的背景中，常有人断言，大规模投资构成了"自然垄断"，可取的解决办法是使这样的垄断处于直接的政治控制之下。然而，在现实中，

这样的垄断之所以经常出现，是因为政府机构设立了妨碍竞争的障碍，或者政府没有能力减少竞争活动中的交易成本。一旦这样的经营活动被转变为政府拥有的垄断，它们就会变成高成本经营。然而，在当前，只要能收取用户使用费（可排他性），大规模的、向国际开放的资本市场就能够为这样的大型投资项目融资，如英法海底隧道就是私人投资。现在，凭借改善了的测度技术，支持许多传统公共垄断的理由都将被弃置路边。

②靠公共垄断来供给特定服务的一个理由是，它赋予政治机构较多的直接控制权。例如，由像警察、军队那样的专门力量以及法庭对资源公有制实施非暴力控制看来是一种可以成立的主张。毕竟，这些专业队伍间展开竞争的成本过高。因此，在多数国家里，这些服务都由公共垄断企业来提供。当由公共垄断来提供这些服务时也会存在控制问题（警察腐败、军事政变、腐败的法庭），但政治机构内部的组织命令和财务控制往往被认为是较可取的。

③政府往往要求对特定类型的采掘活动或贸易活动拥有排他性的生产权，以此作为财政收入的便利来源（如盐和酒精垄断）。当出现有希望的新技术，并可能成为财政收入的源泉时，政府往往会接管这些活动的所有权，例如19世纪铁路和电报系统的所有权，那时它们都还是新技术。同样，许多政府曾对石油和天然气产业实施国有化，以便获得便利的财政收入来源。在这些场合，还可能提出其他理由，但对垄断收益的兴趣无疑常常具有关键的作用。

（三）提供获取公域品的机会

政府的这一职能与生产职能有关系，但区别也是明显的。在那些考虑不占主导地位的场合（如在教育和保健服务方面），可以靠公共预算来进行间接供给：用公共资金收购物品和服务，政府充当质量控制者，而不是生产者。

这一点需要从几个方面进行详尽的阐述。

①应当将如何为共享物品和服务的供给活动筹措资金这一问题与是否应使用政府拥有（社会化）的生产手段来生产这些物品和服务这一问题区分开来。如果从政治上看来，靠公共预算为公民提供特定物品和服务是可取的，那么私人生产和受补贴的获取权常常是较便宜的供给方式，这种方式还能向公民们提供较多的选择。因此，公共生产节约交易成本并能避免竞争性私人供应者的重复建设。这种观点要求事先就了解有关的后果，并忽略了竞争在发现工艺创新和产品创新方面的潜能。任何情况下，不受监督的代理人的机会主义和低下的创新可能性是公共生产永远无法摆脱的长期危险。

②公共的所有和控制问题还应当与公共垄断问题分开来考虑。即使在政府组织从事生产活动的场合，仍有理由要求在不同的公共机构之间（如不同公共

机构所有但已公司化了的电厂、医院和大学之间）展开竞争，并要求在公共机构与私人机构之间展开竞争（如允许私人电话、火车、公共汽车或民航公司与公共部门中相同服务的提供者进行竞争）。由于测量成本和通信成本的下降，现在已经不存在什么技术上不允许竞争的"自然垄断"。如果不是背靠政治干预，现存的各种垄断中鲜有能长期存活者。

③在共享品的社会化生产上，第三个重要问题是可稽查性，即就公共财产在使用中所发生的全部成本和回报提供充分而透彻的信息，并使政府拥有的生产者服从严格的预算控制。当公共生产投资被公司化时，即它们的活动在管理上是与涵盖政府一般活动的预算相分离时，可稽查性就得到了加强。执行硬预算约束并拒绝为亏损的公共企业提供补贴，并不总是一件容易的事。但是，只要竞争压力软弱不济，而公共机关领导人的可稽查性又很差，那么公众的仆人就会转而为自身利益服务（高薪、配置冗员、超量的在职消费）。在懒散习惯已根深蒂固的地方，遏制私人占用公共财产的变革大都会受到强烈的抵制。在世界各地许多私有化项目的实施过程中，这一点已变得非常明显。

④政府机构的生产创造着"政治性企业"：国有制不仅赋予这些企业在市场中的经济影响力，而且还赋予其对政策制定活动的直接政治影响力。由于没有任何个人有权直接索取公共部门经营的最终利润（也无人对亏损承担直接责任），且其所有权通常不能转让（除非通过私有化），"政治性企业"将不会像私人公司那样受到委托人的严密监督。毕竟，监督是一种昂贵的过程。因此，公共企业的经理们会面对另一种激励结构，它与用于私人经济组织领导人的激励结构大相径庭。例如，人们发现，在公共部门中，对休假申请的监督要花费比私人产业多两至三倍的行政审批时间，或者管理数量相似的票据支付工作，要比私人产业多耗费五倍的经营时间，而且管理效率低下。当公共部门采用专门的会计制度时，或者由于政治性企业的经营要保密（国防、情报机构）而使公共企业不得公开其会计账目时，监督的代价可能会特别高。在任何情况下，公有企业的产出往往难以计算。

（四）改革社会化生产

改革有可能缓解与公共生产相关的各种问题。例如，可以通过将社会化生产活动移交给相互竞争的低级别政府，使社会化财产转变为某种俱乐部品；或者，使社会化生产私有化，同时保证获取这些物品和服务的权利继续存留于公共领域之中。另外，可以改革会计系统，使之向运作最佳的私人企业看齐。激励和监督方面的现代管理技能可能有助于为纳税人获取效率红利。为了实现这一目的，经理们的政治性老板必须为经理们制定出明确而有可测度的产出目标，但在选择被用来生产该产出的方法和如何购买必要投入的方法上，必须让经理们承担责任。只有在公共部门的经理们任期有限并按业绩取酬时，这样的责任体系才能起作用；这样的安排与传统的、具有终身任期的公共服务体制根本不同。在无法实行这类改革的地方，就应当将物品和服务的生产从公共部门中剥离出来，并使之私有化，从而使其采用竞争性的私人企业的纪律。

（五）对产权的再分配

在许多国家中，对收入和财富进行再分配都是政府的主要职能之一。即没收某些人的产权并将它们再分配给另一些人，这种行动立足于各种"社会公正"方面的概念。这样的概念在基督教以及伊斯兰教的传统中有着较浓厚的历史根源。在欧洲，统治者曾长期用公共收入资助"流浪儿和寡妇"，而公共组织（如公共贫民院）曾照顾过贫民们的基本需要。在这一过程中，安全和公正被等同于在面对变化时维护一定的社会地位和经济地位，还被等同于收入的财富分布上的结果平等。倡导由政府进行再分配的人们还对其再分配方案的实践可行性抱有乐观态度，完全不重视认识问题、理性的无知、败德危害和政治代理人的自私自利。基于这些流行哲学，集体资源被用作赖以防范人生风险的最终承保人。而在东亚的文化中，那样的角色通常是由家庭来承担的。

可以用 2 种政策手段来尝试再分配：一种是运用政府的强制权力来征税和分派转移支付，以弱化甚至消除竞争博弈的后果；另一种是通过直接干预立足于私人产权的竞争基础，通过影响财务资本、物质资本和人力资本的积累，通过干预缔约自由，改变市场的运行。

产权是市场过程的后果。对产权的再分配可以依靠国家的征税和转移收入的强制权力，征税和转移收入都是在政治过程中决定的。这方面的例子有累进所得税制，它并不对所有的货币所得一视同仁，而要考虑财产所有者的收入流规模。转移可以由直接的现金支付方式构成，但也可以由转移真实资源的方式构成。例如，政府可以决定向平均收入较低的地区提供更多由政府拥有的基础设施。

思　考　题

1. 资源的特性有哪些？举例说明土地利用或土地管理实践中违反资源条件的做法所引起的危害，并说明土地管理实践中遵循自然规律的重要性。

2. 什么是制度、内在制度、外在制度？简述我国的土地所有制度和使用制度。

3. 为什么说土地利用具有经济性？土地利用的经济结果对土地资源布局

产生什么样的影响？

4. 土地投资的特性有哪些？如何根据土地投资规律进行土地管理？

5. 根据委托—代理理论，举例说明我国土地管理实践中的委托—代理关系，并说明代理人在什么情况下会机会主义行事？有什么措施能促使代理人不机会主义行事？

6. 我国政府在进行土地管理过程中既是公共管理者，又具有"经济人"性质，请举例说明政府土地管理实践中哪些行为属于管理者行为，哪些行为属于经济人行为？

第四章 我国的土地制度与土地管理体制

第一节 我国的土地制度

一、制度和土地制度

（一）制度

制度是人们在特定的条件下选择的、与人类行为有关的并借以影响人们相互关系的正式规制和非正式规制的总称。根据制度发挥作用的领域不同可将制度分为经济制度、社会制度、法律制度等。这些在特定领域内发挥作用、支配和影响特定行为的制度就是所谓的制度安排，由这些制度安排组成的有机整体构成特定社会、特定历史条件下的社会经济制度，即制度结构。

（二）土地制度

土地制度作为一种制度安排，是一定社会制度下土地关系的总和，是关于土地这一基本生产资料的所有、使用的制度。它反映着因利用土地而发生的人与人、人与地之间的社会经济关系。土地制度的主要内容包括土地所有制度和土地使用制度。

1. 土地所有制度

土地所有制，是指人们在一定的社会经济条件下拥有土地的经济形式。它表明土地这一生产资料的分配问题，谁应当享有土地所有权及其责、权、利。它是整个土地制度的核心，是土地关系的基础。迄今为止，人类历史上经历了五种土地所有制：原始公社土地公有制，奴隶主土地所有制，封建地主土地所有制，资本主义土地所有制和社会主义土地所有制。他们基本上属于两大类型：土地私有制和土地公有制。土地所有制的法律表现形式是土地所有权，即土地所有者对其土地享有占有、使用、收益和处分的权利。

2. 土地使用制度

土地使用制度是整个土地制度的另一个重要组成部分，它是人们在一定的土地所有制下使用土地的形式、条件和程序的规定，它表明人们如何对土地加以利用的取得收益，谁应当享有土地使用权及其责、权、利。土地使用制度的核心内容是确定独立于土地所有权的土地使用权，以解决土地资源的合理与有效利用问题。土地使用权是依法对土地进行占有、使用并取得收益的权利，是土地使用制度的法律表现形式。

在土地制度两大构成部分中，土地所有制决定着土地使用制。土地使用制是土地所有制的反映和体现，又是实现和巩固土地所有制的一种形式和手段。

二、我国土地制度的历史演变

从奴隶社会到中华人民共和国成立之前，我国的土地制度都是以土地私有制为基础。这与当时的国家制度或社会制度相一致，但在不同的历史阶段其私有制形式和国家对土地的控制程度有较大的差异。

（一）前封建社会的土地制度

前封建社会泛指原始社会和奴隶社会。原始社会时期不存在国家，虽然氏族部落可能有一些对土地的管理措施，但不存在对土地的行政管理。一定时期的生产力发展水平是土地制度乃至国家制度的决定因素。到原始社会末期，随着金属工具的使用和种植业与畜牧业以及其后与手工业的分工（社会第一次大分工与第二次大分工），剩余产品的增多，交换的经常化，逐渐出现了私有制，氏族组织瓦解逐渐为国家所代替。我国大体上从公元前21世纪的夏朝开始就进入了奴隶社会。而作为我国奴隶制国家代表的土地制度——井田制也逐渐形成和完善。

在奴隶社会，土地归奴隶主和国家所有。我国奴隶社会开始于夏，历经商、周，而崩溃于春秋战国时期。井田制也历经了发生、发展以至消亡的阶段。在奴隶社会中，氏族公社土地公有制的一些形式依然残留着，大奴隶主一方面役使着大批的奴隶在"王田"上劳动，另外其本部落联盟的基层单位——氏族公社的成员则可以有较多的自由，而以贡赋的形式向统治者缴纳其劳动产品的一部分。具体方法是实行"井田制"，即将土地划为井字形，等分成九方，每方百亩，四周的八方分配到各家耕种，叫作私田，当中的一方，由八方共同耕作，收获归公家，叫作公田。男子成年时，就可以接受100亩田地，人老（60岁以上）不能耕作时，仍把田地归还给公家，叫作"老死还田"，然后再分配给别人。但是不管是异民族的奴隶还是本部落的臣民，都严格地按照一定的组织制度被束缚在土地上。可以说井田制是在我国黄河流域的自然条件下，奴隶制国家将劳力束缚于土地上的一套制度体系。在夏王朝出现的法律"禹刑"中，已有关于土地方面的法规。统治者制定一系列的关于土地所有权的法规，以贯彻及保护其土地制度。商王朝的前期经常迁徙，因此对土地是临时占有，到西周时已明确土地归周天子所有，《诗经·小雅·北山》说："溥天之下，莫非王土；率土之滨，莫非王臣。"这就反映了全部土地归天子所有的基本制度。周王按地区把土地连同土地上的奴隶赏赐给诸侯，所以奴隶社会的土地公有，实际为国王所有，因此禁止买卖土地。

（二）封建社会的土地制度

我国封建社会的分期，史学界一般的说法是从秦始皇统一六国（公元前221年）开始，到鸦片战争（公元1840年）为止。在这一漫长的社会发展历程中，土地制度及土地管理都随着社会的风云变化而在各朝代有所不同。总的来说，我国封建社会的土地所有制主要有两种形式，即地主土地所有制及封建国家土地所有制。在我国的历史发展与制度的演化变革过程中，封建社会对我国土地制度和整个社会经济影响力最大。虽然从根本上来说，这一时期的土地制度由于朝代的更迭处于不断循环往复状态，但各朝代土地制度的内容却没有创新和进步。

1. 秦汉时期土地的私有化

战国末年虽然存在私有土地，但土地买卖现象极少。直到公元前216年秦始皇颁布诏令"使黔首自实田"，要全国人民向政府报告自己占有的土地数量，从而从法律上承认了土地私有权，并允许土地买卖，到汉朝时土地买卖已非常盛行。

土地既然可以自由买卖，当然谁有钱谁就可以尽量购买。所以土地兼并过程也就随之开始。直到东汉末年，这种土地私有的封建制度已接近成熟期，具体表现在：一是盛行大家族制度，地主在同宗内实行族权统治；二是身份性地主的产生，很多大地主依靠"累世经学"达到"累世公卿"；三是地主阶级内部等级从属关系形成。另外，在秦汉时期还存在部分国有土地，主要包括：山林薮泽、未开发土地、皇帝的苑囿（牧场、园林等）、各级政府经营的公田及分布在边区的屯田等。

2. 三国时期的屯田制

屯田始创于秦朝，至西汉已大规模发展屯田。当时屯田是对匈奴的战略性防御措施，同时也解决了中原流民失业问题。屯田的位置主要在西部边境地区（今甘肃省敦煌、酒泉等地），主要是由征伐西域和匈奴的军士来进行，其目的主要是为了解决军粮的远途运输问题。耕种屯田的军士称田卒，每亩纳租四斗，每人平均耕种二十亩左右。曹魏于公元196年开始实行屯田，同期在蜀、吴的控制地区也先后实行了屯田制。

屯田制是封建社会国有土地的一种使用形式，并在曹魏时期形成了一整套的管理机构，规定了基层组织、劳力编制及屯租的缴纳办法等。在形式上除了军屯以外，还有民屯，而且民屯分布更广，这对当时统治者安集流亡，解决粮食问题起了很大作用。但是随着统治者剥削的加剧以及大量军屯、民屯土地被地主侵夺，加之屯田与非屯田区犬牙交错，各有不同制度，矛盾越来越突出，最后不得不宣布取消屯田制。

3. 西晋的占田制

西晋统一三国后，武帝实行占田制，其内容主要是：准许人民依其耕作能力，多占土地而少课其税，以求恢复农业，但规定了最高占田数及应课税的面积。对官吏按官品位高低规定其占田数和荫客数，以控制豪强广占土地，具有限田的意义。

占田制是在当时连年战乱，人口消亡，土地荒置的条件下，政府为招徕流散农民，复兴农业，增加国库收入所采取的一种土地制度。占田制推行了20多年，西晋统治阶级内部就发生了内讧，随后异民族侵略我国北方，南北争战长达300年，因而占田制的成效历史上记载较少。

4. 北魏隋唐的均田制

均田制是在异民族的统治下，在西晋的占田制基础上实行的，从北魏（公元485年）至唐中叶（公元756年），这种土地制度历经北齐、北周、隋，共5个朝代，先后延续了近280年。开始在黄河流域推行，其后至隋、唐统一中国后推行到江南一些地区。其土地分配方式分为百姓受田和官吏受田。百姓受田主要是按劳力强弱将土地分给农民耕种，并在老、死时由政府收回改授他人，取得耕种权的要按规定缴纳租调。官吏受田在北魏时就有官职分田，是将田地的收入作为官吏俸禄的一部分，离职要还地，交与新上任者。在隋的均田法令中规定官吏受田分3种：一是上述的职分田；二是永业田；三是公廨田。公廨田的收入作为官署办公费用。永业田可世袭并允许买卖，职分田与公廨田统称公田，不允许买卖。均田制产生的条件主要有：

（1）制度沿袭。北魏统治者是鲜卑族，在入主中国之前，还处于氏族公社瓦解村落公社成立时期，在当时就实行着"计口授田"的制度，加上在此以前有西晋占田制的基础，因此均田制就是占田制与计口授田的综合。

（2）地广人稀。自西晋以后，中国北部长期战乱，农民战死、饿死大半，有的为逃避战乱，纷纷放弃田园，逃往江南。这样就使中国北部许多肥沃的土地荒芜，这些土地为北魏推行均田制提供了物质基础。

（3）缓解民族矛盾和阶级矛盾的要求。当时农民为了逃避沉重的租调和差徭，纷纷避在本族的豪绅地主门下，作他们的"部曲"或"佃户"，于是当时就形成了"百室合户，千丁共籍"的情况，致使北魏政府控制的户数越来越少，难以实现税赋收入。开始统治者是通过增加未逃亡户的负担来求得收入的增加，结果造成更多的逃亡。于是就实行了均田制，使农民比在豪门充当佃客所受剥削轻，因此被荫避的劳动力纷纷跑出来，成为政府的"编户之民"。

均田制发展到初唐时期，由于人口迅速增加，而可分配土地有限，土地越来越不够分配；另一方面统治者利用各种手段掠夺土地，再加上唐朝允许土地买卖，农民在遭到自然灾害及人为灾害下，或在繁重的徭役下，只有典贴贷卖自己的土地，从此均田制遭到破坏，又恢复了地主土地私有制。

5. 宋至清的封建地主土地私有制

（1）两税法。唐朝中期以后，均田制已经名存实亡。德宗继位后，建中元年（公元 780 年）颁行两税法，改为户税及地税，以土地及财产的多少作为征收标准，分夏、秋两季征收。由于两税法具有很多优点，宋、元至明朝中叶的赋税制度基本上以两税法为基础。

（2）方田均税法。北宋熙宁五年（1072 年），王安石在宋神宗的支持下开始在全国实施方田均税法。政府重新丈量土地，按亩收税，官僚、地主不得例外。为了保证方田均税法的顺利实施，还制定了有关均税的具体方法。方田均税法先后实施 14 年，完成了全国总垦数的 50% 左右，主要分布在平原地区。方田均税法一方面使国家财政增加了收入，另一方面查清了黑地，使有地者都纳税，平均了赋税负担。但受到大地主及官僚的阻挠，他们利用清丈中的缺点，加上一些地方官不按规定办事，增加税额，等级划分不合理，丈量也存在问题，最终导致方田均税法未能全面完成。

（3）经界法。方田均税法失败后，土地面积和赋税更加混乱，富者田多税少，平民田去税存，政府坐失常赋，财政日益困难。为了清查土地，征收税赋，增加财政收入，南宋政府于 1143 年（绍兴十三年）实行经界法。所谓经界法，就是按照地块的不同形状，采用不同的方法，逐块丈量，计算田亩的面积，调查确定地块的质量，如实载入"砧基簿（地籍簿）"。经界法是产权登记的雏形，该制度有两个特点：一是土地所有者的土地只有在砧基簿上登记后，方具有法律效力，有地契，而不在砧基簿上登记者，视为非法交易，土地没收归公；二是每块地均画一幅形状草图，标明四至。

（4）鱼鳞图册。简称鱼鳞册，是指把管辖区内的田地以丘相挨，如鱼鳞之相。图册分为总图和分图，总图是把一个州、县或一个乡、都、里管辖内的田地绘制在一起，依次排列，形似由许多鱼鳞片所构成的图案（图 4-1）。分图以每一小块土地为单位绘制，图内绘有简单的地形图状、面积、四至，并注明土质、税则等级（上、中、下地），以及小块土地的地名（土名）和官府的统一编导、业主姓名和所在都、里、甲等，一式 4 份，分存户部、布政司、府、县各级土地管理机构。万历六至九年（公元 1578—1581 年），曾又一次进行全国性的大规模土地清丈，并普遍绘制了新鱼鳞图册，登记入册的土地大大增加，而且较为可靠。

到了清朝，由于明末农民起义严重影响了生产，清政府开始采取恢复性措施，鼓励垦荒，并承认垦荒者的土地所有权，发给印信执照，"永准为业"；对佃户耕种而明亲王、勋贵等被消灭的庄田者，允许更名。但随着地主阶级在恢复时期经济力量的加强，他们又开始大量兼并土地。而且清政府还推行"八旗

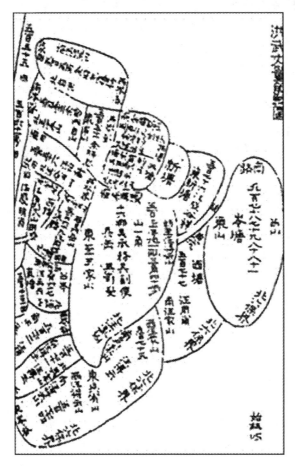

图 4-1 鱼鳞图示意图

田制"，以满足八旗贵族对土地的需求，强制推行"圈地令"，大量圈占民地，建立了许多名目的官地。

（三）近代中国土地制度的演变

近代中国是中国社会最动荡的时代，体现在土地所有制上也是不断动荡变化的，但是其基本制度仍然是封建地主土地私有制，只是在不同的时期新的革命者提出一些新的主张。

1. 太平天国运动时期土地归"上帝"所有

1863 年太平天国定都南京后，颁布了"天朝田亩制度"，明确宣布世界上一切土地和财产都归"上帝"所有，因此每个人都可以从"上帝"那里取得一份土地，土地分配原则是按人口和土地质量平均分配。这一主张在当时起了鼓舞人心、推动革命的作用，对封建土地制度产生了很大冲击。但由于太理想化，在当时的社会条件下很难实现。因此，在实践中太平天国占领的大部分地区仍然承认地主阶级的土地所有权，向地主征收田赋，只有局部地区给农民颁发田凭，取消了封建土地所有制。

2. 孙中山的平均地权理论

平均地权是同盟会的革命纲领之一，但起初这一平均地权是平均地主垄断城市土地之权，是资本主义的土地纲领。辛亥革命失败后，在中国共产党的帮助下，孙中山由旧三民主义转变到新三民主义，一方面重申原来平均地权的主张，另一方面又提出"耕者有其田"的口号，这是孙中山平均地权论的重大发展。

3. 中国共产党领导下的苏区土地革命

1927—1928 年制定的井冈山土地法规定，一切土地经苏维埃政府没收分配后，禁止买卖。抗日战争时期的土地政策主要是地主减租减息，农民交租交息。解放战争时期实行"耕者有其田"，按农村人口平均分配土地。

（四）中华人民共和国成立后土地制度的变化

在中华人民共和国成立后的 40 多年的历史发展过程中，中国土地制度体系经历了比较曲折的变革，呈现出一种阶段性的发展轨迹。其整个变革过程可分为 4 个阶段。

1. 1949—1953 年恢复时期的农民土地所有制

中华人民共和国成立之前，大部分土地集中在地主和富农手中，他们占农村人口不到 10%，却占有 70%～80% 的农村土地，而占农村 90% 人口的贫农、中农、佃农却仅仅占 20%～30% 的农村土地。中华人民共和国成立，社会主义制度建立，以农民土地所有制代替地主土地所有制成为这一阶段土地改革的主要内容。1949 年 9 月通过的《中国人民政治协商会议共同纲领》中明确提出要"有步骤地将封建半封建的土地所有制改变为农民的土地所有制，实现耕者有其田"。1950 年 6 月中央人民政府颁布了《中华人民共和国土地改革法》，提出废除地主阶级封建剥削的土地所有制，实行农民土地所有制。这是一种彻底性的改革，没收了一切大地主、大官僚占有的农村多余土地，然后人均分配土地，从而真正实现了"耕者有其田"。

2. 1953—1957 年社会主义改造时期农民集体土地所有制

农民土地所有制建立后，在短时间内有力地促进了经济的尽快恢复，特别是农业经济的恢复。但是由于土地的私有，使分配不平衡加剧，出现了两极分化。这种分化，先从信贷关系开始，后来就从土地租佃和高利贷发展到了土地租佃和土地买卖，结果重新出现了新型富农阶级的土地集中，而部分农民却丧失了土地。这些矛盾的出现促成了进行社会主义改造，实现农业合作化。从 1953 年开始，在自愿互利、典型示范、国家帮助原则的指导下，通过农业的社会主义改造，引发了农村土地经营制度的又一次剧变，形成了土地集体所有、集中统一经营的土地经营制度新格局。这次农村土地经营制度的变革，根据其演变时序与内在逻辑，可以大致划分为两个不同的阶段。在农业合作化初期，个体农民以土地等生产资料入股的形式参加统一经营，同时保留土地私有权。对入社的土地评定产量，根据产量规定土地报酬。社员留有少量自留地。以后，又从初级合作社发展到高级合作社，把私有土地无偿转为合作社集体所有，取消土地私有权。农业社分配给社员一定数量的自留地，社员对自留地及宅基地只有使用权。高级农业生产合作社 1957 年基本组建完成（全国除少数民族地区和边远山区外），全国建立起 70 多万个高级农业生产合作社，农民私有土地转变为合作社农民集体所有。经过农业社会主义改造，农民走上了社会主义集体经济道路，土地由农民个人所有转变为集体所有，但这一转变过程并未办理任何土地权属变化的法律登记手续，甚至在土地改革时期颁发的土地所有权证也未作处理（收回或更换），土地权属管理缺乏凭证和查考的依据。

3. 人民公社化及"文化大革命"时期的土地制度

1958—1961 年农村人民公社化的土地所有制是从集体所有制向全民所有制的升迁和公有化，并出现了"共产风"浪潮。这一时期"大跃进"运动造成了土地经济关系的严重扭曲，土地破坏相当严重，农业生产大滑坡。但这一阶段所进行的兴修水利、改良土壤，对后来农业抵抗自然灾害能力的提高起到了一定的积极作用。1962—1978 年，在人民公社化的基础上进行了土地制度改革，建立了"三级所有，队为基础"的农村经济体制和土地制度。《农村人民公社工作条例修正草案》中规定生产队范围内的土地，都归生产队所有。生产队的土地，包括社员的自留地、自留山、宅基地等，一律不准出租和买卖；生产队所有土地，不经县级以上人民政府的审查和批准，任何单位和个人都不得占用；集体所有的山林、水面和草原，凡是生产队所有比较有利的，都归生产队所有。

在城市土地制度上，中华人民共和国成立初期，对城市公有土地，一般都按规定收取公地地租。公社化后，地租大幅下调，在"左"的思想影响下，城市土地开始无偿使用。

4. 1978—1986 年的土地制度

这一时期的土地所有制为社会主义公有制，即农村土地的集体所有制和城镇土地的全民所有制。土地的使用权与所有权进行分离。1978 年底，中共第十一届三中全会以后，中国大力推行农村土地家庭联产承包责任制。土地联产承包责任制，就是土地仍然是集体所有，只是将土地根据劳动力和家庭人口按一定比例进行承包，以农户为基本单元和经济主体，按一定的产量标准上交给集体或国家。土地联产承包责任制实现了责、权、利的有机结合，极大地提高了农民生产的积极性。

在建设用地方面，1982 年国务院颁发了《村镇建房用地管理条例》，要求各地建房要规定用地指标，建立审批制度。

1982—1986 年国家实行所谓城乡分管的体制。为了加强对全国土地的统一管理，中共中央、国务院于 1986 年发布《中共中央、国务院关于加强土地管理、制止乱占耕地的通知》，要求强化土地管理，刹住乱占耕地之风。同年，六届全国人大常委会通过并发布《中华人民共和国土地管理法》，明确全国地政和城乡地政统一管理的原则，并且成立了国家土地管理局。

5. 1986—1998 年的土地制度

1986 年后，农村土地改革已见成效，城市改革也使中国经济主体进一步多元化。于是，1987 年党的第十三届代表大会上提出，要大力推进社会主义市场经济，包括土地在内的生产力要素，均应在改革中引进市场机制。理论上的突破，以及 1987 年深圳国有土地有偿使用的大胆探索，都呼唤法规的支持。1988 年，国务院决定在全国城镇普遍实行收取土地使用费（税）。与此同时开始试行土地使用权有偿转让，定期出让土地使用权。并在《宪法修正案》中将有关不得出租土地的条文修改为"土地的使用权可以依照法律的规定转让"。同年修订通过的《中华人民共和国土地管理法》也确定了土地所有权与土地使用权相分离的原则；土地使用权可依法转让的原则；实行国有土地有偿使用制度。

1990 年 5 月，国务院颁布了《城镇国有土地使用权出让和转让暂行条例》《外商投资开发经营成片土地暂行管理办法》和相应的有关文件，这标志着中国的土地市场走上了有法可依的轨道，从而使土地使用制度改革在全国推开。

1986—1996 年土地制度日趋完善，但经济体制的转轨也引出许多始料不及的情况和问题。在社会主义市场经济条件下，法规体系的不完善日益突出，耕地减少速度增快。于是，从 1997 年起，党中央国务院决心用世界上最严格的措施来管理土地，保护耕地。1997 年 4 月，中共中央发布了《关于进一步加强土地管理切实保护耕地的通知》，针对改革中出现的问题，冻结审批非农业占用耕地 1 年，冻结审批县改市 1 年。并全面修订《刑法》，增设了非法转让、倒卖土地使用权罪等条款。

1998 年，再次修订了《土地管理法》，将"国家实行用途管制制度"以法律的形式确定下来。同年 12 月，国务院又发布了《中华人民共和国土地管理法实施条例》，为从中央到县、乡的"五级土地管理体制"提供了行政纲领。这些都为全国土地市场的建立和健康发展奠定了基础性保障。

6. 1998 年至今的土地制度

2001 年，国务院发布了《关于加强土地资产管理的通知》，对控制用地总量、严格有偿使用制度、大力开展市场化运作、加强市场、价格和审批等行政管理做出了新的规范，进一步完善了城市土地交易场所、基准地价、信息公开化等方面的建设。

2002 年，第九届人大常委会第二十九次会议通过的《农村土地承包法》，进一步允许农村土地承包经营权依法有偿转让，对集体所有制的农村土地设有长期、稳定的私有使用权，直至出租、转让、抵押、继承等。这有益于长期保护农民对土地的投入，稳定农村生产积极性。

为了在改革中引入市场机制，优化土地资源配置，盘活城市存量建设用地，提高用地效率等，国土资源部于 2002 年颁布的《招标拍卖挂牌出让国有土地使用权规定》和 2003 年实施的《协议出让国有土地使用权的规定》，进一步促进了国有土地使用权从"双轨制"向统一、公开的市场交换的转化。

2006 年发布的《国务院关于加强土地调控有关问题的通知》，提出建立工业用地出让最低价标准统一公布制度，即国家根据土地等级、区域土地利用政策等，统一制订并公布各地工业用地出让最低价标准。工业用地出让最低价标准不得低于土地取得成本、土地前期开发成本和按规定收取的相关费用之和。工业用地必须采用招标、拍卖、挂牌方式出让，其出让价格不得低于公布的最低价标准。

2008 年十七届三中全会提出："大规模实施土地整治，搞好规划、统筹安排、连片推进"。此时期，城市低效用地再开发、城乡建设用地增减挂钩、农村建设用地整理、工矿废弃地复垦利用、低丘缓坡荒滩等未利用地开发利用、土地生态整治等进一步丰富了传统土地整理概念内涵，土地整理抬升到土地综合整治的新高度，并逐渐成为新农村建设、城乡统筹、乡村振兴，精准扶贫等目标战略的抓手。

十八大以后，生态文明理念不断丰富发展，此期间生态优先、绿色发展的生态文明思想逐渐渗入到土地整治、生态建设修复、灾害污染治理各项活动中。2015 年《关于加快推进生态文明建设的意见》和《生态文明体制改革总体方案》要求"树立山水林田湖草是一个生命共同体理念，进行整体保护、系统修复、综合治理""编制实施全国国土规划纲要，加快推进国土综合整治"。

2018 年 3 月自然资源部成立，新成立的自然资源部统一行使全民所有自然资源所有者角色，统一行使国土空间用途管制和生态保护修复职责，改变了"种树的只管种树、治水的只管治水、护田的单纯护田"而相互掣肘、顾此失彼、无法形成合力的局面，让国土空间生态修复尤其是"山水林田湖草"生命共同体的整体保护、系统修复、综合治理成为可能。

三、我国现阶段土地制度及其形成

(一) 我国现阶段土地所有制及其形成

我国现阶段的土地制度为社会主义土地公有制，分为全民所有制和劳动群众集体所有制两种形式。

1. 土地全民所有制及其形成

我国土地的全民所有制，具体采取的是社会主义国家所有制形式。

中华人民共和国成立前后，通过土地改革、土地立法以及接管、没收等方式，逐步建立了农村土地国有制。

1944 年颁布的《陕甘宁边区地权条例（草案）》第八条规定："凡属下列各种土地，均为公有：①均是及要塞区域的土地；②公共交通的道路；③公共需要的河流和其他天然水源地；④凡不属于私有的矿产地、盐地、荒山、森林、名胜、古迹等；⑤依法没收归功的土地；⑥其他一切未经人民依法取得所有权的一切土地。凡公有土地，除法令有特殊规定者外，一般由地县、市政府统一登记管理，其所有权属于边区政府，任何个人或团体不得侵占"。

1947 年 9 月公布的《中国土地法大纲》明确规定："废除封建性及半封建性剥削的土地制度，实行耕者有其田的土地制度……乡村中一切地主的土地，按乡村全部人口，不分男女老幼统一平均分配……大森林、大水利工程、大矿山、大牧场、大荒山及湖泊等，归政府管理"。

中华人民共和国成立后，根据当时起临时宪法作用的《中国人民政治协商会议共同纲领》有关规定以及 1950 年颁布的《中华人民共和国土地改革法》，1951 年政务院发布的《关于没收战犯、汉奸、官僚资本家及反革命分子财产的指示》的有关规定，接受和没收了帝国主义、官僚资本主义、国民党反动政府、战犯、汉奸和反革命分子的土地为国家所有。之后，又在《宪法》中明确规定："矿藏、水流、森林、山岭、草原、荒地、滩涂等自然资源，都属于国家所有，即全民所有；由法律规定属于集体所有的森林和山岭、草原、荒地、滩涂除外。""城市的土地属于国家所有"。

城市土地国有制是通过以下方式逐步建立的。

(1) 接管、没收。中华人民共和国成立后，通过接管和没收的方式，将帝国主义、官僚资本主义、国民党政府及反革命分子等占有的城市土地，转变为国有土地。

(2) 赎买。通过改造资本主义工商业、私营房地产公司、房地产业主拥有的城市地产，用赎买的方式将他们转变为国有土地。

(3) 土地征收。国家通过征收的方式，将城乡非国有土地转变为城市国有土地，并给予适当补偿。

（4）立法。通过立法，将城市中尚未国有化的土地转变为国家所有。1982年颁布的《宪法》第十条规定："城市的土地属于国家所有。"这不仅明确了原有城市公有土地的国有性质，而且将当时占城市建成区面积 4.5%的私有土地，在法律上也宣布为国家所有了。

2. 农村集体土地所有制及其形成

我国土地的劳动群众集体所有制，采取的是农民集体土地所有制形式。

我国农村集体土地所有制是通过土地改革、农业合作化、人民公社等运动逐步形成的。

（1）土地改革。1950 年 6 月中央人民政府颁布了《中华人民共和国土地改革法》，该法规定："废除地主阶级封建剥削的土地所有制，实行农民的土地所有制……"据此，在全国开展了土地改革运动，到 1953 年春，除新疆、西藏等地区外，全国土地制度改革基本完成。通过没收、征收地主、富农阶级的土地，无偿分配给无地、少地农民，从而彻底摧毁了封建土地所有制，建立了个体农民土地所有制，大大地解放了农村生产力。

（2）农业合作化运动。土改完成后，根据《农业合作社示范章程》《高级农业合作社示范章程》，在全国开展了农业合作化运动。到 1956 年底，参加农业生产合作社的农户已占全国农户总数的 96%，其中参加高级农业社的农户占全国农户总数的 88%。农业合作化的完成，标志着我国个体农民土地所有制已转变为农业生产合作社集体土地所有制。

（3）人民公社化运动。1958 年初，在农村掀起了合并高级社的高潮，进而发展成人民公社化运动，至 1958 年底，全国农村普遍实现了人民公社化，从而建立了人民公社土地所有制。1962 年变更为"三级所有，队为基础"的制度。

此后，通过《宪法》《土地管理法》进一步明确在农村实行社会主义农民集体土地所有制。

（二）我国现阶段的土地使用制度及其形成

1. 城市国有土地使用制度及其形成

传统的城镇国有土地使用制度的基本特征是：无偿、无限期、无流动。土地分配给使用者是通过行政划拨而非市场机制。其后果是，使用土地的收益大部分为土地使用者所得，国有土地所有权在经济上得不到实现；因无经济杠杆调节，十分珍惜和合理利用土地的国策难以落到实处，乱占、滥用、闲置土地的现象比比皆是，使得本已尖锐的人地矛盾更加突出。十一届三中全会以后，在研讨我国土地使用制度如何改革的基础上，从 1987 年开始，先后在深圳、上海、广州、珠海、汕头、福州、厦门、海口、温州、大连、昆山等城市进行了国有土地使用权有偿出让试点，取得了较好的效果。到 1989 年 6 月止，全国共出让了 114 块、面积为 146 公顷的国有土地的使用权，收取出让金 6.73 亿元人民币。其中，出让给外商和"三资"企业的有 33 块，面积为 51.2 公顷，占出让总面积的 36.6%，收取出让金 3.34 亿元人民币，约占出让金总额的 50%。这些出让的土地中，以协议方式出让的有 74 块，占出让总块数的 65%；以招标方式出让的有 23 块，占出让总块数的 20%；以拍卖方式出让的有 17 块，占出让总块数的 15%。土地使用权有偿出让工作的开展，对于合理用地、节约用地、吸引外资、增加国家财政收入、促进经济发展起到了积极作用。

第七届人大第一次会议将《宪法》第十条第四款修改为"任何组织或者个人不得侵占、买卖或者以其他形式非法出让土地。土地的使用权可以依照法律的规定转让"。《土地管理法》（1988 年）第二条第二款修改为："任何单位和个人不得侵占、买卖或者以其他形式非法转让土地。"同时第二条增加了第四款和第五款："国有土地和集体所有的土地的使用权可以依法转让。""国家依法实行国有土地有偿使用制度。"国务院于 1990 年 5 月 19 日发布了《城镇国有土地使用权出让和转让暂行条例》。这样，土地使用权作为特殊商品进入流通领域就有了法律依据。我国长期实行的土地无偿、无限期的使用制度，逐步改变为有偿、有期限的使用制度。土地使用权的流动，也将从单一的计划调拨渠道转变为土地市场与计划调拨并存的多渠道。进行土地使用权出让的一级土地市场由政府垄断经营。

2. 我国农村土地使用制度及其形成

我国农村土地使用制度经历了从两权（即土地所有权和土地使用权，下同）结合到两权分离的转变。

个体农民土地所有权的特点是个体农民既拥有土地所有权，又拥有土地使用权，一家一户为生产单位分散经营，产品归个体农民自己支配。这种土地制度的优点，在于极大地调动了农民的生产积极性，对中华人民共和国成立初期农业生产迅速恢复和发展起到了重要作用。但缺点也是显而易见的：①这种小农经济无力进行农业基本建设，因此，也就无法抗御自然灾害，从而阻碍了农业生产的进一步发展；②个体农民自身不稳定，容易产生两极分化，重新丧失土地。

高级农业生产合作社阶段，农民私有制土地全部转归集体所有，土地由集体统一经营，统一使用，土地产品由集体统一分配，即集体在拥有土地所有权的同时，还拥有土地使用权。这样，在公有制基础上，土地所有权与使用权重新结合在一起。这种过急的行动，在 1958 年人民公社化运动中达到了高潮，严重地挫伤了农民的生产积极性，阻碍了农业生产的发展。十一届三中全会后，由农民自发创建的土地承包制迅速波及全国，农户承包土地取得了土地使用权，而土地所有权仍属于集体。这样，在土地公有制的基础上，土地所有权与使用权又再度分离了。土地承包制大大提高了农民生产积极性，促进了生产发展，但也存在一些问题，有待进一步完善。与此同时，乡镇企业在农村得到了蓬勃的发展，他们根据有关法律规定，按照法定程序，取得了集体土地建设用地使用权。

农村自留地、自留山、宅基地使用权是根据有关法规和政策取得的。如1960年《农村人民公社工作条例（修正草案）》第四十条规定："自留地一般占生产队耕地面积的5%～7%，归社员家庭使用，长期不变。在有柴山或荒坡的地方，还可以根据群众需要和原有习惯，分配给社员适当数量的自留山，由社员经营。自留山划定以后，也长期不变。"1963年中发（1963）193号文件《关于社员宅基地问题》进一步指出，社员的宅基地归生产队集体所有，但仍归各户长期使用，长期不变。

第二节　我国的土地资源管理体制

一、土地资源管理体制概述

土地资源作为人类生存与发展的物质基础，随着人口的增加、社会经济的快速发展，日趋成为制约人类社会发展的重要因素。因此，土地资源管理工作也越来越受到各国的高度重视。但是，由于世界各国土地资源赋存条件不同，社会经济体制各异，土地资源管理的体制、内容和手段存在着较大的差异。概括起来可分为2类：一是以英国、德国为代表的多部门管理体制，即土地资源由多个部门共同管理；二是以日本、美国为代表的相对集中管理，即土地资源由专门机构管理。我国土地资源管理的发展过程表现为国家行为逐步增强，从分散管理转向全国城乡土地统一管理的体制；由以行政管理为主逐步转向法制化管理，由单一的计划管理逐步转向计划管理与市场管理并重的管理模式，以实现土地资源的可持续利用。

（一）土地管理体制的概念

体制一词在词典中的解释为：①国家机关、企业和事业单位机构设置和管理权限划分的制度；②体裁，格局；③艺术作品的体裁风格。具体可以理解为：体制为制度的中间层次。制度，可分为3个层次：根本制度、体制制度和具体制度。根本制度属宏观层次，是指人类社会在一定历史条件下形成的政治、经济、文化等方面的体系，如封建宗法制度、资本主义制度、社会主义制度等；体制制度属中观层次，可以是某些社会分系统方面的制度，如政治体制、经济体制、文化体制等，也可以是国家机关、企业、事业单位整体意义上的组织制度，如领导体制、学校体制等；具体制度属微观层次，是指要求大家共同遵守的办事规程或行动准则，如财务制度、工作制度等。

土地管理体制是指有关土地行政管理的组织结构、职责权限结构及其运行方式。其主要内容包括各级土地行政管理机构的设置及相互关系，各级土地行政管理机构的职责和权限划分、各种职责和权限的相互关系及运行方式。其中，土地管理机构是土地管理的组织形式和组织保证，职责权限是土地管理的职能形式和功能保证，运行方式则是土地管理组织形式和职能形式的动态反映和动态结合。我国土地管理体制的特点是统一管理与部门分工管理相结合，中央级的管理与地方分级管理相结合。

（二）土地管理体制的影响因素

土地管理体制作为上层建筑的重要组成部分，既受到土地制度、经济体制和政治制度的制约，又受到文化传统、各国经验的影响，土地管理体制的建立、完善和改革必须充分考虑这些因素的作用。

1. 土地制度的影响

土地制度是土地的所有制、使用制和土地管理制度的统一体。土地制度的核心是土地所有制，它是土地关系的基础。土地管理的实质就是维护国家及统治阶级的利益。因此，土地制度的性质决定土地管理的性质，不同的土地制度，要求有不同的土地管理体制。土地制度作为社会生产关系的组成部分，由社会生产方式所决定。而社会生产方式归根到底又受生产力的发展状况决定。因此，土地制度也最终由社会生产力所决定，生产力的发展变化必然引起土地制度的变化，土地制度的变革也要求土地管理体制作相应的变革。

2. 经济体制的影响

经济体制是社会经济系统的基本框架和基本运行原则的组合，包括所有制关系、经济政策结构、资源配置方式3个要素。其中所有制关系对经济体制的整体有着决定性的影响，决定经济体制的社会性质。作为上层建筑范畴的管理体制，必然要与社会经济的发展、经济体制的变革相适应。不同土地所有制形式下的土地管理体制的性质、特点不同，即使在同一土地所有制形式下，经济体制的变革也会导致土地管理体制的变革。例如我国在计划经济体制下，土地配置的形式是行政划拨，不仅土地资源的重要性难以体现，土地资产的功能也不能得到充分的发挥，客观上为实行多头管理的体制提供了可能。在我国建立社会主义市场经济体制后，不仅要求实行集中、统一管理土地的体制，而且要求土地管理机构的管理职能由原来单一的土地资源管理扩大到土地资源管理和土地资产管理并重的范围。计划经济体制向市场经济体制的转变还使得土地管理活动的运行方式和基本原则发生了相应的变化。

3. 民族文化传统和别国经验的影响

一个国家在其长期的历史发展过程中形成的政治观念、价值观念、文化传统必然对其行政体制产生深远的影响。而国与国之间政治、经济、文化的交往，又必然引起各国行政管理体制的相互影响和渗透。近年来，随着我国改革开放的深入，土地行政管理也借鉴和吸收了大量国外先进经验和做法，对我国土地行政管理的发展起到了积极的推动作用。

（三）当代世界各地土地管理体制的基本模式

根据土地管理机构的设置及相应的职责、职权划分，土地管理体制可分为集权、分权、集权与分权相结合3种模式。所谓集权是指国家依法设立专门的土地管理行政机构，统一管理全国的土地和城乡地政；所谓分权是指根据各行业用地的需要，由各职能部门分别建立土地管理机构，分别管理本系统、本部门所使用的土地；所谓集权与分权相结合是指国家依法统一管理与部门依法分别管理相结合的体制，即国家设置统一管理全国土地的职能机构，负责组织协调各行业、各部门用地关系，系统研究、制定和实施国家统一的土地政策、法规、规章和国土空间规划、年度计划，统一管理城乡地政等，并在这个前提下，明确各用地主管部门分工负责管理土地的职责和职权。

土地作为重要的生产资料，具有多种功能和用途，加之土地所有制存在国家所有、地方政府所有、私人或法人所有等形式。世界各国的土地管理体制，在相当长的时期里，客观上存在分散多头管理的必要性，土地管理的部门既有用地部门、综合经济部门，也有资源环保部门，以及司法、财政、税务等部门，实行所有权与管理权相一致的分权制管理模式。随着世界经济的发展和工业化、城市化程度的迅速提高，各方面对土地需求的不断增加，分散的土地管理体制造成土地浪费和不合理利用的现象十分严重，土地需求与土地供给之间的矛盾日趋尖锐。许多国家开始对实行多年的分散多头管理体制进行改革，逐步建立起集中统一的土地管理体制。因此，世界许多国家的土地管理体制都经历了由分权、分散多头管理不断向集权、集中统一管理转变的过程。

土地在经济社会可持续发展及宏观调控中的不可替代作用：致使各国政府逐步加大对土地管理各项权力运作调整的力度，建立高度集中的土地管理体制，实行中央或地方政府对土地的直接掌管，通过强有力的国家法律、行政等手段保护土地，调节土地的供需矛盾。如新西兰将土地资源的管理权全部集中在国家测量与土地信息部，这是国家最高级别的土地管理机关，也是国家直接持有土地产权的代表。全国土地的登记、测量、估价等工作均由该部根据工作的需要在地方设立派出机构进行直接管理，地方各级政府没有土地管理权。日本、新加坡也都实行垂直集权式的土地管理体制。还有一些国家为使各级地政部门更好地依法行政，将本国土地管理体制转变为以中央集权为主的管理模式。如俄罗斯过去长期实行以"块块为主"的土地管理体制，近几年虽然进行了土地私有化改革，但国家的土地管理体制却开始向"条条为主"转变，将上级土地管理部门对下级土地管理部门的业务指导改为业务领导，将地方土地管理部门负责人的地方政府任命制改为地方政府和上级土地管理部门联合任命制，以此来强化国家管理土地的职能。下面简要介绍几个国家的土地管理体制。

1. 美国

美国在内政部内设有土地管理局，主要负责对联邦政府土地的管理，并对州和私人土地进行协调。其主要职责是：地籍调查，土地利用规划，建立土地调查档案和土地管理信息系统，牧场管理，对国家经济发展提供有关服务，制定国家矿产开发和利用计划等。其他联邦政府机构也参与部分土地管理工作，如内政部印第安人事务管理局负责印第安人居留地的土地管理工作，城市规划委员会负责城市用地的管理工作，国防部负责军事用地的管理工作。

2. 俄罗斯

苏联时期实行分部门按块统一管理城乡土地的办法。苏联农业部土地利用和土地整治管理总局负责全苏联农业用地的管理，并领导各级农业用地管理机构。其主要职责是：调查农业用地单位和农业用地的使用情况，提出合理使用与保护农业用地的建议，制定农业用地利用计划并监督其实施，进行土地的分配与再分配，制定合理利用农业用地的经济政策，解决土地纠纷，以及编制农业用地资源图等。苏联城市建筑总局或城市公共事业局，是管理城市用地的机构。其主要职责是：制定城市用地规划，分配和征收土地，查明各部门新的用地，城市用地的勘测与考察，协调和解决用地纠纷等。

20世纪90年代初苏联解体后，许多独联体国家在土地制度改革中对土地管理机构也进行了调整。俄罗斯成立了俄罗斯联邦土地资源与规划委员会，下设86个共和国、边区土地资源与规划委员会，2 500个城市、区土地改革与土地资源委员会，还设有75个土地规划科研与勘察设计机构、俄罗斯信息中心、土地监控科研所、农业航空测量勘测院及其分院。

3. 英国

英国在国家级层面上没有设置统一的土地管理机构，而是由若干部委分类管理。农业用地由农渔食品部土地管理局管理，其主要职责是负责农业用地的使用、统计、地籍管理与绘制土地分类图；森林和林业用地由林业委员会管理；城市用地由环境部管理。

4. 日本

日本政府十分重视土地管理工作，设置了统一管理全国城乡土地的国土厅。其主要职责是促进国土资源的合理利用与区域的均衡发展，以利于营造健康、文明、舒适的生活环境。国土厅下设长官官房、计划调整局、土地局、大都市圈整备局、地方振兴局、防灾局，其中土地局为主要的土地管理执行机构。国土厅土地局的主要职责包括：编制并实施全国城乡土地利用计划；控制土地交易，主要是防止土地投机行为；对休闲地管理，编制国土利用形态分类图表，统计各类用地数量和变化；管理地价；组织国土调查，调查分为地籍调查、分类调查和水域调查 3 种。为完成土地局职责，土地局下设 4 个职能课室：土地政策课、土地利用调整课、地价调查课和国土调查课。

二、我国土地管理体制的历史沿革

土地资源管理体制，就是土地行政管理过程的组织构成，不同的行政管理体制就有不同的行政管理内容和效果。

（一）奴隶社会的土地资源管理体制

奴隶社会全盛时期的周王朝设有六官：天官、地官、春官、夏官、秋官及冬官（即到封建社会发展完善的吏部、户部、礼部、兵部、刑部及工部），由地官司徒负责均平土地，区别各地产物，划分土地等级及制定赋税征收办法；另设协助大司徒工作的小司徒，小司徒负责掌管全国土地和户口，确定各地应征收的赋税定额。地官司徒的下属部门有：载师、闾师、县师、遂师、廛人、渔人、角人、羽人、委人、司葛、司关等。载师掌任土之法，即区分不同土地，如分为园廛、郊甸、漆林各类，并按土地的肥瘠和利用情况，划分等级，制定赋税；闾师是掌中央及四邻的人民、六畜之数；遂师是根据国家对各遂（郊区）的政策法令，按时登记各家人口的变化；廛人掌管房屋的管理；渔人、角人、羽人、委人、司葛、司关等，分掌山泽之赋。

（二）封建社会的土地资源管理体制

1. 中央机构

秦中央机关为三公九卿制，三公为丞相、太尉及御史大夫，在丞相下设列卿分管各类事务。土地由掌管财政的治粟内使负责，另有少府掌山海池泽之税以供皇室之用。

汉初土地仍由治粟内使负责，后改为大农令，又称大司农。

隋中央设三长（三师、三公）及六部，六部中的度支部管理财政税收，度支部中的左户掌管全国户籍；右户掌管全国的公田和私田所收的田租及户调。隋后期将度支部改为民部。

唐在中央设尚书省，尚书省中设六部，其中户部掌管全国土地、户籍、赋税、财政收支等事务。

宋在户部下分左右曹办事，据《宋史·职官志》记载："以版籍考户口之登耗，以税赋持军国之岁计，以土贡辨郡县之物宜……以物券责之理直民讼，凡此，归于左曹。以常平之法平丰凶，时敛散，以免役之法通贫富、均财力……以农田水利之政治荒废、务稼穑……凡此归于右曹。"之后元、明、清等朝代均由户部负责土地管理，直到光绪三十二年（公元 1906 年）将户部改为民政部，有关财政工作划出另设度支部，度支部下设十司，其中田赋司掌管土田财赋及稽核八旗内府庄田地亩。

2. 地方土地资源管理机构

历代地方行政管理机构一般设两级或三级最多到四级。秦设郡、县两级；西汉为州、郡两级；到东汉则改为州、郡、县三级；宋则设路、州、县三级；元开始设行省、路、州（府）、县；明设布政使司，下设省、府（州）、县；清为省、道、府、县四级。

一般在直属中央的下一级中设有与户部相应的机构管理土地；到县则由县令直接负责。各朝代在县以下均设有基层组织，国家通过基层组织保证徭役的摊派及赋税的征收。户籍和地籍的基础资料也由基层组织提供。

（三）民国时期的土地资源管理体制

1. 中央地政机构

1913 年，袁世凯在内务部设全国土地调查筹备处。后因改行经界办法，撤销了全国土地调查筹备处，于 1915 年成立经界局，并进行国内外考察，制定土地清丈办法，开展试点工作。1916 年将经界局裁撤，地籍整理业务划归内务部。

1927 年国民政府定都南京后，在内务部设土地司，1936 年改称地政司，直到 1942 年方在中央设立独立的地政机构，称地政署，内设地籍、地价、地权三处。地籍处负责土地测量、土地登记、土地图册保管、土地调查、公有土地清理及土地重划等事项；地价处负责规定地价、地价申报、土地改良物估价、地价等级标准的拟定及地价册编定等事项；地权处负责地权调整规划、地权诉愿处理、土地征收、土地使用管制、土地金融指导等事项。

1947 年将地政署扩大为地政部，内设地籍、地价、地权、地用四司。地籍司、地价司及地权司的业务与地政署时一样，只是把土地调查、土地使用管制及土地重划等事项划给了地用司，地用司除了以上三项外还负责土地及房屋租赁管制。

2. 省市土地资源管理机构

民国初期，省级地政机构情况各异，均按各省急于开展的地政工作而设置机构：有的省份急需开荒而成立垦务机构，如察哈尔的垦务总局，江西的垦务局；有的省份急于搞清地籍，则成立地籍与清赋机构，如吉林的土地清丈局等。虽然后来国民政府多次提出省级地政机构设置的要求，但直到 1942 年，各地土地管理机关的名称才趋于统一，称为地政局，直属省政府。

市级土地管理机关比较统一，1926 年广州市首先设立土地局。1927 年后各大都市由于人口增加，地价飞涨，土地投机盛行，土地问题日趋严重，各市政当局纷纷设立地政专管机构。

3. 县土地资源管理机构

县级地政机构是具体办理土地管理业务的机构，健全与否，对地政工作的影响很大，1926年广东省开始在中山等十余县先后成立土地局。自此到1937年也只有广东及江苏两省在县设有主管地政的机构，其他各县设置的各不相同，其名称有：土地清丈处、土地整理处、土地登记处等。

（四）中华人民共和国的土地资源管理体制

中华人民共和国成立初期在中央人民政府内务部设地政司掌管地政事务。主管土地登记、发证；土地典当、估价；调解土地纠纷等业务。土地利用分别由农、林等用地部门管理。土地估价、征收地产税则由财政部门管理。北方各省、自治区地政机构设置与中央基本一致。南方各省情况比较复杂，少数民族多，土地改革开展较晚，地政工作有的归民政部门，大多归财政部门负责。城市地政机构大部分沿袭旧政府的机构，由市人民政府直接领导的地政局（或处）主管。主要业务包括：房地产登记、土地清丈、过户转移、代收房地产税等。

在农业合作化时期，中央人民政府政务院内务部设地政司，1955年政务院改为国务院后，在民政部设地政司。各大行政区行政委员会设地政处，各省、自治区在民政厅或财政厅设地政处。直辖市设地政局，直属市人民政府。地政机构主要负责土地登记、权属转移、国家建设征用土地审批等。1956年经研究决定，成立农垦部，原农业部土地利用总局中有关荒地勘测调查的任务，全部划归农垦部负责承办，人员相应划转。同时明确，有关农业社的土地利用规划工作仍由农业部土地利用总局负责；有关国有农场的土地利用规划工作，统归农垦部负责承办；有关水土保持工作由水利部牵头，农、林两部配合协办。成立全国水土保持委员会，办公室设在水利部；有关城市中的建设及其用地的规划、设计工作由城建部门负责；有关国家建设用地的征用审批工作，内务部门没有力量承办的，就因地制宜地由城建部门或农业部门负责承办。总之，中华人民共和国成立初期，我国土地改革完成并引导农业走上集体化道路之后，从上到下，人们普遍认为，以权属管理为核心的地政工作，意义不大，需要把重点转移到以土地利用为中心的管理上来。据此，原来土地登记、发证统一管理的地政工作，已经完全被以部门分散管理的体制所取代，形成各自为政、政出多门的分管局面，先后长达30多年的时间。这期间乱占滥用、浪费土地的现象十分严重。据不完全统计，1957—1978年的21年间，全国减少了1 245万公顷耕地面积，平均每年减少26万公顷左右。我国社会各界对这种分散管理的土地工作体制意见很大，强烈呼吁国家采取坚决措施改革我国土地管理体制。

1978 年，党的十一届三中全会以后，全党工作重点转移到社会主义经济建设上来。各部门工作开始走上正轨。土地资源数量不清、权属混乱、乱占滥用等问题逐渐暴露出来。土地管理问题的严重性，已经成为国民经济和社会发展的一大隐患，阻碍了国民经济的正常发展。加强土地管理工作开始提上了议事日程。

1981 年 4 月，国务院发出《关于制止农村建房侵占耕地的紧急通知》，通知指出，农村建房用地必须统一规划，合理布局，节约用地。1981 年 11 月，第五届全国人民代表大会第四次会议上，针对我国人口多、耕地少、耕地后备资源不足的基本国情明确提出："十分珍惜每寸土地，合理利用每寸土地，应该是我们的国策"。各级党委、政府根据党中央、国务院的指示和要求，做了大量的土地管理工作。

1982 年，国务院颁布了《国家建设征用土地条例》，进一步加强了对征用土地的管理。但是，由于旧的土地管理体制的局限性，没有从根本上扭转土地问题的严重局面。同年，国务院进行机构改革，确定在农牧渔业部内设土地管理局，作为依法统一管理全国土地的职能机关。土地管理局的基本职责是：贯彻执行国家的土地政策、法令；拟订必要的实施条例、办法或规定，在《土地管理法》颁布前，还着重行使以下职责：贯彻《村镇建房用地管理条例》《国家建设征用土地条例》的各项规定，严格办理用地申请、审批手续，制止城乡建设对耕地的乱占滥用，禁止买卖和其他形式非法转让土地的行为；积极、稳妥地进行土地资源调查工作，重点搞好县级土地资源调查，并在完成农业区划的基础上，进行县级土地利用总体规划试点；开展县级土地登记、统计、评价等地籍工作的试点；建立、健全各级土地管理机构，培养土地管理业务骨干。

1983 年国务院发出《关于制止买卖、租赁土地的通知》，各省、自治区、直辖市根据该通知有关机构设置的要求，先后建立了土地管理机构，至 1985 年止，有 25 个省级政府建立了土地管理机构。按机构设置与依法管理情况看，大致有 3 种类型：一是湖北、黑龙江、宁夏、贵州、陕西、山西、辽宁、广东等省、自治区，设置了土地（国土）管理局（厅），委托农业部门代管，履行各级政府土地管理机关归口统一管理土地的职责；二是山东、浙江、吉林、西藏等省、自治区政府确定农业部门为土地管理机关，由农业部门设置土地管理局（处）；三是政府没有归口统一管理土地的职能机关，土地利用和土地管理工作由几个部门分管。

1986 年 2 月，国务院举行第 100 次常务会议，对如何加强土地管理工作进行了专门研究，决定针对我国人多地少，土地后备资源相对不足的国情，确定对全国土地资源实行统一管理体制；决定成立直属国务院的土地管理机构——国家土地管理局，负责全国土地、城乡地政的统一管理工作。同年 6

月，第六届全国人民代表大会常务委员会第十六次会议通过了《中华人民共和国土地管理法》，其中规定，国务院土地管理部门主管全国土地的统一管理工作，县级以上地方人民政府土地管理部门主管本行政区域内的土地统一管理工作。这样城乡土地统一管理体制由全国人大以法律形式确认下来。从此，我国土地管理由多头分散管理阶段过渡到集中统一管理阶段，土地管理工作进入依法、统一、全面、科学管理的新阶段。同年8月，国家土地管理局正式成立，其主要职责是：贯彻执行国家关于土地的法律、法规和政策；主管全国土地的调查、登记和统计工作，组织有关部门编制土地利用总体规划；管理全国的土地征用和划拨工作，负责需要国务院批准的征、拨用地的审查、报批；调查研究，解决土地管理中的重大问题；对各地、各部门的土地利用情况进行检查、监督，并做好协调工作；会同有关部门解决土地纠纷，查处土地违法案件。

根据党中央、国务院的要求，各级地方人民政府相继成立土地管理机构。截至1990年底，全国绝大多数省、自治区、直辖市的地、市、县实现了城乡土地和地政的统一管理；全国初步形成国家、省、市（地）、县、乡（镇）五级土地管理网络。

1993年国务院直属机构改革方案实施，国务院的直属机构由19个调整为13个。国家土地管理局作为直属机构予以保留，基本职能未变。

全国土地、城乡地政统一管理体制形成后，各级土地管理部门运用行政、经济、法律和科技手段相结合的综合管理手段，使土地管理工作进入一个崭新的阶段。

1998年第九届全国人民代表大会召开，批准国务院机构改革方案，将地质矿产部、国家土地管理局、国家海洋局和国家测绘局合并，成立国土资源部，直属于国务院。根据国土资源部的"三定"方案和国土资源部《关于印发国土资源部各司局职能配置、内设机构和人员编制的通知》。国土资源部设14个职能司（厅、局），其中有6个职能司（厅、局）与土地管理直接相关。这标志着整个国家的土地管理体制和管理机构的重大变化。

2004年，中央政府决定在全国实行省以下土地垂直管理体制，以进一步加强国家对国土资源的宏观调控。

2018年3月13日，国务院机构改革方案公布，根据该方案，改革后，国务院正部级机构减少8个，副部级机构减少7个，除国务院办公厅外，国务院设置组成部门26个。

根据国务院机构改革方案，国务院组建自然资源部。将国土资源部的职责，国家发展和改革委员会的组织编制主体功能区规划职责，住房和城乡建设部的城乡规划管理职责，水利部的水资源调查和确权登记管理职责，农业部的草原资源调查和确权登记管理职责，国家林业局的森林、湿地等资源调查和确权登记管理职责，国家海洋局的职责，国家测绘地理信息局的职责整合，组建自然资源部，作为国务院组成部门。自然资源部对外保留国家海洋局牌子。

三、我国现行的自然资源管理体制

我国现行的全国土地、城乡地政集中统一管理体制是根据 1986 年 3 月 21 日中共中央和国务院发出的《关于加强土地管理、制止乱占耕地的通知》（以下简称《通知》），以及 1986 年 6 月 25 日颁布的《土地管理法》建立起来的。《通知》指出：国务院设置国家土地管理局，负责全国土地、城乡地政的统一管理工作；在国家统一管理的前提下，各有关部门要认真做好本部门用地的规划、利用、保护和建设；所有土地的权属变更，都必须报土地管理部门审查，统一办理批准手续；县以上地方各级人民政府都要根据统一管理土地的原则，建立健全土地管理机构。1986 年颁布的土地管理法第 5 条规定："国务院土地管理部门主管全国土地的统一管理工作。县级以上地方人民政府土地管理部门主管本行政区域内土地的统一管理工作，机构设置由省、自治区、直辖市根据实际情况确定。乡级人民政府负责本行政区域内的土地管理工作。"

1986 年国家土地管理局的成立，标志着我国的土地管理体制开始由分散多头管理转向集中统一管理；由以行政管理为主转向行政、法律和经济手段相结合的综合管理新阶段。土地管理的各项工作得到加强，组建了从中央到地方 20 多万人的土地管理队伍，初步形成了以《土地管理法》《城市房地产管理法》为主的法律法规体系框架，为社会主义市场经济体系的建立和依法管理土地资产奠定了基础。但是，由于这种体制确定了五级政府分块管理辖区内土地的模式，地方地政部门隶属于同级政府，在土地管理上只能服从于地方政府，特别是在市场经济条件下，地方政府成为相对独立的利益主体，受利益驱动机制的作用，在土地利用的行为导向上往往只考虑局部和短期的需要，难以考虑合理利用土地、保护耕地的全局和长远利益。

1997 年中共中央发布 11 号文件指出："土地问题涉及全民族的根本利益，必须服从国家的统一管理。国家管理土地的职能只能加强，不能削弱。要进一步改革和完善土地管理体制，加强土地管理的法制建设。"《土地管理法》第 5 条规定："国务院土地行政主管部门统一负责全国土地的监督和管理工作。县级以上地方人民政府土地行政主管部门的设置及其职责，由省、自治区、直辖市人民政府根据国务院有关规定确定"。此项规定标志着我国土地管理体制将主要实行国家和省两级管理，以省为主的模式。这将有利于加强中央和省级政府对土地宏观调控的职能，强化土地资产国家管理的力度。

1998 年九届全国人大批准了国务院机构改革方案，决定国家土地管理局与地质矿产部、国家海洋局、国家测绘局合并组建国土资源部，作为国务院的组成部门，履行全国国土资源的规划、管理、保护与合理利用及监督检查的职能。

建设生态文明是中华民族永续发展的千年大计。必须树立和践行绿水青山就是金山银山的理念，统筹山、水、林、田、湖、草系统治理，为统一行使全民所有自然资源资产所有者职责，统一行使所有国土空间用途管制和生态保护修复职责，着力解决自然资源所有者不到位、空间规划重叠等问题，2018 年的国务院机构改革，将国土资源部的职责，国家发展和改革委员会的组织编制主体功能区规划职责，住房和城乡建设部的城乡规划管理职责，水利部的水资源调查和确权登记管理职责，农业部的草原资源调查和确权登记管理职责，国家林业局的森林、湿地等资源调查和确权登记管理职责，国家海洋局的职责，国家测绘地理信息局的职责整合，组建自然资源部，作为国务院组成部门。自然资源部对外保留国家海洋局牌子。自然资源部的主要职责是，对自然资源开发利用和保护进行监管，建立空间规划体系并监督实施，履行全民所有各类自然资源资产所有者职责，统一调查和确权登记，建立自然资源有偿使用制度，负责测绘和地质勘查行业管理等。

四、资源体制改革的时代特征

（一）实行资源综合化管理

山、水、林、田、湖、草等各类自然要素，是具有复杂结构和多重功能的生态系统，是一个生命共同体，具有相互联系、相互影响、相互转化的整体性、系统性特征。习近平总书记将人与山、水、林、田、湖、草等自然要素组成的生态系统用"命脉"关联在一起，指出"人的命脉在田，田的命脉在水，水的命脉在山，山的命脉在土，土的命脉在树和草"。习近平总书记这一深刻论述生动而形象地阐释了人与自然及自然要素之间共存共荣的一体化关系，充分显示了自然资源的整体性和系统性。如果对自然资源实行分割式管理，则很容易出现顾此失彼的问题。此外，各自然资源要素组成的生态系统还具有外部性、不可逆性和不可替代性，人类在对一种资源进行开发利用的同时，很可能会对其他资源和环境要素造成一定影响，如果缺乏综合化管理，这种影响便会表现为负外部性。自然资源的开发如果对生态系统造成影响，很多时候一旦破坏就难以恢复，同时也很难找到替代品。一旦山体被炸平、湖泊被填埋、生态屏障被破坏，生态系统在气候调节、水土保持、水源涵养等方面的功能就会减弱，很难有替代品能够补救。从这个角度出发，对山、水、林、田、湖、草等自然要素组成的生命共同体实行综合化管理迫在眉睫。

（二）实行资源资产化管理

绿水青山就是金山银山。绿水青山是有价值的，或者说自然资源是有价值的，自然资源具备资源与资产的双重属性，自然资源资产是经济价值与生态价值的统一体。自然资源资产具备满足人的需要的物质属性，能够为经济社会发展提供物质原料；同时，自然资源资产也具备生态价值属性，能够为人类福祉提供生态产品和生态服务功能。新时代人民群众对美好生活的向往更加强烈，对优美生态环境的需要更加迫切，如何提供更多的生态产品以满足人们日益增长的优美生态环境需要，是党和国家亟待解决的重大民生问题。习近平总书记指出："要树立自然价值和自然资本的理念，自然生态是有价值的，保护自然就是增值自然价值和自然资本的过程。"习近平总书记的"两山理论"等重要论述为我国实行自然资源资产化管理提供了理论指导，我们要对山体、河流、森林、湖泊、滩涂等自然资源实行统一资产化管理，确保这些自然资源、自然环境、生态系统和生态资本的规模、结构、质量和功能不因人类经济社会发展而改变，保证这些自然资源期末存量不少于起初存量，最大限度地实现自然资源资产的保值增值。

（三）实行总量集约化管理

我国的基本国情、资源禀赋和经济社会发展的阶段性特征，决定在一定的时空范围内，自然资源相对于经济社会发展的需要在数量上是不足的，两者之间的矛盾导致了资源的稀缺性，这就要求我们必须全面节约和高效利用资源。党的十八大以来，通过实行资源总量管理和全面节约制度，我国经济社会发展的能耗、物耗水平持续降低，但是与我国经济社会发展需要和国际先进国家相比仍存在较大的差距。2018 年，我国以占全球 17.2% 的 GDP，消耗了全球22.6% 的能源、48.8% 的钢铁。与此同时，我国主要资源人均占有量与世界平均水平相比普遍偏低：人均水资源占有量为 2 075 立方米，仅为世界人均值的40%；人均耕地面积占有量为 761 平方米，不足世界人均值的一半。此外，我国重要能源资源的对外依存度一直居高不下，石油为 69.8%，天然气为45.3%，铁、铜、铝等重要金属矿产对外依存度均超过 50%。当前和未来一段时期内，我国仍然面临着完成工业化和城镇化的艰巨任务，资源环境约束趋紧的态势仍将持续，传统的自然资源粗放型发展模式显然难以适应新时代高质量发展的目标要求。只有全面节约和高效利用资源，实行自然资源总量集约化管理，才能有效破解我国发展面临的资源环境难题。

（四）实行空间差异化管理

山、水、林、田、湖、草等自然资源的分布呈现出一定的地域分异规律，自然资源总是相对集中于某些区域之中，其数量、质量、稀缺性程度及相关特性均存在着明显的地区差异。如，动植物资源有地带性，水资源有流域性，矿产资源有成矿带。这在一定程度上决定了自然资源的开发利用和保护必须因地制宜，根据其区域特征采取有针对性的措施，充分考虑自然资源空间差异化管理要求，充分发挥国土空间规划的管控作用。当前，我国已经将主体功能区规划、国土规划、城乡规划等主要空间性规划的管理职能统一集中到自然资源部门，这为实现"多规合一"提供了体制保障。我国面临着人地矛盾加剧、区域发展不均衡矛盾突出等现实问题，因此，要强化国土空间开发源头保护，特别是把用途管制制度覆盖到全部国土空间，解决各地自然资源分布状态不平衡问题。要坚决树立尊重自然、顺应自然、保护自然的生态文明理念，坚持宜农则农、宜林则林、宜草则草、宜水则水、宜建则建、宜城则城原则，将源头保护和全过程修复治理相结合，统筹推进国土开发利用和综合整治。

（五）实行资源法治化管理

习近平总书记指出，用最严格的制度、最严密法治保护生态环境，加快制度创新，强化制度执行，让制度成为刚性的约束和不可触碰的高压线。经过多年努力，具有中国特色的社会主义自然资源管理法治体系已经初步形成，自然资源管理系统的依法行政水平和执法能力不断提升。但是，我国也存在以下问题：部分自然资源法律规定相对滞后，部分自然资源法律制度尚不健全，部分自然资源执法监督还不够严格规范，相关法律制度还存在"缺""散""乱""旧""软"等问题，由此难以形成自然资源集中统一、系统协调、运行高效、监管有力的制度合力，不利于自然资源的有效监管和严格保护。自然资源对经济社会发展具有基础性、战略性作用，关系到公民、法人和其他组织的合法权益。只有建立系统完备的自然资源法律法规制度体系，才能让自然资源管理工作做到有法可依、运行高效。只有实行自然资源法治化管理，健全完善自然资源管理法律法规，把法治理念、法治思维和法治原则贯穿于自然资源管理的全过程和各个环节，才能严格规范权力运行，切实行使监管职责，有效打击自然资源开发利用中的违法行为。

五、从结构改革看空间治理能力提升

目前，自然资源部机构改革方案已全面完成，纵观自然资源部机构、职能的设置，可以说有效维护了两个"统一行使"（即统一行使全民所有自然资源资产所有者职责，统一行使所有国土空间用途管制和生态保护修复职责），充分体现了自然资源集中统一综合管理的要求，在国土空间治理体系现代化进程中迈出了具有里程碑意义的重要一步，从而也为推进国土空间治理能力现代化提供了有力保障。

1. 建立统一的自然资源资产管理体制夯实了国土空间开发保护的权利基础

自然资源资产管理是自然资源管理的核心和基础，对国土空间开发保护具有深层次、根本性影响。此次机构改革针对我国自然资源资产管理存在的突出问题，把健全自然资源资产管理体制放在重要位置，在多个方面取得了突破性进展。

明确自然资源部履行全民所有各类自然资源资产所有者职责，理顺了全民所有自然资源资产管理的权责关系。根据《宪法》规定，除法律规定属于集体所有的自然资源外，矿藏、水流、森林、山岭、草原、荒地、滩涂等自然资源都属于国家所有，即全民所有。相关法律也规定了全民所有自然资源所有权的代表者，即国务院。但在实际中，全民所有自然资源资产的所有权人不到位，所有权权益旁落，权责不对等，导致"公地悲剧"普遍发生，这是自然资源粗放利用和生态环境严重退化的根源之一。此次机构改革明确自然资源部"履行全民所有土地、矿产、森林、草原、湿地、水、海洋等自然资源资产所有者职责"，专设了自然资源所有者权益司，这是国土空间开发保护的治本之策。自然资源所有者权益司负责拟订全民所有自然资源资产管理政策，建立全民所有自然资源资产统计制度，承担自然资源资产价值评估和资产核算工作；编制全民所有自然资源资产负债表，拟订相关考核标准；拟订全民所有自然资源资产划拨、出让、租赁、作价出资和土地储备政策等。这些职能的落实，不仅使全民所有自然资源资产保值增值有了主责部门，也使经济发展的自然资源消耗统计在案，有利于遏制以资源环境为代价追求一时经济增长的痼疾。

此次机构改革的目标之一，是划分自然资源资产所有者的权利与自然资源管理者的权力，解决"运动员"与"裁判员"一身二任的问题。但是，自然资源与自然资源资产毕竟是同一自然空间的不同属性，空间用途管制影响乃至决定了自然资源资产价值；从减少管理成本、提高行政效率看，自然资源监管与自然资源资产管理也需要统一调查评价、协调监管政策。改革方案充分考虑了这一实际，没有将自然资源资产管理与自然资源监管完全分开，而是设立国家林业和草原局，由其负责国家公园等自然保护地管理，国家林业和草原局由自然资源部管理。这样一种内部分工制衡机制，既有利于解决自然资源所有者不到位的问题，又较好地处理了统一管理与专业管理的关系。

明确自然资源部负责自然资源统一确权登记工作，加快了自然资源资产权利体系建设进程。产权是所有制的核心，自然资源资产产权的有效保护是生态文明制度建设的基础，也是经济社会持续健康发展的基石。我国自然资源资产分为全民所有和集体所有，存在国家所有国家直接行使所有权、国家所有地方政府行使所有权、集体所有集体行使所有权、集体所有个人行使占有权（承包权、宅基地资格权）以及法定的各种用益物权等，但多头管理造成的权属不清、权责不明、监管不力等问题相当突出。此次机构改革赋予自然资源部"负责自然资源统一确权登记工作"的职能，包括制定各类自然资源和不动产统一确权登记、权籍调查、不动产测绘、争议调处、成果应用的制度、标准、规范；建立健全全国自然资源和不动产登记信息管理基础平台；负责自然资源和不动产登记资料收集、整理、共享、汇交管理等；指导监督全国自然资源和不动产确权登记工作。以上工作由专门成立的自然资源确权登记局负责，其职责落实到位后，将巩固和扩大不动产统一确权登记成果，覆盖全部自然资源的确权登记颁证将加快推进，权利体系建设将步入新阶段，归属清晰、权责明确、流转顺畅、保护严格、监管有效的自然资源资产产权制度可望尽快实现，从而充分发挥产权在资源环境保护和社会经济发展中的基础性作用。

明确自然资源部负责自然资源资产有偿使用工作，有利于推动自然资源统一市场建设。自然资源资产有偿使用制度是生态文明制度体系的核心制度之一，是自然资源资产产权制度改革的重要内容。改革开放以来，我国全民所有自然资源资产有偿使用制度逐步建立，在促进自然资源保护和合理利用、维护所有者权益方面发挥了重要作用，但仍然存在有偿使用覆盖面不足、有偿方式单一、价格形成机制不合理、收益分配制度不完善、监管不到位等突出问题。2016年底，国务院发布《全民所有自然资源资产有偿使用制度改革的指导意见》，提出"除国家法律和政策规定可划拨或无偿使用的情形外，全面实行有偿使用"，并对完善国有土地资源、水资源、矿产资源、森林资源、草原资源、海域海岛等有偿使用制度进行了全面安排。此次机构改革赋予自然资源部制定"全民所有自然资源资产划拨、出让、租赁、作价出资和土地储备政策，合理配置全民所有自然资源资产"的职能，为全面建立和有效实施各类国有自然资源有偿使用制度提供了体制保障。

值得指出的是，改革方案除深化全民所有自然资源有偿使用制度改革外，也把集体所有自然资源资产有偿使用制度改革提到了重要日程。专设的自然资源开发利用司，将承担拟订自然资源资产有偿使用制度并监督实施、建立自然资源市场交易规则和交易平台、组织开展自然资源市场调控，以及负责自然资源市场监督管理和动态监测、建立自然资源市场信用体系、建立政府公示自然资源价格体系、组织开展自然资源分等定级价格评估等职能。这些职能的落实，将推动自然资源统一市场特别是城乡建设用地统一市场建设，从而有力促进资源节约、资产盘活和空间善治。

2. 建立统一的国土空间用途管制和生态保护修复体制，强化了国土空间治理的制度保障

使市场在资源配置中起决定性作用，更好发挥政府作用，落实到国土空间治理上，一方面必须改革完善自然资源资产管理制度，加快自然资源统一市场建设；另一方面必须建立健全国土空间用途管制和生态修复制度，强化国土空间源头保护和系统治理。此次机构改革总结借鉴国内外国土空间治理经验，着力强化国土空间规划的管控作用，建立统一的国土空间用途管制和生态保护修复体制，为提升国土空间治理能力提供了重要制度保障。

赋予自然资源部建立空间规划体系并监督实施的重要职能，实现了"多规合一"。生态环境问题，归根到底是国土空间过度开发、粗放利用、奢侈浪费造成的。从根本上解决这一问题，必须发挥国土空间规划的管控作用，统筹生产、生活、生态空间布局，强化国土空间开发源头保护。长期以来，我国国土空间规划体系不全，规划职能部门分割、交叉重叠现象严重，碎片化问题突出；地方规划权力干预严重，规划修改频繁、随意。重构空间规划体系、推进"多规合一"，成为提升国土空间治理能力的必然要求和关键举措。此次机构改革将主体功能区规划、国土规划、土地利用规划、城乡规划等主要空间性规划的管理职能统一集中到自然资源部门，为实现"多规合一"，建立统一、协调、权威的空间规划体系创造了条件，成为此轮自然资源管理体制改革的最大突破。改革方案明确自然资源部负责"推进主体功能区战略和制度，组织编制并监督实施国土空间规划和相关专项规划。开展国土空间开发适宜性评价，建立国土空间规划实施监测、评估和预警体系。组织划定生态保护红线、永久基本农田、城镇开发边界等控制线，构建节约资源和保护环境的生产、生活、生态空间布局"，并专设国土空间规划局承担上述职责。新的规划体系尚在探索之中，但我们有理由期待，未来的国土空间规划在推动主体功能区战略实施、促进国土空间开发格局优化、强化自然资源和生态环境保护等方面将发挥龙头和核心作用，从而有力推动国土空间治理现代化，保障经济社会持续健康发展。

赋予自然资源部统一行使所有国土空间用途管制职责，实现了用途管制全覆盖。市场机制在高效配置资源的同时，也存在广泛的外部性，用途管制主要解决市场机制下空间开发利用的负外部性问题。1922年美国最高法院裁定土地区划管制合宪，此后用途管制逐步从美国推广到各国，成为空间规划实施的基本工具。其主要做法是通过土地用途分区，并辅之以开发许可、发展权转移等手段，控制土地用途改变，维护公共利益。我国1998年修订的《土地管理法》确立了土地用途管制制度，经过20年努力，用途管制不断强化，遏制了建设用地过快扩张、耕地大量减少势头。但目前我国用途管制制度覆盖不全，土地用途管制制度主要针对建设用地和耕地，没有覆盖全部国土空间；土地用途分区缺乏协调，城乡开发边界、生态保护红线落地不够；多部门实施的规划许可制度衔接不好，降低了行政效率。此次机构改革明确自然资源部履行所有国土空间用途管制职责，专设国土空间用途管制司，由其负责拟订国土空间用途管制制度规范和技术标准，提出土地、海洋年度利用计划并组织实施，组织拟订耕地、林地、草地、湿地、海域、海岛等国土空间用途转用政策，指导建设项目用地预审工作，承担报国务院审批的各类土地用途转用的审核、报批工作，拟订开展城乡规划管理等用途管制政策并监督实施。上述职能到位后，将实现国土空间用途管制全覆盖，不仅为国土空间规划的实施提供了强有力手段，也通过集中、压缩行政许可事项，显著提高行政效率。

赋予自然资源部统一行使生态保护修复职责，实现了生态保护修复一体化。我国约 60％的陆域国土空间为高原、荒漠和山地，适宜建设开发的国土空间不到两成。随着建设空间不断扩大和自然资源不合理开发利用，自然生态空间破坏和萎缩问题突出，在注重生态保护的同时，加强生态修复和系统治理势在必行。改革方案将"统筹山水林田湖草系统治理"和"统一行使生态保护修复职责"写进了自然资源部的职能要求，强调"建立健全源头保护和全过程修复治理相结合的工作机制，实现整体保护、系统修复、综合治理"，这是对"山水林田湖草"生命共同体理念的具体落实，是遵循生态系统整体性、系统性及其内在规律的应有之义。统筹国土空间生态修复也成为此轮自然资源机构改革的最大亮点之一。按照改革方案，自然资源部负责牵头组织编制国土空间生态修复规划并实施有关生态修复重大工程，负责国土空间综合整治、土地整理复垦、矿山地质环境恢复治理、海洋生态、海域海岸线和海岛修复等工作，牵头建立和实施生态保护补偿制度，制定合理利用社会资金进行生态修复的政策措施，提出重大备选项目；并专设国土空间生态修复司承担上述任务。上述职能到位后，我国国土空间生态修复治理将加快整合，新的动力机制将加速形成，修复治理效果将显著提升。

须要注意的是，新时期的国土空间生态修复不同于以往的工程治理。要遵循人与自然和谐原则，坚持以自然修复为主，辅之以必要的人工修复措施，增强生态系统自组织、自循环、自发展能力；遵循系统治理原则，把治地、治矿、治水、治海、治山、治草、治林相结合，统筹推动山、水、林、田、湖、草综合整治修复，切实提升资源环境承载能力；遵循生态经济规律，完善生态补偿机制，建立生态系统保护修复的长效机制。

3. 建立统一的自然资源监管体制提升了国土空间治理的整体效能

新组建的自然资源部集土地、矿产、海域、水、森林、草原等主要自然资源的管理于一体，在实现两个"统一行使"的同时，还实现了自然资源和国土空间在战略制定、法制建设、调查监测、地信管理、海洋管理、督察执法、科技发展等职能的高度统一。这些职能贯穿了生态文明建设"源头、过程、结果"的全过程，涵盖了自然资源"硬实力"和"软实力"两大方面，为全面落实最严格的资源保护制度、最严格的资源节约制度、最严格的生态保护制度提供了有力保障，有利于整体提升国土空间治理的能力和水平。

统一战略制定，有利于提升自然资源的战略谋划和宏观调控能力。创新和完善宏观调控，强化战略导向作用，是更好发挥政府作用的重要一环。此次改革专设的综合司，主要负责组织编制自然资源发展战略、中长期规划和年度计划工作，开展重大问题调查研究，协调自然资源领域综合改革有关工作，承担自然资源领域军民融合深度发展工作等。这一安排，既加强了自然资源发展战略、重大政策问题的调查研究，也强化了长远部署与近期安排的密切结合、发展工作与改革工作的有机衔接、自然资源领域军民深度融合。

统一法制建设，有利于提高自然资源法制化工作水平。生态法治是生态文明制度建设的国际趋势，推进生态法治必须加强自然资源法制建设。此次机构改革将拟订自然资源和国土空间规划及测绘、极地、深海等法律法规草案，与制定部门规章并监督检查执行情况等职能集中到自然资源部，由法规司承担，保证了自然资源法制的统一性，有利于协调相关立法，涉及土地管理、国土空间规划、自然资源资产产权保护、国家公园建设、生态保护修复等方面的法律法规有望加快制（修）订，为生态文明体制改革提供法制保障。

统一调查监测，有利于提高自然资源决策科学化水平。全面、准确、及时掌握我国自然资源家底及动态变化，是自然资源管理的重要基础性工作，是沟通决策、执行、监督的桥梁。此次机构改革将土地、矿产、海域、水、湿地、森林、草原等资源调查集中到自然资源部，为解决长期困扰资源管理的政出多门、标准混乱、重复调查、权籍不明等问题夯实了基础，是自然资源集中统一管理的重要标志。新设立的自然资源调查监测司负责拟订自然资源调查监测评价的指标体系和统计标准，建立自然资源定期调查监测评价制度，定期组织实施全国性自然资源基础调查、变更调查、动态监测和分析评价，开展水、森林、草原、湿地资源和地理国情等专项调查监测评价工作，承担自然资源调查监测评价成果的汇交、管理、维护、发布、共享和利用监督。这些职能的落实，将实现各类自然资源调查监测统一标准、统一内容、统一组织和统一应用，为科学决策奠定坚实基础。

统一一地信管理，有利于提高智慧国土建设水平。随着大数据、云计算、移动互联网等新一代信息技术加速发展，作为国家信息化建设重要组成部分的测绘和地理信息技术的重要性与日俱增。此次机构改革将测绘地理信息工作纳入自然资源部统一管理，不仅有利于国家重大基础测绘和地理信息资源建设项目的组织实施，也有利于统一国土信息化发展，更好支撑智慧国土建设，推动数字中国、智慧社会加快发展。

统一海洋管理，有利于提高陆海统筹发展能力。我国拥有 427.7 万平方千米管辖海域、约 1.8 万千米大陆海岸线，加快建设海洋强国事关国家安全和长远发展。这次机构改革除在自然资源部内设立了 3 个直接从事海洋管理的业务司外，还对外保留了国家海洋局牌子，体现了国家对海洋管理的高度重视，既有利于推进海洋强国建设，也有利于推进陆海统筹发展，提升全部陆域和海域国土空间治理能力和水平。

　　统一督察执法，有利于提高自然资源法律政策的执行力和约束力。此次机构改革总结国家土地督察制度实施 10 多年来的成功经验，不仅保留了 9 个派驻地方的督察机构，而且在授权主体和督察内容上做了调整、扩大：授权主体由国务院调整为中央；督察内容由土地督察扩大到自然资源督察，包括对地方政府落实党中央、国务院关于自然资源和国土空间规划的重大方针政策、决策部署及法律法规执行情况进行督察。同时，改革方案赋予自然资源部查处自然资源开发利用和国土空间规划及测绘重大违法案件、指导地方有关行政执法工作的职能。值得注意的是，在督察和执法事项中都重点强调了国土空间规划，这是适应空间规划体制改革作出的重要调整。上述职能调整到位后，将进一步增强督察和执法的权威性和严肃性，保证中央有关大政方针、决策部署的贯彻落实，切实维护自然资源开发利用秩序，促进国土空间规划的有效实施。

　　统一科技发展，有利于全面提升自然资源管理能力和水平。科技创新是自然资源事业发展的最大动力，也是自然资源管理质量变革、效率变革的根本支撑。此次机构改革把推动自然资源领域科技发展放在战略高度，专设了科技发展司。自然资源部举行的科技创新推进会上，提出加快实施自然资源重大科技创新战略，着力构建地球系统科学核心理论支撑（"一核"），引领深地探测、深海探测国际科学前沿（"两深"），建立自然资源调查监测、国土空间优化管控、生态保护修复技术体系（"三系"）。一系列举措的落地实施，有望开启自然资源领域科技发展的崭新局面，推动自然资源管理能力和水平的全面提升，加快建设美丽中国。

思　考　题

　　1. 什么是土地制度？

　　2. 我国土地管理的历史变化规律是什么？

　　3. 什么是土地管理体制？

　　4. 简述我国现行的土地管理体制及其特点。

第五章 土地管理学与土地资源管理教育

第一节 土地管理学的研究对象和内容

我国现阶段的土地管理事业起步较晚，统一管理体制建立不久，全国城乡土地统一管理还缺乏足够的经验，有待进一步探索和完善。而且由于社会经济迅速发展，经济体制和社会环境也在不断变革，土地资源及其利用过程中新的问题、新的矛盾层出不穷。因此，从我国现阶段的土地管理状况出发，加强土地管理学研究，有利于建立有中国特色的土地管理体系，实现土地管理工作的科学化、现代化和法制化，提高土地管理工作效率，最终实现土地资源的合理与有效利用。

一、土地管理学的研究对象

（一）土地管理学的产生

土地管理学的产生主要取决于社会经济发展对它的需要，土地管理工作对理论和方法的需要，以及土地科学工作者对它的探索、研究成果情况。

1. 土地管理学的产生是社会经济发展的需要

土地管理学的产生主要取决于社会经济发展对它的需要。当今世界，随着人口的剧增，各项建设事业的迅猛发展，耕地的锐减，生态环境的恶化，使得人口、土地、建设、粮食、环境成为举世瞩目的问题。如何协调好这五个方面的关系，使之朝着预定的目标顺利发展，是人类社会发展面临的首要问题。这就要求将土地管理作为一门科学来开展系统的、卓有成效的研究，以不断提高土地管理的科学水平，适应社会经济发展的需要。在市场经济条件下，土地利用往往受过分追求经济利益的驱使。如何保证土地利用过程中的社会效益和生态效益，如何协调土地使用者、不同用地部门以及国家与用地者的关系，都需要建立完善的土地管理体制，需要深入研究土地管理过程中的客观规律。因此，土地管理学是在社会经济不断发展的过程中随着土地管理实践的不断发展和完善而逐步产生和发展的。

2. 土地管理工作发展需要理论和方法对它的指导

在奴隶社会、封建社会阶段，社会生产力低下，多以农业为主，人地矛盾不十分突出，所以，土地管理的内容较为单一，管理手段也较原始。例如，奴隶社会时期，全国土地属国君所有。国家为了维护奴隶主阶级土地国家所有制，按田亩和产量征派贡赋和徭役，采用"贡、彻、助"和"井田制"，禁止土地自由买卖和转让等措施管理土地。封建社会时期，生产力得到了进一步的发展，奴隶主阶级土地国有制逐渐为封建土地私有制所取代。这个时期土地管理在内容上比奴隶社会时期大大地丰富了。首先，历代封建王朝为巩固封建土地所有制，征收赋税，普遍核实、清丈了田亩面积、评定了土质、确定了地权，其中，在历史上规模最大、最为著名的要数明代的鱼鳞图册措施。朝廷委派专人将全国各地区被分割成零碎小块的土地，按地权所有逐块丈量，并详细记载其四至、土质、等级，然后按行政辖区将耕地绘制在一起编绘成册。因图上小块耕地，栉比排列，形似许多鱼鳞片故称鱼鳞图册。当时登记在册的土地共有 880 万顷（当时的单位，1 顷为 6.67 公顷），是当时朝廷的主要财源。

封建社会时期，土地兼并较为激烈，地主手中集中了大量土地，而农民则因丧失土地不得不背井离乡，四处逃亡，并时常爆发农民起义。封建王朝为缓和阶级矛盾巩固本阶级的统治，常采用土地管理措施来调整土地关系，其中比较重要的有曹魏的屯田制、西晋的占田制、北魏和唐朝的均田制。事实上，在封建土地私有制度下，上述限制土地兼并、调整土地系的措施，只在一段时间内起过缓和阶级矛盾的作用。唐朝中叶以后的各个朝代，土地兼并问题都十分严重，地主土地所有制得到高度的发展。

国民党统治时期，土地管理在内容上比以往较为完备，例如，在全国范围内开展地籍整理工作，由地籍测量和土地登记两部分构成，在技术上采用经纬仪、平板仪、航摄，首先进行控制测量，然后进行户地测量，最后编绘成精度较高的地籍图为使以地籍整理为中心的土地管理工作有法可循，国民党政府还颁布了"土地法""土地法施行法""各省市地政施行程序大纲"和"土地测量实施规则"等。

当代，由于工业、农业、交通运输业、商业服务业、旅游业、电讯业的大发展，使土地管理的内容和范围大大地扩展了，不仅要管理农村土地，还要管理城镇用地。不仅要搞好地籍管理、地权管理，更重要的是搞好土地利用管理，协调好人口、土地、建设、粮食、环境之间的关系，既要保证所需粮食用地，又要保证社会经济发展所需土地，还要切实改善人类生存的环境质量。科学技术的发展，特别是电子计算机技术，遥感技术的发展，迫切要求用新技术、新设备武装土地管理部门，将土地管理工作提高到现代化的水平上，这就要求相应建立多层次、高效运行的土地管理系统，提高土地管理工作效率，不断优化土地利用，使之适应社会经济发展的需要。这一切，都要求设立土地管理学，对土地管理的理论和实践开展深入、系统的研究，用以指导工作实践。

3. 科学工作者的探索和研究，为土地管理学的建立奠定了基础

在土地管理实践的基础上，中外学者长期以来对作为土地管理对象的土地问题及土地管理活动本身的规律进行了广泛而深入的探索。土地管理学的产生是这种研究的必然结果。

1900—1981 年，我国学者在各种杂志、报刊上公开发表的有关土地问题的论文共有 1 000 多篇，正式出版的著作有 90 多部。其内容涉及土地制度、土地政策、土地经济、土地行政、土地法规、土地利用、土地规划等方面。例如，在地政方面比较重要的著作有：曹经源的《民国经济行政纪要》（1917），庞树森的《地政通诠》（1931），李如汉的《地政刍议》（1936），王晋伯的《土地行政》（1942），诸葛平的《地籍整理》（1948），来璋的《土地行政学》（1970）等。

国际上对土地问题的系统研究始于资本主义制度建立以后。主要代表著作有：李嘉图《政治经济学及赋税原理》中的地租理论，马克思《资本论》中的地租篇，列宁的《土地问题和"马克思的批评家"》（1901）、《俄国社会民主党的土地纲领》（1902）、《对欧洲和俄国的土地问题的马克思主义观点》（1903）、《修改工人政党的土地纲领》（1906）、《社会民主党在 1905—1907 年俄国第一次革命中的土地纲领》（1907）、《十九世纪末俄国的土地问题》（1908），《俄国土地问题的实质》（1912），等。这些专著为土地管理学的建立奠定了理论基础。

美国学者伊利和莫尔豪斯合著的《土地经济学原理》（1924）是当代最早的经济学名著。苏联著名学者 C. A 乌达钦主编的《土地规划学》（1949），是当代最早的土地规划学名著。还有其他学者的有关著作，都为土地管理学的建立创造了条件。

与此同时，管理科学在全世界范围内得到了发展。

系统的管理理论形成于 19 世纪末至 20 世纪初，其发展过程分为 3 个阶段。

第一阶段是 19 世纪末至 20 世纪初形成的"古典管理理论"。其代表人物是美国的泰罗，法国的法约尔，德国的韦伯。泰罗的代表作是 1911 年发表的《科学管理原理》，提出了用以提高劳动生产率的工作定额原理、标准化原理等。法约尔的代表作是 1916 年发表的《工业管理和一般管理》，提出了管理活动所包含的五因素，即计划、组织、指挥、协调、控制和十四条管理原则。韦伯的代表作是《社会组织与经济组织理论》，他的贡献是提出了"理想的行政组织体系理论"。

第二阶段是从 20 世纪 20 年代开始的"行为科学"理论。西方管理学者将社会学和心理学引进企业管理的研究领域，提出用调节人际关系和改善条件等办法来提高劳动生产率。行为科学早期的代表人物有美国的梅奥和罗特利斯伯格。梅奥的代表作有《工业文明的人类问题》《工业文明的社会问颠》，罗特利斯伯格的代表作有《职工的生产率中的人的因素》，后期的代表人物的主要理论有美国的马斯洛的"人类需要层次论"，美国的赫茨伯格的"激励因素-保健因素理论"。美国麦格雷戈的"X—Y理论"等。

第三阶段是1945年以后出现的当代西方管理理论，主要有以美国的巴纳德为代表的社会系统学派，以美国西蒙为代表的决策理论学派，以美国的卡斯特、罗森茨韦克为代表的系统管理学派，以美国的德鲁克为代表的经验主义学派以及权变理论学派，管理科学学派等。苏联学者批判地研究了国外的管理经验，创建了具有苏联特色的管理科学，如在对泰罗制批判研究的基础上，提出了社会主义科学劳动组织的三项主要原则，即充分利用和协调生产诸要素，按生理学标准适度安排劳动强度，减少时间与空间上的浪费。

苏联的经济管理具有不同于西方资本主义国家的经济管理的许多特点，其中主要有：企业工作的计划性、企业职工的共产主义劳动态度、企业管理的国家性等。

1945年后，在世界范围内掀起了管理热潮，形成了管理科学。特别是日本自1950年以来，极其重视管理科学研究，取得了较大成效。

美国教授巴斯克和艾索恩合著的《日本的管理艺术》一书中指出，1980年日本的国民生产总额居世界第3位。日本的国土面积大小只等于美国一个蒙大拿州，且自然资源贫乏，然而，却能养活1.15亿人口，外销商品总值比内销多750亿美元，投资率和国民生产总值增长率等于美国的2倍。日本逐渐在各个特定行业取得领先地位——横扫英国的摩托车业，超越德国和美国的汽车生产，抢夺德国和瑞士市场的钟表、摄影机、光学仪器等行业，打击美国在钢铁、造船、钢琴、拉链、日用电子产品上的传统优势。笔者认为，取得上述成就的一个主要原因在于他们的管理技巧。

当前，在我国，管理学已成为一门极其重要的科学。将管理学的原理和方法引入对土地关系和土地利用的管理活动中，建立一门崭新的土地管理学，有利于提高土地管理工作的质量和效率，促进土地管理事业的健康发展。

（二）土地管理学的研究对象

土地管理学是管理科学的一个分支，它是介于土地科学和管理科学的一门交叉学科。它研究调整土地关系和监督、调控土地利用，使之达到预定目标的管理活动的规律性。也就是说，它研究的客体是以土地关系和土地利用为核心的土地问题，这是土地管理学与其他部门管理学的区别。

土地管理学是研究有关土地管理过程的客观规律的学科，即研究土地管理的体制、内容、方法以及土地管理运行规律的学科。

土地管理学以国家对土地事务的各项行政管理活动为研究对象，是研究政府如何用最合适、最经济、最有效的方法处理土地行政管理工作的科学。具体地说，土地管理学的研究对象是运用行政学、经济学、管理学、法学、资源学、土壤学、生态学及其他相关学科的有关知识，研究国家机关通过行政、经济、法律、技术手段管理国家城乡土地事务的各项活动，研究土地行政管理的规律和行政调控的方法、手段，探索并不断完善国家的土地管理体制，提出能有效地执行国家的土地法规和政策的最优方案和措施的科学。其中管理城乡土地事务的各项活动，主要包括两个方面：一是实施土地管理机关的管理，如国家土地管理机构的设置、职责和公务员素质的提高与培养等；二是土地管理机关的日常业务管理，如城镇地政管理，农村地政管理，土地权属关系的确定与发证，土地市场的宏观调控，土地调查、登记与统计，土地利用的规划与监督，土地利用的计划控制等。

从土地管理学的学科性质来看，应属于理论与实践相结合的应用理论研究范畴。它是属于认识客观世界的研究，为认识土地管理过程的客观规律而研究，它的研究对象是土地管理过程的客观规律，在认识这一客观规律的基础上，进一步应用这一规律调整土地关系，改善土地管理过程，以实现更有效的土地管理。

土地管理学与土地经济学、土地规划学在研究对象上是有区别的。虽然它们都涉及土地关系与土地利用问题，但因它们都有各自不同的研究对象，因而它们是三门独立的学科。

土地经济学的研究对象是土地利用的经济原理和土地关系及其运动规律。它是把土地视为一个经济要素，研究其综合利用和分配的综合性经济学科。土地管理学的研究对象是土地关系和土地利用的管理活动的规律性，它着重研究如何调整土地关系，监督、调控土地利用，才能实现管理目标，为此，必须了解土地关系和土地利用本身运动的规律性，这就是土地管理学所依据的土地经济学原理。所以，土地管理学的研究对象是土地关系和土地利用这一社会现象管理的规律性，而不是土地关系和土地利用本身运动的规律性。虽然这是土地管理必须要涉及的范畴，但它毕竟是土地经济学研究的对象。

土地规划学的研究对象是组织土地利用的规律性，它着重研究合理组织土地利用的理论，规划设计和实施的方法。土地管理学则侧重研究对土地利用和土地权属管理的原理和方法，它借鉴土地规划学的研究成果，并运用于土地管理、但它不着重研究土地规划的理论和方法。

土地管理学是将整个土地管理过程以及管理过程中的一切职能，经济、法律、技术、行政等各种因素作为一个整体来研究的，它是研究这一整体运动规律性的学科。地籍管理、土地利用管理……则是研究管理过程中个别阶段或某项内容的学科。农村土地管理、城市土地管理是研究农村和城市土地管理特殊规律的学科，而土地管理学研究的是一般规律与特殊规律的结合。

二、土地管理学研究的内容体系

根据土地管理实践的需要，土地管理学研究的内容体系可分为基础理论研究、应用理论研究和应用实践研究3大部分。基础理论研究是对土地管理实践以及土地管理学研究过程中基本理论问题进行的归纳、分析和探索，为应用理论研究和应用实践研究提供理论前提和依据；应用实践研究是对土地管理实践的具体业务内容进行归纳与分析，探讨土地管理实践的具体内容、方法和目标，是对土地管理基本理论的应用和检验；应用理论研究是介于前两者之间的分析探讨过程，一方面是基础理论研究的深化，使基础理论研究达到应用的要求，另一方面是为应用实践提供具体的、直接的土地政策、法律依据，同时也是土地管理实践的具体内容。3个部分相辅相成，互相联系，共同构成了土地管理学研究的完整的内容框架（图5-1）。

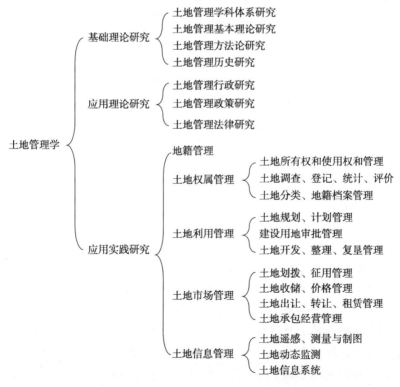

图5-1　土地管理学内容体系

三、土地管理学的续分学科体系

根据土地管理学研究的内容体系,土地管理学的续分学科体系可分为土地管理史学、土地行政管理学、土地管理政策学;土地管理法学、地籍管理学、土地权属管理学、土地利用管理学、土地市场管理学、土地信息管理学等。

土地管理史学,以研究土地管理的历史发展为主要任务,探讨土地管理在历史发展过程中的变化规律,研究土地管理与社会制度、经济发展和科学技术发展之间的关系,为掌握土地管理规律,完善现代土地管理和把握其发展方向提供依据。

土地行政管理学,以研究国家行政组织对土地事务进行有效组织与管理规律为主要研究对象,研究和阐明一定社会制度条件下国家组织与管理土地的客观规律性,为指导土地合理配置的具体实践提供科学依据。

土地管理政策学是土地管理学的主要分支之一。土地管理政策是土地管理的一个重要方面,首先土地管理过程的重要和主要内容就是制定并执行土地政策,同时土地政策又是土地管理的重要依据之一。土地管理政策学以研究土地管理政策的制定和执行为主要任务,探讨土地政策与社会制度、土地制度和经济发展之间的关系,为土地管理过程中合理制定和执行土地政策提供依据。

土地管理法学是研究土地管理法律和法规的学科。土地管理法律是调整土地管理关系的法律规范的总称,或者说是调整国家土地管理机关在行使其职权过程中发生的各种社会关系的法律规范的总称。研究土地管理法学为建立和完善土地管理法律体系、建立有效的土地司法机制提供理论依据。

地籍管理学,以研究地籍调查、登记、统计、分类、归档等业务工作为主要内容,探讨地籍管理过程的方法和规律,为合理有效地实施地籍管理提供依据。

土地权属管理学,以研究土地权属状况的分类、变动、审批和确认为主要内容,探讨土地权属变动和确认的要求和规律,为土地管理部门和政府有效地实施土地权属管理提供依据。

土地利用管理学,以研究各部门的土地利用为基础,探讨土地利用过程中的自然、社会和经济规律,并进一步提出如何利用这一规律调控和管理具体的土地利用过程,其具体内容主要有土地利用计划、土地利用规划、建设用地审批管理、土地开发、整理、复垦管理等。

土地市场管理学,以研究土地市场的变化规律为基础,探讨土地市场管理的理论和方法,其主要内容是研究如何合理利用和协调市场机制和宏观调控这两大手段在管理土地市场中的作用,为在实践中合理引导土地市场正常发展,促进土地资源合理配置提供理论依据。

　　土地信息管理学，是解决如何有效地组织信息资源，以实现土地信息管理的一系列目标。土地管理信息系统是一种兼容、存储、管理、分析、显示与应用土地信息的计算机系统，是分析和处理海量土地资料的通用技术。它在最近的几十年内取得了惊人的发展，并广泛地应用于土地利用、土地规划、土地资产核算、地价评估、地籍档案管理以及国家土地政策的模拟等。

第二节　土地管理学的研究方法

　　目前，我国的土地管理事业呈现出蓬勃发展的形势，各方面、各环节的工作不断发展，但是新的情况、新的问题也不断出现，要有所突破、有所进展，就必须对新情况、新问题以及前一阶段土地管理状况进行认真研究、系统总结和理论概括，并借鉴国外的土地管理工作经验，逐步建立起适合我国国情的土地管理原理和方法体系。

　　科学研究的目的和价值在于发掘知识并解决问题，解决前人未曾解决的问题。什么是研究？它是事实的说明，清楚说明前人未曾说明清楚的事实。研究的结果是要建立新理论体系（包括研究方法、思想系统等），是要说明、解释或预测我们所生存和生活的世界及其现象。一般研究过程包括研究假设，搜集实际资料而给予验证，以一组客观的现象（变数）去说明另一组客观的现象，建立其间的一般性命题，最后得出一个较完整的理论系统。

　　就方法论而言，人们从事的研究，不外乎异中求同，或同中求异。前者是在大量资料中发现其间的共同性，而后者则是发现其间的异质性。研究是一门"问题"的学问，旨在发现（而非"创造"）有用的知识。科学研究最根本的定义是"一种有系统的探索，以提供资讯，解决问题为目的。

　　科学研究需要开放的态度，即不囿于权威而自我设限，心胸开阔而能接纳不同的意见或批判。要善用自我"灵敏的能力"来创造答案。面对"刻板印象者""权威把持者"等的反对，要具有批判的勇气。要能够面对自己的缺失，具有自我批判的反省能力。面对学术批评时要有"好意"的认知和"感恩"之心。发现自己的研究所得结论与前人不同时，除非证实自己的资料（正、反面的相关资料）、方法、观点严重偏差，否则决不可因为任何无关学术的理由而放弃，应该坚持到底。

一、土地管理学的研究特点

（一）政治性和社会性的统一

　　土地管理学是研究如何依据国家的政策、法律、法规，运用综合手段来调整土地关系的一门学科，所以它具有鲜明的阶级性和政治性。同时，土地管理学还必须研究土地利用过程中的生产力发展规律和经济规律，满足社会发展的需要，所以它又具有社会性。土地管理学集政治性和社会性于一体，一方面它为统治阶级服务，另一方面它要引导和监督土地利用过程，使之符合社会发展及公众的要求。

（二）理论性和实践性的统一

土地管理学研究的范畴、原则原理等具有很强的理论性，但它不是空洞的、抽象的理论，它是在长期的土地管理实践中总结出来的，有很强的应用性，它的理论得之于土地管理实践，也用之于土地管理实践，并在实践中不断丰富和发展。只有这样，才能使土地管理学研究充满生机和活力。

（三）综合性和独立性的统一

土地管理学是一门交叉性的边缘学科，它广泛运用了行政学、经济学、管理学、法学、统计学、信息学、土壤学、生态学等学科的基础知识和原理。在此基础上，针对它独立的研究对象，形成了相对完整的、独立的研究范畴、体系和方法，是一门独立的管理科学。

（四）规范性和变异性的统一

土地管理学研究土地管理过程的客观规律，诸如土地管理工作的原则、程序、机制、方法等，在一定的时期内带有一定的规范性和稳定性。但是，影响土地管理规律的因素是多元的，行政环境和土地管理客体的变动，行政体制的变革，新问题的出现，都会导致土地管理工作的变动，这就要求土地管理学研究需适应上述变化，不断完善和创新，这样才能推动学科本身的丰富和发展，最终满足土地管理实践的需要。

可见，土地管理学是一门涉及范围广、跨度大、实践性和综合性很强的边缘科学，它的发展依赖于诸多学科的共同发展，它源于土地管理实践，又直接指导土地管理实践，同时又只有在实践中才能不断补充和完善。

二、土地管理学研究方法论

科学研究的方法，一要具有理论性和先进性，二要与其研究对象的实践特点相适应，要有利于研究和发现客观规律。土地管理学的研究对象是土地管理实践过程中的客观规律，是通过对土地资源及其利用过程的深入研究，为土地管理过程中合理、有效地协调土地关系提供理论依据。因此，其研究方法必须结合土地资源及其利用过程的特点以及土地管理的特殊性。

（一）理论联系实际的方法

前文已经论述，土地管理学是为认识土地管理过程客观规律而进行的研究，并反过来用于指导土地管理实践，属于应用理论研究范畴，因此其研究过程必须与实践相结合。通过对实践过程的深入、全面的调查分析，进行提炼，归纳成具有一般规律性的理论思想，再反过来用于指导实践工作，并得到检验和修正，使之逐步成为成熟的理论。尤其是我国的土地管理工作，既要满足社会主义公有制的要求，又要符合市场经济规律的要求，可以说具有中国特色，必须立足于我国国情，采取实事求是的科学态度，理论联系实际，对复杂的土地管理现象、地政管理的环节和过程，抽象地概括出一般的原理、原则和方法，以此作为处理土地管理问题的准则，用以指导土地管理实践。

（二）比较研究方法

比较研究法是以辩证唯物主义和历史唯物主义为基础，运用大量调查统计资料、对土地关系、土地利用及土地管理的历史、现状、未来进行对比分析和预测的方法。建立具有中国特色的土地管理学，必须结合我国的实际，对国外土地管理学说去粗取精，弃其糟粕，取其精华，这就需要采用比较研究法。比较研究包括纵向比较和横向比较，宏观比较和微观比较，动态比较和静态比较，及其综合比较分析。对不同历史时期、不同社会生产方式下的土地关系和土地利用以及管理活动的比较研究，对同一历史时期、不同社会制度下的土地关系和土地利用以及土地管理活动的比较研究，可以揭示土地关系和土地利用以及管理活动的一般规律和特殊规律。我国土地管理实践已有两千多年的历史，国外又有许多有益的土地行政管理经验，尤其是市场经济条件下土地管理的体制和方法，故应通过纵向、横向的对比方式，对不同的历史阶段下不同国家的土地行政管理体制、制度体系、管理方法和技术进行全面的比较、分析，探究异同，权衡利弊，取长补短，探索出适合我国现阶段国情以及土地资源及其利用实践要求的基本理论。

（三）综合研究方法

利用多种学科的研究方法，从各个方面、不同角度来考察和分析土地管理问题。土地管理学是在多学科的交叉中形成的，不是孤立的学科，与有关社会科学和自然科学有着广泛的联系。从学科的本身来说，土地管理学的研究内容较广泛，涉及行政管理、经济、规划、金融、法律等。所以，要系统地研究和掌握土地管理学，必须综合应用相关学科的知识来完成。土地管理学必须将土地关系和土地利用作为一个不可分的统一体来研究；将土地管理作为组织、技术和社会经济方面相互联系的统一体来研究。土地管理学只有对上述方面进行综合分析，才能使管理活动符合管理过程本身固有的规律。

（四）系统分析方法

土地管理是一个相互联系的有机整体。如果说全国土地管理是一个母系统的话，那么省、地、县、乡的土地管理则是不同层次的子系统。这就要求采用系统方法研究如何使各层次的土地管理系统的目标、职能、原则、方法、机构、干部、技术、结构和过程互相协调起来，使整体与部分、整体与外部环境互相协调起来。这就在客观上要求采用系统方法揭示它们之间的联系和运动的规律性，通过系统优化来提高系统的总体功能。

（五）归纳法与演绎法

归纳法是根据对某类事务中具有代表性的部分对象及其属性之间必然联系的认识，得出一般性结论的方法。演绎法是从一般性知识引出个别性知识，即从一般性前提得出特殊性结论的过程。演绎推理的前提与结论之间存在着必然联系，只要推理的前提正确，推理的形式合乎逻辑，则推出的结论也必然正确。

归纳与演绎二者可以互相补充，互相渗透，在一定条件下可以相互转化。演绎是从一般到个别的思维方法；归纳则是对个别事物、现象进行观察研究而概括出一般性的知识。演绎法的一般性知识来源于经验，来源于归纳的结果，归纳法则必须有演绎的补充研究。

（六）现代化技术方法

研究土地管理学需要进行大量的社会调查和统计分析，要得出科学的结论，必须以全面系统的分析为基础，这就需要采用先进的科学技术，如利用系统工程、信息论、控制论等理论，采用仿真技术、3S 技术、数学模型、角色扮演等技术进行模拟研究、数据分析和信息化管理。

土地管理学的研究方法是多种多样的，而且会随着科学技术进步和土地管理事业的发展而不断发展变化，不存在一种完善的、任何情况下都适用的研究方法，我们应该在实践中不断探索新的、有效的方法，来研究和探索适合我国国情和土地管理实践的理论和技术，不断发展和完善我国的土地管理学体系，为促进土地管理实践的正确发展提供理论依据。

三、土地管理学研究的发展前景

作为一门学科，只有在社会发展的客观需要下，及时发现该学科领域中的问题并解决问题，给实践工作以正确的指导，给人类的物质文明和精神文明的进步带来功利性的效果，该学科才会有勃勃的生命力，才会有建设和发展的美好前景。

（一）土地管理学研究具有广阔的实践需求

土地不仅是人类赖以生存和发展的物质基础，而且是一种不可替代的生产资料。随着我国人口的增长，土地，特别是耕地变得越来越珍贵，土地供需将处于临界状态，因而如何更好地解决人们的吃、穿、住、行，是我国地政管理工作面临的严峻挑战。为了实现国民经济的持续发展，将有限的土地资源科学、合理地配置于国民经济各部门，必须切实解决好产权制度问题、法制建设问题、管理体制问题等，而这些问题的解决，迫切需要通过土地管理学研究给予理论的指导。随着这些研究工作的展开和完成，土地管理学也将得到丰富和发展。

（二）土地管理学研究已具有良好的发展基础和社会环境

第一，国家对土地管理学研究给予了充分的重视，这为国内外的学术研究、探讨和交流创造了有利条件。第二，学科研究自身发展已有了一定成就，形成了比较独立的理论体系和研究方法，并已确定了自己的独具特色的学科研究方向。第三，长期的土地管理实践为土地管理学研究提供了丰富的素材和实践基础。第四，大批素质良好的科研人才已得到了社会的公认和好评。同时，各类高校中"土地资源管理"专业的本科、硕士、博士教育已普遍开展，培养出大批的后备专门人才，为学科建设提供了保证。

第三节　土地资源管理教育

一、土地资源管理教育概述

土地管理教育是伴随着土地管理事业的兴起而产生、发展和壮大的，目前已基本形成了普通教育与成人教育同步发展，各层次的学历教育、继续教育、专业证书教育、岗位培训、短期业务培训等层次齐全、形式多样的教育教学体系。中国土地管理教育体系主要由普通专业教育和成人教育两大层面组成，它担负着培养合格的土地管理后备专门人才和提高在职土地管理人员素质的重要任务。

我国土地管理学科的普通专业教育早在 20 世纪 50 年代就已开始。1954年，土地规划作为一门科学引入我国，1956 年东北农学院在培训班的基础上，开设了我国第 1 个土地规划专业。当时按照苏联的办学模式和专业体系设置土地规划专业，培养专门人才，出版专业书籍，并向国内一些兄弟院校支援了多名土地规划师资（图 5 - 2）。1960 年夏，为适应人民公社土地规划的要求，农业部又在哈尔滨举办了第三次土地规划讲习班，培养了土地规划干部 300 余人，在河北农学院、华中农学院、南京农学院又增设 3 个土地规划专业。

1961 年各地土地规划和土地利用机构进行了调整，除东北农学院外，其他 3 所高等学校的土地规划专业相继撤销。1966—1976 年，土地管理教育进入 10 年浩劫时期，土地规划专业被撤销，各级土地利用管理机构纷纷撤并，土地勘测设计部门被解散，专业人才转行流失，导致学科研究和教育停滞，技术创新止步不前。

1978 年，国家在农业部首先恢复了土地利用管理局，各省也相继建立土

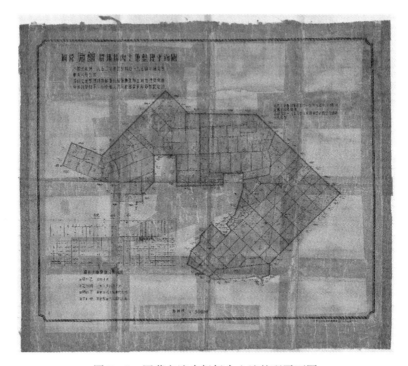

图 5-2 国营友谊农场场内土地整理平面图

地利用管理机构。土地事业和土地科学在新时期得到迅速恢复和发展。

1979 年，随着国家教育体制的改革和土地管理事业发展的需要，土地利用规划专业首先在华中农学院恢复招生，停滞了 10 余年的土地教育事业开始起步。

1986 年以后，中国土地管理事业出现重大转折，国家成立土地管理局，地方各级政府相继成立土地管理机构，土地管理专业人才异常缺乏。为了尽快培养土地管理科学人才，土地教育出现了前所未有的发展机遇，许多高等学校相继恢复或新建了土地规划与利用、土地管理等本科专业。如中国人民大学、同济大学、中国农业大学、华中农业大学、南京农业大学、西北农林科技大学、浙江农业大学等都设立了土地规划与利用专业、土地管理专业等，招收和培养土地科学领域的专业人才，以满足社会对土地管理人才的需求。

1987 年，华中农业大学和东北农业大学在全国率先设立了"农业资源经济与土地利用管理"硕士点，开创了我国土地资源管理学科研究生教育的先河。1993 年经国务院学位委员会批准，在南京农业大学设置了全国第 1 个"农业资源经济与土地利用管理"博士点，1999 年在全国率先建立了公共管理博士后流动站。

1998年，国家进行了学科专业目录调整，原来的土地规划利用、土地管理专业，以及与土地相关的农业资源经济与土地利用管理专业合并调整为"土地资源管理"专业，隶属于管理学门类中公共管理一级学科。土地资源管理以协调人地关系、组织土地利用为其特定的研究领域，视土地为公共物品，从国民经济和社会发展整体视角出发，具体研究土地及其改良物的分配、利用，以及相关权利的内在规律和系统效应。

目前，"土地资源管理"专业的本科、硕士、博士教育已在全国普遍开展。开设该专业学校的基础比较复杂，其中在理工科与农科背景（土壤、测绘、地理、规划等）基础上发展起来的约占70%，经济管理的约占30%。

截至2018年，全国开设土地资源管理本科专业的院校已达94所，地域范围覆盖除宁夏、西藏外的全国所有内陆省份；开设硕士培养层次的院校100多所。若以每所学校招收本科学生50人计，则全国每年培养的土地资源管理本科专业人才近5 000人，硕士研究生招生人数每年也接近1 000人，这极大地缓解了我国土地资源管理专业人才不足的历史困境。

二、土地资源管理研究生教育

随着越来越多的高等院校开设土地资源管理专业，我国的土地资源管理事业取得了极大的发展。当前我国社会、经济不断发展，人地矛盾日趋严重。伴随着计算机、3S技术飞速发展及受高校扩招、经济快速发展的影响，社会对从事土地资源管理相关工作的人才素质要求越来越高。专业本科生就业压力越来越大，越来越多的土地资源管理专业本科生选择进一步深造以提高自身专业素养及竞争力。

（一）硕士学科定位

目前，中国开设土地资源管理专业硕士点的高校主要可以分为农业类、师范类、财经类、理工类、地矿类、测绘类以及综合类七类院校，有些高校设有土地资源管理方向，但专业放在公共管理、自然地理、农业经济管理等专业下。

专业定位科学与否关系到学科的发展方向、发展目标及发展格局，是高校开展各项教研工作的基本依据。1998年3月中国土地学会向中国科协提交《关于建议在学科分类与代码国家标准中将土地科学设置为一级学科的报告》，建议"土地规划与利用"与"土地管理"专业两者合并，成立"土地资源管理专业"，规划为公共管理一级学科分类下的二级学科。近三十年来，随着各个院校的不断发展，土地资源管理专业逐渐呈现多方发展趋势，脱离了单一管理学的学科定位。学科类型呈现多元化发展，形成了地学、管理学、工学等多种

学科类型。其中在地学学科类型下开设的院校类型有综合性院校地理学科、师
范院校地理学科及农业院校土壤学科；管理学学科类型下开设综合性院校农
业经济学科、财经类院校经济学科、农科院校农业经济学科、工科院校经济
管理类学科；工学学科类型定位下开设了工科院校测量学科及测量院校测量
学科。

（二）培养目标与方向

研究生教育是中国高级专门技术人才和高水平创新性人才培养的重要途
径。由于地域特色、办学条件、师资力量等因素的不同，不同学科类型的院校
研究生人才培养目标不同。农业类、师范类、财经类、理工类、地矿类、测绘
类以及综合类这七类院校对于人才培养的目的侧重点各有不同，但也存在相同
点。各院校间的人才培养目标大致可分为偏重于技术型人才培养和偏重于管理
型人才培养两大类。通过比较可以发现，目前大部分开设土地资源管理专业的
高校将偏技术型人才和偏管理型人才都纳入培养目标之列，不同点在于具体院
校的侧重点不同。土地资源管理专业硕士生培养中偏技术型的高校强调技术和
实践，偏管理型的高校更注重规划能力的培养。

土地资源管理专业具有较高的办学水平和鲜明的办学特色，并获得了广泛
的社会认同。从招生简章看，各高校招生方向设置差别较大，主要包括土地经
济与资源经济、不动产评估与管理、土地规划与城乡规划、土地信息与地籍管
理、土地资源可持续利用、土地行政与土地法、土地资源调查与评价、土地管
理与城镇建设、土地资产与土地市场管理、土地整理与生态恢复、土地利用与
生态安全、房地产经营管理、土地信息系统、国土资源遥感等。本书列出了不
同类别代表院校的土地资源管理专业研究方向（表5-1）。

表5-1 部分高校硕士点研究方向

高校类型	代表高校	所在学院	研究方向
农业类	中国农业大学	土地科学与技术学院	土地利用规划与资源评价；土地综合整治；土地政策；国土空间治理与信息化；遥感与信息技术
	南京农业大学	公共管理学院	土地经济与土地资源经济、不动产评估与管理；土地利用规划土地行政；房地产开发经营与管理；土地资源管理与土地政策
	华中农业大学	公共管理学院	土地利用规划与资源评价；土地经济；土地资源管理与政策
	河南农业大学	资源与环境学院	土地规划与资源评价；不动产估价；国土资源信息化

（续）

高校类型	代表高校	所在学院	研究方向
师范类	北京师范大学	地理科学学部	资源评价与管理；土地利用规划与土地综合整治；国土空间信息化；土地生态与遥感
	南京师范大学	地理科学学院	土地利用规划；地理信息系统；土地估价与房地产
	华中师范大学	公共管理学院	土地政策与不动产估价；土地利用规划与管理
财经类	上海财经大学	公共经济与管理学院	土地经济管理；土地利用规划；房地产与政策
	云南财经大学	国土资源与持续发展研究所	土地资源调查与评价；土地利用规划与管理；土地经济与土地政策
综合类	武汉大学	资源与环境科学学院	地图学与地理信息系统；土地利用规划与管理；国土空间信息化
	南京大学	地理与海洋科学学院	土地资源评价；土地经济与政策；土地利用规划与管理
	浙江大学	公共管理学院	土地利用规划与管理；土地经济与土地政策；区域与城市发展
	中国人民大学	公共管理学院	房地产经济与管理；土地利用规划与政策
地矿类	中国地质大学（北京）	土地科学技术学院	土地资源调查与评价；土地利用规划与管理；土地综合整治与国土空间信息化
	中国矿业大学	公共管理学院（应急管理学院）	土地生态修复；土地经济与政策；土地资源调查与评价；土地利用规划与管理
	河南理工大学	测绘与国土信息工程学院	土地资源调查与评价；土地利用规划与管理；遥感与信息技术

　　可见，不同类型高校土地资源管理专业开设的研究方向主要围绕社会、经济、生态三方面设置。各类研究方向在不同类型院校均有开设，趋同化趋势明显。土地利用与规划占据绝对主导地位，几乎在各个类型高校土地资源管理专业硕士研究方向上都有开设。土地资源评价和管理居于其次，部分高校还在其基础上开设了土地生态研究方向。此外，房地产经营管理也是众多高校开设的热门方向之一。不同高校土地资源管理专业发展进程不同，受地域特色及教学队伍的制约，很难涉及所有方向的研究。各高校充分结合了自身学科优势，根据社会需求及发展方向，因地制宜地培养土地资源管理全方位型人才。

思　考　题

1. 土地管理学的概念、研究对象、学科体系是什么？

2. 根据教育关于土地资源管理专业的培养要求，谈谈如何学好专业基础课和专业课。

3. 简述土地管理学研究方法的特点。

第六章 土地政策与宏观调控

第一节 政策与土地政策

一、政策的概念

自从人类社会产生了阶级和国家以来，不论在哪种社会制度条件下，政策都作为一种约束或引导机制而存在。我国的政策实务虽说早已存在，但直到明治维新后，"政策"一词才从日本引入我国。对"政策"的理解，在不同的国家或地区、学者之间存在一定的差异。美国经济政策学家包尔丁（K. E. Boulding）认为，"所谓政策，就是为既定目标而采取行动的各种原则。"在我国的台湾地区，政策则被认为是增加社会福利而推行的种种措施和策略。在苏联及东欧地区国家中，政策是指国家发展某一部门或事业的思想、战略和策略的目的、任务、实际实施的机制总和。《辞海》中政策一词解释为："党和国家为实现一定历史时期的路线而制定的行动准则。"从西方政策科学研究领域来看，政策内涵已基本固定，即：①政策是为目标、价值和实践而设计的一项计划；②政策是政府要做或不做的决定；③政策的重要活动即为公共政策。

因此，对于政策的理解可以从广义和狭义两个层次来认识。广义的政策是指行政组织所制定的各种决策；狭义的政策是指一个比较大型的行政组织为完成某项任务而制定的具体目标、准则、方案或办法。

二、土地政策与地政

土地政策可以理解为国家、政府、政党或单位为保护土地产权利益，实现土地资源优化配置而制定的计划或行动准则。土地是人类生存和发展不可替代的资源，因此所有国家都将土地政策作为治国安邦的重要政策，从宏观层面上体现了土地政策的政治意义。例如，我国封建王朝为维护土地所有制制定了所有关于土地分配、买卖、租赁、兴修水利、垦殖荒地、征收赋税的政策；民国时期，由于国民党土地政策的失败，不仅使"国统区"的社会政治经济危机加深，而且最终也导致了"大陆整个沦亡的后果"。另外，从微观层面来看，各土地所有者或使用者也极力推行有关土地政策而谋求土地收益的最大化。因此，土地政策有宏观与微观之分，而本书着重阐述政府的宏观土地政策。

土地政策与地政是不同层次的概念。地政可理解为各级政府对于辖区土地行政管理而推行各种行政手段的总称，包括地权行政、地籍行政、地用行政、地价行政等几类专业性的行政工作，其工作繁多，概言之主要是对土地及其附着物的拥有者或使用者进行登记、测量；对土地进行出租、买卖，规定地价、评估地价；对都市（即城市）与农村区域性土地按照政府发展经济的宏观要求和地方的实际情况，进行合理配置和使用，必要时政府还应筹措资金对局部性地域进行整理和重划（其中包括具体地段的开发和复垦），使该地域的土地得以更合理的使用；对一些因政府发展经济急需的用地，由地政机关具体承办土地的征收和重划工作，此外，还要对社会发展承办科研、教育的协调业务等。

由此可见，地政并非土地政策的简称，它是从政务角度来认识土地问题，其层次相对较高。土地政策与地政关系可简述为：土地政策为地政之依据，地政则是土地政策之实施。

三、土地政策体系

土地政策是一个庞大的系统，对土地政策系统地进行分类，明确这些政策类型间的相互关系，在理论和实践上均具有极其重要的意义。然而土地政策分类是一个复杂的问题，按不同标准有不同分类，例如：从土地开发、利用、整治、保护的全过程看，有土地开发政策、土地利用政策、土地整治政策、土地保护政策；从经济再生产来看，有土地投资政策、土地市场政策、土地经营政策、土地收益分配政策等。从地域来看，有国外、国内土地政策，城乡土地政策，经济发达和落后地区土地政策；按用地类型分，有耕地政策、园地政策、林地政策、牧草地政策、交通用地政策、工矿及居民点用地政策、水域用地政策、未利用地政策；从土地利用之目的看，有土地经济政策、土地生态政策、土地社会政策；从影响范围来看，有宏观、中观、微观土地政策之分；按历史时期划分，有古代土地政策、近现代土地政策、当代土地政策；按不同时期所需要解决的特殊问题分，有地价稳定政策、地域土地开发政策、三资企业土地政策等；按产权来分，有土地所有政策、土地使用政策等。本书所采用的分类是根据现时土地管理中突出问题、兼顾全面化的分类体系。

四、土地政策的特点

（一）政治性

土地是立国之本，任何一个统治者或者统治阶级要治邦安天下，都必须占有足够数量的土地，并制定自己的土地制度。土地政策就是为维护这一土地制度而制定的，因此带有较强的阶级性和政治性。由于各国的国体和政体不同，土地政策体现的国家意志和利益也不一样。土地公有制国家的土地政策是为了维护土地公有制，保护土地产权拥有者的合法权益，促进土地资源的合理利用而制定和执行的，从根本上体现了社会和人民的要求；而土地私有制国家的土地政策是为了维护土地私有制，保护少数人的利益，为资本家服务的。因此，不同制度条件下的土地政策具有不同的政治属性。

（二）强制性

土地政策是国家、政府、政党或单位为保护土地产权利益，实现土地资源优化配置而制定的计划或行动准则，并通过命令、法规等予以体现，采用行政措施予以实施，因此土地政策具有强制性，任何组织单位和个人都必须遵守，对违背者要予以处罚和制裁。

（三）历史性

土地政策的历史性表现在两个方面：一是同一国家在不同的历史时期土地政策不一样，这是因为事过时异，土地政策环境已有变化，土地政策也因此而识"时务"；二是土地政策本身是历史发展的产物，归根到底是由于社会经济演化，导致土地稀缺而产生土地垄断的结果。纵观人类社会发展的历史，在原始社会时期，没有私有财产、阶级和国家，虽然存在土地的占有，但由于地广人稀，生产力水平低下，土地可以被无限制地占有和自由利用，因此，不存在土地所有权关系，也就谈不上土地政策问题，土地所体现的只是其资源特性，即作为万物生存的基础和生育的源泉，并成为一切生产的元素和原动力。随着社会生产发展以及社会生产方式和人地关系中人与人关系的变化，土地制度随之产生并不断演变，土地政策必然也是社会经济发展、生产方式变革和人地关系变化的结果，并在不同的条件下呈现出不同的形式和内容，即土地制度的历史性决定了土地政策的历史性。例如，美国产权经济学家哈罗德·德姆塞茨认为，古代北美印第安人在共有土地上狩猎，猎物资源丰富时，是没有产权的，由于资源稀缺而导致对每人狩猎范围的界定，从而出现产权及产权制度，于是也便会产生与此相对应的土地政策问题。

（四）区域性

制定政策必须因"地"制宜，土地政策也是这样。土地是不动产，它固定于某个地域或地段，不同的周边环境（经济、政治、社会及自然条件等综合系统）产生不同的土地政策环境，具体到某一地块，影响其个性的因素更为繁多，主要有风俗习惯、气候条件、地质状况、交通设施、市容与环境、商业街设置、灾害情况、污水处理、邮电通信、给水排水、电力设备、学校、医院、公共设施、公园等众多物质设施和自然条件，以及社会治安、政治稳定、经济繁荣、人口状况等社会经济因素，这些都构成了极其复杂的土地政策环境。土地政策之制定绝不能忽视了这些因素，否则，土地开发利用则难以有效进行。

(五) 相对稳定性

土地政策的稳定性是指土地政策在其有效的范围内相对保持不变，这主要受制于土地政策目标、效益和功能。土地政策的稳定性包含阶段性和连续性两层含义。土地政策的阶段性是指不同历史时期，土地政策具有不同的具体内容；而土地政策的连续性则是指保持土地政策合理内容的继承性和衔接性。然而稳定是相对的，变动则是绝对的，土地政策变动是指主、客观情况发生变化而对其所作的修改、补充或废止。土地政策之所以会产生变动，主要是由于主观认识的不断深化、客观情况的变化及政策的试行性和阶段性所致。因此，土地政策具有相对稳定性。

(六) 针对性

土地政策是人们主观意志的表现，是对土地管理客观实践的反映，即是为解决土地管理中的实际问题而制定的。因此，具有明显的针对性和目的性。如我国实施土地增值税，是为了规范土地、房地产市场交易秩序，合理调整土地增值收益，维护国家权益；实施《基本农田保护条例》是为了对基本农田实行特殊保护，促进农业生产和国民经济的发展，等等。

(七) 预测性

正如系统学家 R·M. 克朗所说："人类已经发展到历史上这样一个阶段，在这个阶段人必须能够自己塑造未来，否则就会因软弱无力而被不希望有的后果吞噬掉。因此，改善政策制定问题和人类的命运第一次直接联系起来。"可见，作为指导未来土地分配及开发利用的土地政策，不仅是对未来加以预测和描述，而且更是为未来有效地调控土地资源优化配置服务。

(八) 及时性

及时性是土地政策的突出特点，土地政策是否及时对土地管理的成效有决定性的影响，但又不是遇到问题瞎表态，而是要按土地政策制定和实施的要求抓住机会、抓紧时间，及时做出决策。20 世纪 90 年代初，全国各地掀起土地开发热，大量耕地被圈占，严重影响了农业生产和国民经济协调发展。为此，1992 年 11 月 18 日国务院制定了关于《严格制止乱占滥用耕地的紧急通知》，为及时有效地保护有限的耕地资源敲响了警钟。

五、土地政策的功能

国家管理土地的手段、措施多种多样，诸如行政、法律、经济、纪律、宣传、教育等，而土地政策则是最基本的，且与其他土地管理手段交织在一起。例如：《土地管理法》《城市房地产管理法》《基本农田保护条例》《环境保护法》等都是一种成熟化、定型化的土地政策，行政、经济、法律等的手段也必须体现在这些土地政策上。可见，土地管理是依靠土地政策来实现的。土地政策具有以下 3 种功能。

（一）导向功能

土地政策对人们开发利用行为及土地经济运行具有引导作用，即土地政策的导向功能。它具有趋前性、规范性特点。

第一，为土地管理事业的发展和土地资源开发利用提出了明确的目标。例如，《中共中央关于建立社会主义市场经济体制若干问题的决定》中指出："以家庭联产承包责任制为主的责任制和统分结合的双层经营体制，是农村的一项基本经济制度，必须长期稳定，并不断完善。在坚持土地集体所有的前提下，延长耕地承包期，允许开发性生产项目的承包经营权，允许土地使用权依法有偿转让。"这无疑会在一定程度上提高农民耕地经营的积极性，从而提高农业劳动生产率和土地生产率。

第二，为实现土地政策目标规定行为规范和行为准则。例如，《中共中央关于建立社会主义市场经济体制若干问题的决定》中指出："我国人多地少，必须十分珍惜和合理使用土地资源，加强土地管理。切实保护耕地，严格控制农业用地转为非农业用地。国家垄断城镇土地一级市场。实行土地使用权有偿有限制出让制度，对商业性用地使用权的出让，要改变协议批租方式，实行招标、拍卖。同时加强土地二级市场的管理。建立正常的土地使用权价格的市场形成机制。通过开征和调整房地产税费等措施，防止在房地产交易中获取暴利和国家收益的流失。"从而规范和发展了房地产市场。

（二）协调功能

土地政策的协调功能是指土地政策对社会经济发展过程中的各种失衡状态的制约、调节能力，如协调地区之间、行业之间、阶层之间、利益群体之间的关系，谋求土地供需缺口下的社会经济协调、有序地发展。土地政策之所以具有协调功能是因为：一是土地政策的本质属性决定的，即土地政策是土地收益分配的调节器；二是土地政策体系的内在要求。土地政策之协调功能要求土地政策之间、土地政策与其他相关政策之间的搭配组合必须纵向一致，横向协调，形成相互配合、相互补充的优化配置，从而发挥土地政策或政策的整体效应。但是，由于政出多门，尤其是建设部门和土地管理部门认识不一致，致使一些城市房地产管理混乱，主要表现是管理重叠、收费混乱、相互扯皮、纠纷不断，现行《城市房地产管理法》还未能理顺房地产管理体制，因此，土地政策之配套、协调也是一个长期的、复杂的过程，具有多维性、动态性和适度性特点。

（三）控制功能

土地政策的控制功能是指土地政策制定者通过土地政策对人们的土地开发

利用行为以及土地经济运行的制约和促进，从而实现土地资源的优化配置。土地政策之所以具有控制功能，一是由于土地政策的规范性；二是因为土地政策控制在土地管理中的核心地位所决定的。土地政策控制具有强制性和惩罚性，以借助完善的土地政策体系，及时、有力地实现土地政策功能，从而杜绝控制的"真空地带"、控制滞后和乏力现象之发生。

第二节　土地管理政策类型

土地管理政策是指在土地管理过程中所制定并实施的一系列政策措施体系。具体地，是指土地管理组织为履行土地管理职能，贯彻执行土地制度和法律，以实现土地利用预期目标的一系列政策措施体系。

土地管理政策是一个庞大的系统，对土地管理政策系统地进行分类，明确这些政策类型间的相互关系，在理论和实践上均具有极其重要的意义。土地管理政策是土地管理过程的指挥系统，贯穿于土地管理的各个方面、各个层次；土地管理政策类型关系政府土地工作的成败和国民经济的发展，古今中外各国政府无一例外不是通过政策来指导社会协调发展的。政策正确，则社会发展协调；反之则发展受阻，甚至危及社会稳定。因此，有必要对土地管理政策类型进行系统的分类。

然而土地管理政策类型分类是一个复杂的问题，在具体的实践中，各国的学者根据不同的角度和具体的实际要求，对土地管理政策类型进行了分类，形成了一个比较完整的体系。在具体运用中，应该根据实际情况，选择合适的分类标准，做出正确的分类。

一、土地产权政策

土地产权实质上是以土地作为客体的各种权利的总和，是一束权利，它由土地所有权、土地占有权、土地使用权、土地收益权、土地处分权等组成。按土地产权标准分类，分为土地所有权政策、土地使用权政策、土地收益权政策和土地处置权政策等。

（一）土地所有权政策

土地所有权是土地所有制的核心，是土地所有者的法律表现形式。土地所有权是土地所有者所拥有的、受到国家法律保护和限制的排他性的专有权利。土地所有权包括土地占有权、土地使用权、土地收益权和土地处分权等方面的内容。

根据具体的国情，我国土地所有权分国有土地所有权和农村集体土地所有权。国家土地管理局于 1995 年发布了《确定土地所有权和使用权的若干规定》，对国有土地所有权和农村集体土地所有权的确定做了详细的叙述。

（二）土地使用权政策

1. 土地有偿使用政策

为了推进土地使用制度改革，进行土地有偿使用，正确处理和协调各种关系，党和国家制定了一系列政策。主要有：①国家对私人宅基地和单位建筑用地按土地数量和质量规定等级，按不同等级征收土地使用税；②运用经济手段控制非农业用地，国家要区别土地的不同用途和不同等级，征收不同数量的土地税和土地使用费；③凡用于对境外（外商、港澳台胞、海外华侨、外籍华人）出售、出租房屋（包括出售、出租整套建筑物的部分房产）的国有土地一律纳入政府有偿出让轨道；④凡改组或新建股份制企业时，涉及的国有土地使用权必须作价入股；⑤凡是建设占用耕地的，无论是通过划拨方式还是通过出让方式，地价收入都要用于农业。

2. 城镇国有土地使用政策

（1）土地使用权出让政策。土地使用权出让，应当由市、县人民政府依法统一组织，有计划、有步骤地进行。出让计划由市、县人民政府土地管理部门拟定，经同级人民政府审核，报省、自治区、直辖市人民政府批准执行。

（2）土地使用权转让政策。土地使用权转让就是原受让方对已经获得土地使用权的土地按规定投入一定资金进行开发后，通过有偿的出售、交换和无偿的赠予等方式，把土地使用权连同地上附着物转让给新的受让者。新的受让者则承袭原受让者与当地政府建立的土地使用权、让受双方的经济关系及相应的权利义务。

（3）土地使用权出租政策。土地使用权出租，是指土地使用者作为出租人将土地使用权随同地上建筑物、其他附着物租赁给承租人使用，由承租人向出租人支付租金的行为。土地使用权出租的标的物具有复合性，即不仅包括土地使用权，还包括土地上的建筑物及其他附着物。土地使用权出租时将土地使用权有限期地租给别人使用，租期届满后可以收回该使用权。出租行为并没有使出租人完全丧失土地使用权。出租人作为受让人同国家订立的出让合同中的权利义务并没有转移给承租人，出租人同国家的权利义务关系不变，仍须履行出让合同规定的权利义务。

（4）土地使用权抵押政策。土地使用权抵押，是指土地使用者将其依法取得的土地使用权作为清偿债务的担保的法律行为。土地使用权抵押的标的物不仅包括土地使用权，还包括地上建筑物和其他附着物。抵押人抵押土地使用权及地上建筑物和其他附着物抵押时，其使用范围内的土地使用权也随之抵押。

3. 农村集体土地使用政策

（1）农用土地有偿使用政策。农用土地有偿使用主要包括农用地土地税、农业土地有偿承包、农用土地有偿转让。①农用地土地税。我国对农用地没有单独征收土地税，对农业生产征收的是农业税。农业税中包含了土地税。②农业土地有偿承包。集体土地所有者可以将本集体的土地按人或按人劳比例平均承包到户，长期经营。承包户除交纳农业税和集体提留以外，还要交纳土地使用费，作为土地所有者的法定收入。③农用土地有偿转让。集体和农户在承包期内可以将土地使用权转让，集体经济组织作为土地所有者的代表，也可以将土地使用权直接转让。土地转让可以采取转包、出租、抵押、入股等多种形式。

（2）农村集体用地有偿使用政策。农村集体建设用地有偿使用主要包括宅基地有偿使用、乡镇企业有偿用地。①农村宅基地有偿使用形式很多，概括起来主要有两大类：宅田挂钩法和直接收费法。②乡镇企业有偿用地：凡占有集体所有土地的乡镇办企业、村办企业、联营企业、联户企业和个体企业均按规定交纳土地使用费。

二、土地利用政策

土地利用的全过程包括土地的开发、利用、整治和保护，按土地利用的全过程分类，可以分为土地征收与征用政策、土地生态政策、基本农田保护政策、土地复垦政策等。

（一）土地征收政策

土地征收是国家为了社会公共利益的需要，依法将农民集体所有土地变为国有土地的行为。土地征收的过程，就是将待征土地的集体所有权转变为国有土地所有权的过程。

土地征收的特点是：它是一种政府权力，土地征收的主体只能是政府；土地征收具有强制性，被征单位（集体和个人）必须服从，不得阻挠土地征用；土地征用具有补偿性，土地征用必须给予合理补偿或公平补偿。

（二）土地生态政策

我国的土地生态政策主要有5点。

1. 人与土地生态系统的协调发展政策

在人地关系中，人口总量是可变量，而土地总量是不变量，只有实行计划生育，严格控制人口增长，减少人口总量，才能实现人类自身建设与自然建设的同步和统一，实现人地协调。

2. 环境保护政策

我国的环境保护政策可归纳为3大政策：①预防为主、防治结合、综合治理；②"谁污染、谁治理"，综合技术改造、防治工业污染；③强化环境管理。

3. 农业生产的合理布局政策

合理布局农业生产就是要根据区划成果，从各地自然资源优势出发，做到宜农则农、宜林则林、宜牧则牧，农林牧副渔全面发展，农工商综合经营，从而突破自然经济型单一的生产结构，发展我国具优势的山水资源，向生产的深度和广度进军，提高农村经济水平，切实改善农业生态环境，形成良性循环的土地生态系统。

4. 发展生态农业的政策

生态农业是根据生态学和经济学的原理，应用现代科学技术方法所建立和发展起来的一种多层次、多结构、多功能的集约经营管理的综合农业生产体系。发展生态农业是治沙、治碱、控制水土流失的有效措施，是保护国土资源、实现土地生态系统良性循环的可行策略。

5. 生态环境教育政策

进行生态环境教育，提高人们的生态环境意识，是土地生态政策中十分重要的内容。生态环境保护，需要法制建设与道德教育同时并举、双管齐下。

（三）基本农田保护政策

基本农田，是指按照一定时期人口和社会经济发展对农产品的需求，依据土地利用总体规划确定的不得占用的耕地。国务院先后于 1994 年 8 月 18 日和 1998 年 12 月 27 日发布了《基本农田保护条例》，新的《基本农田保护条例》包括 6 章 36 的内容。

《基本农田保护条例》规定，国务院和地方各级人民政府的土地管理部门和农业行政主管部门按照全面规划、合理利用、用养结合、严格管理的方针，具体负责基本农田保护的管理工作。

（四）土地复垦政策

土地复垦是指对在生产建设过程中，因挖损、塌陷、压占等原因造成的土地破坏，采取整治措施，使其恢复到可供利用状态的活动。对于中国这个土地资源相对贫乏的国家，加强土地复垦工作，对于有效缓解人地矛盾，改善被破坏区的生态环境，促进社会安定团结，具有十分重要的意义。国务院于 1988 年颁布了《土地复垦规定》，共 26 条，对土地复垦的内容做了具体的叙述。

我国的土地复垦政策主要有：①实行"谁破坏、谁复垦"的政策；②有计划分步骤地进行土地复垦；③妥善处理好土地复垦之间的各种关系；④土地复垦资金渠道的落实；⑤土地复垦违纪的处分。

三、土地经济政策

按土地参与经济生产过程或环节分类，可以分为土地市场政策、土地价格政策、土地金融政策、土地税收政策等。

（一）土地市场政策

1. 一级土地市场

一级土地市场是指国家作为土地所有者直接参与经营的地产市场，主要是地产批租市场，即国家将一定年期的土地使用权让渡给土地使用者，也存在为满足使用者临时和短期场地需要的租赁市场。

土地批租有协议、招标、拍卖 3 种方式。3 种方式的竞争程度和价格形成机制是不同的，拍卖、招标 2 种方式的竞争较为充分，形成的价格较为合理。协议方式缺乏竞争，比较适于公共非营利用途的土地。针对不同用途的土地，应采取不同的批租方式。但目前的问题是在政府批租中，协议出让过多，拍卖和招标出让太少。因此，一定要采取措施，扩大招标和拍卖出让土地的范围，严格限制协议出让的范围，增加土地配置市场机制的效应。

2. 二级土地市场

二级土地市场是土地使用权的转让市场，包括买卖、出租、抵押等多种形式。二级土地市场是平等主体之间的自主交换，是公平竞争关系，是市场经济体制所要求建立的真正的市场。为此，必须放开土地使用权转让市场一、二级市场。

（二）土地价格政策

土地价格政策是对土地价格评估和管理等所规定的习惯行为准则和采取的重大措施。具体包括土地价格评估政策、土地价格管理政策。

土地价格评估是土地估价人员根据土地的自然特性和社会经济属性，依据土地估价的原则、理论和方法，综合评定土地在某一权利状态下某一时点的价格。土地价格评估政策是关于土地价格评估人员、评估机构、评估技术方面等所作的规定。

土地价格管理政策是政府规范土地交易行为、调控地价变化、维护土地市场稳定、保护土地所有者和使用者合法权益的一系列价格管理措施。我国目前的地价管理政策主要有：

①土地价款按期支付，按规定程序取得土地使用权。

②政府对土地使用权的转移有优先购买权。

③政府对地价不合理上涨可采取必要的措施进行干预。

④政府可以行使土地使用权终止权。

⑤虚报、瞒报交易地价情况下的转让合同、土地使用权转移无效。

⑥通过征收土地增值税（费），将社会发展造成的土地收益收归国家，同时可防止交易双方虚报、瞒报交易地价。

⑦交易双方申报土地交易价低于实际成交价时，土地抵押将不能充分发挥土地资产的作用。

（三）土地金融政策

土地金融政策是指一个国家有关土地金融法令条例以及土地金融商品（工具）流通办法规定的总称。不同的历史时期，不同的社会历史条件，各国土地金融政策也不同，土地金融政策总是为一定的政治经济目标服务的。

（四）土地税收政策

地税政策是指国家或社会为特定的目的，对土地税制、税种、税率及征收办法等法制规范的控制，从而调节不同类型、不同用途土地的供需矛盾及其收益分享。主要包括地价税、土地转让收益税、土地保有税。

第三节　改革开放以来中国土地政策的演进

历经 40 年改革开放，中国已然成为以城市经济为主体的现代化国家。城市化率由 1978 年的 17.86% 提升到 2017 年的 58.52%，有 15 个人口超过 500 万的大城市，国内生产总值超 80 万亿元，对全球的经济贡献约占三成，成为全球第二大经济体。

当前，中国社会主要矛盾已经转化为人民日益增长的美好生活需要和不平衡不充分发展之间的矛盾。看到美好一面的同时，更要冷静思考进一步发展所面临的矛盾问题，这与中国长期以来处在供给结构失衡、利用粗放这种不平衡不充分状态下的土地制度和政策有着密切的关系。在经济新常态与新型城镇化背景下，如何妥善解决诸如耕地保护与城市用地矛盾、建设用地利用粗放、工业用地供给过度、保障性住房供给不足等土地问题，以及与其相关的土地财政依赖、农民财产性收入低、流动人口进城落户困难等经济、社会问题？如何推动土地制度改革打破这种不充分不平衡的状态，取得新的突破？

根据中国社会经济发展背景、城市化水平变化及土地政策重大事件，可将中国土地政策的演变大致分为三个阶段（图 6-1）：1978—1998 年，农村土地政策主导的改革，奠定了城市化基础；1998—2014 年，城市土地政策主导的改革，促成了土地城市化；2014 年，城乡土地政策互动，人口城市化开始。三个阶段的划分以十一届三中全会、对外贸易松动、经济新常态等社会经济发展重大事件及家庭联产承包责任制、住房分配货币化、新型城镇化等土地政策重大变革为标志。

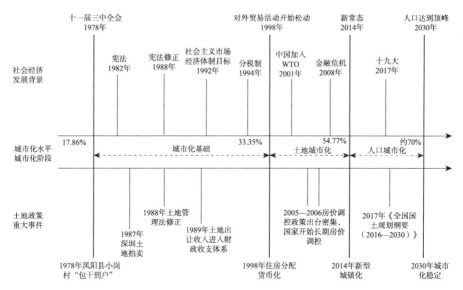

图 6-1　中国社会经济发展背景与土地政策演变

一、1978—1998 年：城市化基础

1978—1998 年，中国城市化水平由 17.86％提升到 33.35％，社会经济发展首先得益于农村土地制度改革的红利，红利的释放为城市发展提供了资金、劳动力、原料等初始动力，中国经济面貌发生了根本性的改变，为中国后续的城市化快速推进奠定了基础。

尽管城市土地慢慢苏醒，但尚未得到真正激发，重大事件见表 6-1。

以 1978 年改革开放和安徽省凤阳县小岗村 18 位农民的"包干到户"为农村土地激活的标志，随着 1982 年中国共产党第一个关于"家庭联产承包责任制"农村工作 1 号文件的正式出台，以及 1982《宪法》明确承认农村集体土地所有权，农村土地逐步由"私有共用"与"公有公用"转变为"公有私用"，这极大地激发了农村生产力。据林毅夫测算，各项农村改革对 1978—1984 年的农村产出增长贡献率总和为 48.64％，其中，家庭联产承包责任制的贡献率达到 46.89％。统计数据显示，1978—1998 年农村年人均纯收入从 134 元增加到 2 090 元；人均收入的快速增长使农村绝对贫困人口、贫困人口发生率从 1978 年的 2.5 亿人、30.7％下降到 1998 年末的 4 200 万人、4.6％；1980—1998 年，乡镇企业个数从 142.5 万个增加到 2 004 万个，乡镇企业职工数从 3 000 万人增加到 1.2 亿人。

相比于农村土地所焕发的活力，城市土地在 1982 年我国《宪法》"任何组织和个人不得侵占、买卖、出租或者以其他形式非法转让土地"的规定下，尚未得到激活。从 1987 年深圳发生的中国第一宗土地公开拍卖促使 1988 年宪法修正案对土地使用权转让做出修改："任何组织或个人不得侵占、买卖或者以其他形式非法转让土地，土地的使用权可以依照法律的规定转让"，到同年《中华人民共和国土地管理法》响应《宪法》所做出的第一次修正："国有土地和集体所有土地使用权可以依法转让""国家依法实行国有土地有偿使用制度"，国有土地使用权与所有权相分离，国有土地进入市场有了法律基础。此外还有国务院于 1989 年下发的《关于加强国有土地使用权有偿使用收入管理的通知》，准备将土地出让收入纳入财政收支体系。尽管如此，由于相关配套政策的缺乏，在 1998 年前城市土地活力并没有被真正激发，土地财政也仅仅是一种设想。

表 6 - 1　1978—1998 年社会经济发展背景与土地政策重大事件

	重大事件	意义或影响
社会经济发展背景	1978 年十一届三中全会提出改革开放	从思想上激活农村土地
	1982 年中国共产党第一个农村工作的一号文件	家庭联产承包责任制，从制度上激活农村土地
	1982 年《中华人民共和国宪法》	从法律上激活农村土地
	1988 年《中华人民共和国宪法》第一次修正	从法律上为未来城市土地市场奠定基础
	1992 年中共十四大确立正式建立社会主义市场经济体制	从制度上为未来城市土地市场奠定基础
	1994 年分税制	土地财政的缘起之一
土地政策	1980 年安徽凤阳小岗村 18 位农民包干到户	拉开中国农村土地改革的序幕
	1987 年深圳土地拍卖	城市土地市场的起点事件
	1988 年《中华人民共和国土地管理法》第一次修正	国有土地进入市场的法律基础
	1989 年土地出让收入进入了财政收支体系	1998 年前土地财政的设想

二、1998—2014 年：土地城市化

1998—2014 年，中国城市化率由 33.35％提升到 54.77％，社会经济发展主要得益于城市土地制度改革，大量工业园区开发与住房分配货币化的"双轮"驱动促进了城市基础设施条件改善以及制造业的繁荣。因此，该阶段可被称为"土地城市化"，重大事件见表 6 - 2。

经过农村土地制度改革的积累，中国进入农产品、轻工业品盈余时代，物美价廉的"中国制造"走出国门。1998 年中国对外贸易总额达 3 229.5 亿美元，

表 6-2　1998—2014 年社会经济发展背景与土地政策重大事件

	重大事件	意义或影响
社会经济 发展背景	1998 年中国对外贸易开始松动	解决产品盈余之始
	2001 年中国加入 WTO	参与世界分工，解决产品盈余
	2008 年金融危机与 4 万亿计划	出口逐步受阻，缓解盈余产品积累 过量投资导致流动性泛滥，经济过热，房价、物价高涨
土地政策	1998 年《中华人民共和国土地管理法》第二次修订	农民集体所有的土地的使用权不得出让、转让或者出租用于非农业建设
	1998 年住房分配货币化	地方政府走上依赖土地财政的道路 巨额土地财政保证了基础设施建设，但推高了房价

从 1978 年的第 32 位，上升到 1997 年的第 10 位，成为世界上开放程度最大的国家之一，对外贸易开始松动。由于工业用地充足的供应及 1998 年住房分配货币化后的巨额土地财政支撑，中国在 2001 年加入 WTO 后的短短 8 年里，制造业 GDP 从美国的 1/3 到超越美国，中国由此成为世界第一大制造业基地，经济增长突飞猛进。然而 2008 年世界金融危机的爆发波及中国的出口，虽然 4 万亿元的强刺激计划以及之后的"家电下乡"挽救了中国宏观经济，缓解了产品盈余问题，但过量的投资又导致了流动性泛滥，2013 年末中国外汇储备增至 3.82 万亿美元，房价、物价高涨。中国经济增长所依赖的"三驾马车"中的出口、投资已逐渐难见奇效，快速城市化及其背后的城市土地制度值得反思。

在此阶段，受城市土地出让与转让所带来的巨额财政收益影响，地方政府热衷于招商引资，兴建工业开发区。同时，房地产市场的兴起又开启了"土地财政"之门。经过 1994 年《关于深化城镇住房制度改革的决定》对出售公有住宅政策的实施、1996 年《关于加强住房公积金管理的意见》对住房公积金管理体制的规范以及 1997 年《个人住房贷款担保管理试行办法》对住房贷款业务的全面启动等住房制度配套政策的积累，1998 年《国务院关于进一步深化城镇住房制度改革加快住房建设的通知》的下发标志着中国住房分配货币化的开始，商品房与土地财政正式绑定，城市土地的权能被极大激活，地方政府逐步走上依赖土地财政的道路。而 1995 年美国世界观察研究所所长莱斯特·布朗在《谁来养活中国》所抛出的中国粮食保护与建设用地的矛盾问题，促使 1998 年《土地管理法》第二次修订规定"农民集体所有的土地的使用权不得出让、转让或者出租用于非农业建设"以及"耕地总量动态平衡"，致使建设用地供不应求，城市土地的资本作用不断加强。自 1998 年始，住房分配货币化与工业园区开发"双轮"驱动的土地城市化正式形成。然而，随着 2001 年北京市申奥成功，房地产市场开始出现过热现象。2005—2006 年，政府先后出台了 10 多项房市调控政策，中国自此开启了长期的房价调控时代。土地供给结构失衡、利用粗放问题也随之逐步显现：大规模工业园区不仅导致产能过剩，而且产生用地粗放、低效问题，又限制了住宅用地供给；耕地总量动态平衡、新增建设用地指标限制及单一的住房体系合力助推房价，土地财政得益但不可持续。土地供给结构错配及利用低效成为人口城市化远远滞后于土地城市化的重要原因。

由工业园区开发与住房分配货币化"双轮"驱动的土地城市化持续到 2014 年，中国呈现出了新常态：在出口受阻，投资不能减的背景下，刺激内需成为必然。同年，为适应中国经济新常态，中国提出以人为核心的新型城镇化。新型城镇化的核心问题，是土地城市化阶段所遗留的流动人口问题，市民化是这个阶段城镇化的核心内容，这标志着中国城市化进程从土地城市化转向人口城市化。

三、2014 年"人口城市化"开始

进入 21 世纪以来，经济学家及人口学家普遍认为，中国的经济与人口已双双进入"新常态"，这将决定未来中国城市及社会经济发展的道路、模式和步伐。2014 年新常态及新型城镇化的提出代表着中国城市发展正式进入"人口城市化"阶段。

统计数据显示，预计到 2030 年，中国人口达到顶峰，城市化率达到 70% 左右，人口城市化将趋于稳定。但由于土地城市化的政策影响惯性，人口城市化面临着两大问题：内需刺激的主要对象——流动人口，尤其是农业转移人口面临住房保障、户籍、社会融合等问题；长期存在的土地供给结构错配及利用低效阻碍了流动人口进城落户。

经济新常态意味着中国经济结构需要调整。"三驾马车"中的出口在 2008 年金融危机后增长严重减弱，在投资不能减的同时，必须依赖刺激内需来拉动经济增长，流动人口的内需拉动成为必然。响应经济新常态而提出的新型城镇化，核心是人口城市化，重点则是流动人口，尤其是农业转移人口的市民化。而流动人口一直是具备巨大消费潜力的群体，而且也是城市发展、经济增长的重要动力。2012—2017 年，虽然有 8 000 多万人农业转移人口成为城镇居民，但在 2017 年末中国仍有 2.87 亿名进城务工人员。特别是进城务工人员在住房保障、子女教育、医疗保险等方面与城市户籍居民存在极大差异，这不仅会抑制其消费力，而且会促使原来农村与城市的老二元结构转化为城镇内部户籍居

民与流动人口的新二元分割，进而阻碍社会融合。

为保障人口城市化顺利进行，2015 年十八届五中全会提出"使 1 亿左右进城务工人员和其他常住人口在城镇定居落户"，2017 年十九大提出"多主体供给、多渠道保障、租购并举的住房制度"，同年的《全国国土规划纲要（2016—2030 年）》对土地供给结构及利用模式制定了长远的战略规划。这说明，流动人口进城落户已成为人口城市化的重心，城乡土地制度应配合人口城市化建立与加强系统的互动协同。

第四节　土地政策参与宏观调控的历史进程

一、土地调控的发展历程

土地调控是"运用土地政策参与宏观经济调控"的简称。改革开放之前，运用土地政策参与宏观经济调控的功能一直没有得到重视，更谈不上发挥。这主要是由计划经济体制造成的，计划经济时期国家有货币、财政等手段就可以满足宏观经济调控的需要。事实上，当时的土地政策也不具备参与宏观经济调控的条件。

改革开放之后，我国宏观经济形势发生了历史性的重大变化，市场经济风起云涌，工业化、城镇化迅猛推进。为防止国民经济大起大落，保障国民经济稳定运行，党中央、国务院对宏观经济调控越来越重视，土地政策作为一种宏观经济调控手段被提上重要议事日程。我国土地实行社会主义公有制，即城市的土地属于国家所有，农村和城市郊区的土地属于集体所有，这就使得政府实际控制着土地供应总量、供应结构、供应方式和供应时序。显然，土地政策能够对宏观经济产生重大影响。回溯我国土地调控的发展历程，大致可分为五个阶段。

1. 以 1997 年中共中央国务院发布《关于进一步加强土地管理切实保护耕地的通知》为标志，此前为第一个阶段

我国耕地人均数量少，总体质量水平低，后备资源也不富裕。而一些地方乱占耕地、违法批地、浪费土地的问题没有从根本上解决，耕地面积锐减，造成土地资产流失，不仅严重影响了粮食生产安全和农业发展，也影响了整个国民经济的发展和社会的稳定。党中央、国务院高度重视，经过多次研究，于1997 年 4 月 15 日印发了《关于进一步加强土地管理切实保护耕地的通知》，要求必须认真贯彻"十分珍惜和合理利用每寸土地，切实保护耕地"的基本国策，必须采取治本之策，扭转在人口继续增加情况下耕地大量减少的失衡趋势。这个阶段，我国土地管理始终高举耕地保护大旗，在体制、法制和制度建设上，逐步向土地调控领域拓展。

2. 以 2004 年国务院发布《关于深化改革严格土地管理的决定》为标志，此前为第二个阶段

2003—2004 年，各地按照党中央、国务院的部署，全面清理各类开发区、治理整顿土地市场，有力地促进了宏观经济调控政策的落实。但是，盲目投资、低水平重复建设，圈占土地、乱占滥用耕地等问题尚未从根本上解决。为此，2004 年 10 月 21 日，国务院作出了《关于深化改革严格土地管理的决定》，要求各地必须正确处理保障经济社会发展与保护土地资源的关系，严格控制建设用地增量，努力盘活土地存量，强化节约利用土地。这个阶段，国家发挥土地调控作用的条件渐趋成熟。

3. 以 2006 年国务院发出《关于加强土地调控有关问题的通知》为标志，此前为第三个阶段

当时，我国土地管理中出现了一些新问题，建设用地总量增长过快，低成本工业用地过度扩张，违法违规用地、滥占耕地现象屡禁不止，严把土地"闸门"十分艰巨。为从根本上解决土地管理中出现的新问题，保障经济社会可持续发展，2006 年 8 月 31 日，国务院发出了《关于加强土地调控有关问题的通知》。文件下发前，中央政治局召开会议研究当前的经济形势，明确了加强土地调控的原则和措施。随后，国务院召开第 145 次常务会议，审议通过了土地调控的八条政策。这个阶段，土地调控体系、土地调控政策、土地调控机制初步建成。

4. 以党中央、国务院发布《加强耕地保护和改进占补平衡的意见》为标志，此前为第四个阶段

2017 年 1 月 9 日，党中央、国务院出台《加强耕地保护和改进占补平衡的意见》，一方面从目标导向出发，围绕耕地数量、质量、生态"三位一体"保护，系统地提出了加强耕地管控性、建设性、激励性和约束性多措并举的保护政策；另一方面，从问题导向出发，坚持统筹协调与差别化管理相统一，进一步改进占补平衡政策，完善耕地保护补偿机制和耕地保护责任目标考核机制，推动耕地保护权、责、利相统一。在一定意义上说，土地调控即为严把土地"闸门"。毫无疑问，加强耕地保护和改进占补平衡，能够强化、优化土地"闸门"。这个阶段，我国土地调控体系、调控政策和调控机制在建立中完善，在完善中巩固，在巩固中发展。

5.《关于加强耕地保护和改进占补平衡的意见》发布后，我国土地调控进入第五个阶段

为了保护好关系十几亿人吃饭大事的耕地资源，近年来各地区各有关部门积极采取措施，强化主体责任，严格落实占补平衡制度，严守耕地红线，耕地保护工作取得显著成效。当前，我国经济发展进入新常态，新型工业化、城镇化建设深入推进，耕地后备资源不断减少，实现耕地占补平衡、占优补优的难度日趋加大，激励约束机制尚不健全，耕地保护面临多重压力。这个阶段的土地调控，必将更好地适应经济新常态的要求。

二、土地调控面临的新形势新问题

我国实施土地调控已有 20 多年的历程，土地政策成为宏观经济调控必不可少的工具和手段。在充分肯定土地调控成就的同时，还应当看到当前土地调控面临的新形势、新问题。

1. 土地调控大背景发生重大变化

党中央、国务院高度重视生态文明建设，土地调控要在保护耕地红线的同时保护生态红线。党的十八大报告提出要把生态文明建设放在突出地位，融入经济建设、政治建设、文化建设、社会建设各方面和全过程，努力建设美丽中国。2017 年 2 月，中央办公厅、国务院办公厅联合印发了《关于划定并严守生态保护红线的若干意见》，这标志着全国生态保护红线划定与制度建设全面启动。城镇空间、农业空间、生态空间是我国的三大国土空间，都涉及土地资源。耕地是我们的生命线，我国已有耕地保护红线。生态也是我们的生命线，我国土地调控不仅仅要坚守耕地红线，更要守护生态红线。

当前的土地调控将在相当长的时期内处于经济发展新常态下，要求以新发展理念为指导，不断推进供给侧结构性改革，引领经济朝着更高质量、更有效率、更加公平、更可持续的方向发展；要求以提高发展质量和效益为中心，坚持宏观政策要稳、产业政策要准、微观政策要活、改革政策要实、社会政策要托底。面对经济发展新常态，土地调控的方向、重点必须作出适当调整，调控的方法手段必须创新。此外，全面深化改革也对土地调控提出新要求。党的十八届三中全会做出全面深化改革的决定以来，各项改革蓬勃开展，其中涉及自然资源领域改革的，主要有行政审批制度改革、农村"三块地"改革试点、自然资源管理制度改革等。这些改革，无一不对当前和今后一个时期内的土地调控提出了新的更高的要求。

2. 土地调控内容和方式发生重要变化

始于 2016 年、深化于 2017 年的供给侧结构性改革，主攻方向是提高供给质量，根本目的是满足人民需求，具体措施是"三去一降一补"。毫无疑问，供给侧结构性改革的内容就是土地调控的内容，而这些内容，要么是过去从未开展过的，要么是现在需要加力推进的。

比如 2017 年在促进实体经济发展方面，要支持战略性新兴产业、先进制造业、先进流通业、"互联网＋"、现代服务业等发展，鼓励引导医疗、养老、教育、文化、体育等社会领域的民间投资；建设用地计划要向重大基础设施建设、棚户区改造、水电核电、智能电网、油气管网、城市轨道交通、脱贫攻坚等领域倾斜。在保障农业农村发展用地方面，新增建设用地计划要确定一定比例用于支持农村新产业、新业态发展。在促进房地产平稳健康发展方面，要对保障性住房用地应保尽保，对房价上涨压力大的城市合理增加土地供应、调整用地结构、提高住宅用地比例，对去库存压力大的三、四线城市减少以至暂停住宅用地供应，鼓励原依法取得的国有建设用地依法依约转让用于住房开发建设，允许符合条件的企事业单位利用自有土地建设政策性住房等。以上这些，与以往开展的土地调控相比，在内容上已发生了重大变化。新阶段的土地调控，必须按照新部署的供给侧结构性改革的内容进行。

3. 在土地调控需求端能力明显不足

目前，主流经济学的基本观点是：土地总量固定，土地的价值或价格主要由土地需求决定。而土地需求是一种"引致需求"，受到宏观经济、消费理念、货币政策等诸多因素的影响。自然资源部门是土地调控部门，运用土地政策参与宏观经济调控，在土地供应上可以在总量、结构、方式、时序上多想些办法，但在土地需求上，时而有力不从心之感。

以江苏省南京市为例，2016 年该市土地市场异常火爆，土地需求特别旺盛，土地价格大幅攀升，该市在土地供应上出台了诸多调控政策。比如：在热点区域住宅用地出让时，对竞买人报价超过最高限价的终止土地出让，竞价结果无效；严格审查所有参与商住、住宅用地的竞买人的资质；限制那些存在拖欠土地出让金、闲置土地等失信行为的单位，在一定年限内不能参与土地竞买等。但由于房地产投资充足，现金流充裕，加上城市地缘、经济优势，开发企业的拿地热情持续高涨。显然，土地调控必须更多地取得金融调控、产业调控的支持和配合，进一步形成合力，才能实现土地供应与土地需求关系的动态平衡。

4. 土地调控传导工具欠缺且力量薄弱

当今中国，工业化、城镇化和农业现代化加速发展，旧产业改造、新产业发展，旧业态更新、新业态兴起，都离不开土地。近年来，涉及产业用地政策的国发文、国办发文有 50 多个，为指导各级国土资源部门在实际工作中把握和使用好产业用地政策，原国土资源部专门印发了《产业用地政策实施工作指南》，这对做好土地调控是必须的、可行的，也是有力的、有效的。但问题是，各产业主管部门、各用地主体如何能够自觉遵循这些产业用地政策，需要有多种多样的、行之有效的传导工具。毋庸讳言，在一些地方，有的产业主管部门、用地主体并不能严格执行产业用地政策，总想搞"变通"、打"擦边球"，原因之一是这些地方的土地调控传导工具没有解决好。

5. 土地调控尚未形成长效机制

应当说，运用土地政策参与宏观经济调控是丰富的、多层次的，可以有土地供应性调控、需求性调控，土地扩张性调控、紧缩性调控，土地即时性调控、长期性调控，土地短效性调控、长效性调控。2016年，为了促进房地产业平稳健康发展，我国东部一些城市，在土地供应调控上，不得不扮演"消防员"的角色，其中重要的是，调整竞拍规则，包括"限制销售＋现场摇号"等，从而给火爆的土地市场降温，迫使参与竞拍的开发企业理性拿地。这种角色十分重要，尽管工作可以立竿见影，但不是治本之策。

要从根本上解决问题，必须建立相应的长效机制。在经济发展新常态下，一些地方仍有较强的投资冲动，且多以新产业、新业态出现，在时间上集中，规模也很大。这就给土地调控带来了新的问题，即土地调控如何从土地供应总量、结构、方式、时序上，在依法依规、节约集约的前提下，给予及时而有效的保障。而解决之道就是必须建立完善相应的长效机制。

6. 土地调控在依法监管方面难度加大

依法监管土地调控的难度加大，主要有以下原因。其一，简政放权过程中监督未及时跟进到位。随着行政审批制度改革的不断推进，许多行政审批权力、事项被取消或被下放，而应该强化的监督却没有及时跟上，这就容易造成依法监管上的漏洞。其二，随着土地资源、资产、资本"三位一体"属性的不断变化，如今的依法监管，不仅要依法监管土地资源利用，还要依法监管土地资产、资本利用。相对来说，后者比前者更难。其三，土地违法违规的方式、形态比以往多样、更隐蔽。正如一些从业人员所说的，在依法监管方面，我们需要有更多的智慧、更大的勇气。换言之，我们需要与违法违规者斗智斗勇。

三、创新和完善调控思路

土地调控是在改革开放逐步深化的宏观形势下，针对每个时期出现的新问题而不断发展起来的，在促进我国经济社会发展中的作用巨大。如果没有土地调控，我国经济社会发展中的许多问题难以解决甚至无法解决。对此，要充分认识、高度重视土地调控的新动能和新功能。

1. 加强土地调控研究与法制建设

土地管理不等同于土地调控，土地管理法律不等同于土地调控法律，土地管理制度不等同于土地调控制度，土地管理机制不等同于土地调控机制，土地调控有其自身的规律和特点。因此，土地调控必须正确处理好以下关系：政府调控与市场调控的关系，供应调控与需求调控的关系，综合调控与分类调控的关系，全域调控与局部调控的关系，短期调控与持久调控的关系，主导调控与配合调控的关系。我国现已进入了全面夺取中国特色社会主义伟大胜利的新时代，与之相适应，土地调控也进入了新时代。对此，要加强土地调控基础理论与应用实践研究。在宏观经济调控中，土地调控只是其中的一个手段和方法，而且常常以金融调控、产业调控等进行辅助。要深入研究社会主义市场经济条件下的土地调控机理，深入研究经济社会发展不同时期土地调控的方向和重点，深入研究土地调控与相关调控配套协调的路径，为最终构建起中国特色土地调控科学管理体系奠定基础和提供指导。

与此同时，加强土地调控法律制度建设。在世界上，土地调控时而被有的发达国家采用，而且在稳定经济发展中发挥了作用。在我国，实践证明，促进经济社会发展离不开土地调控，而且土地国情有利于土地调控。故而，对我国来说，土地调控不是可有可无的，也不是一时一地的，只要有宏观经济调控，就必须有土地调控。我国的土地管理，已建立完善了包括土地使用权和所有权法律制度、土地利用规划法律制度、基本农田保护法律制度、建设用地管理法律制度等一系列法律制度。为了进一步加强和改善土地调控，进一步提升土地调控在宏观经济调控中的地位，进一步发挥土地调控在促进经济社会发展中的作用，有必要建立完善符合我国国情、适应市场需要的土地调控法律制度。

2. 加强土地调控传导机制建设

在我国，从一定意义上说，土地调控不缺土地政策，缺的是能把土地政策有效传导到经济社会管理中的机制。这就需要我们着力解决土地政策落实中"最后一公里"的问题。实践告诉我们，唯有建立并实施有效的传导机制，土地调控的目标、任务才能圆满完成。土地调控要在既有广度、深度、力度的基础上与时俱进、顺势而为，实行红线调控、规划调控、计划调控、产权调控、监管调控"五位一体"。其中，红线调控，指保护耕地红线与保护生态红线同时、同步。具体地说，在耕地保护上，坚持数量、质量、生态"三位一体"。规划调控，是指认真实施《全国国土规划纲要》，严格落实土地利用总体规划，积极推进"多规合一"编制，有序开展村级土地利用规划编制，真正从涉及土地的规划上建立起全覆盖、立体化的土地调控网。计划调控，是指大力改进用地指标分配办法。可以像浙江省那样，采取三类模式进行供地：基础类用地"实报实销"，对国家鼓励发展的产业用地优先审批，鼓励先用存量地。产权调控，指利用不动产统一登记的有利条件，解决土地调控中出现的疑难问题。监管调控，指国家土地督察与土地执法监察"双管齐下"，推动土地调控各项政策有效落实。

土地政策不可"单兵突进"，要更好地与货币政策、税收政策、产业政策等组合联动。在土地调控上，国土资源部门要更多地取得公安、检察、法院、纪检、监察、审计、司法、巡视、督查等机关和部门的支持和配合，把土地管理的共同责任机制应用到土地调控各项工作中。同时，要进一步建立健全土地调控日常工作机制，如土地调控快速反应机制、土地调控绩效评估机制、土地调控情况通报机制等。

第五节　近年来土地领域实施的主要政策

一、2015 年主要土地政策回顾

2015 年是稳增长、调结构的紧要之年，为推动经济持续健康发展，国家实施了加大基础设施投资力度、大力推进高质量城镇化建设、推动区域经济均衡发展、促进传统产业转型升级和新兴产业崛起、新农村建设等一系列稳增长措施。为适应经济新常态，2015 年我国土地政策在继续强化耕地保护和节约集约用地的前提下，更加注重服务社会经济发展，出台了一系列有关稳增长、调结构的用地政策。同时，更加强调土地治理能力的提升，进一步推进了不动产统一登记、农村土地制度试点改革及法治国土建设。土地利用规划计划政策。

1. 2015 年土地利用规划计划政策

2015 年土地利用规划计划政策的特点，一是进一步推进了土地利用总体规划的完善调整。强调对实有耕地和基本农田的保护，做到应保尽保，明确结合实际适度调整部分规划建设用地规模、结构和布局，提出了加强对生态用地规模和布局的规划引导。二是持续推进"多规合一"和城市开发边界划定试点探索。各试点地区在"多规合一"的顶层设计、理论基础、实践路径，以及城市开发边界划定的总体思路、技术要点、成果表达、实施管理等方面进行了探索和实践，已形成初步成果。多地提出了"1＋N"的规划模式，即在原来 N 个规划的基础上，再做 1 个"国土空间综合规划"。三是进一步强化土地利用计划管理。按照区别对待、有保有压的原则合理安排了年度土地利用计划指标。综合考虑补充耕地潜力、实际补充耕地落实情况以及供地率等因素统筹增量存量计划指标。结合国家区域总体发展战略，提出了差别化的土地利用计划政策。

2. 耕地保护政策

2015 年中央 1 号文件进一步强调了耕地保护工作，提出了永久基本农田划定、实施高标准农田建设规划、提升耕地质量行动、推进剥离耕作层土壤再利用，以及国家重点水利工程建设项目的征地补偿与耕地占补平衡政策调整等一系列任务。《关于加快推进生态文明建设的意见》《生态文明体制改革总体方案》，将耕地保护纳入了生态文明建设的重要内容，对耕地保护提出了具体要求。2015 年耕地保护政策重点有两点，一是进一步严格耕地占补平衡制度。2015 年 5 月，国土资源部、农业部、中央农办组织召开了"加强耕地保护、改进耕地占补平衡、规范农村土地流转工作"视频会议，提出要从健全制度、完善机制、强化监管等方面综合施策，强化耕地保护和占补平衡。二是持续推进永久基本农田划定。2015 年 3 月，国土资源部和农业部联合下发《关于切实做好 106 个重点城市周边永久基本农田划定工作有关事项的通知》，重点强调永久基本农田划定要与土地利用规划调整完善协同推进，确保城市周边、交通沿线优质耕地和已建成高标准农田优先划定为永久基本农田，要求规划确定的基本农田保护目标全部上图入库、落地到户。三是防范农地"非农化""非粮化"。2015 年 4 月，农业部等四部委联合发布《关于加强对工商资本租赁农地监管和风险防范的意见》，提出了要切实保障农地农用，采取严格措施严禁租赁耕地"非农化"，对擅自改变用途、严重破坏或污染租赁农地等行为，要严肃追责。

3. 节约集约用地政策

2015 年节约集约用地政策是在以往制度框架的基础上，逐步转向细化完善、强调政策支撑作用发挥、注重业务全流程规范管理等。一是鼓励盘活利用存量土地。2015 年节约集约用地政策更加强调存量土地利用以及相关激励机制构建，多项国务院、国土资源部及相关部门政策文件对存量建设用地管理提出了要求，特别是对经济结构调整升级、"退二进三"过程中原土地使用权人盘活利用存量土地，规定了包括减免土地出让金、灵活供地方式等一系列支持政策。二是开展低效工业用地调查清理。2015 年 5 月，国土资源部发布《关于开展低效工业用地调查清理防止企业浪费土地的函》，从土地利用强度、开发建设期限、投产情况等方面详细列举了应归入低效工业用地的 5 类情形，并明确了低效工业用地调查内容，要求低效工业用地调查成果与国土资源部现有信息化管理平台衔接。三是规范节地评价考核制度体系。2015 年 4 月和 8 月，国土资源部分别发布了《国土资源部办公厅关于规范开展建设项目节地评价工作的通知》与《关于印发〈全国城市建设用地节约集约利用评价组织实施工作规则〉的通知》，进一步完善节约集约用地评价制度体系。

4. 不动产统一登记政策

2015 年不动产统一登记在以往制度建设的基础上，重点在登记机构、登记簿册、登记依据和信息平台"四统一"的要求下，进一步完善了政策。一是推进市县级职责整合。2015 年 4 月，国土资源部和中央编办联合颁布了《关于地方不动产登记职责整合的指导意见》，要求各市县应尽快将不动产登记整合由一个部门承担，并接受上级不动产登记机构的指导监督。二是启用统一的不动产登记簿证样式。2015 年 2 月，国土资源部颁布了《关于启用不动产登记簿证样式（试行）的通知》，对不动产登记簿证的样式内容、使用、管理，以及不动产权证书和登记证明的印制等工作提出了明确要求。三是《不动产权籍调查技术方案（试行）》颁布实施。四是推进不动产登记信息平台建设。

2015 年 8 月，国土资源部颁布了《关于做好不动产登记信息管理基础平台建设工作的通知》，要求到 2017 年底，基本建成全国统一的不动产登记信息管理基础平台，基本形成标准统一、内容全面、覆盖全国、相互关联、布局合理、实时更新、互通共享的不动产登记数据库体系。

5. 房地产市场调控及保障性安居工程用地政策

2015 年 3 月，国土资源部与住房和城乡建设部联合下发了《关于优化 2015 年住房及用地供应结构促进房地产市场平稳健康发展的通知》，规定了当前房地产开发用地及保障性安居工程用地政策。一是合理安排住房及用地供应规模和结构。政策包括：强化住宅用地供应管理，对住宅用地供应的规模、布局和时序进行控制；允许转为棚改安置房和公共租赁住房的房地产用地适当调整规划建设条件，优化户型结构；引导未开发房地产用地用于国家支持的新兴、文化、养老、体育产业等项目用途的开发建设，促进相关产业发展。二是统筹保障性安居工程建设。政策包括：对保障性安居工程和棚户区改造年度任务所需用地应保尽保；允许将尚未开工建设的房地产用地转为棚改安置房和公共租赁住房用地。三是完善保障性安居工程配套的相关土地政策，包括重新核定土地价款、变更出让合同、完善相关手续等。

6. 支持产业和经济发展的用地政策

2015 年落实中央稳增长、调结构、惠民生的总体要求，国土资源部等部委制定了一系列支持产业和经济发展的用地新政策。一是支持新产业新业态发展用地政策。2015 年 9 月，国土资源部联合相关部委下发《关于支持新产业新业态发展促进大众创业万众创新用地的意见》，从加大新供用地保障力度、鼓励盘活利用现有用地、引导新产业集聚发展、完善新产业用地监管 4 个方面提出了具体的政策措施。二是支持旅游业发展用地政策。2015 年 11 月，国土资源部联合相关部委出台了《关于支持旅游业发展用地政策的意见》，提出了保障旅游重点项目用地，支持使用未利用地等土地建设旅游项目，依法实行旅游业用地分类管理，多方式供应建设用地，以及加强旅游业用地服务监管等多项政策。三是其他方面的支持政策。2015 年 7 月，国家发改委、国土资源部等部委联合发布《关于进一步鼓励和扩大社会资本投资建设铁路的实施意见》，提出了通过推动实施土地综合开发和积极做好征地拆迁等工作来吸引社会资本投资铁路建设的政策；同年 8 月，农业部会同国家发改委等 11 部门联合印发了《关于积极开发农业多种功能大力促进休闲农业发展的通知》，明确了支持休闲农业发展的用地政策。

二、2016 年主要土地政策回顾

2016 年是我国结构性改革取得初步成效之年。这一年，党中央国务院继续坚持了稳中求进的战略，助推"去产能、去库存、去杠杆、降成本、补短板"五大关键任务。为适应经济发展新常态，2016年我国土地政策继续坚持耕地保护和资源节约的基本国策，围绕稳增长、去库存、降成本工作重点，深化改革、稳中求进，在提升国土资源开发利用格局、创新土地供给侧改革、提高土地资源节约集约利用水平、深入推进农村土地制度改革、助推新型城镇化和精准扶贫等方面，出台了一系列政策措施。

1. 运用新发展理念提升国土资源开发利用格局

2016年是"十三五"规划的开局之年。这一年，国土资源工作未来5年的目标任务得以明确：优化完善土地开发利用格局，逐步落实区域空间协调性发展。一是明确今后5年国土资源工作目标任务和管理格局。国土资源部印发了《国土资源"十三五"规划纲要》，确定了"十三五"时期的耕地保有量、基本农田保护面积、高标准农田及新增建设用地总量数量目标，提出"十三五"期间我国新增建设用地总量较"十二五"期间要减少669万亩。二是开展了土地利用总体规划调整完善工作。国土资源部会同有关部门组织编制了《全国土地利用总体规划纲要（2006—2020年）调整方案》，对全国及各省（区、市）耕地保有量等指标进行调整，并对土地利用结构和布局进行优化，提出了统筹推进永久基本农田、城市开发边界、生态保护红线"三线"划定工作，促进市县"多规合一"的具体要求。三是探索了京津冀规划的协同发展。国土资源部、国家发改委联合印发了《京津冀协同发展土地利用总体规划（2015—2020年)》，明确以空间格局优化统领京津冀协同发展各项土地利用任务，积极推动北京非首都功能疏解，重点保障区域交通一体化、生态环境保护和产业升级转移3个重点领域率先突破的用地需求。

2. 推进土地供给侧结构性改革服务稳增长需求

土地作为资源要素在供给侧结构性改革中处于重要位置。2016年着力围绕稳增长、调结构、去产能、降成本等方面推进土地供给侧结构性改革。一是明确了"十三五"时期用地重点保障方向。确定要保障工业化、信息化、新型城镇化、现代农业化与基础设施、民生改善、新产业新业态、大众创业万众创新项目的用地需求。二是出台产业用地政策指引，提供用地政策服务。国土资源部印发了《产业用地政策实施工作指引》，系统梳理了现行各项支持新经济、新产业、新业态、新模式的发展用地政策，详细解释了各种政策工具及其法律依据、概念内涵、适用情形、注意事项等，为新产业用地提供了"政策工具包"和使用说明书。三是土地供应有保有压，促进产业结构调整。国土资源部联合多部委发布了《关于加大用地政策支持力度促进大中型水利水电工程建设的意见》，采取多种政策措施保障水利水电工程建设用地，是落实以公共产品投资促进稳增长、调结构、惠民生的政策举措。同时，国土资源部又下发《关于落实国家产业政策做好建设项目用地审查有关问题的通知》，明确新增产能的钢铁煤炭项目不再受理用地预审，促进化解过剩产能。四是降低实体经济企业用地成本。国务院发布《降低实体经济企业成本工作方案》，指定由国土资源部牵头负责完善土地供应制度，降低企业用地成本。五是规范土地储备提高供给质量。财政部联合国土资源部等4部委下发《关于规范土地储备和资金管理等相关问题的通知》，从清理压缩机构、调整筹资方式、优化储备规模等多方面做出新规定，厘清土地储备职能，关紧土地储备贷款闸门，促使土地储备"供应池"去库存。

3. 创新耕地保护数量质量的管理政策

2016年耕地保护制度创新数量与质量管理政策，着力推动永久基本农田划定工作，耕地保护政策更加规范化标准化。一是耕地占补平衡政策创新。国土资源部印发了《关于补足耕地数量与提升耕地质量相结合落实占补平衡的指导意见》，要求规范开展提升现有耕地质量、将旱地改造为水田，以补充耕地和提质改造耕地相结合方式落实耕地占补平衡工作。二是着力推进永久基本农田划定工作。国土资源部通过联合农业部召开永久基本农田划定督导情况汇报会、联合印发《重点城市周边永久基本农田划定任务论证审核工作方案》和《关于全面划定永久基本农田实行特殊保护的通知》等工作，推动永久基本农田划定工作开展。截至2016年11月30日，全国106个重点城市周边永久基本农田划定任务论证审核工作全部完成，省级基本农田保护目标任务已全部分解到位。三是促进高标准基本农田建设规范化。继《高标准农田建设通则》发布实施后，我国高标准农田建设领域的另一项国家标准《高标准农田建设评价规范》发布，为高标准农田建设"评什么、怎么评"提供了统一的评价尺度和方法。四是土地整治政策由注重数量向更加注重质量转变。国土资源部审议通过了《全国土地整治规划（2016—2020年）》，表明"十三五"期间我国土地整治将更加注重"质"的提升，通过高标准农田建设和推进城乡低效建设用地开发等切实保护好耕地，促进土地节约集约利用。同时，将进一步加大对贫困地区土地整治的支持力度，更好地助力脱贫攻坚。

4. 实现节约集约用地政策目标精准管理

2016年节约集约用地政策着力找准抓手和平台，逐步实现了目标管理和精准管理。一是落实单位国内生产总值建设用地下降目标，激发节地降耗新潜能。国土资源部、国家发改委联合发布了《关于落实"十三五"单位国内生产总值建设用地使用面积下降目标的指导意见》，设定了"十三五"各地区单位国内生产总值建设用地使用面积下降目标，将其作为实施建设用地总量和强度"双控行动"的重要平台和抓手，以提升土地利用效率和土地投入产出水平为着力点，实施底线管控，释放土地资源利用空间和潜能。二是深入推进城镇低效用地再开发工作。为适应经济结构调整、新型城镇化建设、统筹保护资源保障发展，国土资源部印发了《深入推进城镇低效用地再开发的指导意见（试行）》，着力改变城镇低效用地再开发主要由政府主导的现状，鼓励土地权利人和社会资本自主参与开发，调动各方参与改造开发城镇低效用地的积极性。三是继续推进国土资源节约集约模范县创建活动。国土资源部隆重表彰了第三届国土资源节约集约模范县（市），通过此项创建活动，超过60％的参评县（市）将节约集约利用资源纳入地方经济社会发展评价指标和领导干部政绩考核体系，形成了推进节约集约的内生动力。社会公众对国土资源节约集约利用现状的满意度，由2010年首届创建时的54％提高到2015年的70％。四是推进节地生态安葬工作。民政部联合国土资源部等9部委发布《关于推行节地生态安葬的指导意见》，国土资源部提出，切实保障节地生态安葬用地供应，统筹考虑殡葬建设项目的规划布局，加快形成节约集约用地的激励机制，使节地生态安葬工作融入耕地保护和土地节约集约利用工作中。

5. 深化农村土地制度改革试点工作

农村土地制度改革试点工作自2015年启动以来，在保障农民宅基地用益物权、宅基地自愿有偿退出、规范宅基地管理和利用等方面取得了积极成效。国土资源部联合相关部委在农村土地制度改革和金融领域改革试点领域做出了重要的制度安排。2016年3月，人民银行会同国土资源部等相关部门联合印发《农民住房财产权抵押贷款试点暂行办法》，规定了农民住房所有权及所占宅基地使用权可申请抵押贷款；4月，财政部、国土资源部联合印发《农村集体经营性建设用地土地增值收益调节金征收使用管理暂行办法》，对农村集体经营性建设用地土地增值收益管理做出规范；5月，中国银监会、国土资源部联合印发《农村集体经营性建设用地使用权抵押贷款管理暂行办法》，明确在试点地区，对符合规划、用途管制、依法取得的要求，以出让、租赁、作价出资（入股）方式入市和具备入市条件的农村集体经营性建设用地使用权可以办理抵押贷款。

6. 探索土地政策助力新型城镇化和精准扶贫

一是建立健全保障新型城镇化建设用地需求新机制。4月，国土资源部出台了《关于进一步做好新型城镇化建设土地服务保障工作的通知》，要求统筹各业各类用地，创新土地管理方式，维护进城农民土地权益，积极做好新型城镇化建设国土资源服务保障工作。在国务院办公厅下发了《推动1亿非户籍人口在城市落户方案》后，国土资源部又联合国家发改委等部门联合发布了《关于建立城镇建设用地增加规模同吸纳农业转移人口落户数量挂钩机制的实施意见》，明确2018年基本建立人地挂钩机制，2020年全面建立科学合理的人地挂钩机制政策体系，为如期实现1亿左右农业转移人口和其他常住人口在城镇落户提供用地保障，建立健全人地挂钩机制保障新型城镇化建设用地需求。二是落实用地政策，推进精准扶贫工作。印发《全国土地利用总体规划纲要（2006—2020年）调整方案》落实脱贫攻坚用地指标；编制《土地整治"十三五"规划》安排贫困地区土地整治项目和资金；出台了《关于用好用活增减挂钩政策积极支持扶贫开发及易地扶贫搬迁工作的通知》，要求按照"应保尽保"的要求，加大对扶贫开发及易地扶贫搬迁增减挂钩指标的支持力度。

7. 完善产权制度改革服务保障民生

2016年不动产统一登记在登记机构、登记簿册、信息平台等工作逐步完成的基础上，进一步建立健全制度设计，推动不动产统一登记落地实施。一是不动产统一登记制度不断完善。随着不动产统一登记工作的深入实施，国土资源部相继印发了《不动产权证书和登记证明监制办法》《不动产登记操作规范（试行）》。其中《不动产登记操作规范（试行）》对不动产登记的基本原则、程序、内容、各种登记的审核要点和登记资料的管理等进行全面细化规范，推动了不动产登记法治化、规范化和标准化建设。二是将不动产统一登记工作纳入国务院专项督查台账。为确保专项督查工作顺利推进，国土资源部制定了《建立和实施不动产统一登记制度专项督查方案》，指导各地推进工作并配合做好专项督查，确保不动产统一登记制度在基层落地实施，确保2016年底前所有市县停发旧证、颁发新证。截至11月20日，全国已有24个省份实现不动产登记"发新停旧"。三是水利部、国土资源部联合印发《水流产权确权试点方案》。经国务院同意，选择宁夏回族自治区全区、甘肃省疏勒河流域、陕西省渭河流域、江苏省徐州市、湖北省宜都市、丹江口水库作为试点区域开展水流产权确权试点，力争通过2年左右时间，探索水流产权确权的路径和方法，界定权利人的责权范围和内容，着力解决所有权边界模糊，使用权归属不清，水资源和水生态空间保护难、监管难等问题，为在全国开展水流产权确权积累经验。

8. 促进土地行政管理的完善化精细化

一是深入推进土地审批制度改革。2016年在总结近年来用地预审和用地审批制度改革实践成果的基础上，国土资源部修正了两个部门规章，即《建设项目用地预审管理办法》和《建设用地审查报批管理办法》，进一步优化报国务院批准城市建设用地的审批，将先行用地纳入法治化轨道，是深入落实中央"简政放权、放管结合、优化服务"的具体体现。二是修订创新土地利用计划管理办法。继2004年、2006年修订之后，2016年对《土地利用年度计划管理办法》进行了第三次修订，在制度设计上有5方面创新，主要是将城乡建设用地增减挂钩指标和工矿废弃地复垦利用指标纳入计划管理，改革了土地利用计划指标的测算方式，完善了土地利用计划指标的下达程序，创新了土地计划差别化的管理方式，并强化了土地计划执行的监督考核。三是发布了《石油天然气工程项目用地控制指标》（以下简称《指标》）。体现了近年来石油、天然气勘探开发新工艺新技术的用地需求，同时综合考虑行业安全生产与用地节约，通过对项目规模和各个功能分区用地规模的控制，达到节约集约用地效果。《指标》既有技术标准方面的要求，又有管理政策上的要求，既是建设单位可行性研究报告、初步设计过程中确定项目用地规模的重要标准，又是国土资源主管部门用地审批、土地供应、供后监管的依据。四是发布了《土地整治重大项目实施方案编制规程》《耕作层土壤剥离利用技术规范》。前者规定了土地整治重大项目实施方案编制的内容和成果要求，适用于中央资金支持建设的土地整治重大项目实施方案的编制；后者研究确定了耕作层土壤剥离利用的对象和适用范围，明确了耕作层土壤剥离利用中的相关土壤调查评价和方案编制内容与方法，并对耕作层土壤剥离利用过程中剥离、运输、储存、回覆等各个环节应该遵循的技术流程和技术标准做出了规范。五是出台立案查处违法行为工作规范。随着法治国土建设的深入推进，2016 年印发《国土资源部立案查处国土资源违法行为工作规范（试行）》，明确了部本级立案查处的范围、工作程序和内容，规范了执法行为、提升了执法效能，推进法治国土建设。

9. 完善土地生态安全管理政策

2016 年推出一系列有关土地生态安全的政策，进一步加强了对土地资源生态安全防治、管控、修复工作，完善了资源生态安全管理制度。一是建立资源环境生态红线管控制度。国家发改委、财政部、国土资源部等 9 部委联合印发了《关于加强资源环境生态红线管控的指导意见》，建立资源环境生态红线管控制度，通过划定并严守资源消耗上限、环境质量底线、生态保护红线，强化资源环境生态红线指标约束，将各类经济社会活动限定在红线管控范围以内。国土资源部门牵头负责管控土地资源消耗上限、划定永久基本农田、自然生态空间征（占）用管理工作。二是探索耕地保护与利用协调发展之路。国家发改委联合国土资源部等 8 部门印发了《耕地草原河湖休养生息规划（2016—2030 年）》，提出了耕地、草原、河湖休养生息的阶段性目标和政策措施，包括高标准农田数量、耕地质量目标等，采取"养""退""休""轮""控"综合措施，探索耕地保护与利用协调发展之路，维护国家资源和生态安全。

三、2017 年主要土地政策回顾

2017 年土地管理工作围绕党和国家工作总体布局，牢固树立和贯彻落实新发展理念，按照把握引领经济发展新常态，坚持"尽职尽责保护国土资源、节约集约利用国土资源、尽心尽力维护群众权益"的职责定位，以深化土地供给侧结构性改革为主线，以适度扩大总需求、加强预期引导为取向，创新性地制定实施了一系列有利于稳增长、促改革、调结构、惠民生、防风险的土地政策，推动了中国特色土地政策体系的丰富完善和改革创新，促进了经济平稳健康发展和社会和谐稳定。

1. 促进土地要素高效利用，推动国家供给侧结构改革目标实现

一是落实"放、管、服"的要求，改进和优化建设用地审批制度，加快形成促进经济发展的新动能。简化对符合土地利用总体规划和土地使用标准的耕地和征地补偿等的审查，改进地质灾害危险性评估、压覆重要矿产资源、城市建设用地的审查报批，适当缩小用地预审范围，让土地要素尽快投入到实体经济中，促进经济发展新动能的形成。

二是结合新形势、新情况、新问题，在"三去一降一补"中更大程度上发挥土地政策的作用。合理安排年度建设用地计划，新增建设用地指标分配向重大基础设施建设、城市轨道交通、灾后重建、棚户区改造、油气管网、农业农村发展、水电核电、特高压输电、智能电网、中西部地区和脱贫攻坚倾斜，保障了经济社会发展所需的土地供应。

三是围绕振兴实体经济，推动差异化、多元化的产业用地政策创新，切实支持保障战略性新兴产业、"互联网＋"、先进制造业、农产品加工、流通业和现代服务业发展的用地需求，满足教育、文化、医疗、养老、体育发展的基本用地需求。

四是围绕新型城镇化进程，创新差别化的城市用地政策。全面推进城镇低效用地再开发，提升城镇土地的人口、经济、产业和生态承载力。探索统筹城市土地的地上地下立体开发的技术和模式，释放土地立体开发利用的潜力。

2. 出台促进农村产业融合发展的土地政策，增强农业农村发展新动能

为落实 2017 年中央 1 号文件明确提出"探索建立农业农村发展用地保障机制"的要求，国土资源部会同国家发展改革委联合印发了《关于深入推进农业供给侧结构性改革做好农村产业融合发展用地保障的通知》，保障农村产业融合发展的用地需求。在政策实施方面，国土资源管理部门也是多措并举，切实支持农村产业发展。

一是加强土地利用规划和计划指标支持。国土资源部在 2017 年土地利用计划安排中，明确要求将年度新增建设用地计划指标确定一定比例用于支持新产业、新业态发展，积极支持农产品冷链、初加工、休闲采摘、仓储等设施建设，支持乡村休闲、旅游、养老等产业和农村三产融合发展。对于利用存量建设用地发展农村二、三产业的地区，给予新增建设用地计划指标奖励。允许乡（镇）土地利用总体规划预留少量规划建设用地指标，用于零星分散的单独选址农业设施、乡村旅游等建设。

二是因地制宜编制农村土地利用规划。统筹农业农村各项土地利用活动，优化耕地保护、村庄建设、产业发展、生态保护等用地布局。在规划实施手段上，充分利用土地综合整治平台，加大整治力度，引导农田集中连片、建设用地集约紧凑，推进农业农村绿色发展。

三是规范设施农用地类型。明确对于农业生产过程中所需的各类生产设施和附属设施用地，以及规模经营必须兴建的配套设施，纳入设施农用地管理，实行县级备案。

四是鼓励土地复合利用。允许在不破坏耕作层的前提下，对农业生产结构进行优化调整，仍按耕地管理。鼓励农业生产和村庄建设等用地复合利用，拓展土地使用功能。

3. 制定超常规的土地政策，支持贫困地区发展

一年来，国土资源部从扶贫之根本入手，为贫困地区"量身定做"超常规政策。出台了《关于进一步运用增减挂钩政策支持脱贫攻坚的通知》和《国土资源部关于支持深度贫困地区脱贫攻坚的支持意见》，重点在增减挂钩政策和光伏用地政策上支持贫困地区发展。

其中，增减挂钩支持扶贫政策包括：在分解下达全国增减挂钩指标时，向脱贫攻坚任务重的省份倾斜。在 2015 对国家扶贫开发工作重点县额外支持 300 亩用地指标的基础上，2016—2017 年，对国家扶贫开发工作重点县、片区县额外支持 600 亩。对于集中连片特困地区、国家扶贫开发工作重点县、国家扶贫开发改革试验区开展增减挂钩的，节余指标可在省域内流转使用，省级扶贫开发工作重点县在省域范围内或市域范围内流转使用，深度贫困地区可在东西部扶贫协作和对口支援框架内跨省域使用。各级国土资源主管部门规划空间不足的，根据实际情况，对相关市县规划主要指标进行调整。

光伏产业扶贫用地政策包括：国土资源部、国务院扶贫办、国家能源局三部委印发的《关于支持光伏扶贫和规范光伏发电产业用地的意见》要求，各地依据国家光伏产业发展规划和本地区实际发电建设项目制定的政策。对深度贫困地区脱贫攻坚中建设的光伏发电项目，在编制土地利用总体规划和年度土地利用计划中应予以重点保障，在不破坏农业生产条件的前提下，可不改变原用地性质。规范光伏复合项目用地管理。

4. 适应新时代要求，推动耕地保护政策创新和发展

一是完善耕地占补平衡政策体系及管理方式。为适应我国耕地后备资源日趋减少，实现耕地占补平衡、占优补优的难度不断加大的新形势、新要求，2017 年初，中央发布了《关于加强耕地保护和改进占补平衡的意见》和《关于改进管理方式切实落实耕地占补平衡的通知》，对耕地占补平衡政策体系及管理方式进行了改革和完善。

（1）拓展落实补充耕地任务的途径和方式。统筹实施高标准农田建设、土地整治、城乡建设用地增减挂钩、历史遗留工矿废弃地复垦等，新增耕地经核定后可用于落实补充耕地任务。充分发挥财政资金的引导作用，鼓励采取政府和社会资本合作模式、以奖代补等方式，引导农村集体经济组织、农民和新型农业经营主体等投资或参与土地整治项目，多渠道落实补充耕地任务。

（2）规范省域内补充耕地指标调剂管理。县级政府无法在本行政辖区内实现耕地占补平衡的，可在市域内相邻的地区调剂补充，仍无法实现耕地占补平衡的，可在省域内资源条件相似的地区调剂补充。各省（自治区、直辖市）要规范补充耕地指标调剂管理，完善指标价格形成机制，综合考虑资源保护补偿、补充耕地成本和管护费用等因素，制定指标调剂指导价格。

（3）分类实施补充耕地国家统筹。根据各地耕地后备资源条件、土地整治新增耕地潜力和资源环境承载状况等，分类实施补充耕地国家统筹。对耕地后备资源严重匮乏的直辖市，新增建设占用耕地后，新开垦耕地数量不足以补充所占耕地数量的，可向国务院申请国家统筹。资源环境条件严重约束、补充耕地能力严重不足的省份，对由于实施国家重大建设项目造成的补充耕地缺口，也可向国务院申请国家统筹。

（4）建立补充耕地储备库，实行指标分类管理。为落实耕地占一补一、占优补优、占水田补水田要求，以纳入农村土地整治监测监管系统的各类项目为基础，根据项目验收确认的新增耕地数量、新增水田和新增粮食产能，以县（市、区）为单位建立 3 类指标储备库，实行分类管理、分别使用。

二是扎实推进高标准农田建设。2017 年 2 月，国家发展和改革委员会、财政部、国土资源部等多部门联合发布实施《关于扎实推进高标准农田建设的意见》（以下简称《意见》），对高标准基本农田建设的目标任务、统筹规划、整合资金、规范管理等方面，提出了新要求、新举措。《意见》提出按照集中连片、旱涝保收、稳产高产、生态友好的要求，加大投入力度，加快建设步伐，到 2020 年确保建成 8 亿亩、力争建成 10 亿亩高标准农田。同时，《全国土地整治规划（2016—2020 年）》要求，在"十三五"期间，确保建成 4 亿亩、力争建成 6 亿亩高标准农田，使经整治的基本农田质量平均提高 1 个等级；整理农村建设用地 600 万亩，改造开发城镇低效用地 600 万亩。

5. 加强土地管理和调控，落实房地产调控目标

一是强化住宅用地供应"五类"调控目标管理，编制并公布住宅用地供应 3 年滚动计划和中期规划，保证住宅用地供应平稳有序。根据商品住房库存消化周期，适时调整住宅用地供应规模、结构和时序。结合本地实际和出让土地的具体情况，灵活确定竞价方式，坚决防止出现区域性总价、土地或楼面单价新高等情况，严防高价地扰乱市场预期。鼓励原依法取得的非住宅国有建设用地使用权人，依法转让用于房地产开发建设。建立住宅用地供应分类调控制度，对房价上涨压力大的城市，应当及时调整土地利用结构，并合理增加新增住宅用地供应，提高住宅用地比例；对去库存压力大的三四线城市，应当减少住宅用地供应，甚至暂停土地供应。

二是为增加租赁住房供应，缓解住房供需矛盾，构建购租并举的住房体系。2017年8月，国土资源部会同住房和城乡建设部印发《利用集体建设用地建设租赁住房试点方案》。在北京市，上海市，辽宁沈阳市，江苏南京市，浙江杭州市，安徽合肥市，福建厦门市，河南郑州市，湖北武汉市，广东广州市、佛山市、肇庆市，四川成都市开展试点。利用集体建设用地建设租赁房，不仅能增加租赁住房供应，更是集体建设用地制度改革的重大创举。

三是因城因地制宜，确定公租房、共有产权房、限价房、租赁房等保障性住房的用地比例和规模。允许符合条件的企事业单位，利用自有土地建设保障性住房。

6. 土地制度改革与《土地管理法》修改取得重大进展

一是农村三项改革试点进入新阶段。2017年11月，经全国人大常委会授权，农村土地制度三项改革试点工作将延期至2018年12月31日。同时，中央深改组第1次会议决定将宅基地制度改革试点扩大到33个试点地区。要求各试点地区坚持问题导向，站在更高起点上谋划和推进改革，深入研究探索三项改革之间的关联性和耦合性，加强统筹协调，将三项试点与相关改革、地方经济社会发展统筹起来，全力把改革试点推向一个新的阶段。

二是《土地管理法（修正案）》向社会公开征求意见。为广泛凝聚社会共识和智慧，增强立法的科学性和可操作性，国土资源部于2017年5月23日发布公告，将《土地管理法（修正案）》（征求意见稿）及起草说明面向社会公开征求意见。主要涉及完善土地征收制度、建立农村集体经营性建设用地入市制度、改革完善农村宅基地制度和完善与农村土地制度改革相配套的重点制度。

三是部署开展建设用地二级市场试点。2017年1月，国土资源部印发《关于完善建设用地使用权转让、出租、抵押二级市场的试点方案》的通知，在全国选择转让、出租、抵押等交易量较大且不动产登记工作基础较好的34个市（县），开展建设用地二级市场试点。其中，6个已开展集体经营性建设用地入市试点的县（区）同时开展国有和集体土地二级市场试点。试点主要有5项任务：完善交易机制、创新运行模式、健全服务体系、加强监测监管和建立协作机制，争取到2018年底，在试点地区建立起符合城乡统一建设用地市场要求，产权明晰、市场定价、信息集聚、交易安全的土地二级市场，市场规则基本完善，土地资源配置效率显著提高，形成一批可复制、可推广的改革成果。

7. 完善土地及自然资源产权体系取得进展

一是扩大国有土地有偿使用范围。对能源、环境保护、供水、燃气供应、供热设施、养老、教育、文化、体育及保障性安居工程等公共服务项目，鼓励以出让、租赁方式供应土地，支持以建设用地使用权作价出资或者入股的方式供应土地。

二是探索建立覆盖各类全民所有自然资源资产的有偿出让制度。完善和规范了国有土地资源、矿产资源、国有森林资源、国有草原资源、水资源、海域海岛资源等有偿使用制度。"到 2020 年，基本建立产权明晰、权能丰富、规则完善、监管有效、权益落实的全民所有自然资源资产有偿使用制度，实现自然资源开发利用和保护的生态、经济、社会效益相统一。"

三是自然资源统一确权登记顶层设计初步形成。自然资源确权登记坚持资源公有、物权法定和统一确权登记的原则，明确国家建立自然资源统一确权登记制度，对水流、森林、山岭、草原、荒地、滩涂以及探明储量的矿产资源等自然资源的所有权统一进行确权登记。

8. 健全国土空间用途管制制度方面有突破

按照《生态文明体制改革总体方案》要求，健全国土空间用途管制，应当将土地用途管制扩大到所有自然生态空间，划定并严守生态红线，严禁任意改变用途，防止不合理开发建设活动对生态红线的破坏。在此基础上，逐步将分散在各部门的有关用途管制职责整合到一个部门，由其统一行使所有国土空间的用途管制职责。

一是建立资源环境承载能力监测预警长效机制。根据资源环境耗损加剧与趋缓程度，将资源环境承载能力分为超载、临界超载、不超载 3 个等级，对不同的预警等级，采取差别化的应对措施。

二是进一步加强和完善土地利用规划管理。明确了土地利用总体规划的功能分区管控，增加了市、县、乡（镇）级土地利用总体规划应当划定"三界四区"，规定任何土地利用活动必须符合土地利用总体规划。

三是探索实施自然生态空间用途管制。2016 年底中央深改组审议通过的《关于划定并严守生态保护红线的若干意见》要求，2017 年底前，京津冀区域、长江经济带沿线的各省完成划定生态保护红线；2018 年底前，其他省（自治区、直辖市）完成划定生态保护红线工作；2020 年底前，全面完成全国生态保护红线勘界定标，基本建立起生态保护红线制度，国家生态安全格局更加完善；到 2030 年，生态保护红线布局进一步优化，生态保护红线制度有效实施，生态功能显著提升，国家生态安全得到全面保障。同时，实施自然生态空间用途管制政策。

思　考　题

1. 什么是土地政策？土地政策有哪些特点和功能？
2. 我国的土地管理政策主要内容有哪些？
3. 简述近年来我国土地政策的变化。
4. 结合中国当前实际，说明土地政策参与宏观调控的可能性和必要性。

第七章 地籍管理

第一节 地籍管理概述

一、地籍与地籍管理

（一）地籍概述

1. 地籍的含义

地籍指记载土地的权属、位置、数量、质量、价值、利用等基本状况的图簿册及数据。籍有簿册、清册、登记之说。如同建立户籍（含户口簿）一样，土地也要建立地籍（含地籍簿和地籍图）。

地籍一词在国外最早来自拉丁文"caput"和"capitastrum"，前者译为课税的对象，后者译为课税对象的登记或清册。在我国历史上，籍字也有税之意。即税由籍而来，籍为税而设。我国《辞海》（2010 年第六版）中将地籍定义为："中国历代登记土地作为征收田赋根据的册簿。"可见，地籍最初就是为征税而建立的一种田赋清册或簿册。

2. 地籍的作用

（1）为土地管理提供基础资料。调整土地关系，合理组织土地利用的基本依据是地籍所提供的有关土地的数量、质量和权属状况资料；合理配置土地资源是依据地籍所提供的有关土地使用状况及界址界线资料；编制国土空间规划，合理组织土地利用是依据地籍所提供的有关土地的数量、质量及其分布和变化状况的资料；征收土地税是依据地籍所提供的土地面积、质量等级、土地位置等方面的资料。

（2）为维护土地产权权益等提供基础资料。地籍的核心是权属。它所记载的土地权属界址线、界址点、权源及其变更状况资料是调处土地争执、确认地权、维护社会主义土地公有制及保护土地产权合法权益的基础资料。

（3）为改革与完善土地使用制度提供基础资料。我国土地使用制度改革的第一步是变无偿、无限期、无流动的土地使用方式为有偿、有限期、有流动的土地使用。实行土地有偿使用制度，需制订土地使用费和各项土地课税额的标准。反映宗地面积大小、用途、等级状况的地籍，为改革与完善土地使用制度提供了基础资料。

（4）为编制国民经济发展计划等提供基础资料。地籍所记载的有关土地资源社会经济状况，以及土地数量、质量及其分布状况与变化特征等资料与图件，为编制国民经济发展计划和土地利用年度计划提供了基础资料。

3. 地籍的分类

地籍，根据其作用、特点、任务及管理层次的不同，可分为以下几种类别。

（1）依据地籍所起的不同作用，分为税收地籍、产权地籍和多用途地籍。税收地籍是为征收土地税服务的。它要求较准确地记载地块的面积和质量，在此基础上编绘而成地籍簿（含图）。

产权地籍，亦称法律地籍，是以维护土地所有权为主要目的，它要求准确记载宗地的界线、界址点、权属状况、数量、质量、用途等。在此基础上编绘成地籍簿（含图）。

多用途地籍，亦称现代地籍，除了为税收和产权服务外，更重要的是为土地整理、土地开发、利用、保护以及全面、科学地管理土地提供土地信息服务。它除了要求准确地记载土地的数量、质量、位置、权属、用途外，还要求记载地块的地形、地貌、土壤、气候、水文、地质等状况，在此基础上编制地籍簿、图。

（2）依据地籍的不同特点和任务，分初始地籍和日常地籍。初始地籍是指在某一时期内，对县级以上行政辖区内全部土地进行全面调查后，最初建立的簿册（含图）。日常地籍是针对土地数量、质量、权属及其分布和利用、使用情况的变化，以初始地籍为基础，进行修正、补充和更新的地籍。

（3）按城乡土地的不同特点，分城镇地籍和农村地籍。城镇地籍是以城镇（也可包括村庄和独立工矿区）建成区的土地为对象而编制成的地籍簿和图，其内容较为详细，图纸要求较高的精度和较大的比例尺（1∶500）。

农村地籍是以除城镇（也可包括村庄和独立工矿区）建成区外的广大乡村土地为对象而编制成的地籍簿和图，其内容与城镇地籍有较大的差别，图纸精度的要求比城镇地籍要低。

（4）依据地籍行政管理的不同层次，分为国家地籍和基层地籍。

（二）地籍管理概述

1. 地籍管理的概念

地籍管理与地籍是两个不同的概念。为了建立地籍、设置地籍簿和地籍图，需要收集、记载、定期更新地籍信息。为此，就要开展土地调查、土地评价、土地登记、统计等一系列工作。这些工作的总称就是地籍管理，一般由国家委派土地管理部门完成。所以，地籍管理可以理解为，国家为获得地籍信息、科学管理土地而采取的以土地调查（含测量）、土地分等定级、土地登记、土地统计、建立地籍档案为主要内容的综合措施。

地籍管理又称地籍工作。按地籍工作任务和进行时间的不同可分为初始地籍工作和经常地籍工作。初始地籍工作指对行政区域内全部土地所进行的全面调查、分等定级、登记、统计、建立地籍档案系统。经常地籍工作是在初始地籍工作的基础上，对土地数量、质量、权属和利用状况的变化所进行的调查、登记、统计、更改地籍图等工作，以保持地籍资料的现势性和适用性。

2. 地籍管理的任务

地籍管理具有鲜明的阶级性。在资本主义国家，地籍管理的主要任务是维护资本主义土地私有制和少数土地私有者的权益，并为税收目的服务。在我国，地籍管理的主要任务是维护社会主义土地公有制，保护土地所有者和使用者的合法权益，促进土地的合理开发、利用，编制土地利用年度计划、国土空间规划，制定有关土地政策、法律等，提供、保管、更新有关土地自然、经济、法规方面的信息。

二、地籍管理的内容和原则

（一）地籍管理的内容

地籍管理的内容与一定的社会生产方式相适应。如在我国几千年的封建社会中，地籍管理的主要内容是为制定各种与封建土地占有密切相关的税收、劳役和租赋制度而进行的土地清查、分类和登记。又如中华人民共和国成立初期，地籍管理的主要内容是结合土改分地，进行土地清丈、划界、定桩和土地登记、发证等。现阶段地籍管理的主要内容包括土地调查、土地分等定级、土地登记、土地统计及地籍档案管理等。

1. 土地调查

土地调查是以查清土地的位置（界线、四至）、利用类型、数量、质量和权属状况而进行的调查。根据土地调查的内容侧重面不同，可分为土地利用现状调查、地籍调查和土地条件调查。

2. 土地分等定级

土地分等定级是在土地利用条件调查与土地利用分类的基础上，以马克思的地租、地价理论为主要依据所确定的各类土地等级。

3. 土地登记

土地登记指土地所有权、使用权以及他项权利的登记。依照我国土地法律的规定，主要开展农民集体土地所有权、农民集体土地使用权和国有土地使用权以及土地他项权利的登记。

4. 土地统计

土地统计是对土地的数量、质量等级、权属、利用类型和分布等进行统计、汇总与分析，为国家提供土地统计资料，实行统计监督。

5. 地籍档案管理

地籍档案管理是将经过土地调查、分等定级估价、登记、统计等工作形成的各种文字、数据、图册资料进行立卷归档、保管与提供利用等工作。

地籍管理的内容不是一成不变的，其各项内容也是相互联系和补充的。地籍管理内容将随着社会经济的迅速发展和国家对地籍资料需求的增长而不断变化和完善。

（二）地籍管理的原则

为确保地籍工作的顺利进行，地籍管理必须遵循以下基本原则。

1. 地籍管理必须按国家规定的统一制度进行

为实现城乡地籍的统一管理，使地籍工作取得预期的效果，国家必须对地籍管理的各项工作制定规范化的政策和技术要求。如地籍簿册、图件（包括比例尺的要求）等的格式、项目、填写内容及其详略程度，土地登记规则，土地统计报表制度以及地籍资料中有关土地分类系统等，国家必须做出统一规定，并要求全国各地按统一规定开展地籍工作。

2. 保证地籍资料的可靠性和精确性

地籍簿册上所记载的数字必须以具有一定精度的近期测绘、调查和土地评价成果资料为依据，地籍中有关宗地的界址线、界址拐点的位置应达到可以随时在实地得到复原的要求；地籍中有关权属关系的记载，必须以相应的法律文件为依据。

3. 保证地籍工作的连续性

地籍管理的文件应该是有关土地数量、质量、权属和利用状况的连续记载资料，这就决定了地籍工作不是一次性的工作，而是经常性的工作。在进行最初的土地调查、分等定级、登记、统计、建档工作以后，随着时间推移，土地的数量、质量、权属和利用状况会不断地发生变化，为了将这些变化正确地反映到地籍簿及图上，就要求进行土地补充调查、评价、变更登记和经常统计，也就是不间断地开展地籍工作。

4. 保证地籍资料的完整性

所谓地籍资料的完整性指地籍管理的对象必须是完整的土地区域空间。如全国的地籍资料的覆盖面必须是全国土地；省级、县级及其以下的地籍资料的覆盖面，必须分别是省级、县级及其以下的行政区域范围内的全部土地；宗地或地块的地籍资料也必须保持一宗地或一个地块的完整性，不应出现间断和重漏的现象。

第二节　土地调查

土地调查是指对土地的地类、位置、面积、分布等自然属性和土地权属等社会属性及其变化情况以及基本农田状况进行的调查、监测、统计、分析的活动。土地调查包括全国土地调查、土地变更调查和土地专项调查。调查的主要内容有：土地利用现状及变化情况，包括地类、位置、面积、分布等状况；土地权属及变化情况，包括土地的所有权和使用状况；土地条件，包括土地的自然条件、社会经济条件等状况。土地调查的目的是全面查清土地资源和利用状况，掌握真实准确的土地基础数据，为科学规划、合理利用、有效保护土地资源，实施最严格的耕地保护制度，加强和改善宏观调控提供依据，促进经济社会全面协调可持续发展。

一、全国土地调查

全国土地调查是指国家根据国民经济和社会发展需要，对全国城乡各类土地进行的全面调查。全国土地调查，由国务院全国土地调查领导小组统一组织，县级以上人民政府土地调查领导小组遵照要求实施，国家根据国民经济和社会发展需要，每 10 年进行一次全国土地调查。

（一）土地调查的目的与任务

1. 土地调查的目的

以县为单位，全面查清土地利用状况，掌握真实的土地基础数据，建立和完善土地调查、统计和登记制度，实现土地调查信息的社会化服务，满足经济社会发展及国土资源管理的需要。

2. 土地调查的任务

（1）农村土地调查。逐地块实地调查土地的地类、面积和权属，掌握各类用地的分布和利用状况以及国有土地使用权和集体土地所有权状况。

（2）城乡地籍调查。针对每宗地的权属、界址、位置、面积、用途等进行的土地调查。

（3）基本农田调查。依据基本农田划定和调整资料，将基本农田地块落实至土地利用现状图上，掌握全国基本农田的数量、分布和保护状况。

（4）土地调查数据库及管理系统建设。建立国家、省、市（地）、县四级集影像、图形、地类、面积和权属于一体的土地调查数据库及管理系统。

（二）土地利用现状分类

人们从事社会经济活动时，常常根据土地的自然、经济条件和社会需求，将土地划分为不同的用途加以利用，这些具有不同用途的土地就是土地利用类型。

土地利用分类的主要依据是土地用途，据此，我国于 1984 年制定了《土地利用现状分类及其含义》（附录 2），1989 年又制定了《城镇土地分类及含义》，1998 年修订的《土地管理法》将土地分为农用地、建设用地和未利用地三大类。为满足社会经济发展的需求和适应全国土地统一管理的需要，2007年在此基础上制定了新的分类体系，即《第二次全国土地调查土地分类》，采用二级分类，其中一级类 12 个，二级类 57 个。具体分类的编码、名称及含义见附录 3。土地利用分类制定的原则是：实用性与科学性相结合；具有连续性；充分满足土地管理需要；精简协调等。

农村土地调查以 1：10 000 比例尺为主，荒漠、沙漠、高寒等地区可采用1：50 000 的比例尺，经济发达地区和大中城市城乡接合部可根据需要采用1：2 000或1：5 000 比例尺，城镇土地调查宜采用 1：500 比例尺。

（三）土地调查工作程序

（1）准备工作。包括方案制订、人员培训、资料收集、仪器设备准备以及调查底图编制。

（2）外业调查。包括土地权属调查、土地利用调查、城镇地籍测量等。

（3）基本农田上图。

（4）数据库及管理系统建设。包括农村土地调查数据库、城镇土地调查数据库及管理系统建设。

（5）统计汇总。

（6）成果整理。包括图件编制及报告编写等。

（7）检查验收。包括自检、预检和验收、核查确认等。

（四）农村土地调查

1. 调查内容

包括权属调查和地类调查，覆盖完整调查单位，其中城市、建制镇、村庄、采矿用地、风景名胜及特殊用地按单一地类图斑调查。权属调查是对集体土地所有权以及公路、铁路、河流和国有农场、林场、牧场、渔场、企事业单位等用地权属状况的调查。地类调查是对每块土地的地类、位置、范围等分布和利用状况的调查。

2. 基本要求

充分利用已有土地调查成果；外业调查时应实地逐图斑调查；权属界线应认定合法、位置准确、表示规范；图、数、实地三者一致。

3. 土地权属调查

（1）调查单元。调查单元是宗地。凡被权属界址线封闭的地块或空间为一宗地。包括集体土地所有权宗地和国有土地使用权宗地。同一所有者的集体土地被铁路、公路，以及国有河流、沟渠等线状地物分割时，应分别划分宗地。有争议土地且一时难以调处解决的，可将争议土地单独划宗，待争议调处后划入相关宗地或单独划宗。

（2）调查单元编号。以县级行政区为单位，采用乡（镇）、行政村、宗地三级编号，宗地号按从左到右、自上而下，由"1"开始顺序编号。以宗地为单位，界址点按顺时针方向由"1"开始顺序编号，界址点坐标可用图解或实测坐标。

（3）确权指界。已确权登记的，经复核存在错误或界线调整的，有关各方法定代表人或委托代理人应共同指界，重新签订《土地权属界线协议书》。资料手续不完善的，应补办手续。经复核无误的，不再重新调查、指界和签字。

未确权登记的，有关各方法定代表人或委托代理人应共同指界。集体土地与没有明确使用者的国有土地权属界线由集体土地指界人指界、签字，根据有关法规和实地调查结果予以确认。

（4）争议界线调处。有争议的界线应依法予以调处，签订《土地权属界线协议书》。难以调处的，划定工作界线，签订《土地权属界线争议缘由书》。

（5）缺席指界处理。违约缺席指界的，如一方违约缺席，以另一方所指界线确定；如双方违约缺席，根据权源材料和实际使用状况确定界线；指界人认定界址后不签字的，按违约处理。调查结果以书面形式送达违约方。违约方在15日内未提出异议或未提出重新指界的，按调查结果认定权属界线。

已征收但未明确土地使用者的，按征收界线确定国有土地使用权界。

4. 地类调查

（1）线状地物调查。线状地物包括河流、铁路、公路、管道、农村道路、林带、沟渠和田坎等。线状地物宽度大于等于图上2毫米（实际宽度为20米）的，按图斑调查；线状地物宽度小于图上2毫米的，调绘中心线，用单线符号表示，称为单线线状地物，在宽度均匀处实地量测，精确至0.1米，当宽度变化大于20%时，应分段量测宽度；在以系数扣除田坎的地区，田坎不调绘。但作为权属界线和行政界线的田坎应调绘其准确位置，不参与面积计算。

（2）图斑调查。单一地类地块以及被行政界线、土地权属界线或线状地物分割的单一地类地块为图斑。明显界线与数字正射影像图（DOM）上同名地物的移位不得大于图上0.3毫米，不明显界线不得大于图上1.0毫米。最小上图图斑面积：城镇村及工矿用地为图上4.0毫米²（实际面积为400米²），耕地、园地为6.0毫米²（实际面积为600米²），林地、草地等其他地类为15.0毫米²（实际面积为1 500米²）。

（3）零星地物调查。零星地物是指耕地中小于最小上图图斑面积的非耕地或非耕地中小于最小上图图斑面积的耕地。零星地物可不调查。对零星地物较多地区，可根据本地区实际情况自行制定具体调查方法，开展调查。

（4）地物补测。补测实地相对 DOM 发生变化的部分；补测的地物点相对邻近明显地物点距离限差，平地、丘陵地不得大于图上 0.5 毫米，山地不得大于图上 1.0 毫米。

（五）城乡地籍调查

地籍调查是国家采用科学方法，依照有关法律程序，通过权属调查和地籍测量，查清每一宗地的权属、界址、位置、面积、用途等基本情况，以图、簿示之，在此基础上进行土地登记。城镇地籍调查，是对城市、建制镇内部每宗土地的调查。

1. 地籍调查的单元和内容

地籍调查的基本单元是一宗地。宗地的划分主要是以方便权属管理为原则，因此，原则上一宗地由一个土地权属单位使用。但在实际工作中，经常遇到一些特殊情况，其宗地划分说明如下。

在地籍子区内（在地籍区内，以行政村、居委会或街坊界线为基础结合明显线性地物划分的区域，称地籍子区），划分国有土地使用权宗地和集体土地所有权宗地。

在集体土地所有权宗地内，划分集体建设用地使用权宗地、宅基地使用权宗地；两个或两个以上农民集体共同所有的地块，且土地所有权界线难以划清的，应设为共用宗；两个或两个以上权利人共同使用的地块，且土地使用权界线难以划清的，应设为共用宗；土地权属有争议的地块可设为一宗地；公用广场、停车场、市政道路、公共绿地、市政设施用地、城市（镇、村）内部公用地、空闲地等可单独设立宗地。

地籍调查的主要内容包括权属调查和地籍测量两个方面。

权属调查和地籍测量是地籍管理的基础性工作。

权属调查指通过对土地权属及其权利所及的界线的调查，在现场标定土地权属界址点、线，绘制宗地草图，调查用途，填写地籍调查表，为地籍测量提供工作草图和依据。

地籍测量指在土地权属调查的基础上，借助仪器，以科学的方法，在一定区域内，测量宗地的权属界线、界址位置、形状等，计算面积，测绘地籍图和宗地图，为土地登记提供依据。其内容包括：地籍控制测量、地籍碎部测量。地籍碎部测量又分为：测定界址点位置、测绘地籍图、宗地面积量算、绘制宗地图。

2. 地籍调查分类

地籍调查分为地籍总调查和日常地籍调查。地籍总调查指在一定时间内，对辖区内或者特定区域内土地进行的全面地籍调查。日常地籍调查指因宗地设立、灭失、界址调整及其他地籍信息的变更而开展的地籍调查，是地籍管理的日常性工作。地籍调查还可按区域范围分为城镇地籍调查和村庄地籍调查。城镇地籍调查是指对城市、建制镇以及城镇以外的独立工矿、企事业单位所进行的权属调查和地籍测量。由于城镇土地利用率高、建筑物密集、土地价值高等特点，对城镇地籍测量的精度要求也比较高，城镇地籍图的比例尺一般为1：500或1：1 000。村庄地籍调查是指对农村居民点用地按《地籍调查规程》要求进行的地籍调查，其精度要求较城镇地籍测量低，村庄地籍图的比例尺一般为1：1 000或1：2 000。

3. 地籍调查技术依据

地籍调查的技术依据主要有：GB/T 2260《中华人民共和国行政区划代码》、GB/T 4754—2011《国民经济行业分类》、TD/T 1001—2012《地籍调查规程》、GB/T 21010—2007《土地利用现状分类》、GB/T 24356—2009《测绘成果质量检查与验收》、TD/T 142007《第二次全国土地调查技术规程》、TD/T 1008—2007《土地勘测定界规程》、TD/T 1015—2007《城镇地籍数据库标准》、TD/T 1016—2007《土地利用数据库标准》、CJJ/T 8—2011《城市测量规范》、GH 5003—1994《地籍图图式》《土地管理法》《确定土地所有权和使用权的若干规定》及其他相关政策、法规、政策性文件，有关部门规范性文件、批复、答复、函，地方制定的政策及技术标准的补充规定。

4. 地籍总调查的工作程序

地籍调查的工作程序包括：准备工作—权属调查—地籍测量—文字总结—检查验收—资料整理与归档、数据库与地籍信息系统建设等工作。

（1）准备工作主要包括组织准备、宣传工作、试点工作、技术培训、资料收集、制定地籍总调查技术方案等。鉴于地籍总调查是一项涉及面广、政策性、技术性强的工作，需要有关部门的密切配合，因此开展地籍总调查的市、县有必要成立以主管市（县）长为组长的地籍调查、土地登记领导小组。其职责是领导地籍调查、土地登记工作，研究处理地籍调查土地登记中的重大问题，特别是研究、确定、仲裁土地权属问题。

地籍调查工作牵涉千家万户，需要土地权利人的密切配合。为了得到广大群众对这项工作的理解和支持，要充分利用新闻媒体进行宣传与报道，使用地单位了解地籍调查的意义及重要性以得到他们的大力支持。

由于各地区情况不同，为使地籍调查工作在行政管理、技术标准上统一，开展地籍调查工作前，应进行试点工作和技术培训，为顺利开展地籍调查工作提供技术准备。资料收集是地籍调查中一项重要的准备工作。需要收集的资料主要有以下方面。①土地权属来源资料，包括土地审批、征收、划拨或出让、转让、登记以及土地勘测定界等资料；履行指界程序形成的地籍调查表、土地权属界线协议书等地籍调查成果；县级以上人民政府国土资源主管部门的土地权属争议调解书；县级以上人民政府或相关行政主管部门的批准文件、处理决定；人民法院的判决书、裁定书或者调解书。②测绘资料，包括航空正射影像、航天正射影像、地形图、控制网点和其他已有图件等。③土地调查、土地规划等资料，包括文字报告、图件（如土地利用现状图、已有地籍图、土地利用总体规划图、城市总体规划图等）、数据库等。④其他资料，包括行政区划、自然地理、社会经济、房屋普查、标准地名等。

地籍调查表册包括地籍调查表（附录1）、指界委托书、法定代表人（或负责人）身份证明书、指界通知书、违约缺席定界通知书等。仪器工具包括GPS接收机、全站仪、计算机、数字摄影测量系统、数字测量系统、遥感影像处理软件、界址点标识等。

（2）权属调查，主要包括工作底图的选择与制作、预编宗地代码、宗地权属状况调查、界址调查、宗地草图绘制、地籍调查表填写、土地权属界线协议书的制作与签订、土地权属争议缘由书的制作与签订。

土地权属调查是以一宗地为单位，针对土地使用者的申请，对每宗地的位置、界址、权属、权源、利用类型、有无地权纠纷等进行实地核定、调查、勘丈、记录，并绘制宗地草图，为地籍测量和权属审核发证提供文书凭据。

在调查之前，应准备好调查底图和调查表。调查工作底图比例尺宜与测绘制作的地籍图成图比例尺一致，工作底图可以利用现有地籍图、土地利用现状图或近期的大比例尺地形图复制而成。无图件的地区，在地籍子区范围内绘制所有宗地的位置关系图形成调查工作底图。地籍调查表应包括的主要内容有：预编宗地代码、宗地代码及所在图幅号；土地坐落、权属性质、宗地四至；土地使用者名称；单位性质；土地使用单位（者）、法人代表姓名、身份证号码、电话号码；指界授权委托代理人姓名；批准用途与面积、实际用途和使用期限；宗地草图；界址调查记录（界址标示表、界址签章表及界址说明表）；地籍调查记事及调查结果审核意见。界址的认定须由本宗和相邻宗地使用者亲自到现场共同指界。单位用地要由单位法人代表出席指界；土地使用者或法人代表不能亲自到场指界的，应由委托的代理人指界并出具委托与身份证明；两个或两个以上的土地使用者共同使用的宗地，应共同委托代表指界，并出具委托书及身份证明。相邻双方同指一界，为无争议界线；如双方所指界线不同，则两界之间的土地为争议土地。在规定指界时间，如一方缺席，其宗地界线以另一方所指界线确定，并将结果以书面形式送达缺席者。如有异议，必须在15日内提出重新划界申请，并负责重新划界的全部费用，逾期不申请，则认为确界生效。经双方认可的无争议的界线，须由双方指界人在地籍调查表上签字盖章。对于有争议的土地，尽可能在调查现场由当事人协商解决，协商不了的，由人民政府处理。

土地权属调查结果，应在现场记录于地籍调查表上，并绘制宗地草图。

（3）地籍测量，主要包括地籍控制测量、界址点测量、地籍图测绘、绘制宗地图、面积量算。

地籍控制测量是为了满足地籍调查中对确定宗地的权属界线、位置、形状、数量等地籍要素的水平投影的需要而进行的测量工作，是服务于地籍管理的一种专业测量。其主要任务是根据权属调查依法认定的权属界址和使用性质，实地测量每宗土地的权属界址点及其他地籍要素的平面位置。地籍测量的方法，根据各地的不同情况，可分别采用解析法、部分解析法和图解勘丈法等方法。

根据《地籍调查规程》的规定，地籍图可采用全野外数字测图、数字摄影测量和编绘法等方法测绘地籍图。地籍图的比例尺可采用1∶500、1∶1 000、1∶2 000、1∶5 000、1∶10 000和1∶50 000等比例尺。集体土地所有权调查，其地籍图基本比例尺为1∶10 000。有条件的地区或城镇周边的区域可采用1∶500、1∶1 000、1∶2 000或1∶5 000比例尺。在人口密度很低的荒漠、沙漠、高原、牧区等地区可采用1∶50 000比例尺。土地使用权调查，其地籍图基本比例尺为1∶500。对村庄用地、采矿用地、风景名胜设施用地、特殊用地、铁路用地、公路用地等区域可采用1∶1 000和1∶2 000比例尺。地籍图的内容包括行政区划要素、地籍要素、地形要素、数学要素和图廓要素。行政区划要素主要指行政区界线和行政区名称。地籍要素包括地籍区界线、地籍子区界线、土地权属界址线、界址点、图斑界线、地籍区号、地籍子区号、宗地号（含土地权属类型代码和宗地顺序号）、地类代码、土地权利人名称、坐落地址等，对于土地使用权宗地，宗地号及其地类代码用分式的形式标注在宗地内，分子注宗地号，分母注地类代码。对于集体土地所有权宗地，只注记宗地号。1∶500、1∶1 000、1∶2 000比例尺地籍图上主要的地形要素包括建筑物、道路、水系、地理名称等。1∶5 000、1∶10 000、1∶50 000比例尺地籍图上主要的地形要素包括居民地、道路、水系、地理名称等，注记表示方法按照GB/T 20257《国家基本比例尺地图图式》执行。数学要素包括内外图廓线、内图廓点坐标、坐标格网线、控制点、比例尺、坐标系统本、测量员、制图员、检查员等。

宗地图是土地证书和宗地档案的附图，应详尽准确地反映本宗地的地籍要素及宗地周围的权属单位和四至。其比例尺可根据宗地面积和所需幅面大小而定，一般采用32开、16开、8开图纸绘制。宗地图的主要内容包括：宗地所在图幅号、宗地代码；宗地权利人名称、面积及地类号；本宗地界址点、界址点号、界址线、界址边长；宗地内的图斑界线、建筑物、构筑物及宗地外紧靠界址点线的附着物；邻宗地的宗地号及相邻宗地间的界址分隔线；相邻宗地权利人、道路、街巷名称；指北方向和比例尺；宗地图的制图者、制图日期、审核者、审核日期等。宗地图的绘制方法有蒙绘法和缩放绘制法两种。

地籍测量所采用的方法不同，量算宗地面积的方法也不相同。常用的面积量算方法有几何要素法和坐标法。对于实地面积小于 100 米^2 的宗地，最好采用实地丈量的方法量算面积。

（4）文字总结，主要包括地籍调查工作报告和技术报告的编写。

工作报告应准确地反映整个工作过程的组织、计划、程序，应说明通过调查是否查清了土地权属、界址、用途、面积等，报告本身语言应简练，经验教训的分析应具体、确切。其主要内容有：调查区概况、地理位置、自然条件和社会经济条件；领导机构的组成、人员组成、职责、与其他部门关系的协调及组织实施等；工作计划时间安排、经费安排、工作进度；工作流程、工作质量、调查成果质量的评定；体会与建议。

技术报告应对调查成果的质量做出评价，反映调查过程中出现的问题及采取的处理方法，语言应规范，文字应简练。其主要内容有：概述、权属调查的技术总结、地籍平面控制测量及地籍细部测量的技术总结、质量检查结果分析、经验教训的总结、建议。

（5）检查验收。地籍调查成果的检查验收是地籍调查工作的一个重要环节，其目的在于保证地籍调查成果的质量，并对其进行评定。地籍总调查成果实行三级检查、一级验收的"三检一验"制度，即作业员的自检、作业队（组）的互检、作业单位的专检和国土资源主管部门的验收。

（6）成果资料的整理与归档。地籍调查成果资料是指在调查过程中直接形成的文字、图、表等一系列成果的总称，它是广大地籍工作者辛勤劳动的结晶，也是国家的财富，应立卷、归档，妥善加以管理。整理的基本要求是：指定专人负责资料的收集、保管，调查结束时及时整理归档；立卷归档的资料须齐全、完整，字迹清楚、纸张良好，书写的材料须用碳素墨水或蓝黑墨水；归档材料必须系统整理，做到分类清楚、编目完善、排列有序；初始地籍调查成果经验收合格后，可提供社会使用。

地籍调查应归档的成果有：①按照介质分，地籍调查成果包括纸质等实物资料和电子数据；②按照类型分，地籍调查成果包括文字、图件、簿册和数据等。文字资料包括工作方案、技术方案、工作报告、技术报告等；图件资料包括地籍工作底图、地籍图、宗地图等；簿册资料包括地籍调查外业记录手簿、地籍控制测量原始记录与平差资料、地籍测量原始记录、地籍调查表册、各级质量控制检查记录资料等；电子数据包括地籍数据库、数字地籍图、数字宗地图、影像数据、电子表格数据、文本数据、界址点坐标数据、土地分类面积统计汇总数据等。

（7）地籍数据库和地籍信息系统建设。地籍总调查结束后，应将成果资料按照地籍数据库建设的要求，建设地籍信息系统。地籍数据库包括地籍区、地籍子区、土地权属、土地利用、基础地理等数据。其中土地权属数据主要包括宗地的权属、位置、界址、面积等；土地利用数据主要包括行政区（含行政村）图斑的权属、地类、面积、界线等；基础地理数据主要包括数学基础、境界、交通、水系、居民地等。

5. 日常地籍调查

日常地籍调查主要工作包括准备工作，日常土地权属调查，日常地籍测量，成果资料的检查、整理、变更与归档等工作。

（1）准备工作。日常地籍调查准备工作包括：资料准备和技术准备。资料准备主要包含两个方面内容：①根据日常地籍调查任务，做好土地权属来源等相关资料的收集、整理和分析工作；②制作、发送地籍调查资料协助查询单到国土、房产、规划等行政主管部门的档案室或在数据库中查询。查阅的类型有：土地登记、抵押、查封、地役权和土地权利限制等情况；集体土地征收、转用和审批情况；土地供应情况；相邻土地权利人的情况；相关控制点、界址点坐标；其他需要了解的情况等。技术准备的主要工作包括：档案资料、数据的分析与整理；发放指界通知书；计算测量放样数据；地籍调查表、绘图工具、测量仪器及调查人员的身份证明等。

（2）日常土地权属调查。日常土地权属调查的一般规定包括：核实指界人的身份；对照权属来源资料和档案资料、数据，现场核实土地权属状况；对界址有争议、界标发生变化和新设界标等情况，应现场记录并拍摄照片；县级行政区界线变化引起宗地代码变化的，在确定新移交宗地的地籍区和地籍子区后，重编宗地编码，并在原地籍调查表复印件的宗地编码位置上加盖"变更"字样印章，在地籍调查变更记事栏注明新的宗地编码；日常土地权属调查的具体方法和技术要求参照地籍总调查中的土地权属调查方法执行。

（3）日常地籍测量。日常地籍测量包括界址检查、界址放样与测量、地形要素测量、宗地面积计算和日常地籍测量报告编制等工作。

（4）成果资料的检查、整理、变更与归档。

6. 地籍数据库和地籍信息系统建设

地籍总调查结束后，应将成果资料按照地籍数据库建设的要求入库，并建设地籍信息系统。日常地籍调查后，应对地籍数据库进行更新，维护升级地籍信息系统。

（六）基本农田调查

基本农田指按照一定时期人口和社会经济发展对农产品的需求，依据土地利用总体规划确定的不得占用的耕地。

1. 基本农田调查的目的与任务

基本农田调查的目的是通过基本农田调查，查清基本农田位置、范围、地类、面积，掌握全国基本农田的数量及分布状况，为基本农田保护和管理提供基础资料。其任务是以县级调查区域为单位，依据本地区土地利用总体规划，按照基本农田划定及补划、调整的相关资料，将基本农田保护片（块）落实到标准分幅土地利用现状图上，计算统计县级基本农田面积，并逐级汇总出地（市）级、省级和全国的基本农田面积。

2. 基本农田调查基本要求

（1）坚持实事求是原则，保证基本农田调查成果与所提供的基本农田划定、补划和调整资料一致。

（2）严格遵循 TD/T 1014—2007 要求，保证基本农田上图范围与基本农田划定图件相符。

（3）基本农田划定、调整和补划等资料要与土地利用总体规划资料相一致，并经基本农田划定部门审核确认后方可采用。

3. 基本农田调查程序

（1）资料收集与整理。充分收集基本农田相关资料，并对资料进行整理。主要包括：土地利用总体规划资料即省、地（市）、县、乡级土地利用总体规划图和土地利用总体规划文本及说明；基本农田划定资料即图件资料（县级、乡级基本农田划定的相关图件）、表格资料〔基本农田面积汇总表、基本农田保护片（块）登记表等〕、文字资料（基本农田划定的相关文字资料），基本农田补划、调整和涉及占用基本农田的建设用地资料（有批准权限的批准机关，依据相关法律法规所批准的文件及相关图件等资料），其他资料（与基本农田有关的生态退耕及灾毁资料，涉及基本农田保护区的土地利用统计台账及其年度变更资料，历次基本农田检查形成的相关文字、图件资料等）。

（2）调查上图。将基本农田保护片（块）等相关信息落实到分幅土地利用现状图上，确定基本农田图斑，并依据相关标准和规范，检查基本农田要素层的数据格式、属性结构、上图精度等是否符合要求。

（3）基本农田认定。由基本农田规划、划定等相关部门共同检查基本农田片（块）的位置、界线、分布是否与基本农田划定及调整资料相一致。

（4）图件编制与数据汇总。编制基本农田分布图，并进行面积统计和逐级汇总。

（5）检查验收。由各地土地调查领导小组办公室组织相关人员，对最终形成的基本农田图件、数据成果进行检查验收。

二、土地变更调查

土地变更调查，是指在全国土地调查的基础上，根据城乡土地利用现状及权属变化情况，随时进行城镇和村庄地籍变更调查和土地利用变更调查，并定期进行汇总统计。土地变更调查由国土资源部统一部署，以县级行政区为单位组织实施。县级以上国土资源行政主管部门应当按照国家统一要求，组织实施土地变更调查，保持调查成果的现势性和准确性。

1. 土地变更调查的目的和内容

土地变更调查的目的是为了保证全国土地调查成果的现势性、科学性与准确性，为制定国民经济计划和国土空间规划、科学管理和合理利用土地提供准确可靠的资料。土地变更调查包括下列内容：行政和权属界线变化状况，土地所有权和使用权变化情况，地类变化情况，基本农田位置、数量变化情况，国土资源部规定的其他内容。

2. 土地变更调查的类型

土地变更调查主要包括地籍变更调查和土地利用变更调查。

3. 地籍变更调查

地籍变更调查是指在完成地籍总调查之后，为满足变更土地登记的要求、适应日常地籍工作的需要及保持地籍资料现势性而进行的土地及其附着物的权属、位置、数量、质量和土地利用现状的调查。地籍变更调查，不仅可以使地籍资料保持现势性，还可以提高地籍成果精度，逐步完善地籍内容。地籍变更调查的工作程序与地籍调查的工作程序相似，因为地籍变更调查的面积要远远小于地籍调查，因此，其工作程序相对简单。地籍变更调查的内容包括权属变更调查和地籍变更测量。权属变更调查的步骤为：地籍变更申请—发送变更地籍调查通知书—宗地权属变更状况调查—界址调查及地籍资料的变更—地籍变更调查的审核与资料入库。地籍变更测量是在接受权属变更调查移交的资料后，测量变更后的土地权属界线、位置、宗地内部地物地类变化，并计算面积、绘制宗地图、修编地籍图，为变更土地登记或设定土地登记提供依据。地籍变更测量的技术、方法与地籍测量相同。

4. 土地利用的变更调查

土地利用的变更调查应当以全国土地调查和上一年度土地变更调查结果为基础，全面查清本年度本行政区域内土地利用状况变化情况，更新土地利用现状图件和土地利用数据库，逐级汇总上报各类土地利用变化数据。土地利用变更调查的统一时点为每年12月31日。变更调查的内容包括地类变化情况、土地权属变化情况和权属界线变化情况等。变更调查的成果有：外业变更调查记录表，薄膜工作底图，面积量算表，县、乡土地变更调查记录一览表，县、乡年内地类变化平衡表，县、乡土地变更调查现状图，变更调查报告等。

变更调查的工作程序与土地利用现状调查一致，包括：准备工作阶段，外业工作阶段，内业工作阶段，验收、归档阶段。

（1）准备工作阶段。准备工作包括组织准备、资料准备、仪器和工具准备及制订变更调查实施方案及技术方案。变更调查实施方案的主要内容是：本县土地调查或上年度变更调查的基本情况；变更调查工作所需的图件资料和技术条件；变更调查工作的组织、实施步骤与方法；时间安排与经费预算等。技术方案的主要内容是：技术设计的依据；切合本地实际的最佳作业方法和技术规定；保证质量的主要措施和要求等。

（2）外业工作阶段。外业工作是针对已发生变化的地类、权属和权属界线所进行的调查、核对和补测，并填写土地变更调查记录表的工作。对于变更图斑形状规则，附近易找到明显地物的地区，可采用距离交会法、直角坐标法或截距法等进行补测；对于变化范围较大，且图斑形状不规则的地区，一般采用平板仪测图的方法进行补测。为了保证补测的精度，必要时可以补测所利用的固定地物点为起算点，布设自由导线网做控制。对于变更权属界线的调绘，应以法院裁定的土地权属界线的法律文件或土地征用、划拨的有关文件为准，并进行实地核对，核对无误后应重新签订或补签土地权属协议书。

对于变更图斑的编号，目前有三种方法：①在原图斑后加支号；②在最大图斑号后依次增加新的图斑号；③取消已变更图斑号，在变更图斑号前冠以变更年度。

（3）内业工作阶段。内业工作阶段包括航片转绘、变更土地面积量算、总面积和地类面积的统计汇总、土地利用现状图更新、土地变更调查报告撰写等内容。

（4）验收、归档阶段。

三、土地专项调查

土地专项调查，是指根据国土资源管理需要，在特定范围、特定时间内对特定对象进行的专门调查，包括土地条件调查、耕地后备资源调查等。

（一）土地条件调查

土地条件调查是指对土地自然条件和社会经济条件的调查，并据此评定土地质量，进行土地分等定级和估价。

1. 土地自然条件

主要调查收集以下资料。

（1）土壤方面的资料。主要收集土壤类型、土壤质地、土层厚度、土层构造、土壤养分、土壤酸碱度和土壤侵蚀状况等。

①土壤类型。土壤类型是指以土壤发生学为理论基础，以土体构型各层段质量差异性为依据而划分的各土类、亚类、土属、土种等。

②土壤质地。一般指土壤颗粒的粗细或土壤的沙黏比例。土壤质地对土壤的水、肥、气、热和农业生产性能影响很大。土壤质地分类是根据物理性沙粒与黏粒所占比例而划分的。

③土层厚度。土层厚度是指作物根系能够自由伸展的、作物能够利用的土壤母质层以上的（有障碍层时，指障碍层以上）土层厚度。不同的作物有不同的土层厚度要求。

④土层构造。土层构造是指土壤上、下层次的剖面。一般土壤的土层构造大致可分为表土、心土和底土三层。对于耕作土壤来讲，表土层就是耕作层。一般心土层厚度为 30～50 厘米，部分根系可以达到。底层又称母质层，基本不受生物的影响。此外，在土壤剖面中，常常分布有障碍层次，如黏盘层、铁锰结核层、沙浆层、泥灰岩化层、潜育层和砾石层等。

⑤土壤养分。土壤养分一般是指土壤中的有机质、氮素、磷素、钾素等。从土壤剖面中取样，利用土壤化学分析，可以取得土壤中这些营养元素的含量。

⑥土壤酸碱度。土壤的酸碱度以 pH 表示。pH 在 6.5～7.5 为中性土壤；小于 6.5 为酸性土壤；大于 7.5 为碱性土壤。土壤酸碱度对植物的生长发育起着重要的作用。

⑦土壤侵蚀状况。土壤侵蚀程度一般按照土壤剖面存留情况划分。无明显侵蚀：表土层完整。轻度侵蚀：表土小部分被蚀。中度侵蚀：表土 50% 被蚀。强度侵蚀：表土全部被蚀。剧烈侵蚀：心土部分被蚀。

（2）地形地貌方面的资料。主要调查收集地貌类型、绝对高度、相对高度、坡度等方面的资料。

①地貌类型。从形态特征上，陆地表面的地形可以归纳为山地、丘陵和平原三大类。山地的主要特征是起伏大，峰谷明显，高程在 500 米以上，相对高程在 100 米以上，地表有不同程度的切割。根据高程、相对高程和切割程度的差异，山地又分为低山、中山、高山和极高山。丘陵是山地与平原之间的过渡类型，是切割破碎、构造线模糊、相对高程在 100 米以下、起伏缓和的地形。平原是指地面平坦或稍有起伏但高差较小的地形。

②绝对高度和相对高度。绝对高度即海拔高度；相对高度是表示地面上任意两点间的高程之差。

③坡度。坡度是地面上任意两点间的高差与水平距离的比值，单位以度（°）或%表示。

（3）水文方面的资料。主要调查收集地表水和地下水状况。

①地表水。地表水包括河流、湖泊、水库蓄水等，主要收集水量和水质方面的资料。

②地下水。调查收集有关地下水的分布、埋藏深度和水质方面的资料。

（4）植被方面的资料。主要调查收集有关植物的"群落""盖度"、草层高度、生活力、产草量和质量及利用程度等方面的资料。在林区和牧区，植被是土地质量的重要标志。

（5）气候方面的资料。侧重于温度及水分资料的调查收集。

①温度。常以日平均温度大于或等于10℃的积温和持续出现的天数来表示温度指标。

一般积温少于1 600℃时，作物不宜生长；积温在1 600～2 200℃，可种凉性作物，如春小麦、马铃薯等，一年一熟；积温在2 200～3 200℃，宜种喜温作物，如玉米、大豆、水稻等，仍为一年一熟；积温在3 200～4 000℃，宜种棉花、花生、甘薯等喜热性作物，一般为两年三熟或一年两熟；积温4 000℃以上，适宜种甘蔗、麻类、柑橘等亚热带作物。

②水分。常用降水量及其在作物生长季节的分配情况、降水强度或干燥度来表示水分指标。其中干燥度是指当地蒸发量与降水量之比。

（6）主要农作物生物学特性方面的资料。调查了解当地主要农作物生长发育对气候、地形、土壤、水分、水文地质等方面的要求。

（7）自然资源方面的资料。主要调查收集有关煤炭、铁、铜、石等黑色金属、有色金属、建筑材料等的种类、位置、储量、品位等资料。

2. 土地的社会经济条件

主要调查、收集以下资料。

（1）地理位置与交通运输条件。主要调查、收集有关土地相对于城镇、工矿区、风景区、港口、车站（火车站、汽车站等）的位置与大致距离的资料。

（2）土地资源、人口、劳动力情况。主要调查、收集有关土地面积、人口、劳动力数量、人均土地拥有量、人口密度等资料。

（3）土地利用的经济水平。主要调查、收集单位土地面积的总产值或总收入、单位土地面积的净产值或纯收入、资金收益系数即纯收入与资金总额之比和百元投资的产值或收入等。以上这些指标一般采用3～5年的平均值。

（4）耕地（林地、牧草地）的投入产出水平。主要向农户调查收集每个土地单元的土地利用方式和投入产出水平。单位土地面积产量一般采用3～5年的平均值。

（二）耕地后备资源调查

耕地后备资源调查是指在当前技术条件下，对能够通过开发、复垦措施改变成为耕地的未利用地和毁损废弃地，以及通过对划定的待整理农用地和建设用地进行整理后能够增加的耕地部分所进行的调查。

1. 耕地后备资源调查的目的与任务

查清耕地后备资源的类型、数量、质量和分布，分析土地开发、复垦和整理的可能性及其对生态环境产生的影响，提出整治开发的措施，为进一步开展土地开发、复垦和整理提供基础信息，同时为制定各级土地利用规划，土地开发、整理、复垦专项规划和项目评估提供依据。

2. 耕地后备资源分类

依据土地的自然属性与地表形态、损毁废弃成因和类型、土地整理对象等进行分类。采用三级分类制，统一编号排序。其中一级分 3 类，二级分 9 类，三级分 24 类（表 7 - 1）。

表 7 - 1　耕地后备资源分类及含义

一级类型	二级类型	三级类型	含　义
待开发土地 I	待开发未利用地 I_1	可能开发为耕地的未利用	
		待开发荒草地 I_{11}	可能开发为耕地的树木郁闭度<10%的荒草地
		待开发盐碱地 I_{12}	目前未利用但经过改良可能开发为耕地的盐碱地
		待开发沼泽地 I_{13}	通过排水措施可能开发为耕地的沼泽地
		待开发沙地 I_{14}	经过治理可能开发为耕地的沙地
		待开发裸土地 I_{15}	经过治理、可能开发为耕地的表层为土地、基本无植被的裸土地
		待开发裸岩石砾地 I_{16}	经过生物或工程处理可能开发为耕地裸岩石砾地
	待开发其他土地 I_2	允许并能开发为耕地的苇地、滩涂	
		待开发苇地 I_{21}	允许并可能开发为耕地的苇地
		待开发滩涂 I_{22}	允许并可能开发为耕地的海滩涂及河流、湖泊、水库行洪蓄洪区以外的滩地
待复垦土地 II	挖损地 II_1	通过采取工程或生物措施，可恢复耕种的损毁废弃地	
			主要指露天开采采矿、勘探打井、挖沙取土、采石淘金、烧制瓦砖、修建公路、铁路、兴修水利、工矿建设、城镇和农业建筑等工程完毕后留下的损毁废弃地中可复垦为耕地的土地
	塌陷地 II_2		地下开采矿产资源和地下工程建设挖孔后，由于地表塌陷而废弃的土地中可复垦为耕地的部分
		稳定塌陷地 II_{21}	塌陷区处于稳定阶段，有常年积水或季节性积水或出现盐渍的土地
		不稳定塌陷地 II_{22}	地面继续下沉，处于不稳定阶段的土地

（续）

一级 类型	二级 类型	三级 类型	含　义
待复垦土地 II	压占地 II$_3$		指采矿、冶炼、燃煤发电、水泥厂等排放的废渣、石、土、煤矸、粉煤灰等工业固体废弃物，露天矿排土场及生活垃圾等所压占的土地可复垦为耕地的部分
		矸石及粉煤灰堆积地 II$_{31}$	煤矸石及工业企业生产中排放粉煤灰所压占的土地，包括表层已覆土尚未利用和未覆土的压占地种可复垦为耕地的土地
		矿石、矿渣、排土石堆积地 II$_{32}$	地下及露天采矿过程中矿石、矿渣堆积所占的土地，包括土石堆表面已经覆土但未利用的土地和没有覆土的排土石场中可复垦为耕地的土地
		垃圾占地 II$_{33}$	生活、工业、建筑业垃圾占地中可复垦为耕地的土地
	污染损毁土地 II$_4$		指因污染废弃的土地中可复垦为耕地的部分
		三废污染地 II$_{41}$	因城市、工业、交通、乡企"三废"排放废气的土地中可复垦为耕地的土地
		污水灌溉污染地 II$_{42}$	因污水灌溉造成的废弃土地中可复垦为耕地的土地
		农业生产化学污染地 II$_{43}$	因化肥、农药、农用塑料薄膜等的过量残留造成污染而废弃的土地中可复垦为耕地土地
	自然灾害损毁土地 II$_5$		指因地震、暴雨、山洪、泥石流、滑坡、崩塌、沙尘暴等自然灾害而被损毁的可复垦为耕地土地
		洪灾损毁地 II$_{51}$	因洪水冲刷或泥沙掩埋而暂不能继续利用土地，包括冲积损毁地、洪积损毁地等
		滑坡、崩坍损毁地 II$_{52}$	由滑坡和崩坍破坏而废弃的土地中可复垦为耕地的土地
		泥石流灾毁地 II$_{53}$	因泥石流携带沙石掩埋而暂不能利用的土地中可复垦为耕地的土地
		风沙损毁地 II$_{54}$	因大风、风暴吹蚀或风沙掩埋而暂不能利用的土地中可复垦为耕地的土地
		地震灾毁地 II$_{55}$	由地震而破坏的土地中可复垦为耕地的土地
		其他自然灾害损毁地 II$_{56}$	因其他自然灾害破坏暂不能利用的土地中可复垦为耕地的土地
待整理土地 III	待整理农用地 III$_1$		通过整理措施能够增加耕地的土地
			指待整理农用地区的农用地及其他土地采取综合整理措施可能增加耕地净面积的土地
	待整理建设用地 III$_2$		指采取综合和专项整理措施可整理为耕地的建设用地

3. 耕地后备资源调查所需的基础资料

土地利用现状变更调查图件、相关资料和数据；最新土壤图及文字资料；气象资料；相应比例尺的最新地形图，航摄相片或相片平面图；土地利用总体规划图及相关资料。耕地后备资源调查评价比例尺与土地利用现状调查比例尺相同，重点复垦和整理区采用1：2 000～1：5 000 比例尺。

四、土地调查成果

土地调查成果包括数据成果、图件成果、文字成果和数据库成果。土地调查数据成果，包括各类土地分类面积数据、不同权属性质面积数据、基本农田面积数据和耕地坡度分级面积数据等。土地调查图件成果，包括土地利用现状图、地籍图、宗地图、基本农田分布图、耕地坡度分级专题图等。土地调查文字成果，包括土地调查工作报告、技术报告、成果分析报告和其他专题报告等。土地调查数据库成果，包括土地利用数据库和地籍数据库等。

思 考 题

1. 什么是地籍？
2. 地籍与地籍管理有什么联系和区别？
3. 简述土地调查与地籍管理的关系。

第八章　土地权属管理

第一节　土地产权

一、土地产权及其基本属性

（一）土地产权的含义

土地产权问题是土地制度的一个核心问题。正如生产资料归谁所有决定着一个社会的生产关系的性质一样，土地归谁所有也就决定了这个社会土地制度的性质。《现代实用民法词典》把产权定义为："人身权的对称。它指具有物质财富内容，直接和经济利益相联系的民事权利、商标权等。"《牛津法律大辞典》把产权定义为："财产权是指存在于任何客体之中或之上的完全权利，包括占有权、使用权、出借权、转让权、用尽权、消费权和其他与财产有关的权利。不要把财产权视作单一的权利，而应当把它视为若干独立权利的集合体。其中的一些或甚至其中的很多独立权利可以在不丧失所有权的情况下予以让与。"土地产权指有关土地财产的一切权利的总和。一般用"权利束"加以描绘，即土地产权包括一系列各具特色的权利，它们可以分散拥有，当聚合在一起时代表一个"权利束"，包括土地所有权、土地使用权、土地租赁权、土地抵押权、土地继承权、地役权等多项权利。土地产权也像其他财产权一样，必须有法律的认可并得到法律的保护，即土地产权只有在法律的认可下才能产生。

（二）土地产权的基本特性

（1）具有排他性。即土地产权可以是个体独自拥有，也可由某些人共同享有，而排斥所有其他人对该项财产的权利。因此，界定产权十分必要。

（2）土地产权客体必须具备可占用性和价值性。土地产权客体指能被占用而且可以带来利益的土地。在全球陆地上有近50%的面积是永久冰盖物、干旱、沙漠地、岩石、沼泽、高寒等难以利用或无法利用的土地。这些土地不能视为财产，自然状态下的空气无法行使排他权利，也不能称为财产。因此，必须明晰土地产权客体。

（3）土地产权必须经过登记，才能得到法律的承认，并受到法律的保护。

如果通过欺诈、暴力或其他非法手段获得，只能说明他具有了非法占有权，而不能说明他获得了产权。因此，在土地产权合法流转时，必须依照法定程序，到土地产权管理部门办理产权变更登记手续，否则，土地产权无法律保护凭证。

（4）土地产权的相对性。产权具有排他性，但不是绝对的权利，它要受到来自法律的或国家的最高权力机关的控制和制约。如在私有制国家，土地所有权主体即使享有完全所有权，即在法律意义上有权支配、使用其拥有的土地，也必须受到政府的行政管理限制和约束。因此，明晰土地产权权能十分必要。

二、我国土地所有权的主体、客体、内容

（一）土地所有权的含义

土地所有权是土地所有制的核心，是土地所有制的法律表现形式，是土地所有者在法律规定的范围内自由使用和处分其土地的权利。或者说，土地所有权是土地所有者所拥有的、受到国家法律保护和限制的排他性的专有权利。土地所有权包括土地占有权、土地使用权、土地收益权和土地处分权等四个方面的内容。

（1）土地占有权。土地占有权指对土地进行实际支配和控制的权利。土地占有权可以由土地所有人行使，也可以根据法律，以契约的形式依土地所有人的意志由他人行使。

（2）土地使用权。土地使用权指土地使用者依法对土地进行实际利用和取得收益的权利。土地使用权与土地所有权既可结合，也可分离，即土地使用权既可由土地所有人自己行使，也可以从土地所有权中分离出来，由非所有人行使。

（3）土地收益权。土地收益权指依据法律和契约取得土地所产生的经济利益的权利。尽管土地收益权是与土地使用权紧密相连的，但土地所有者在将土地使用权分离出去后，仍可以有收益权。所以说，土地收益权是一项独立的权能，它是土地所有权的标志。土地所有者可以将土地的占有权、使用权，甚至部分处分权分离出去，而仅仅保留收益权。

（4）土地处分权。土地处分权指土地所有人依法处置土地的权利，包括对土地的出租、出卖、赠送、抵押等。它决定土地的最终归属，是土地所有权的核心。

以上四种权能，构成土地所有权的完整结构，它们可以相互结合，也可以相互分离，其中常见的是土地所有权和土地使用权的分离。

土地所有权是法律赋予的，所以，土地所有者必须在法律许可的范围内行使其所有权。

（二）我国国有土地所有权的主体、客体和内容

我国国有土地所有权的主体是国家，法律规定由国务院代表国家依法行使对国有土地的占有、使用、收益和处分的权利。除此之外的任何组织、单位和个人，都不能成为国有土地所有权的主体，因此都无权擅自处置国有土地。

我国国有土地所有权的客体是一切属于国家所有的土地。根据法律规定，包括：①城市市区的土地；②依照法律规定属于国家所有的农村和城市郊区的土地；③依照法律规定国家征收的土地；④依照宪法规定属国家所有的荒山、荒地、林地、草地、滩涂及其他土地。

国有土地所有权的内容指依照法律规定，国家在行使土地所有权的过程中形成的权利和义务。如《土地管理法》第二条规定，"国家所有土地的所有权由国务院代表国家行使"，是指国务院代表国家依法行使对国有土地的占有、使用、收益和处分的权利。明确了地方各级政府无权擅自处置国有土地，只能依法根据国务院的授权处置国有土地等。

（三）我国农民集体土地所有权的主体、客体和内容

我国农民集体土地所有权的主体是农民集体。《土地管理法》第十条规定："农民集体所有的土地依法属于村农民集体所有的，由村集体经济组织或者村民委员会经营、管理；已经分别属于村内两个以上农村集体经济组织的农民集体所有的，由村内各该农村集体经济组织或者村民小组经营、管理；已经属于乡（镇）农民集体所有的，由乡（镇）农村集体经济组织经营、管理。"

关于上述农民集体所有土地的所有权应当由作为该土地所有权主体的农民集体行使。农民集体土地所有权的客体，是指属于上述农民集体所有的一切土地，主要有：农村和城市郊区的土地，除由法律规定属于国家所有的以外，原则上属于集体所有；法律规定属于集体的森林、山岭、草原、荒地、滩涂；宅基地和自留地、自留山属于农民集体所有。农民集体土地所有权的内容指农民集体在行使土地所有权的过程中形成的权利和义务。

三、我国土地物权的主体、客体、内容

《物权法》颁布之前，我国对于物权的界定仅限于理论界的探讨，对于土地权能的设置主要是《土地管理法》的相关规定，即以所有权为基础而产生的使用权、租赁权、抵押权等权能。《物权法》颁布之后，确定了土地物权的概念，并规定"权利人依法对特定的物享有直接支配和排他的权利，包括所有权、用益物权和担保物权"，使得土地产权的内容更加丰富。

（一）土地用益物权

土地用益物权是用益物权人对他人所有的土地，依法享有占有、使用和收益的权利。其主体为依法享有用益物权的单位和个人，客体为他人所有的土

地；用益物权包括土地承包经营权、建设用地使用权、宅基地使用权、地役权
四种主要形式（图 8-1）。

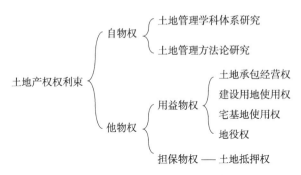

图 8-1 我国土地产权权利束

1. 土地承包经营权

土地承包经营权的主体是依法承包农民集体所有和国家所有土地的单位和
个人。土地承包经营权的客体是土地承包经营权主体依法取得的承包地等。

土地承包经营权人依法对其承包经营的耕地、林地、草地等享有占有、使
用和收益的权利，有权从事种植业、林业、畜牧业等农业生产。同时，有保
护、管理和合理利用土地的义务，以及按照承包合同约定的用途合理利用土地
的义务。

2. 建设用地使用权

建设用地使用权的主体为依法取得国家所有土地使用权的单位和个人。建
设用地使用权的客体是国家依法提供给单位和个人使用的国有土地。

建设用地使用权人依法对国有土地享有占有、使用和收益的权利，有权利
用该土地建造建筑物、构筑物及其附属设施。同时，有保护管理和合理利用土
地的义务，以及按有偿使用合同的约定或者土地使用权划拨批准文件的规定使
用土地。

3. 宅基地使用权

宅基地使用权的主体为农村集体经济组织内部成员，客体为依法拨给农户
建造住宅的集体所有的土地。宅基地使用权人依法对集体所有的土地享有占有
和使用的权利，有权利用该土地建造住宅及其附属设施。

4. 地役权

地役权是以他人土地提供自己土地便利的权利，如通行权、引水权、排水
权等。他人的土地为供役地，自己的土地为需役地。地役权的主体为需役地的
所有人或利用人，即凡需役地各土地利用人，在其权利存续期间均为地役权的
主体。地役权的客体为供役地，地役权人应按照合同约定的利用目的和方法利

用供役地，尽量减少对供役地权利人物权的限制。

（二）土地担保物权

该项权利是指担保物权人在债务人不履行到期债务或者发生当事人约定的实现担保物权的情形，依法享有就担保土地优先受偿的权利。担保物权包括土地抵押权。土地抵押权是指为担保债务的履行，债务人或者第三人不转移土地的占有，将该土地抵押给债权人的，债务人不履行到期债务或者发生当事人约定的实现抵押权的情形，债权人有权就该土地优先受偿。该项权利的主体为债权人，地即抵押土地。

第二节　土地权属管理的任务和内容

一、土地权属管理的法律依据

土地权属管理主要依据我国《宪法》《民法通则》《物权法》《土地管理法》及相关配套法规。

1.《宪法》

《宪法》是国家的根本大法，于 1982 年 12 月 4 日第五届全国人大第五次会议通过并公布施行。后根据全国人大于 1988 年 4 月 12 日、1993 年 3 月 29 日、1999 年 3 月 15 日和 2004 年 3 月 14 日，对《宪法》通过的 4 次"修正案"，修正为现行《宪法》。

《宪法》规定了我国社会主义经济制度的基础是生产资料的社会主义公有制，即全民所有制和劳动群众集体所有制（《宪法》第六条）。第九条、第十条分别规定了属于国家所有和集体所有的土地范畴。第十条还规定了"国家为了公共利益的需要，可以依照法律规定对土地实行征收或者征用并给予补偿""土地的使用权可以依照法律的规定转让"等。

《宪法》是制定其他法律的根据。该法是民法体系中的一般法。

2.《民法通则》

《民法通则》于 1986 年 4 月 12 日由第六届全国人大第四次会议通过，1987 年 1 月 1 日起施行。《民法通则》第七十三条规定："国家财产神圣不可侵犯……"第七十四条第三款规定："集体所有的财产受法律保护"。第七十五条第二款规定："公民的合法财产受法律保护……"第八十条、八十一条、八十三条规定，依法保护国有土地使用权、土地承包经营权、不动产相邻权。

3.《物权法》

《物权法》是规范财产关系的民事基本法律，调整因物的归属和利用而产生的民事关系。该法于 2007 年 3 月 16 日由第十届全国人大第五次会议通过，自 2007 年 10 月 1 日起施行。《物权法》第六条规定："不动产物权的设立、变更、转让和消灭，应当依照法律规定登记。"第四十条规定：不动产"所有权人有权在自己的不动产或者动产上设立用益物权和担保物权"。《物权法》规定了国家所有和集体所有不动产、权利主体、客体和内容，并对用益物权和担保物权做了明确规定。《物权法》规定国家、集体、私人的物权和其他权利人的物权受法律保护，任何单位和个人不得侵犯。

4.《土地管理法》及相关配套法规

《土地管理法》于 1986 年 6 月 25 日由第六届全国人大常委会第十六次会议通过，后根据 1988 年 12 月 29 日第七届全国人大常委会第五次会议《关于修改〈中华人民共和国土地管理法〉的决定》，1998 年 8 月 29 日第九届全国人大常委会第四次会议，2004 年 8 月 28 日第十届全国人大常委会第十一次会议《关于修改〈中华人民共和国土地管理法〉的决定》修订。相关配套法规有《城镇国有土地使用权出让和转让暂行条例》（1990 年），《土地管理法实施条例》（1999 年，2011 年修订），《农村集体土地使用权抵押登记的若干规定》（1995 年），《土地权属争议处理暂行办法》（1995 年）等。《土地管理法》规定，我国实行土地的社会主义公有制，即全民所有制和劳动群众集体所有制（第二条）。规定了国有土地所有权和农民集体土地所有权的主体、客体、权利和义务；国有土地使用权的确认与保护；土地承包经营权的主体、客体、权利和义务以及土地权属争议的调处等（第八至十六条）。该法还规定了土地征收程序和补偿、安置标准（第四十五条至第五十条）。

二、土地权属管理的任务

土地权属管理是国家为合理组织土地利用、调整土地关系而依法对土地所有权和物权进行的科学管理，它是土地管理中十分重要的内容。

1. 巩固、维护和不断完善社会主义土地公有制

我国《宪法》及《土地管理法》中都明确规定，我国实行土地的社会主义公有制，即全民所有制和劳动群众集体所有制。因此，土地权属管理的首要任务就是巩固、维护和不断完善社会主义土地公有制。

2. 保护土地所有者和使用者的合法权益

《土地管理法》第十三条规定："依法登记的土地所有权和使用权受法律保护，任何单位和个人不得侵犯。"第九条规定："使用土地的单位和个人，有保护、管理和合理利用土地的义务"。因此，依法保护土地产权人的合法权益，调动其合理用地的积极性就是土地权属管理的重要任务之一。

3. 调整土地关系

《土地管理法》第二条规定："任何单位和个人不得侵占、买卖或者其他形式非法转让土地。土地使用权可以依法转让。国家为了公共利益的需要，可以依法对土地实行征收或者征用并给予补偿。"因此土地权属管理的任务之一，便是及时调整在经济发展过程中产生的各种土地关系。

三、土地权属管理的内容

土地权属管理的内容主要包括以下几个方面。

1. 依法确认土地权属

国家依法对土地所有权、土地使用权和他项权利进行确认，即国家对每宗地的土地权属要经过土地申报、地籍调查、审核批准、登记发证等法律程序，进行土地权属的确认。

2. 依法管理土地权属变更

土地权属变更主要有以下三种情况。①土地所有权变更。主要是国家征收集体土地，除此还有国家与集体、集体与集体之间调换土地等。②土地使用权变更。主要形式有：土地划拨、土地使用权出让、转让，因赠予、继承、买卖、交换、分割地上附着物而涉及土地使用权变更的，以及因机构调整、企业兼并等原因而引起土地使用权变化的。③他项权利变更及主要用途变更等。土地权属及主要用途变更要向县级以上土地管理部门申报变更登记，经过批准，方具有法律效力。

3. 依法调查、处理土地权属纠纷

为保护土地所有者、使用者的合法权益，保障土地的合理利用，当发生土地权属纠纷时，要依法调查和处理。

第三节 国有土地使用权的确认与流转管理

一、国有土地使用权的确认

（一）国有土地使用权的取得

国有土地使用权的取得有以下四种方式。

1. 有偿取得方式

有偿取得方式指土地使用者通过向国家支付土地使用权出让金或缴纳土地有偿使用费以取得国有土地使用权。根据我国《城市房地产管理法》和《城镇国有土地使用权出让、转让暂行条例》的规定，有偿方式中还包括土地使用权作价入股、土地使用权出租等方式。

2. 无偿取得方式

无偿取得方式指土地使用者在没有支付土地使用权出让金或国有土地使用费的情况下，由国家通过行政划拨的方式取得国有土地使用权。《土地管理法》第五十四条规定，下列建设用地，经县级以上人民政府依法批准，可以以划拨方式取得：国家机关用地和军事用地；城市基础设施用地和公益事业用地；国家重点扶持的能源、交通、水利等基础设施用地；法律、行政法规规定的其他用地。

3. 依法承包经营取得

单位或个人可以依法承包经营国有土地，从事种植业、林业、畜牧业、渔业生产，取得国有土地使用权。

4. 依照法律、政策规定取得

《土地管理法实施条例》第十七条第四款规定："开发未确定土地使用权的国有荒山、荒地、荒滩从事种植业、林业、畜牧业或者渔业生产的，经县级以上人民政府依法批准，可以确定给开发单位或者个人长期使用，使用期限最长不得超过 50 年。"

（二）国有土地使用权的确认

确认国有土地使用权，是根据《土地管理法》第十一条第三、四款的规定："单位和个人依法使用的国有土地，由县级以上地方人民政府登记造册，核发证书，确认使用权……确认林地、草原的所有权或者使用权，确认水面、滩涂的养殖使用权，分别依照《中华人民共和国森林法》《中华人民共和国草原法》和《中华人民共和国渔业法》的有关规定办理"。

（三）国有土地使用权的收回

国有土地使用权的收回，是指人民政府依照法律的规定，收回用地单位和个人国有土地使用权的行为。按照《土地管理法》第五十八条的规定，有下列情形之一的，由有关人民政府土地行政主管部门报经原批准用地的人民政府或者有批准权的人民政府批准，可以收回国有土地使用权：为公共利益需要使用土地的；为实施城市规划进行旧城区改建，需要调整使用土地的；土地出让等有偿使用合同约定的使用期限届满，土地使用者未申请续期或者申请续期未获批准的；因单位撤销、迁移等原因，停止使用原划拨的国有土地的；公路、铁路、机场、矿场等经核准报废的。

二、城镇国有土地使用权出让管理

（一）城镇国有土地使用权出让的概念和特征

城镇国有土地使用权（即国有建设用地使用权，下同）出让，是指国家以土地所有者的身份将土地使用权在一定年限内让与土地使用者，并由土地使用者向国家支付土地出让金的行为。

国有土地使用权出让有两种情况：①根据国家建设需要，将城市规划区内的国有土地按行政建制设立的直辖市、市、镇规划区范围内的国有土地有偿让与用地单位使用；②集体土地征收后出让，即根据公共利益需要，将城市规划区内的集体土地，经依法征收转为国有土地后，再有偿让与用地单位使用。

通过出让方式取得的国有土地使用权具有以下特征。

1. 受让主体广泛性

《城镇国有土地使用权出让和转让暂行条例》第三条规定："中华人民共和国境内外的公司、企业、其他组织和个人，除法律另有规定者外，均可依照本条例的规定取得土地使用权，进行土地开发、利用、经营。"因此，只要法律未做禁止性规定的公司、企业、其他组织和个人，无论是在我国境内还是境外，均可以成为我国城镇国有土地使用权出让行为的受让方。

2. 有偿性

这是相对于我国城镇国有土地使用权划拨供地方式而言的。通过出让方式取得土地使用权，必须签订土地使用权出让合同，在支付完全部土地使用权出让金以后，依照有关规定办理土地登记，领取土地使用权证书，方可取得土地使用权。而以划拨方式取得的土地使用权总的来说是无偿的，即使是通过征收程序所支付的征地拆迁补偿费用，也是对被征地单位在土地上的原始投入及其生活安置的补偿，并未支付土地使用权的购买价格，这与以出让方式支付的土地出让金有本质区别。

3. 计划性

《城市房地产管理法》第十条规定："土地使用权出让，必须符合土地利用总体规划、城市规划和年度建设用地计划。"第十一条规定："县级以上地方人民政府出让土地使用权用于房地产开发的，须根据省级以上人民政府下达的控制指标拟订年度出让土地使用权总面积方案，按照国务院规定，报国务院或者省级人民政府批准。"这表明，土地使用权出让有很强的计划性。根据《国务院关于出让国有土地使用权批准权限的通知》，"出让使用权的国有土地的用地指标，要纳入国家下达的地方年度建设用地计划……"县、市土地管理部门应当会同计划部门、城市规划和建设管理部门、房产管理部门，根据本地区国民经济发展计划、城镇总体规划以及年度建设用地计划编制土地使用权出让年度计划，经同级人民政府批准实施。

（二）城镇国有土地使用权出让的基本原则

1. 所有权与使用权分离原则

土地使用权出让，就是土地使用权从所有权中合法分离的过程。土地使用权是土地所有权的四项权能之一。马克思认为，地租是土地使用者由于使用土地而缴给土地所有者的超过平均利润以上的那部分剩余价值。土地所有者对土地使用权的转移，必须要求在经济上得以实现，地租是土地所有权借以实现的经济形式。土地使用者在支付地租后，获得土地使用权，从而实现土地所有权与使用权的分离。

《城镇国有土地使用权出让和转让暂行条例》第十六条与《城市房地产管理法》第十六条的规定，正是这一原则的具体体现，土地使用者在土地出让合同约定的条件下使用土地，受国家的法律保护。

2. 平等、自愿、有偿、诚信原则

《城镇国有土地使用权出让和转让暂行条例》第十一条规定："土地使用权出让合同应当按照平等、自愿、有偿的原则，由市、县人民政府土地管理部门与土地使用者签订。"平等，是签订土地使用权出让合同的出让方和受让方的地位平等，不因受让方的国籍、地位、财富不同而有所差异，不允许任何一方将自己的意志强加给另一方。自愿，是土地使用权出让合同的内容，必须体现双方的真实意愿，任何一方不得强迫另一方违反自己的意愿签订合同。有偿，是土地使用权的出让必须在经济上有所体现，受让方必须按照土地使用权出让合同的约定向国家支付土地使用权出让金，方可合法取得土地使用权。诚信，是指土地使用权出让方和受让方行使权利和履行义务应遵守诚实信用原则。

3. 国家主权神圣不可侵犯原则

土地使用权出让，不是割让领地，无论受让人是谁，无论受让的土地面积多大，土地使用者都不得在其受让的土地范围内代行国家主权，亦不得拒绝国家行使主权；土地使用权的出让主体只能是国家，其他任何单位或个人未经法律授权均不得行使出让土地使用权的权利，违者不仅其行为无效，还得承担由此而产生的法律后果。

4. 充分合理利用土地原则

城镇国有土地使用权出让，是我国土地使用制度改革的重要组成部分，其最终目标是达到土地资源的最佳配置和提高土地利用效率，创造最佳的社会效益、经济效益和生态效益。因此，在从事土地使用权出让活动中，不能只追求一时的经济效益，只考虑获得最高的地租收入，而不考虑土地的利用是否合理。应当在综合考虑三大效益的同时，把合理利用土地资源始终摆在第一位。

（三）城镇国有土地使用权出让期限、方式和程序

1. 土地使用权出让期限

出让土地使用权，必须分别根据其用途确定其使用年限。依据《城市房地产管理法》第十三条和《城镇国有土地使用权出让和转让暂行条例》第十二条的规定，土地使用权出让最高限期按下列用途确定：①居住用地 70 年；②工业用地 50 年；③教育、科技、文化、卫生、体育用地 50 年；④商业、旅游、娱乐用地 40 年；⑤综合或者其他用地 50 年。

上述规定，是土地使用权出让年限的上限，在具体地块出让中，应根据具体情况和国家产业政策在上述范围内确定使用年限，不必都以最高限出让，更不允许超出最高年限出让土地使用权。

2. 土地使用权出让方式和程序

城镇国有土地使用权出让有四种方式：①以协议方式出让；②以招标方式出让；③以拍卖方式出让；④以挂牌方式出让。具体操作程序、步骤由省、自治区、直辖市人民政府规定。

（1）协议出让国有土地使用权方式

土地使用权协议出让指由市、县土地管理部门根据土地用途、建设规划要求、土地开发程度等情况，与受让申请人协商用地价款和条件，根据双方达成的协议出让土地使用权。协议出让的一般程序是：

①用地者持经政府批准的投资计划等文件向土地所在地的市、县土地管理部门提出协议受让土地使用权的申请。

②经县、市土地管理部门审查同意，通知申请人洽谈用地条件及土地使用权出让价款，签订《土地使用权出让合同（草案）》。

③土地管理部门收齐有关材料后，按照规定权限予以审查报批。

④经批准后，由市、县土地管理部门与受让人正式签订土地使用权出让合同，受让人按土地出让合同规定付清土地出让价款后，到市、县土地管理部门办理土地使用权登记手续，领取市、县人民政府颁发的国有土地使用证，取得土地使用权。

（2）招标出让国有土地使用权方式

土地使用权的招标出让，是由市、县土地管理部门向符合规定条件的单位发出招标邀请书或者向社会公布招标条件，通过合法招标，向经择优确定的中标者出让土地使用权。它分为邀请招标和公开招标。向符合规定条件的单位发出招标邀请的为邀请招标；通过公共传播媒介发出招标公告的为公开招标。招标出让的一般程序是：

①土地管理部门印制好《国有土地使用权投标须知》（附录11）、《土地使用权投标书》和《土地使用权出让合同》等文件，并制作好标箱等必要的工具。

②市、县土地管理部门向符合规定条件的单位发出《招标邀请书》或者向社会公开发布《招标公告》。

③有意参加投标者在规定时间里到指定地点领取招标文件。

④投标者在投标截止日期之前到指定的地点将密封的投标书投入标箱，并按土地管理部门的规定交付投标保证金。

⑤土地管理部门组织开标会议，按照招标公告或者招标邀请书规定的日期、地点，在公证员现场监证的情况下，当众开标、验标，宣布不符合投标规

定的标书无效。

⑥由土地管理部门组织招标机构评标、定标。

⑦中标人在接到中标通知书后，按规定的时间与土地管理部门签订土地使用权出让合同。

⑧中标人按土地使用权出让合同的规定付清地价款后，持土地管理部门出具的付清地价款的凭证，办理土地使用权登记手续，领取市、县人民政府颁发的国有土地使用证，取得土地使用权。

（3）拍卖出让国有土地使用权方式

拍卖出让国有土地使用权，是由市、县土地管理部门或者所委托的合法的拍卖机构，在指定的时间、地点，向符合规定条件的用地需求者公开叫价竞投，并以竞投的最高报价向该出价人出让土地使用权。拍卖出让的一般程序是：

①土地管理部门印制好国有土地使用权拍卖须知、土地使用权出让合同样式等文件，并在拍卖前不少于 30 天的时间里将土地使用权拍卖的有关事宜登报公告。

②有意参加拍卖竞投者按公告指示领取有关文件，并在规定的时间内向拍卖人提出书面竞买申请，交纳竞买保证金及相关材料。

③拍卖人收到竞买申请书后 3 日内向合格者发出通知书和拍卖文件及有关材料，对不符合竞买资格的，拍卖人应当将申请材料退回竞买意向人。

④拍卖人对符合资格的竞买人发给编号的竞买标志牌。竞买标志牌代表竞买人的资格。

⑤拍卖主持人按公告规定的时间、地点主持拍卖活动。

⑥竞得人应及时与土地管理部门签订拍卖成交确认书、土地使用权出让合同并按规定交付定金，余额按出让合同规定的时间、方式交付。

⑦竞得人付清地价款后，持土地管理部门出具的付清地价款的凭证，办理土地使用权登记手续，领取市、县人民政府颁发的国有土地使用证，取得土地使用权。

（4）挂牌出让国有土地使用权方式

该方式是指出让人发布挂牌公告，按公告规定的期限将拟出让宗地的交易条件在指定的土地交易所挂牌公布，接受竞买人的报价申请并更新挂牌价格，根据挂牌期限截止时的出价结果确定土地使用者的方式。挂牌出让的一般程序是：

①发布挂牌公告。挂牌公告应在挂牌起始日前 20 日发布。因特殊情况需要更改、补充或撤回公告的，应在挂牌公告起始日不少于 3 日前告知当事人。

②挂牌交易时间不得少于 10 个工作日。至挂牌交易截止日前，竞买人向

挂牌人提出书面报价竞价申请，交纳竞买保证金，并提交下列材料：营业执照副本；法定代表人证明；法定代表人的身份影印件；资信证明；委托竞买应当提供法人授权委托书；挂牌人认为应当提交的其他证明文件。

按公告告知可以邮寄报价竞价申请文件的，竞买人应当挂号邮寄，并且以挂牌交易截止日前挂牌人收到为有效。

③挂牌人收到竞买申请书后3日内向合格者发出通知书和挂牌文件及有关资料。对不符合竞买资格的，挂牌人应当将申请材料退回报价竞价意向人。

④在挂牌公告确定的挂牌起始日，挂牌人将挂牌宗地的位置、面积、用途、使用年限、规划要点、起始价、增价规则及增价幅度等，在土地有形市场挂牌公布。

⑤符合条件的竞买人填写报价单报价。

⑥挂牌人确认该报价后，更新显示挂牌价格；挂牌人继续接受新的报价。

⑦挂牌期限届满，按照下列规定确定是否成交：

a. 在挂牌期限内只有一个竞买人报价，且报价高于底价，并符合其他条件的，挂牌成交。

b. 在挂牌期限内有两个或两个以上的竞买人报价的，出价最高者为竞得人；报价相同的，先提交报价单者为竞得人，但报价低于底价者除外。

c. 在挂牌期限内无应价者，竞买人的报价均低于底价、均不符合其他条件的，挂牌不成交。

d. 在挂牌期限截止时仍有两个或者两人以上竞买人要求报价的，在土地有形市场举行挂牌宗地的现场竞价，出价最高者为竞得人。

⑧挂牌人与竞得人签署《挂牌成交确认书》、土地使用权出让合同，付款，登记，领取国有土地使用证，取得土地使用权。

（四）城镇国有土地使用权出让合同

1. 国有土地使用权出让合同的特点

国有土地使用权出让合同是出让人将国有土地地块的使用权在一定年限内按限定的用途和条件让与受让人进行开发、利用、经营，受让人在规定的期限内支付出让金，并在使用期满后将土地使用权及其地上建筑物、其他附着物的所有权无偿交给出让人而签订的协议。因此，国有土地使用权出让合同与其他经济合同相比具有以下三方面显著的特点。

（1）国有土地使用权出让合同的一方（出让方）是特定主体，出让土地必须按法定的程序进行。《城市房地产管理法》第八条、第十一条、第十二条第二款，《城镇国有土地使用权出让和转让暂行条例》第八条、第十一条、第十八条对此做了明确的规定。国家以土地所有者的身份出让国有土地使用权，出让宗地地块的方案由市、县人民政府会同有关部门拟订，报经有批准权的人民政府批准后，由市、县人民政府土地管理部门组织实施，并由市、县人民政府土地管理部门以国家产权代表人的身份与土地使用权受让人签订协议。

（2）国有土地使用权出让受制于国家宏观调控、总量控制，具有很强的计划性。因此土地使用权出让，必须符合土地利用总体规划、城市规划和年度建设用地计划，不能单纯追求眼前的经济效益而忽视国家的宏观调控、总量控制的方针。

（3）土地使用权出让合同属于附意合同（亦称附从合同），即一方权利受到一定的限制，需要依附对方的意思表示的一种合同。因为合同出让宗地地块的用途、年限和其他条件必须按照经过批准的计划方案的规定，作为合同的硬性条款，不得加以变更，只有出让金及其支付方式等才属于弹性条款，当事人双方可以协商。

2. 国有土地使用权出让合同的订立、变更和终止

（1）土地使用权出让合同的订立。所谓合同的订立，是指双方当事人就合同的主要条款经过协商一致，合同即告成立。土地使用权出让合同的订立与一般合同不尽相同，它因所采取的出让方式不同而有所不同。

采取拍卖方式出让土地使用权，在竞买人应价，拍卖人拍板成交时正式签订合同，合同即成立。

采用招标方式出让土地使用权，则在投标人中标并在规定时间内签订合同，合同即成立。

采用协议方式出让土地使用权，则在当事人双方经过协商一致达成协议时，合同即成立。

土地使用权出让合同订立后，经有批准权的人民政府批准，受让人按照出让合同约定期限支付全部土地使用权出让金，出让人按照合同约定，提供出让的土地使用权，受让人还需到出让宗地地块所在地的市、县人民政府土地管理部门办理出让登记手续，领取国有土地使用证。根据《物权法》的规定，不动产物权的设立、变更、转让和消灭，依照法律规定应当登记的，自记载于不动产登记簿时发生效力，不动产登记簿是物权归属和内容的根据。不动产权属证书是权利人享有不动产物权的证明。

（2）土地使用权出让合同的变更。土地使用权出让合同的变更，通常是由于土地使用者（受让人）要求改变出让合同规定的土地用途或者因规划建设的要求而引起的一系列内容的变更。

根据《城市房地产管理法》第十八条的规定："土地使用者需要改变土地使用权出让合同约定的土地用途的，必须取得出让方和市、县人民政府城市规划行政主管部门的同意，签订土地使用权出让合同变更协议或者重新签订土地使用权出让合同，相应调整土地使用权出让金。"

（3）土地使用权出让合同的终止。土地使用权出让合同终止的情形，一般有以下几种：土地使用权出让合同规定的年限届满；土地灭失致使土地使用权出让合同无法继续履行；土地使用者死亡而又无合法的继承人；人民法院或土地管理部门依法做出的没收土地使用权的判决、裁定或决定生效；国家根据社会公共利益的需要，依照法律程序提前收回土地使用权；应土地使用者的要求，土地管理部门同意提前终止土地使用权出让合同；法律、法规规定的其他情况。

对土地使用权出让合同终止的处理，根据其终止的情形不同，处理也不同。

因土地使用权出让合同期满而终止的，根据《城市房地产管理法》第二十一条、《城镇国有土地使用权出让和转让暂行条例》第四十条、第四十一条的规定，土地使用权出让合同约定的使用年限期满的土地使用权连同其地上建筑物及其他附着物的所有权一并由政府无偿收回。土地使用者需要继续使用土地的，应当至迟于期满前一年申请续期，经批准准予续期的，应当重新签订土地使用权出让合同，依照规定支付土地使用权出让金，并办理登记手续，取得续期的土地使用权。

土地因灭失而终止土地使用权出让合同的，根据《土地登记规则》的规定，土地使用者应持有关证明文件到土地管理部门申请注销登记。经土地管理部门审核，报县级以上人民政府批准，办理注销土地登记，收回国有土地使用证，解除出让合同规定的权利、义务关系。

因人民法院或土地管理部门做出的没收土地使用权的判决、裁定或处罚决定生效而终止土地使用权出让合同的，若当事人不履行已生效的判决、裁定或处罚决定，由人民法院强制执行或由做出处罚决定的土地管理部门申请人民法院强制执行。

国家根据社会公共利益的需要，依照法律程序提前收回土地使用权的，根据土地使用者使用土地的实际年限和开发土地的实际情况给予相应的补偿。

土地使用者死亡而又无合法继承人的，其土地使用权及其地上建筑物和其他随着物的所有权作为无主财产处理，由政府公告收回。

土地使用者要求提前终止土地使用权出让合同，并经土地管理部门同意的，办理土地使用权注销登记，其土地使用权及其地上建筑物和附着物的所有权由政府无偿收回。

3. 国有土地使用权出让合同的内容

土地使用权出让合同，一般分为宗地出让合同或成片开发土地出让合同和划拨土地使用权补办出让合同等几种。

土地使用权出让应当签订书面出让合同，合同应当具备下列主要条款：出让方及受让人的姓名或者名称、地址；出让土地使用权的坐落位置、宗地号、面积、界址及用途；土地使用年限及起止时间；交付土地出让金的数额、期限及付款方式；交付土地的时间；规划设计要点；项目开工、竣工时间；项目投资总额、单位用地面积投资强度；容积率、建筑系数；市政设施配套建设义务；使用相邻土地和道路的限制；转让、出租和抵押土地使用权的条件；不可抗力对合同履行造成影响的处置方式；违约责任；合同适用的法律及合同争议的解决方式；土地使用条件等。

除此之外，宗地出让合同往往还包括出让土地的建设项目及其建设进度等方面的规定；工业建设项目受让宗地中，用于企业内部行政办公及生活服务设施的用地占受让宗地面积比例的规定；成片开发土地出让项目包括总体规划、成片开发规划、公共设施等方面的规定；划拨土地使用权补办出让合同包括原划拨土地的位置、面积、四至、界址，现补办出让的面积、应补交地价款及评估等方面的规定。各具体出让合同，往往还会有一些双方当事人认为必要的其他条款。

4. 国有土地使用权出让合同当事人的权利和义务

土地使用权出让合同的当事人是出让方和受让方。由于土地出让者在一定年限，一定条件下将土地使用权让渡给土地使用者，而不是土地的买断，国家始终保持对土地的最终处置；所以，土地使用权出让合同的内容，必然是制约土地使用者的。对出让方的制约主要是按合同的规定提供土地使用权。这也是土地作为特殊商品出让合同区别于一般商品买卖合同的主要特征。土地使用权出让合同当事人的权利和义务主要如下：

（1）出让方的权利和义务。出让方的权利主要有：要求受让方按合同规定按时上缴出让价款，否则有权解除合同并请求违约赔偿；在合同履行过程中对受让方利用土地的情况行使监督检查权；对受让方不按合同规定使用土地或者连续两年不投资建设的，或受让人按照合同约定日期动工建设，但已开发建设面积占建设总面积比例不足三分之一，或已投资额占总投资额不足25%，且未经批准终止开发建设连续满一年的，行使警告、罚款直到无偿收回土地使用权的处罚权；合同规定的出让年限期满，无偿收回土地使用权，并同时取得其地上的一切不动产所有权；对合同的争议享有提请有关仲裁机构仲裁或向人民法院起诉的权利。

出让方的义务主要有：按合同规定提供土地使用权；执行有关仲裁机构或人民法院对合同争议所做的仲裁决定或判决、裁定；遇有不可抗力造成合同不能履行或者不能全部履行以及需要延期履行的情况，应及时将理由及情况通报对方当事人。

（2）受让方的权利和义务。受让方的权利主要有：要求出让方按合同规定提供土地使用权，否则有权解除合同并请求违约赔偿；对合同的争议享有提请有关仲裁机构仲裁或者向人民法院起诉的权利；在不违反合同的情况下，享有独立行使土地使用权并排除不法干扰的权利。

受让方的义务主要有：按合同规定缴纳出让价款，并办理土地登记手续；按合同规定对土地进行开发、利用、经营，如需改变合同规定的土地用途，须经出让方同意并经有关部门批准；必须达到合同规定的条件，方可转让、出租、抵押土地使用权；遇有不可抗力致使合同不能履行或者不能全部履行以及需要延期履行时，应采取必要的补救措施尽力减少损失，并及时将有关情况及其理由通报出让方；出让合同届满，及时交还土地使用证和办理土地使用权注销手续，并无偿交付地上建筑物及其他附着物；接受出让方对合同履行情况的监督、检查。

三、城镇国有土地使用权转让管理

（一）土地使用权转让的概念及其特征

1. 土地使用权转让的概念

土地使用权转让是指以出让方式取得的国有土地使用权在民事主体之间再转移的行为，是平等民事主体之间发生的民事法律关系。土地使用权转让的基本形式有出售、交换和赠予。

（1）出售。出售即买卖，是指当事人约定一方将财产权转移给他方，他方支付价金的行为。土地使用权的出售必须是符合法定条件的国有土地使用权者的行为，并且按照平等、自愿、等价有偿的原则，由双方当事人通过协商，招标或拍卖成交。

（2）交换。在民法上交换也称"互易"，就是以物换物。土地使用权的交换是指当事人双方交换各自具有使用权的土地，不同于以款项支付方式的土地使用权的买卖，但当事人双方的法律地位与买卖的当事人双方相当。

（3）赠予。赠予指赠予人一方自愿将自己的财物无偿地交给受赠人一方的行为。土地使用权的赠予是赠予人（国有土地使用权原受让人或者再受让人）将土地使用权无偿转移给受赠人的行为，受赠人成为土地使用权新的受让人。与出售一样，赠予的只是土地使用权，土地所有权仍归国家。

2. 土地使用权转让的特征

（1）土地使用权转让是发生在平等民事主体之间的民事法律行为，是当事人之间进行的民事活动，遵循平等、自愿、等价有偿、诚实、信用、不损害社会公共利益等民事活动基本原则。

（2）土地使用权转让，只是转让一定年限（有效出让年限内）的国有土地使用权，所有权仍属于国家。这是由我国的社会主义土地公有制性质所决定。

（3）土地使用权转让时，原受让人同时转让了该土地使用权出让合同中规定的权利和义务，新的受让人成为出让合同规定的权利和义务的新的承受者。在香港，称为"认地不认人"。即土地使用权可以多次转让，但无论转让到谁的手里，土地使用者与国家的权利、义务关系也随之转移。《城镇国有土地使用权出让和转让暂行条例》第二十一条规定："土地使用权转让时，土地使用权出让合同和登记文件中所载明的权利、义务随之转移。"这就是要求新的土地使用权受让人使用土地必须按照国家与原受让人之间订立的土地使用权受让合同进行，不得随意改变。

（4）土地使用权与其地上建筑物、附着物在转让时不可分离。即土地使用权转让，其地上建筑物必须同时转让；地上建筑物转让，土地使用权也同时转让，但地上建筑物和其他附着物作为动产转让的除外。

（二）土地使用权转让的条件、内容和程序

《城市房产地管理法》和《城镇国有土地使用权出让和转让暂行条例》对土地使用权转让的含义、条件、内容和转让的程序做了明确的规定。

1. 土地使用权转让的条件土地使用权转让的条件

（1）直接通过出让方式取得土地使用权的转让条件。《城市房地产管理法》第三十八条对直接通过出让方式取得土地使用权的转让条件做了如下规定：按照出让合同约定已经支付全部土地使用权出让金，并取得土地使用证书；按照出让合同的约定进行投资开发，属于房屋建设工程的，完成开发投资总额的 25%以上。转让房地产时房屋已建成的，还应当持有房屋所有权证书。

（2）以划拨方式取得的土地使用权转让的条件。首先应当报经有批准权的人民政府审批。有批准权的人民政府准予转让的，有两种处置方式：①由受让方办理土地使用权出让手续，并依照国家规定缴纳土地使用权出让金，受让方由此取得出让土地使用权；②有批准权的人民政府按照国务院规定，决定可以不办理土地使用权出让手续的，转让方应当将转让划拨土地使用权所获土地收益上缴国家或做其他处理。

对土地使用权转让条件作上述明确的限制性规定，这与国家出让土地使用权的立法宗旨是一致的，即出让的目的在于合理开发、利用、经营土地，提高土地利用效益，促进城市建设和经济发展。土地使用者不得非法转让土地渔利，否则要承担相应法律责任。

2. 土地使用权转让的内容

国有土地使用权转让的内容主要有以下几方面。

（1）权利、义务转移。土地使用权转让时，国有土地使用权出让合同和登记文件中所载明的权利、义务随之转移给新的受让人。

（2）建筑物、附着物转让。国有土地使用权转让时，其地上的建筑物、其他附着物随之转让；土地使用权者转让地上建筑物、其他附着物所有权时，其使用范围内的土地使用权随之转让，但地上建筑物、其他附着物作为动产转让的除外。

（3）使用期限。受让国有土地使用权的使用年限为国有土地使用权出让合同规定的使用年限减去原使用者已使用年限的剩余年限。

（4）转让价格。对于国有土地使用权转让价格，如明显低于市场价格的，市、县人民政府有优先购买权。如市场价格不合理上涨时，市、县人民政府可以采取必要的措施，平稳价格。土地使用权与地上建筑物、其他附着物一同转让的，其价格应分别作出评估，一同支付。

3. 土地使用权转让的程序

法律虽没有对土地使用权转让程序作出具体的规定，但规定了以下几项转让的必经程序。

（1）转让方与受让方签订土地使用权转让书面合同。

（2）转让方协同受让方办理土地使用权和地上建筑物、其他附着物所有权转让的过户登记，转让方办理注销登记。

（3）分割转让土地使用权和地上建筑物、其他附着物所有权以及转让划拨土地使用权，向市、县人民政府土地管理部门和房产管理部门申请批准。

（4）经批准同意转让划拨土地使用权的，应补办土地使用权出让手续，补签出让合同及补交出让金，或者将转让土地使用权所获土地收益上缴国家。

（三）土地使用权转让合同

土地使用权转让应当签订书面转让合同。土地使用权转让合同是当事人之间设立、变更、终止土地使用权转让法律关系的协议，由当事人自愿签订，并且基于双方当事人意思表示一致，合同就成立。当事人双方的法律地位是平等的，转让合同签订后，确立了权利义务关系，转让方给付土地使用权，受让方支付价款，协同完成土地使用权转移的权利义务。

土地使用权转让合同的内容，是指双方当事人协商一致达成协议的各项条款。合同的内容是双方当事人享有权利、承担义务的法律依据，依据。也是确定合同合法性和有效性的重要

1. 标的

合同的标的指的是双方当事人权利义务所共同指向的对象。土地使用权转让合同的标的，就是相应的某地块的土地使用权。转让合同的标的必须清楚、明确、具体，所涉及地块必须按出让合同的规定写明具体位置、面积、使用年限、规划用途等详细情况。另外附带转让的地上建筑物、附着物也是合同标的的组成部分。

2. 价款

土地使用权转让合同的价款是受让土地使用权的一方向另一方支付的地价。在互易和赠予合同中，价款不是它们必备的条款。价款由当事人双方在有资格认定的物业估价事务所评估的价格的基础上协商确定。

3. 合同的期限

合同的期限是合同具有法律效力的时间范围，包括合同签订期、有效期。转让合同有效期一般为合同生效之日至出让合同规定的最后使用日的这段时间。转让合同的生效日为双方当事人签订合同之日或另外约定的特定日。对法律规定须经批准才允许转让的，批准之日为合同生效日。

4. 合同的履行方式

合同的履行方式是合同义务具体履行的方法。根据合同的内容等因素，土地使用权转让合同当事人，要对如何申请登记及支付地价款等合同履行方式作出明确规定。双方当事人必须按照合同规定的方式履行义务。在土地使用权转让合同中，可以采取一次性全部履行的方式，即当事人一次性履行完全部义务，也可以采用部分地分期履行的方式履行合同约定的义务。

5. 违约责任

违约责任是指当事人违反合同规定所应承担的法律责任。当事人双方应在合同中明确规定一方违约时的具体责任，以促使当事人双方自觉、全面、及时地履行合同，保证当事人的合法权益不受他方违法行为的损害。

四、城镇国有土地使用权出租管理

（一）土地使用权出租的概念及其特征

1. 土地使用权出租的概念

土地使用权出租是指合法取得国有土地使用权的民事主体（即出租人）将土地使用权及地上建筑物、其他附着物全部或部分提供给他人（承租人）使用，承租人为此而支付租金的行为。

2. 土地使用权出租的法律特征

土地使用权出租的法律特征表现为以下几方面。

（1）土地使用权出租是一种民事法律行为，与土地使用权转让一样，遵循平等、自愿、等价有偿、诚实、信用等民法原则。

（2）土地使用权出租是出租人在保留土地使用权的前提下，把部分土地使用权能租赁给他人使用，并收取租金，不发生作为物权的整个的转移。

（3）出租地块必须是合法取得且法律允许出租的地块。通过出让方式取得的土地使用权的民事主体可以依法出租土地使用权。以划拨方式取得国有土地使用权的民事主体以营利为目的出租房屋的，应当补办划拨土地使用权出让手续，否则应当将租金中所含土地收益上缴国家。

（4）土地使用权出租后，出租人仍需继续履行出让合同规定的义务。《城镇国有土地使用权出让和转让暂行条例》第三十条明确规定："土地使用权出租后，出租人必须继续履行土地使用权的出让合同。"

（5）土地使用权出租主体（出租人）是通过出让或者转让而取得土地使用权的受让人，不同于土地所有人——国家或代表的出让主体，这也是土地使用权出租的法律特征之一。

（6）土地使用权出租，必须将出租土地上的建筑物、其他附着物连同土地使用权一并出租，而民法上的财产租赁合同无此限制。

（二）土地使用权出租合同

土地使用权出租合同（租赁合同）是土地使用权人（即出租人）将土地使用权随同地上建筑物和其他附着物一并交给他人（承租人）使用，承租人向出租人支付租金，并在租赁关系终止时返还所租土地使用权的协议。土地使用权出租合同不得违背国家法律、法规及土地使用权出让合同的规定。出租合同须到有权登记机关办理登记才生效。

1. 出租合同的主要条款

土地使用权出租合同的主要条款有：

（1）出租合同的标的。是指出租的土地（含地块的位置、四至、面积、用途等）。

（2）租期。即出租土地使用期限，应在合同中明确规定，也可不约定，只要承租人按合同规定支付租金和使用，合同就继续。最长出租期限为出让合同规定的出让期限减去出让合同生效后有关土地使用权受让人已经使用年限的余额。短期租赁期限以3～5年为宜。年租期限一般以1年为期限。

（3）租金。因不同地块而有差别。目前，国家没有统一规定租金标准，当事人双方应到土地评估机构进行地价评估，确定合理的租价，或根据土地市场供需状况，协商确定。

（4）使用条件。所出租地块的使用条件一般由出让合同予以专门规定；所出租地块必须按照出让合同的规定，由出租人向土地所有者或其代表提出申请。出租合同无权改变出让合同规定的土地使用条件。

（5）违约责任。

2. 违反土地使用权租赁合同的责任

违反土地使用权租赁合同的责任，是合同一方或双方当事人违反租赁合同和有关租赁法律规定而承担的法律后果。责任承担的具体方式应在合同的违约条款中作具体的约定。

（1）土地使用权出租合同经到有权登记机关登记生效后，出租人应按合同规定将土地使用权交付承租人使用，不按时交付，应偿付违约金。

（2）出租人未按合同约定的使用标准提供土地，使承租人达不到对土地的承租使用目的，承租人有权要求出租人降低租金或者解除合同，并赔偿由此而造成的损失。

（3）承租人不按合同规定或约定数额、期限交付租金时，除补交租金，应偿付违约金。

（4）由于承租人使用不当，造成租赁地块使用条件破坏的，承租人如不能使其恢复原有状况，应承担赔偿责任。

（5）承租人将租赁土地非法转租或进行非法活动的，出租人有权解除合同。

五、城镇国有土地使用权抵押管理

（一）土地使用权抵押的概念及其作用

1. 土地使用权抵押的概念

土地使用权抵押是指土地使用权人不转移财产的占有，而以土地使用权作为履行债务的担保，当土地使用权人不能按期履行债务时，债权人享有从变卖土地使用权的价款中优先受偿权的债务担保形式。在土地使用权上所设定的是土地使用权抵押权。

2. 设立土地使用权抵押的作用

土地使用权抵押在经济生活中有积极的作用，主要表现在：

（1）对债务人（即土地使用权人）来说，一方面他们通过抵押权的设立取得所需资金，用于土地的开发建设，达到利用土地及使土地增值的目的；另一方面，由于抵押权的设立，无须转移占有供担保的土地，债务人又可以继续对土地在开发建设的基础上进行占有、使用和收益，土地的双重效用得以发挥。

（2）对债权人来说，土地不转移占有，既免除了对抵押地块的责任，又在债务人到期未能履行债务时，通过处分土地使用权，发挥抵押权的担保作用而获得优先于其他债权人受偿的权利，从而保障了债权人的利益。

综上所述，土地使用权抵押使资金融通更为便利，为在土地开发经营领域的土地开发者提供了筹资渠道，从而推动和活跃了土地开发经营活动。

（二）城镇国有土地使用权抵押的法律规定

《城镇国有土地使用权出让和转让暂行条例》《物权法》关于土地使用权抵押有如下规定。

1. 抵押权的设立与登记

可以设立抵押的财产为建设用地使用权，建筑物和其他地上附着物；以招标、拍卖、公开协商等方式取得的荒地等土地承包经营权；法律、法规未禁止抵押的其他财产。

　　土地使用权抵押时，其地上建筑物、其他附着物随之抵押。地上建筑物、其他附着物抵押时，其使用范围内的土地使用权随之抵押。设立抵押权，当事人应采取书面形式订立抵押合同。土地使用权和地上建筑物、其他附着物抵押，应按规定办理抵押登记。抵押权自登记时设立。

2. 抵押权实现后登记

　　抵押权实现后的登记涉及三个方面的内容。①抵押权因债务如期履行或者其他原因使抵押权归于消灭的注销登记。《城镇国有土地使用权出让和转让暂行条例》第三十八条规定："抵押权因债务清偿或者其他原因而消灭的，应当依照规定办理注销抵押登记。"②因处分土地使用权而取得土地使用权和地上建筑物、其他附着物所有权的过户登记。③以划拨土地使用权设定的抵押权，处分土地使用权时，应补办出让手续，补交出让金。

（三）土地使用权抵押合同

1. 抵押合同的概念

　　土地使用权抵押合同是指土地使用权人（即债务人）与债权人签订的关于以土地使用权作抵押以担保债务履行的书面协议。土地使用权抵押应当签订抵押合同。抵押合同不得违背国家法律、法规和土地使用权出让合同的规定。

2. 抵押合同的特征

　　土地使用权抵押合同具有如下法律特征：

　　（1）抵押合同是从属合同，附属于以担保债务为内容的主合同，随主合同的成立而成立，随主合同的消灭而消灭。

　　（2）土地使用权抵押合同只能由土地使用权人与债权人签订，土地使用权人与债务人须为同一人。

　　（3）抵押合同是抵押权的设定行为，直接导致抵押权产生，是抵押权成立的要件之一。

　　（4）抵押合同经有权登记机关登记而生效，其有效期限为抵押登记3个月至出让合同规定的最后使用日止。由于抵押权实现（处分）往往需要一定的时间，因此，抵押权的实现期限应以转让土地使用权出让合同规定的最后使用日为限。

3. 抵押合同的条款

　　土地使用权抵押合同应载明下列条款：

　　（1）抵押人、抵押权人的名称、依据。

　　（2）主合同的主要内容。

　　（3）抵押土地的位置、面积、用途、有效使用期限和其他条件。

　　（4）当事人双方的权利义务。

　　（5）当事人双方约定的其他事项。

4. 违反抵押合同的法律责任

违反土地使用权抵押合同的法律责任是指抵押当事人一方或双方违反抵押合同约定的权利义务而应承担的法律上的责任。承担抵押合同法律责任的形式有以下几种：停止侵害、消除危险、恢复原状、赔偿损失、重新提出担保等。

由于土地使用权抵押不转移对地块的占有，当事人双方一般均在抵押合同中约定，抵押人有保持土地完整性即保持其抵押时担保价值的义务，当抵押人没尽到保管责任致使第三人的不当行为造成抵押地块使用价值损害时，抵押人应承担要求第三人停止侵害、消除危险的责任，第三人应自行停止侵害，否则抵押人和抵押权人均可申请法院限制侵害人的侵害行为。由于抵押人自身的原因，如没有按出让合同规定的使用条件使用土地，造成抵押土地价值受到损害的，抵押人应承担恢复原状即恢复原有价值的责任，如不能恢复原有使用价值，抵押人应重新提出与减少价值相当。

第四节　农村集体土地所有权、使用权的确认与流转管理

一、农民集体土地所有权与使用权的确认

（一）农民集体土地所有权、使用权的取得

1. 农民集体土地所有权的取得

在土地改革和农业合作化的基础上，建立农民集体土地所有制。然后，通过法律规定了与集体土地所有制相适应的集体土地所有权。根据《土地管理法》第十条规定，农民集体土地所有权的主体是村农民集体、村民小组农民集体、乡（镇）农民集体。据此，它们取得了归其所有的土地所有权。

农民集体土地所有权实质上是农民集体对属其所有土地的共同共有关系。即农民集体对属其所有的土地同享有所有权，但集体内的成员则不能各有其自己应有部分土地。

2. 农民集体土地使用权的取得

农民集体土地使用权通过下列方式取得：

（1）依法承包经营取得。农村集体经济组织成员（农户）依法承包由本集体经济组织发包的耕地、林地、草地等，从而取得承包地使用权。

（2）通过招标、拍卖、公开协商等方式取得。属农村集体所有的荒山、荒沟、荒丘、荒滩等，由单位或个人通过招标、拍卖、公开协商等方式，取得土地使用权。本集体经济组织成员享有优先承包权。

（3）依法用于非农业建设。农村兴办乡（镇）企业、村办企业，依法取得

非农建设用地。

（4）依法用作宅基地、自留地、自留山。根据有关法律规定，农村集体经济组织有权将本组织 10%～15% 的耕地，作为自留地分配给本组织成员长期使用。在有柴山和荒坡的地方，可分配给成员（农户）适当数量的自留山长期使用。农户对自留地、自留山、宅基地只有使用权，但无所有权。

（5）其他方式取得。

（二）农民集体土地所有权、使用权的确认

1. 农民集体土地所有权的确认

依据《土地管理法》第十一条以及《土地管理法实施条例》第四条的规定，"农民集体所有的土地，由土地所有者向土地所在地的县级人民政府土地行政主管部门提出土地登记申请，由县级人民政府登记造册，核发集体土地所有权证书，确认所有权"，可以确认农民集体土地的所有权。

2. 农村土地承包经营权的确认

首先，土地承包的程序要合法；其次，要签订承包合同；最后，要进行承包地发证、登记。

（1）土地承包的程序。土地承包的程序是：①由本集体经济组织成员的村民会议选举产生承包工作小组；②承包小组依法拟订并公布承包方案；③依法召开本集体经济组织成员的村民会议，讨论通过承包方案；④公开组织实施承包方案；⑤签订承包合同。

（2）签订承包合同。发包方与承包方签订书面承包合同，合同一般包括以下内容：①发包方、承包方的名称，发包方负责人和承包方代表的姓名、住所；②承包土地的名称、坐落、面积、质量等级；③承包期和起止日期；④承包土地的用途；⑤发包方和承包方的权利和义务；⑥违约责任。

承包合同自成立之日起生效。承包方自承包合同生效时，取得土地承包经营权。

（3）承包地登记、发证。由县级以上人民政府向承包方颁发土地承包经营权证，并登记造册，确认土地承包经营权。

《农村土地承包法》第二十条规定，耕地的承包期为 30 年，草地的承包期为 30～50 年，林地的承包期为 30～70 年，特殊林木的林地承包期，经国务院林业行政主管部门批准可以延长。

根据《农村土地承包法》第十三条和第十四条，承包地发包方享有的权利是：①发包本集体所有的或者国家所有依法由本集体使用的农村土地；②监督承包方依照承包合同约定的用途合理利用和保护土地；③制止承包方损害承包地和农业资源的行为等。发包方承担的义务是：①维护承包方的土地承包经营权，不得非法变更、解除承包合同；②尊重承包方的生产经营自主权，不得干

涉承包方依法进行正常的生产经营活动；③依照承包合同约定为承包方提供生产、技术、信息等服务；④执行县、乡（镇）土地利用总体规划，组织本集体经济组织内的农业基础设施建设等。

根据《农村土地承包法》第十六条和第十七条规定，土地承包方享有的权利是：①依法享有承包地使用、收益和土地承包经营权流转的权利，有权自主组织生产经营和处置产品；②承包地被依法征用、占用的，有权依法获得相应的补偿等。承包方应承担的义务是：①维持土地的农业用途，不得用于非农建设；②依法保护和合理利用土地，不得给土地造成永久性损害等。

3. 农村集体建设用地使用权的确认

根据《土地管理法实施条例》第四条规定，农村集体所有的土地依法用于非农业建设的，由土地使用者向土地所在地的县级人民政府土地行政主管部门提出土地登记申请，由县级人民政府登记造册，核发集体土地使用权证书，确认建设用地使用权。

（三）农民集体土地所有权的变更、使用权的收回

1. 农民集体土地所有权的变更

根据《土地管理法实施条例》第二条规定，下列情况可将农民集体所有的土地转变为国有土地。

（1）农村集体经济组织全部成员转为城镇居民的，原属于其成员集体所有的土地转变为国家所有。

（2）因国家组织移民、自然灾害等原因，农民成建制地集体迁移后不再使用的原属于迁移农民集体所有的土地，转变为国家所有。

（3）国家依法征收农民集体土地，并给予补偿，征收后的农民集体土地所有权转变为国家土地所有权。

2. 农民集体土地使用权的收回

（1）因撤销、迁移等原因而停止使用土地的。如承包期内，承包方全家迁入设区的市，转为非农业户口的，应将承包的耕地和草地交回发包方。承包方不交回的，发包方可以收回承包的耕地和草地，并对其在承包地上的投入，给予相应的补偿。承包期内，承包方可以自愿将承包地交回发包方，但在承包期内不得再要求承包土地。

（2）乡（镇）村公共设施和公益事业建设，需要使用土地的，可依法收回土地使用权。

（3）因不按照批准的用途使用土地的，可依法收回土地使用权。

二、农村集体土地使用权流转的含义、背景和形式

农村集体土地使用权流转是指农村集体土地使用权在不同的主体之间的

流动和转移。农村集体土地使用权可区分为农用地使用权和非农用地使用权。

（一）农村集体农用地土地使用权流转的含义、背景和形式

1. 农村集体农用地使用权流转的含义

农村集体农用地使用权流转是指属农民集体所有的农、林、牧、渔用地使用权在不同使用者之间的流动和转移。

2. 农村集体农用地使用权流转现象发生的背景

近年来，在我国，尤其在经济发达地区出现了大量农村集体农用地使用权流转现象。这种现象发生的背景是：

（1）社会经济发展、产业结构转换的结果。近年来，我国经济的高速发展推动着产业结构的转换，二、三产业的比重迅速增加，使大批农业劳动力流向二、三产业，将原承包地转包他人，产生了土地使用权流转现象。

（2）城镇化水平不断提高的必然趋势。1949年我国城市化率为10.64%，设市城市136座。1978年，设市城市增加到220座，城市化率提高到17.92%。近年来随着经济的快速发展，城市化进程显著加快，2012年我国城镇化率首次超过50%，达到52.57%。这说明我国已有大量农业人口向城镇迁移、定居，特别在经济发达的东南沿海地区，农村人口转变为城镇人口的过程更加迅速，从而出现了大量土地使用权流转现象。今后，随着我国经济的不断发展、户籍制度的改革，城镇化进程还会加快，土地使用权流转的现象将更加普遍。

（3）计划经济体制向市场经济转变的必然产物。实现向市场经济的转变，必须培育要素市场，这样就会促使劳动力、资金、土地等要素流动起来。劳动力、资金、土地三要素是相互影响，互为依托的，劳动力、资金的流动，必然需要土地流动。只有劳动力的流动而无土地的流动，就会使土地处于闲置状态。同样，没有土地流动，资金投入就没有载体。只有三者都流动起来，才能实现计划经济向市场经济的转变。

（4）提高土地利用效率，参与市场竞争的客观需要。目前，我国农村绝大多数是一家一户的小规模生产，使农业在采用新技术，获取市场信息，降低生产成本，提高农产品技术含量方面受到很大的限制，是造成农用地利用效益低下的主要原因之一，特别是加入世界贸易组织后，我国农产品除了参与国内市场竞争外，还将面临国际竞争。为了在竞争中立于不败之地，就要提高土地资源配置效率，从而发生土地资源重组现象，如土地使用权流向专业大户、家庭农场、农民合作社、农业企业等。

3. 农村集体农用地使用权流转的形式

流转形式主要有以下几种：

（1）转包。农户将自己的承包地，通过协商转包给同一集体经济组织的其他农户经营，收取一定的转包金，转包后，原土地承包关系不变，原承包方继续履行原土地承包合同规定的权利和义务，接包方按转包时约定的条件对转包方负责。转出户多为缺乏劳力或在乡镇企业就业的农户。据湖北省农村固定观测点资料，自 1988 年至 1993 年对 1 500 多农户的调查表明，农户转包面积约占农户经营耕地面积的 6% 左右。

（2）租赁。承包方将部分或全部土地承包经营权以一定期限租赁给该农村集体经济组织以外的人员，从事农业生产，并收取地租。承租人大多来自经济落后地区，他们向经济发达地区的农村转移，并租种已转移到非农产业的农户的承包地。林果用地出租一般租期较长，如广西北海市合浦镇于 1993 年将 2 700 公顷的集体土地以 50 年期限出租给某公司兴办水果基地。

（3）"四荒"拍卖。"四荒"，一般是指荒山、荒沟、荒丘、荒滩。1983 年山西柳林县龙门垣乡中垣村以 1750 元价格将 10.4 公顷"四荒"使用权拍卖给了本村农民李马才，开创了全国"四荒"拍卖第一例。截至 1997 年底，我国已有 21 个省、自治区、直辖市拍卖了"四荒"使用权，拍卖面积达 377 万公顷，收取拍卖金 7.9 亿元，参与购买的农户 304 万户。这种形式流转的土地使用权，使用期限一般为 30~70 年，购买者多为农民和机关团体，"四荒"地经过治理，开发为林地、果地、耕地，大大地提高了土地利用率。

（4）承租转包或返包。该种土地使用权流转形式有两种情况：①农村集体从无力经营土地的农户那里租回承包地，再转包给种田能手，以提高土地经营规模效益；②公司以一定的代价将农户的承包地承租过来，再对所租土地通过规划，进行农田基本设施建设，然后再切块承包给农户耕种。公司和农户之间签订承包合同。农户按公司要求的品种种植，并将产品全部卖给公司。公司向农户提供种子、技术服务和按价收购农户产品。如河南科迪食品集团与该省虞城县利民乡采用承租返包模式种植芦笋，至 1999 年芦笋种植基地已达 200 公顷。此种模式取得较好的效果。

（5）转让。该种流转形式是土地使用者在获得一定期限的土地使用权并投资开发后，将余期土地使用权再转移的行为。例如农户在获得"四荒"地使用权，经过一段时间投资开发后，向其他农户转让余期土地使用权。转让后，原土地承包关系自行终止。

（6）入股。农民在自愿互利原则下，以土地使用权折价入股联合，使农民对土地的占有形式由实物形态变为货币形态，推动股权流转、集中，形成规模经营。例如，辽宁省海城市西柳镇，保留口粮田后，将承包田转变为股份田，设集体股占 30%，个人股占 70%，实行招标承包，按股分红。该镇 75% 以上的农户不承包土地，专门从事二、三产业，从而使土地向种田大户转移。该种形式入股的是土地使用权，承包者以投标金作为对放弃承包地使用权农户的补偿。

（7）合作经营。黑龙江省方正县安乐村，为便于机耕，农户将承包地连片，成立合作社，地仍归自己，但统一经营，大大提高了生产效率，过去 300 户种 1 万亩地，合作后 30 人种 1 万亩地。

（8）互换。农户之间为了方便耕作等需要，对属于同一集体经济组织的承包地块进行交换，同时交换相应的土地承包经营权。

（二）农村集体建设用地使用权流转的含义、背景和形式

1. 农村集体建设用地使用权流转的含义

农村集体建设用地使用权流转是指农村集体建设用地使用权在不同的主体之间的流动和转移。集体建设用地可区分为存量建设用地和增量建设用地。前者是指已被土地使用者合法取得建设用地使用权的土地，其利用现状就是建设用地；后者是指已被土地利用总体规划和乡（镇）村建设规划确定为建设用地的土地，但其利用现状可能是农地。本节涉及的是存量建设用地，而非增量建设用地。

2. 农村集体建设用地使用权流转现象发生的背景

（1）社会经济发展，农村人口向城镇转移。社会主义经济的发展，需要大量的建设用地，不仅国有建设用地进入土地市场流转，集体建设用地也被卷入土地市场流转。同时，农民进城务工、经商的人数增多，他们向城乡接合部的农户租赁、购买房屋，作为经营和居住场所。随着房屋的交易，发生了土地使用权流转的现象。例如，由于珠江三角洲经济的迅猛发展，广东省出现了大量集体建设用地流转现象，被称为"广东模式"。

（2）土地市场的发育，激发农民实现土地价值的内在追求，导致集体建设用地使用权流转。自 1987 年深圳市以协议、招标、拍卖方式分别出让三幅国有土地的使用权以来，我国土地市场经历了 20 余年的发展，对土地资源的配置和土地价值的实现起着重要作用。随着农村经济的发展，农民市场观念的增强，他们开始将一些利用不充分或闲置的建设用地，通过土地市场实现其价值，以增加收益。这也导致了集体建设用地使用权的流转。

（3）政策导向，引领集体建设用地逐步入市流转。中共十八届三中全会《关于全面深化改革若干重大问题的决定》提出，在符合规划和用途管制前提下，允许农村集体经营性建设用地出让、租赁、入股，实行与国有土地同等入市、同权同价。

（4）集约用地，提高土地利用率，保护耕地，要求集体建设用地有序流转。随着农村经济的发展，农民生活水平的提高，不少地区设立了工业园区，修建了农民新居，原乡镇企业旧址、旧宅基地等变成了闲置土地，甚至

出现了"空心村"。为了集约用地，提高土地利用率，须通过集体建设用地使用权流转，挖掘土地利用潜力，增加土地供给，减少占用耕地的压力。

综上可见，农村集体建设用地使用权流转有利于建立全国统一、开放、竞争、有序的土地市场，有利于盘活集体存量建设用地，增加建设用地有效供给，减少建设占用耕地的压力，有利于深化土地管理制度改革，完善现行土地法规。

3. 农村集体建设用地使用权流转的形式

农村集体建设用地使用权流转的形式主要为转让、出租、抵押、入股等，具体可分为下列几种情况：

（1）乡镇企业合并、兼并、迁移及股份制改造中的集体建设用地使用权转让、出租。

（2）因企业倒闭或债权债务原因，通过司法裁定，使集体建设用地使用权发生转移。

（3）乡（镇）村以集体建设用地使用权作价入股、联营形式兴办各种企业，发生建设用地使用权流转现象。

（4）农民以转让、出租房屋形式，连带转让、出租建设用地使用权。

（5）农民将土地征收时分配给他们的安置留用地的使用权出租或转让。

（6）其他。

三、农村集体土地使用权流转管理

（一）农村集体土地使用权流转管理的原则

1. 农村集体土地使用权流转应具备的条件

（1）当地二、三产业发展较快，农村剩余劳力得到转移是土地使用权流转的前提条件。

当前，对农民来说，承包地仍然是他们的主要经济来源，并承担着社会保障职能，稳定承包地使用权是促进农村经济发展，维护社会稳定的必然选择。只有在当地二、三产业得到较快发展，可以容纳农村剩余劳动力就业时，土地使用权才会发生流转，否则，农民是不会放弃具有就业功能、生活保障功能、社会福利保障功能的承包地使用权的。

（2）明晰的土地产权是农村集体土地使用权流转的必备条件。首先，应明晰农村集体土地所有权。目前，有关法律明确农村集体土地属三级"农村集体"所有，但对"三级"各自的权利和利益的界定较模糊。所有权主体及其权能不清，就会导致农户土地使用权的不稳定，严重阻碍土地使用权的流转。农民的土地使用权及其所包含的具体权利应通过立法加以明确规定，从而稳定土地关系，减少纠纷，降低土地使用权流转的成本。

（3）完善的法律法规是农村集体土地使用权流转的法律保证。农村集体土地使用权流转的适用范围、条件、途径、当事人的权利、义务、监督管理、法律责任等，应颁布相应的法律法规加以明确规定，以作为农村集体土地使用权流转的法律依据和保证。

（4）农村土地分等定级和价格评估是农村土地使用权流转的技术支持。农村集体土地使用权流转应在国家宏观调控下通过市场机制有序进行，这必然涉及土地质量等级和土地价格问题，因此，开展农村土地分等定级和价格评估工作，是农村土地使用权流转必不可少的技术条件。

2. 农村集体土地使用权流转管理应遵循的原则

（1）因地制宜原则。农村集体土地使用权流转必须具备一定的条件，即当地经济，尤其是二、三产业发展较快，能够容纳相当数量的农村剩余劳动力，并使他们获得稳定的收入和社会保障。只有具备这些条件的地区，土地使用权流转才能顺利进行，农地配置效率才会显现出来。因此，对农村集体土地使用权流转管理必须因地制宜，切忌"一刀切"。

（2）依法、自愿原则。农村集体土地使用权流转必须坚持依法、自愿原则。我国有关政策规定，农民集体所有建设用地使用权流转，必须符合规划并严格限定在依法取得的建设用地范围内。农民集体所有的土地由本集体经济组织的成员承包经营，土地承包经营期限为 30 年。在原定承包期到期后再延长 30 年不变。在土地承包经营期限内，对承包地进行调整，必须经村民会议 2/3 以上的成员或者 2/3 以上的村民代表的同意，并报乡（镇）人民政府和县级人民政府农业行政主管部门批准。因此，农村集体土地使用权流转必须尊重产权主体的意愿，在产权主体自愿的原则下进行，切忌强迫命令。

（3）平等、有偿原则。农村集体土地使用权流转当事人各方应在平等的基础上，通过有偿的方式有序地进行，以保证土地使用权转出方和转入方的合法权益。

（二）农村集体土地使用权流转管理的措施

1. 开展农村集体土地产权调查

根据国土资源部部署，在全国范围内开展农村集体土地产权调查，重点查清经济发达地区集体土地所有权、集体土地建设用地使用权和集体土地农用地使用权权属、界址位置、用途等。界定集体土地所有权、集体土地建设用地使用权、集体土地农用地使用权权属界线位置、形状及地类界等，并计算面积、绘制图件。集体土地所有权调查基础图件比例尺为 1：10 000～1：50 000 现势性良好的正射影像图或地形图，充分利用已有的土地利用现状

调查和土地利用变更调查成果资料。集体土地农用地使用权调查基础图件为
1∶2 000～1∶5 000现势性良好的正射影像图或地形图。集体土地建设用地使
用权调查成图比例尺为1∶500～1∶1 000。

根据第二次土地详查及年度更新调查成果，在复核已有土地权属界线基础
上进行集体土地所有权权属调查，完成集体土地所有权确权。通过实地调查的
方式完成集体土地农用地使用权和集体土地建设用地使用权确权工作。确权工
作完成后，编制1∶10 000～1∶50 000集体土地所有权图，1∶2 000～1∶
5 000集体土地农用地使用权图，1∶500～1∶1 000集体土地建设用地使用权
图。并推进成果信息化管理平台的建设，便于"三权"调查成果的更新、管理
与应用。

2. 开展农村集体土地产权登记并颁发土地产权证

在农村集体土地产权调查的基础上，进行土地产权登记，并颁发土地产权
证书，确认土地产权，以使之在流转中受到法律保护。

3. 开展农用地分等定级与估价工作

农用地分等定级是针对我国农用地，特别是耕地质量进行的一次全面的调
查和评价，农用地估价是在分等定级基础上对其经济价值的评价。农用地分等
定级和估价成果，是确定农用地价值的依据。

4. 正确引导和调控农村集体土地使用权的流向

农村集体土地使用权进入市场流转，关键是要对土地流转方向实行正确
引导、监测和调控。首先，要利用价格、税收、信贷等机制正确引导土地使
用权流向，控制耕地非农化，鼓励建设用地利用集约化，优化土地资源的配
置。其次，对农地，特别是耕地非农化流转，要严格按照土地利用总体规划
实行土地用途管制，并按《土地管埋法》规定的审批程序进行，使土地使用
权流转活而不乱。鼓励农村集体农用地使用权在农业用途内部流转，在尊重
农民家庭经营的基础上逐步实现规模经济，提高农业劳动生产率。最后，鼓
励工业用地向规划的工业园区集中，充分利用闲置土地和低效土地。

5. 建立合理的农村集体土地使用权流转收益分配制度

土地使用权流转产生的收益，包括转让收益和土地增值收益。应在土地使
用者、土地所有者、国家（因国家投资引起土地国家增值时）之间进行合理的
分配。

6. 建立农村集体土地使用权流转的支持、保障体系

农村集体土地使用权流转需要资金支持，因此，要建立相应的金融、
保险支持体系，为土地使用权流转提供贷款和保险。建立规范土地流转行
为的法律、法规，使土地流转有法可依，并有效制止土地流转中的违法行
为。利用遥感技术和信息系统监测、报告土地流转态势，为政府宏观调控

提供可靠依据。

第五节　土地征收

一、土地征收的概念

（一）土地征收的含义

土地征收指国家为了公共利益的需要，依法将农民集体所有的土地转变为国有土地的行为。土地征收的过程，就是将待征土地的集体所有权转变为国有土地所有权的过程。土地征收与土地征用是有区别的，土地被征收以后，会发生土地所有权的改变，而土地征用只是土地使用权的改变。二者的共同点是：都是为了公共利益的需要；都要经过法定程序；都要依法给予补偿。

土地征收与土地划拨是两个不同的概念。土地划拨是从国有土地中，依法划拨一定数量的土地给单位或个人使用。划拨后的土地所有权仍属国家，用地单位只有使用权。而土地征收是国家将农民集体所有的土地，通过征收，转变为国有土地，已经征收土地的所有权属国家，原土地所有者则丧失了对已征土地的所有权。

（二）土地征收的特征

1. 土地征收的公益性

国家动用征地权，征收农民集体土地，必须是为了公共利益的需要。十届全国人大二次会议通过的《中华人民共和国宪法修正案》将《宪法》第十条第三款修改为："国家为了公共利益的需要，可以依照法律规定对土地实行征收或者征用并给予补偿。"突出了征地的公益性。

2. 土地征收的强制性

由于土地征收是基于公共利益的需要，从公共利益全局出发，无论被征地单位是否愿意，政府都可以依法动用征地权。

3. 土地征收的有偿性

国家征收农民集体土地，按宪法和土地管理法规定，必须给予补偿。

4. 土地征收程序的合法性

为了保障征地行为的合法性、公正性、透明性，保障被征地人的合法权益，征收土地必须按法定程序进行。

二、土地征收补偿与安置标准

（一）征地补费的构成

根据《土地管理法》、国发〔2004〕28 号文件和国发〔2006〕31 号文件的规定，征地补偿费由以下几部分构成。

（1）土地补偿费。该项费用是对农村集体经济组织因土地被征收而造成的经济损失的一种补偿。根据国发〔2004〕28号文件第十五条规定，土地补偿费主要用于被征地农户。

（2）青苗费。该项费用是指国家征收土地时，农作物正处在生长阶段而未能收获，国家应给予土地承包者或土地使用者以经济补偿。补偿金额视开始协商征地方案前，地上青苗的具体情况确定，只补一季，无青苗者则无该项补偿。

（3）地上附着物补偿费。地上附着物指房屋、水井、树木等。补偿金额视协商征地方案前地上附着物价值与折旧情况确定。如附着物产权属个人，则该项补助费付给个人。

（4）安置补助费。它是指为了安置以土地为主要生产资料并取得生活来源的农业人口的生活，国家所给予的补助费用。

（5）社会保障费用。该费用主要用于保障被征地农民的长远生计。

（6）新菜地开发建设基金。它是指征收城市郊区商品菜地时支付的费用。这项费用交给地方财政，作为开发建设新菜地的投资。

（7）拆迁补偿费。

（二）征地补偿费标准

制定征地补偿费标准的原则是使被征地农民的生活水平不因征地而降低，使被征地农民的长远生计有保障。

1. 土地补偿费标准

《土地管理法》第四十七条规定：征收耕地的土地补偿费，为该耕地被征收前三年平均年产值的6～10倍。年产值按被征收前三年的平均年产量和国家规定的价格计算。征收其他土地的土地补偿费用标准，由省、自治区、直辖市参照征收耕地的土地补偿费的标准规定。

2. 安置补助费标准

《土地管理法》第四十七条规定：征收耕地的安置补助费，按照需要安置的农业人口数计算。需要安置的农业人口数，按照被征收的耕地数量除以征地前被征收单位平均每人占有耕地的数量计算。每一个需要安置的农业人口的安置补助费标准，为该耕地被征收前三年平均年产值的4～6倍，但是，每公顷被征收耕地的安置补助费，最高不得超过被征收前三年平均年产值的15倍。征收其他土地的安置补助费标准，由省、自治区、直辖市参照征用耕地的安置补助费的标准规定。土地补偿费和安置补助费的总和不得超过土地被征收前三年平均年产值的30倍。

3. 新菜地开发建设基金收取标准

征用城市郊区连续 3 年以上种植蔬菜的商品菜地和精养鱼塘，需要交纳新菜地开发建设基金。该费用的收取标准如下。

（1）在城市人口（指市区和郊区的非农业人口，下同）为 100 万人以上的城市，每征用 1 公顷菜地，缴纳 105 000～150 000 元；

（2）人口在 100 万人以下，50 万人以上的城市，每征用 1 公顷菜地，缴纳 75 000～105 000 元；

（3）人口不足 50 万人的城市，每征用 1 公顷菜地，缴纳 45 000～75 000 元。

4. 地上附着物及青苗的补偿标准

（1）青苗补偿费标准。①对刚刚播种的农作物，按季节值的 1/3 补偿工本费。对于成长期的农作物，最高按一季度产值补偿。对于粮食、油料和蔬菜青苗，能得到收获的，不予补偿。②被征用土地上树木，凡有条件移栽的尽量移栽，用地单位支付移栽人工费和树木损失费；不能移栽的，按有关规定给予作价补偿。对突击栽种的树木，不予补偿。

（2）房屋拆迁补偿标准。拆迁房屋按"拆什么补什么，拆多少补多少，不低于原来水平"的原则，对所拆迁的房屋，按其原有建筑的结构类型和建筑面积，给予合理补偿。补偿的标准按各地区现行价格分别制定。突击抢建的附着物不予补偿。

5. 土地征收补偿安置标准的补充规定

为了确保被征地农民生活水平不降低，长远生计有保障，国务院做出了《关于深化改革严格土地管理的决定》，即国发〔2004〕28 号文件。该决定第十二、十三条对《土地管理法》有关土地征收补偿安置标准作了如下补充规定。

（1）按照现行法律支付土地补偿费和安置补助费，尚不能使被征地农民保持原有生活水平的，不足以支付因征地而导致无地农民社会保障费用的，省、自治区、直辖市人民政府应当批准增加安置补助费。

（2）土地补偿费和安置补助费的总和达到法定上限，尚不足以使被征地农民保持原有生活水平的，当地人民政府可以用国有土地有偿使用收入予以补贴。

（3）省级人民政府要制定并公布各市（县）征地的统一年产值标准或区片综合地价，征地补偿做到同地同价。征地统一年产值标准是指在一定区域范围内（以市、县行政区域为主），综合考虑被征农用地类型、质量等因素，以前三年主要农产品平均产量、价格为主要依据测算的综合收益值。征地区片综合地价是指在县（市）级行政区土地利用总体规划确定的建设用地范围内，依据地类、产值、土地区位、农用地等级、人均耕地数量，城镇居民最低生活保障水平等因素，划分征地区片，并采用农地价格因素修正、征地案例比较和年产值倍数等方法测算的区片征地综合补偿标准。

（4）对有稳定收益的项目，农民可以经依法批准的建设用地土地使用权入股。

（5）在城市规划区内。当地人民政府应当将因征地而导致无地的农民，纳入城镇就业体系，并建立社会保险制度。在城市规划区外，征收农民集体所有土地时，当地人民政府要在本行政区域内为被征地农民留有必要的耕作土地或安排相应的工作岗位；对不具备基本生产生活条件的无地农民，应当异地移民安置。

今后，随着社会经济的发展，国家综合经济实力的增强，农村土地制度改革的深化，征地补偿安置标准的制定将逐步完善，补偿标准将逐步提高，并完善对被征地农民合理、规范、多元保障机制。保障农民公平分享土地增值收益，对农民被征收的集体土地、住房、社保等给予补偿和保障。

（三）国有土地上房屋征收、补偿

国务院根据《物权法》《土地管理法》《城市房地产管理法》制定了《国有土地上房屋征收与补偿条例》（以下简称《征收补偿条例》），各地方政府也制定了本地的《集体建设用地上房屋征收与补偿办法》，对土地征收过程中涉及房屋征收的相关补偿原则、补偿标准作出了更为详细的规定。《征收补偿条例》的要点如下。

1. 政府是房屋征收唯一补偿主体

《征收补偿条例》规定，市、县级以上地方人民政府为征收与补偿主体。政府可以确定房屋征收部门负责组织进行房屋征收与补偿工作，并规定禁止建设单位参与搬迁活动，任何单位和个人都不得采取暴力、威胁或者中断供水、供热、供气、供电和道路通行等非法方式迫使被征收人搬迁。

2. 房屋征收必须是出于公共利益的需要

《征收补偿条例》规定，市、县级人民政府作出房屋征收决定，必须以保障国家安全、促进国民经济和社会发展等公共利益的需要为前提。并以列举的方式对公共利益进行了界定，明确了因公共利益征收的范围。

3. 征收过程程序化

强调尊重被征收人意愿征收程序是规范政府征收行为，维护被征收人合法权益，促使政府做好群众工作的重要保障。《征收补偿条例》提高了征收补偿方案的公众参与程度，规定征收补偿方案应征求公众意见，若多数被征收人认为征收补偿方案不符合该条例规定的，应当组织听证会并修改方案。政府作出房屋征收决定前，应当进行社会稳定风险评估。房屋征收决定涉及被征收人数量较多的，应当经政府常务会议讨论决定。

被征收房屋的调查结果和分户补偿情况应当公布。被征收人对征收决定和补偿决定不服的，可以依法申请行政复议或者提起行政诉讼。审计机关应当加强审计。

4. 征收补偿标准

《征收补偿条例》规定，对被征收房屋价格的补偿，不得低于房屋征收决定公告之日被征收房屋类似房地产的市场价格。被征收房屋的价值，由具有相应资质的房地产价格评估机构按照房屋征收评估办法评估确定。

5. 被征收人协商选择评估机构

《征收补偿条例》规定房地产价格评估机构由被征收人协商选定，协商不成的，通过多数决定、随机选定等方式确定。这就极大地维护了被征收人的权益，有利于房屋评估的公平和公正。

6. 征收房屋先补偿后搬迁

《征收补偿条例》明确了"实施房屋征收应当先补偿、后搬迁"，并进一步明确"作出房屋征收决定前，征收补偿费用应当足额到位、专户存储、专款专用"。

7. 废除行政强制拆迁

《征收补偿条例》规定，被征收人在法定期限内不申请行政复议或者不提起行政诉讼，又不履行补偿决定的，由作出房屋征收决定的市、县级人民政府依法申请人民法院强制执行。《征收补偿条例》明确法院为实现强制搬迁的唯一主体，这是一大进步，因为政府既然是征收主体，就不能实施强拆行为，否则缺少权力制衡。引入司法机构裁定强制拆迁，更好地体现了对民众权利的保护和对法律的尊重，有利于强制拆迁依法、规范进行。

8. 暴力迫使搬迁可追究刑事责任

《征收补偿条例》规定，暴力迫使被征收人搬迁可追究刑事责任。造成损失的，依法承担赔偿责任；对直接负责的主管人员和其他直接责任人员，构成犯罪的，依法追究刑事责任；尚不构成犯罪的，依法给予处分；构成违反治安管理行为的，依法给予治安管理处罚。

三、土地征收与农用地转用的审批权限

（一）土地征收的审批权限

1. 国务院批准权限

（1）基本农田。

（2）基本农田以外的耕地超过 35 公顷的。

（3）其他土地超过 70 公顷的。

2. 省、自治区、直辖市人民政府的批准权限

区、直辖市人民政府批准，并报国务院备案。

（二）农用地转用的审批权限

1. 国务院批准权限

（1）国务院批准的建设项目占用农用地的。

（2）省、自治区、直辖市人民政府批准的道路、管线工程和大型基础设施建设项目。

（3）直辖市、省、自治区人民政府所在地城市，城区人口在 100 万人以上的其他城市，以及国务院指定的其他城市扩张用地。

2. 省、自治区、直辖市人民政府的批准权限

上述规定以外的建设项目占用土地、涉及农用地转为建设用地的，由省、自治区、直辖市人民政府批准。土地征收和农用地转用的审批权限，国务院将根据执行的具体情况，适当作出相应的调整。

四、土地征收的程序

土地征收的程序为用地预审、用地申请与审查、批前公告和确认、用地审批、实施与监管、土地登记。

（一）用地预审

1. 建设单位申请预审须提交的材料

（1）建设项目可行性研究报告或项目建议书。

（2）建设用地所涉及地区的土地利用总体规划图、土地利用现状图、基本农田保护区图。

（3）涉及矿产资源开发的建设项目，应提交矿产资源开发利用评价报告。

2. 建设项目预审的内容

（1）土地征收目的合法性审查，即该建设项目是否出于公共利益的需要。

（2）建设项目是否符合土地利用总体规划。

（3）是否持有农用地转用年度计划指标。

（4）是否符合建设用地供应政策。

（5）投资强度和容积率是否达到要求。

受理建设项目预审的国土资源行政主管部门应当在受理之日起 30 天内完成预审工作，对符合条件的预审申请，应当出具建设项目预审报告（表 8-1），并将预审报告和有关资料抄送有权批准用地的人民政府国土资源行政主管部门。

表 8 - 1　建设项目预审报告

建设项目名称						
建设项目主管机关						
项目建设书情况	立项批准机关					
	批准文号					
	投资性质及规模					
	拟建地点					
建设姓名可行性研究情况	规划依据					
	供地政策	允许供地项目		限制供地项目		禁止供地项目	
	项目选址					
	项目拟用地面积		农用地		耕地		基本农田
					拟申请农地转用	
		建设用地				
		未利用				
	补偿耕地资金					
拟用地权属状况		农村集体土地			国有土地		
备注						
建设项目占用耕地补偿方案概述及评价						
矿产资源情况	储量报告批准单位					
	储量报告批准文号					
	矿产资源开发利用方案评价意见					
地质环境影响即保护规划评价						

（二）用地申请与审查

用地单位在预审完毕后，进行建设项目设计，编制设计任务书，经批准后，向用地所在地的地、市、县国土资源行政主管部门提出用地申请。用地申请时用地单位需提交的材料有：建设用地申请表（表 8-2）、建设单位有关资质、项目可行性研究报告批复或其他有关批准文件、建设项目预审报告表、建设项目初步设计或其他批准文件、建设项目总平面布置图。占用耕地的必须提出耕地补充方案，建设项目位于地质灾害区的，必须提供地质灾害危险性评估报告等。

表 8-2　建设用地申请表

建设用地申请单位（盖章）				
建设项目名称				
建设用地预审报告	预审机关		预审报告文号	
地质灾害危险性评估报告	预审机关		预审报告文号	
可行性研究报告	批准机关	批准时间	批准文号	建设规模
工程初步设计	批准机关	批准时间	批准文号	工程概数
建设资金组成				
工程建设工期				
申请用地面积		其中：耕地面积		
功能分区	名称	用地面积		容积率
补充耕地方式				
备注				

受理用地申请的国土资源行政主管部门，对用地是否进行预审，用地位置是否符合土地利用总体规划，用地规模是否符合标准，占用耕地的，是否有补充耕地的措施，措施是否可行等进行审查。对符合条件的，应当受理，并在 30 天内拟订农用地转用方案、补充耕地方案、征收土地方案项目呈报说明书和供地方案，编制建设用地实施方案。

（三）批前公告和确认

1. 批前公告

在土地征收依法报批前，要将拟征地的用途、位置、补偿标准、安置途径告知被征地农民。

2. 确认

对拟征土地现状的调查结果，要经被征地农村集体经济组织和农户确认。

3. 听证

确有必要时，国土资源部门应依照有关规定组织听证。

（四）用地审批

1. 上报审批

拟征土地所在地的市、县（市）土地行政主管部门应将有关资料按要求整理成册，先报本级人民政府审核签署意见后，逐级上报有批准权限的人民政府批准。上报审批时，应按规定缴纳耕地开垦费（复垦费）和新增建设用地有偿使用费。同时，要落实征地补偿安置费用和社会保障费用。

单独选址建设项目用地报批文件资料：①建设单位用地申请；②建设用地呈报说明书；③工程可行性研究报告、初步设计批复或计划批准文件；④建设项目用地预审报告书；⑤农用地转用计划批准文件；⑥征地方案及被征地农民知情、确认的有关材料；⑦补充耕地方案及耕地开垦费（复垦费）资金证明或耕地开垦验收报告，占用基本农田的提供补划方案；⑧国有土地使用权出让、出租或划拨合同，以出让、出租等有偿方式供地的，还需附土地估价报告；⑨具有勘测、设计资质的部门出具的乡级土地利用总体规划图、项目总平面布置图、征地审批红线图、土地利用现状图（位置图）；⑩土地权属证明文件；⑪有关部门的意见；⑫其他相关文件资料。

2. 批复

具有批准权的一级政府土地行政主管部门审查后，报同级人民政府审批。用地经批准后，土地行政主管部门应及时代批准机关下文批复。批复中，单独选址的项目用地同时批准建设项目用地的出让、租赁、划拨手续，不再另行办理供地手续。

（五）实施与监管

经批准的农用地转用方案，补充耕地方案，征地方案和供地方案由土地所在地的市、县（市）人民政府组织实施。具体工作由土地行政主管部门负责监督落实。

1. 实施

征地方案经批准后，按"两公告一登记"组织实施。

（1）发布征地批准公告。市、县（市）人民政府土地行政主管部门在收到征地批准文件后十日内，应将征地方案在被征用土地所在地的乡（镇）、村予以公告。公告可采用张贴、广播、登报等形式。

公告的主要内容：征用土地涉及的乡（镇）村、征用土地面积、地类、土地用途、批准用地机关及批准用地日期、补偿费标准、劳力安置途径、办理征地补偿时限等。

（2）办理征地补偿登记。被征用土地的所有权人和使用权人应在征地批准公告规定的时间内，持土地权属证明，到指定的地点办理征地补偿登记。

（3）发布征地补偿安置方案公告。听取被征地单位和个人对方案的意见，建立和完善征地补偿安置争议的协调和裁决机制。

（4）颁发《建设用地批准书》。建设项目经批准并实施后，由土地所在地的市、县（市）土地行政主管部门向用地单位颁发《建设用地批准书》，批准划拨用地的，核发《国有土地划拨决定书》。

2. 监管

要加强对征地实施过程的监管。

（1）征地补偿安置不落实的，不得强行使用被征土地。

（2）制定土地补偿费在农村集体经济组织内部的分配办法，并公布其收支和分配情况。

（3）监督土地补偿费的分配和使用情况。

（六）土地登记

通过土地征收，取得土地方应依法申请土地登记，被征收土地方应依法申请土地变更登记。

思 考 题

1. 简述我国国有土地使用出让、转让、出租、抵押的区别和相似之处。

2. 你认为应如何对国有土地使用权流转进行有效管理？

3. 简述我国农村集体土地使用权流转的现状、存在的问题和深化改革的建议。

4. 你认为我国土地征收制度存在什么问题？应如何改革？

第九章 土地利用管理

第一节　土地利用与土地利用管理

一、土地利用及其影响因素

（一）土地利用的概念

自从人类出现在地球上，便开始了对土地的利用，人类社会的发展史和文明史，实际上就是一部土地利用史。从原始的渔猎游牧、刀耕火种，到现代的工业、农业，各历史时期的土地利用状况，可以折射出文明和发展的轨迹。土地利用是指人类通过特定的行为，以土地为劳动对象（或手段），利用土地的特性，获得物质产品和服务，以满足自身需要的经济活动过程。这一过程也是人类与土地进行物质、能量和信息的交流及转换的过程。

土地利用是土地的利用方式、利用程度和利用效果的总称。它包括的主要内容是：①确定土地的用途；②在国民经济各部门间和各行业间合理分配土地资源；③采取各种措施开发、整治、经营、保护土地资源，提高土地利用效果。

由于土地利用不但受气候、地形地貌、土壤、水文地质等土地自然性状的影响，还受社会制度、科学技术、交通条件、人口密度等社会经济因素的制约，因此，土地利用不单属于自然范畴，还属于社会经济范畴。

（二）土地利用的影响因素

土地利用不是一成不变的，它是一个动态的过程。土地的用途，土地资源的分配，土地利用的程度和效益等是随着社会经济条件和自然条件的变化而不断变化的。地球表面原是一片原始自然状态，在自然因素和社会经济因素作用下，原始森林逐渐缩小，耕地逐渐扩展，随着人口的增加，城镇用地又在不断蚕食农田。随着生产的发展，科学技术的进步，不少沙漠变成了绿洲，不毛之地变成了良田，土地利用的程度与效益不断提高。当然，由于自然条件的变化和人类活动的影响，一些地区的土地利用也产生了不良的后果，沙漠化土地增加，水土流失加剧等。对土地利用产生影响的因素是多种多样的，归纳起来，主要有以下几种。

1. 自然因素

自然因素主要指气候、地形地貌、土壤、水文、地质条件等，它们制约着人们对土地的利用。

我国长江以南能够成为全国主要的农业区，是因为这里地处亚热带，有丰富的光、温、水、土条件，所以历史上有"湖广熟，天下足"的谚语。而青藏高原由于大多在海拔3 000米以上，高寒是它的基本特征，年降水量一般在200毫米以下，虽然土地面积占国土面积1/4左右，但除少数河谷外，大量土地只能放牧为数不多的牦牛和寒羊，土地利用受到很大的限制。我国西北部的沙漠区对于农业来说，是难以利用的土地，但由于地下埋藏着丰富的矿产资源，对于矿业来说，却是极有价值的开采地。

自然因素很少能为人力所改变，人们利用土地，在很大程度上要以适应自然条件为前提，也就是平常所说的"因地制宜"。

2. 社会经济因素

社会经济因素主要指社会制度，政策，土地所处的位置、交通条件，土地利用的成本、效益，土地利用现状等。土地是经济活动中一种供给有限但用途无限的特殊经济资源，是社会经济活动的空间和载体，经济条件决定着土地利用的可能性、广度与深度。国家的社会制度和经济政策对土地利用有着重要的影响，尤其是国家采用怎样的土地资源配置机制，即按照何种方式，或通过何种途径将土地资源配置到各部门各单位，将会影响土地利用效率的高低。

3. 人的文化素质

人们的知识水平、科学技术水平，对土地利用的整体性、长远性的认识，都会给土地利用带来深远的影响。历史上，人们滥伐森林，造成了后来的不毛之地；今天，人们盲目建设，滥占耕地，排放"三废"，污染土地，破坏耕地等，都将对未来的土地利用造成很大的危害。当然，人的文化素质是可以提高的，通过宣传教育，普及科学技术知识，可以提高人们对自然规律和社会经济规律的认识，从而做到自觉地合理利用土地。

(三) 我国土地利用面临的主要问题

土地既是珍稀的资源，又是特殊的资产，土地的基本属性决定了土地问题始终是事关我国经济发展、社会安定和政治稳定的重大问题。随着人口的持续增加，工业化、城镇化的加快，我国人地矛盾日益突出，土地利用面临以下主要问题。

1. 耕地急剧减少，人口日益增加，粮食安全面临严峻考验

根据全国土地利用变更调查，1997—2008年，全国非农建设占用耕地高达0.34亿亩，年均占用耕地0.031亿亩。加之农业结构调整、生态退耕等原因，1997—2008年全国耕地面积总计减少1.23亿亩，平均每年净减少0.104

亿亩。截至 2012 年，全国耕地总量为 20.27 亿亩，人均耕地面积 1.50 亩，不到世界人均水平的一半。而且现有耕地总体质量不高，高产田仅占 28%。全国已有 660 多个县人均耕地低于联合国规定的人均耕地警戒线，约占全国总县数的 1/3。到 2020 年，中国人口总量达到 14.5 亿人，2030 年前后达到高峰值 15 亿人左右，为保障国家粮食安全，必须保有一定数量的耕地。而由于粮食消费量逐年增加，粮食产需平衡的年度缺口不断扩大，中国的粮食安全将直接受到威胁，这将成为制约我国经济发展的突出因素。

2. 工业化、城镇化的快速发展使土地供需矛盾加剧

改革开放四十多年来，我国国民经济和社会发展取得了长足进步，突出表现在经济结构的工业化和人口结构的城镇化方面。二、三产业 GDP 占国内生产总值的比重从 1978 年的 71.8% 上升到 2011 年的 90%，城镇化水平从 1978 年的 17.92% 提高到 2012 年的 52.57%。工业化、城镇化的加速发展，使得城镇工矿用地、交通用地等需求将在相当长时期内保持较高水平。但是，随着耕地保护和生态建设力度的加大，我国可用作新增建设用地的土地资源十分有限，各项建设用地的供给面临前所未有的压力，土地供需矛盾也更趋尖锐。

3. 土地利用效率有待提高

首先，土地利用效率偏低问题集中表现为建设用地利用效率低下。据调查，全国城镇规划范围内共有闲置、空闲和批而未供的土地近 26.67 万公顷。全国工业项目用地容积率为 0.3～0.6，工业用地平均产出率远低于发达国家水平。1997—2005 年，农村人口减少 9633 万人，而农村居民点用地却增加了近 11.75 万公顷，农村建设用地利用效率普遍较低。其次，农用地利用效率也偏低。我国的耕地、林地、园地、城市用地等的各类经济指标都低于世界水平，土地深度开发的潜力远未得到发挥。耕地中高产田只占 1/3，中低产田中有的单产仅每公顷 1 500～3 000 千克。林地生产率仅有先进国家的 1/3～1/2。

4. 土地利用的生态环境问题突显

随着人类对土地资源开发利用强度的逐渐增大和不合理利用行为的日益频繁，水土流失、土地荒漠化、土地污染等土地生态环境问题开始突显。据统计，全国每年流失的土壤达 50 亿吨，年流失氮、磷、钾约为 4 000 万吨，仅黄土高原每年流失的土壤达 16 亿吨。截至 2009 年底，我国荒漠化土地面积为 262.37 万千米^2，占国土总面积的 27.33%；沙化土地面积为 173.11 万千米^2，占国土总面积的 18.03%。与 2004 年相比，5 年间土地荒漠化面积净减少 12 454 千米^2，年均减少 2 491 千米^2；沙化土地面积净减少 8 587 千米^2，年均减少 1 717 千米^2。同时，随着工业化的快速发展，工业"三废"及农业化肥农药的大量入侵，全国农田污染面积已达 0.1 亿公顷，比 1983 年增加 2.5 倍，约有 15% 的农田受到不同程度的污染，每年因农田污染减产粮食 100 亿千克以上。严峻的土地生态问题给土壤、水资源及环境造成严重破坏，给我国的农业造成了巨大的经济损失。

5. 土地利用调控难以落实

由于特殊的土地制度，我国土地利用面临的一个突出问题是中央和地方政府土地利用目标不一致，由此造成了中央对地方的土地利用调控难度加大。

在中央对地方的土地调控中，土地利用总体规划是宏观配置调控区域土地资源的手段，因此严格执行土地利用总体规划成为科学用地、合理用地和科学管理土地的关键。《全国土地利用总体规划纲要（2006—2020 年）》提出了"守住 18 亿亩耕地红线""保障科学发展的建设用地""土地利用结构得到优化"等目标，这些目标的实现有赖于各省、市、县、乡镇级土地利用总体规划的科学编制和严格实施。然而，地方政府出于地方利益考虑，在土地利用和管理过程中往往倾向于自利性考虑，导致土地利用总体规划执行难度大，违反土地利用总体规划的现象时有发生，如开发区热、炒地皮热，随意扩大城镇范围，随意占用良田沃土等。

二、土地利用管理的概念、目标及内容

（一）土地利用管理的概念

土地利用管理是土地管理最基本的组成部分，是指从国家利益的全局出发，根据国家经济和社会发展的需要，依据土地的自然特点和地域条件，对土地资源的配置、开发、利用、整治和保护等所进行的计划、组织、控制等工作的总称。

土地是一个系统，它的组成部分与外部环境之间存在着相互依存、相互制约的关系。土地利用的演变是以连锁反应的形式进行的。由于土地利用的外部性与社会性的存在，土地利用的每一点变化都会产生一定的社会经济与生态环境的影响。土地利用符合客观规律就会取得好的效果，反之则可能导致灾难性后果，有些后果要在很长时间以后才会发生，等到人们发觉时为时已晚。由于自然的原因、社会经济的原因以及人们的认识水平等原因，土地利用中常常会出现各种不合理的现象。为了将这些不合理的现象控制在最低限度，就必须按照预定目标和客观规律，对土地的开发、利用、整治和保护进行管理。

土地开发是指对土地投入活劳动和物化劳动，一方面将未利用的土地改变为可利用的土地，使潜在的土地功能发挥出来，另一方面是对已利用土地进行再开发，使低效利用的土地变为高效利用，提高土地利用的集约化程度和利用水平，或使土地由一种利用状态转变为另一种利用状态。土地整治是指通过生物、工程措施，克服土地原有的某些缺陷，改善土地的质量，以提高其利用潜

力，如平整土地、改良盐碱地、治理水土流失等。土地保护是指为防止土地乱占滥用和防治土地退化、破坏、污染等采取的各种保护措施，以使土地能够永续利用。

（二）土地利用管理的指导思想

实施土地利用管理应遵循促使土地资源合理配置、保证土地资源的可持续利用、具前瞻性与科学性的指导思想。

1. 促进土地资源合理分配，优化土地资源利用结构

土地资源部门间的科学分配是资源配置的重要内容。首先，应从国民经济整体角度加以研究解决。其次，要保证国民经济各部门中土地利用的合理性和提高其集约经营水平。土地资源部门间的分配和再分配，影响土地资源利用结构，最终对区域经济社会发展产生影响。

2. 体现公平和效益，兼顾生态平衡，保证土地资源的可持续利用

可持续发展是我国社会经济发展的战略选择。所谓可持续发展就是要在经济社会快速发展的同时，做到自然资源的合理开发利用与环境保护相协调。《中国 21 世纪议程》指出："中国可持续发展建立在资源的可持续利用和良好的生态环境基础上，国家保护整个生命支撑系统和生态系统的完整性，保护生物多样性；解决水土流失和荒漠化等重大生态环境问题；保护自然资源，保持资源的可持续供给能力……"

土地资源可持续利用是社会经济可持续发展的基础。土地资源可持续利用表现为以下主要特征：

（1）保有一定数量且结构合理、质量不断提高的各类土地资源。

（2）土地资源的生产性能和生态功能不断提高。

（3）土地资源利用的经济效益不断提高。

（4）降低土地利用可能带来的风险。

（5）土地资源的利用能够被社会接受，体现公平和效率。

3. 具有前瞻性和科学性

实施土地利用管理，应具有前瞻性和科学性。一方面，要对土地资源数量、质量、结构变化趋势、土地供求关系变化等做出正确的预测和判断；另一方面，要注意根据土地利用的自然规律和经济规律，采用科学的方法和技术利用土地、管理土地。

（三）土地利用管理的目标

土地利用管理是一种政府行为，是政府为保障社会整体利益和长远利益，为消除土地利用中的相互干扰与不利影响，协调好土地利用中的各种矛盾而对土地利用活动进行的干预。

政府要管理好土地利用就必须有明确的目标，土地利用管理的一切活动都是为了实现这些目标而进行的。政府作为土地利用管理的主体，所设定的土地利用管理的目标要兼顾多个方面。归纳起来，政府制定土地利用管理目标时要考虑五个方面，即经济效率、分配公平、社会发展、保障供给和环境质量。

1. 经济效率

土地利用作为一种经济活动必须满足一定的经济效率。效率是指资源的有效使用与有效配置，即资源是否在不同生产目的之间得到合理配置，最大限度地满足人们的各种需要。土地资源的有效或优化配置应该遵循帕累托最优效率准则，即在不使任何人境况变坏的情况下，不可能再有使某些人处境变好的一种资源配置状态。

2. 分配公平

土地利用管理的分配公平是指社会各阶层、各部门、各成员在土地利用管理中能获得公平的对待。其主要内容包括地权占有的公平和土地收益分配的公平。同时，分配公平不仅指当代人之间，也包括当代人和后代人之间的分配公平，当代人福利的增加不应以牺牲后代人的利益为代价。经济学中一般理解公平的含义是机会均等，即"在市场竞争中让大家处于同一条起跑线上，全都按照自己的能力与努力程度来进行竞争，尽管竞争的结果有差异，但出发点相同，这就可以理解为公平了"。

3. 社会发展

土地利用管理要有利于社会的发展，要为社会公益事业和社会基础设施建设、创造就业机会等提供良好的土地利用保障，为社会的文明进步创造良好的条件。保证公共目的对土地的使用需要，既是土地利用管理的基本目标之一，也是政府干预土地利用的理由之一。主要体现在耕地的利用与保护、生态环境建设与保护，体现区域整体利益的公共基础设施建设等方面。

4. 保障供给

土地利用管理的供给保障目标就是在保证现今与将来人口的生存和发展基础上，在土地供给总量的自然极限范围内，按照"一要吃饭，二要建设，三要保护环境"的方针，为人们的各种土地需求提供土地。土地利用的根本目的在于满足人们的各种需求，但是由于土地资源的有限性，需要在综合考虑土地的各种供需关系的基础上，合理地以供给来制约与调节需求，以实现土地利用的供需平衡。

5. 环境质量

土地利用管理的环境质量目标就是通过土地利用管理保证一定数量的绿地；控制土地利用强度，防止土地的沙漠化、盐渍化和水土流失，防止建筑物与人口的过度拥挤；合理地确定土地利用布局，避免土地利用的相互干扰和土地污染等。由于市场机制本身的缺陷，土地使用者在用地过程中可能会过度利用土地，影响环境质量。只有通过政府的管理，控制土地利用强度、调节土地利用结构布局，才可避免环境质量下降。

由此可见，土地利用管理的目标是多元化的，而非单一的，在不同历史时期，不同的社会经济条件和资源条件下，其所要实现的侧重点不同。在任何时期、任何条件下，土地利用管理的目标虽然可以侧重于某一方面，但都必须兼顾到其他目标的要求。

（四）土地利用管理的任务和内容

土地利用管理的实质是对不同类型土地利用水平和转换进行干预，因此土地利用管理的任务就是要对土地的利用水平和用途转变设置一定的约束条件，将土地资源在不同用途间的分配（转换）控制在可持续发展的幅度之内，保证土地资源安全。根据经济发展与土地利用的一般规律，伴随着人口增长、城市化水平提高，用以支撑人类二、三产业经济活动的城镇、交通等建设用地在土地利用结构中所占比重将不断提高，大量农用地向建设用地转变，部分未利用地被开发，可见，土地利用管理的任务是十分艰巨的。

根据土地利用管理的目标，实施土地利用管理就是要在经济发展的过程中将农用地对建设用地的转变、未利用地的开发控制在可持续的幅度之内，因此针对不同的土地利用类型，土地利用管理的内容具有明显的差异性。基于我国人多地少的资源禀赋，针对不同土地利用类型的土地利用管理主要包括以下三方面内容。

（1）以保护为主要原则的农用地利用管理。由于在经济社会发展过程中，建设用地扩张会不可避免地占用农用地尤其是耕地，进而带来粮食安全、生态压力等问题，因此农用地利用管理的重点主要集中在保护农用地尤其是耕地不受、少受建设用地侵占，同时提高农用地的利用效益方面。

（2）以有序扩张为主要原则的建设用地利用管理。面对经济社会的发展导致的巨量建设用地需求和受粮食安全、生态安全约束的有限建设用地供给潜力矛盾，建设用地利用管理的重点是引导建设用地有序扩张，具体包括合理控制建设用地规模，促进建设用地节约、集约利用，优化建设用地结构等。

（3）以保护和协调生态环境为主要原则的未利用地开发及污染土地利用管理。由于建设用地扩张和农用地开发，部分未利用地如滩涂、荒草地被开发。因未利用地往往具有生态脆弱性，如果开发不当将会造成比较严重的生态环境问题，因此还需要对未利用地开发活动进行有效管理。同时，人类在利用农用地和建设用地过程中，因农业、工业或生活活动导致部分土地受到污染，对生态环境形成威胁，需要对其进行治理。

第二节 农用地利用管理

农用地是指直接用于农业生产的土地，包括耕地、园地、林地、牧草地和其他农用地。农用地利用与管理直接关系农业、林业、牧业和渔业的发展，对国民经济和社会发展具有重大的影响。加强农用地利用与管理，对稳定农业生产，解决"三农"问题，促进社会经济可持续发展是至关重要的。

一、农用地的利用特点及管理重点

农用地利用是指人类为了某种目的，对农用地所进行的干预活动，也是指在特定的社会生产方式下，人类依据农用地的自然属性和社会属性，进行有目的的开发、利用、整治和保护活动。农用地利用一般是生产性利用，也称为直接利用，是把农用地当作主要的生产资料和劳动对象，以生产人类所需要的生物产品，如粮食、水果、蔬菜、木材、水产品等为主要目的的利用。

（一）农用地利用特点

1. 周期性

农用地利用往往具有周期性，人类在每一个利用周期收获相应的农产品，不同的地类、不同的农作物所需要的周期有差异。如人类利用耕地种植一般农作物的周期较短，从播种到收获，生命周期少则数月，多则十余月；与之相比，林地利用的周期较长，从树木育苗栽植到成材，通常要经过若干年，甚至数十年。因此，农用地利用必须遵循这一周期性，如果打破其利用周期，将会影响农产品产量，也可能会对农用地本身的地力造成伤害。

2. 自然约束性

由于农作物对土地条件要求较高，受各种自然条件的限制（土壤、地形、温度、日照、水分等），地球上能够用于种植农作物的土地非常有限。据 2013 年联合国粮食及农业组织生产年鉴，世界陆地面积中，仅约 12% 的土地用于作物生产。我国 960 万千米^2 土地中，耕地仅占 14.1%（土地详查数），其中有 564.9 万公顷耕地位于东北、西北地区的林区、草原以及河流湖泊最高洪水位控制线范围内，还有 431.4 万公顷耕地位于 25 度以上陡坡。即便是在干旱、寒冷、高山、陡坡处皆能生长、对自然环境适应能力较强的林木，受降雨、日照等约束，林地的分布也是有限的。因此，在某些自然条件不优越的国家和区域，农用地尤其是其中的耕地往往被视为一种稀缺资源。

3. 综合性

农用地除了提供农产品外，往往具有多种功能，因此其利用具有综合性。如林地、园地、牧草地等，既可提供相应的农产品（木材、药材、瓜果、乳制品等），又可保护环境，还可建设成旅游地，发挥旅游功能。因此，农用地利用中需要注意其综合性，在确保农产品生产功能的前提下，可以使其适当发挥其他功能，进而提高农用地利用效益。

4. 永续性

农用地利用往往是对土地肥力的利用，具有循环性。如耕地如果利用得当，耕地肥力可以不断地得到恢复和提高，处于周而复始的动态平衡之中，土地的生产性能可以永续利用；如果利用不当，土地就会退化，甚至遭到破坏，最后丧失生产性能。在林地合理利用的情况下，森林可以自我更新繁殖，供人类永续利用；如果不注重保护和合理利用，则其很容易遭到破坏且难以恢复。因此，农用地利用中尤其要注意保护其生态平衡，维持其利用的永续性。对于那些生态平衡已经被打破的农用地，则应该投入一定的人力和财力进行治理和恢复。

（二）农用地利用管理重点

由于农用地发挥着为人类提供食物的功能，为人类的生存提供基本保障，这一功能无法由建设用地、未利用地替代，因此农用地利用管理首先要保证这种功能的完整性，从而为实现国家和区域食物安全提供基础。耕地是农用地中的精华，耕地的数量稳定和质量优化成为农用地管理的重点；而其他农用地的数量稳定和合理布局也需要受到重视。

1. 保持耕地总量稳定，坚守耕地红线

经济发展必然导致建设用地对农用地（主要是耕地）的占用，耕地数量的大幅度减少将对粮食安全形成重大威胁。因此，2011 年通过的《中华人民共和国国民经济和社会发展第十二个五年规划纲要》提出在"十二五"期间耕地保有量保持在 18.18 亿亩；2014 年李克强总理作政府工作报告时强调，坚持耕地红线，提高耕地质量，增强农业综合生产能力，确保谷物基本自给，口粮绝对安全；同时《全国土地利用总体规划纲要（2006—2020 年)》中提出，全国耕地保有量到 2010 年和 2020 年分别保持在 12 086.67 万公顷（18.13 亿亩）和 12 033.33 万公顷（18.05 亿亩）。守住 18 亿亩耕地红线，不仅是我国农用地利用管理的重点，也是土地利用管理的重点。

2. 严格保护基本农田，保证耕地质量

基本农田，是指按照一定时期人口和社会经济发展对农产品的需求，依据土地利用总体规划确定的不得占用的耕地。国家规定下列四种耕地必须划入基本农田保护区：①经国务院有关主管部门或者县级以上地方人民政府批准确定的粮、棉、油生产基地内的耕地；②有良好的水利与水土保持设施的耕地，正在实施改造计划以及可以改造的中、低产田；③蔬菜生产基地；④农业科研、教学试验田。可见，基本农田是耕地中的高产、优质耕地。国家对基本农田的占用做了比一般农田更加严格的规定，一旦占用，必须补划，以保证基本农田的数量不减少。在省、自治区、直辖市层面，基本农田占本行政区域内耕地的比重要在 80% 以上。

3. 保护其他农用地，引导其他农用地合理布局

相对于耕地能够为人类提供粮食，其他农用地能够提供瓜果、木材、禽类、渔产品等。因此，其他农用地的数量稳定也对区域食物安全有着非常重要的作用。在保证耕地红线和基本农田稳定的前提下，要尽量保持其他农用地数量的稳定，避免因建设用地扩张过多占用其他农用地；提高园地、林地、牧草地、养殖水面等的利用效益，促使其集约经营；另外，还要依据各类农用地的利用特点，引导其合理布局，维护其生态功能。

二、耕地利用管理

耕地是指种植农作物的土地，包括熟地，新开发、复垦、整理地，休闲地（含轮歇地、轮作地），以种植农作物（含蔬菜）为主，间有零星果树、桑树或其他树木的土地，平均每年能保证收获一季的已垦滩地和海涂。

（一）耕地利用存在的主要问题

耕地是人类赖以生存的宝贵资源。但由于乱占耕地，浪费耕地问题比较严重，耕地面积减少、质量下降，不但严重影响粮食生产和农业发展，也影响了整个国民经济发展和社会稳定。在耕地利用方面主要存在以下几方面问题。

1. 我国耕地总量减少

改革开放以来，随着社会经济的快速发展，耕地被建设用地占用、总量减少的问题日益突显。据国家统计局资料，"六五"期间，全国净减少耕地 235 万公顷，年均 47 万公顷。"七五"期间，全国净减少耕地 123 万公顷，年均 25 万公顷。其间，1986 年颁布《土地管理法》后，加强了对耕地的保护，耕地减少势头有所减缓。1986—1995 年平均每年净减少耕地 20 万公顷。1998 年九届全国人大常委会四次会议对《土地管理法》进行修订，于 1999 年实施，2001—2008 年耕地净减少还高达 589.98 万公顷，平均每年净减少耕地 84.28 万公顷。减少的土地多为城镇周围和交通沿线的优质耕地，很难靠开发荒地来弥补。

2. 耕地质量下降，退化、污染严重

一些地方由于耕地利用不当，经营不善，保护不力，耕地退化、质量下降甚至资源破坏的情况相当严重。较明显的表现为：①随着工业的发展，大量有害物质排入耕地之中，环境污染、水土流失、土壤侵蚀、沙漠化和荒漠化使大量耕地退化；②因灌溉不当，在干旱、半干旱和滨海地区导致耕地盐渍化，造成耕地破坏。长期以来，在耕地利用中普遍存在只顾当前、不顾长远的短期行为和掠夺式经营，对耕地投入少，产出多，重用轻养，用养失调，造成土地肥力下降，耕地质量低下。耕地质量下降和退化，直接影响粮食等农作物产量和质量，给农业造成巨大的损失。

3. 后备耕地资源不足，开发难度较大

《全国土地利用总体规划纲要（2006—2020 年）》中提出，我国耕地后备资源潜力为 1 333 万公顷左右，且 60％以上分布在水源不足和生态脆弱地区，开发利用的限制因素较多。

（二）耕地利用管理的战略目标

我国保护耕地的战略目标是实现耕地总量动态平衡，最终目的是保证国家粮食安全。耕地总量动态平衡是指在一定时期、一定行政范围内减少的耕地总量和开垦增加的耕地总量保持动态的平衡。《土地管理法》规定：省、自治区、直辖市人民政府应当采取措施，确保本行政区域内耕地不减少；耕地总量减少的，要组织开垦与所减少耕地的数量和质量相当的耕地。从内涵上看，耕地总量动态平衡包括两个方面：数量平衡和质量平衡。数量平衡主要是通过耕地占补平衡实现，质量平衡则主要通过对中低产耕地进行整理、提高耕地质量实现。耕地数量平衡反映的仅是耕地总量动态平衡的表面现象，质量平衡才真正能反映耕地总量动态平衡的实质。

就具体目标而言，我国耕地利用管理要坚持 18 亿亩红线不动摇。根据《全国土地利用总体规划纲要（2006—2020 年）》，耕地保有量到 2010 年和 2020 年分别保持在 12 086.67 万公顷（18.13 亿亩）和 12 033.33 万公顷（18.05 亿亩）。规划期内，确保 10 433.33 万公顷（15.65 亿亩）基本农田数量不减少、质量不降低，其中，灌溉水田稳定在 2 733.33 万公顷（4.10 亿亩）以上，水浇地稳定在 2 133.33 万公顷（3.20 亿亩）以上。

（三）耕地利用管理的内容体系

为实现以上战略目标，我国耕地利用管理主要包含以下几项内容。

1. 非农建设占用耕地的审批管理

我国《土地管理法》规定：国家实行建设占用耕地审批制度。任何单位和个人进行建设，需要使用土地的，必须依法申请使用国有土地；建设占用土地，涉及农用地转为建设用地的，应当办理农用地转用审批手续。在土地利用总体规划确定的城市和村庄、集镇建设用地规模范围内，为实施该规划而将农用地转为建设用地的，按土地利用年度计划分批次由原批准土地利用总体规划的机关批准。在已批准的农用地转用范围内，具体建设项目用地可以由市、县人民政府批准。征收基本农田、基本农田以外的耕地超过 35 公顷的，由国务院批准，征收农用地的，应当先行办理农用地转用审批。

其中，经国务院批准农用地转用的，同时办理征地审批手续，不再另行办理征地审批；经省、自治区、直辖市人民政府在征地批准权限内批准农用地转用的，同时办理征地审批手续，不再另行办理征地审批，超过征地批准权限的，应当依照第四十五条第一款的规定另行办理征地审批。

2. 耕地占补平衡管理

耕地占补平衡制度，是保证耕地总量稳定的重要制度。我国《土地管理法》规定：国家实行占用耕地补偿制度。非农业建设经批准占用耕地的，按照"占多少，垦多少"的原则，由占用耕地的单位负责开垦与所占用耕地的数量和质量相当的耕地；没有条件开垦或者开垦的耕地不符合要求的，应当按照省、自治区、直辖市的规定缴纳耕地开垦费，专款用于开垦新的耕地。省、自治区、直辖市人民政府应当制订开垦耕地计划，监督占用耕地的单位按照计划开垦耕地或者按照计划组织开垦耕地，并进行验收。县级以上地方人民政府可以要求占用耕地的单位将所占用耕地耕作层的土壤用于新开垦耕地、劣质地或者其他耕地的土壤改良。

3. 基本农田保护管理

我国《土地管理法》规定：国家实行基本农田保护制度。经国务院有关主管部门或者县级以上地方人民政府批准确定的粮、棉、油生产基地内的耕地；有良好的水利与水土保持设施的耕地，正在实施改造计划以及可以改造的中、低产田；蔬菜生产基地；农业科研、教学试验田；国务院规定应当划入基本农田保护区的其他耕地应当根据土地利用总体规划划入基本农田保护区，严格管理。各省、自治区、直辖市划定的基本农田应当占本行政区域内耕地的 80%以上。基本农田保护区以乡（镇）为单位进行划区定界，由县级人民政府土地行政主管部门会同同级农业行政主管部门组织实施。城市、村庄和集镇建设不得占用基本农田，单独选址的基础设施项目，因选址特殊，无法避让基本农田的，必须报国务院批准。禁止违法占用基本农田进行绿色通道、绿化隔离带和防护林建设，禁止改变基本农田土壤性状发展林果业和挖塘养鱼，禁止对基本农田耕作层造成永久性破坏的临时工程用地和其他各种活动。

4. 耕地保护责任制度

我国《基本农田管理条例》规定：县级以上地方各级人民政府应当将基本农田保护工作纳入国民经济和社会发展计划，作为政府领导任期目标责任制的一项内容，并由上一级人民政府监督实施。国务院土地行政主管部门和农业行政主管部门按照国务院规定的职责分工，依照本条例负责全国的基本农田保护管理工作。县级以上地方各级人民政府土地行政主管部门和农业行政主管部门按照本级人民政府规定的职责分工，依照本条例负责本行政区域内的基本农田保护管理工作。乡（镇）人民政府负责本行政区域内的基本农田保护管理工作。国家对在基本农田保护工作中取得显著成绩的单位和个人给予奖励。国家新一轮规划纲要明确切实落实建设占用补充耕地法人负责制。

三、其他农用地利用管理

除耕地以外，农用地还包含园地、林地、牧草地及其他农用地。其他农用地中，水产用地的面积较大。

(一) 园地利用管理

园地指种植以采集果、叶、根、茎等为主的集约经营的多年生木本和草本作物（含其苗圃），覆盖度大于 50% 或每亩有收益的株数达到合理株数的 70% 的土地。具体又可划分为果园、桑园、茶园、橡胶园、其他经济园地。

1. 园地利用面临的问题

我国园地发展较快，对农业结构调整，增加农民收入，提高人民生活水平起到了积极作用，但在开发利用方面也存在一些问题：①园地发展占用耕地面积过大，各地占用耕地发展果园现象屡禁不止，给粮食生产造成一定影响；②园地经营粗放，单产水平不高，目前我国低产园地占 30% 左右，年平均产量不足世界平均产量的一半，特别是在农业基础薄弱的贫困地区，投入严重不足，经营粗放，建园质量差，管理水平低，造成园地的生产力水平较低；③品种少，质量差，特别是北方的一些省份，果园的品种较少。虽然近几年注意增加科技合作，引进一些优良品种，但总体上讲还是优质品种较少，质量较差。

2. 园地利用管理的主要措施

（1）严格限制园地转为非农业建设用地。园地属于农用地范围，按照《土地管理法》的"严格限制农用地转为建设用地"的规定，要做好园地的保护工作，严格限制园地转为建设用地。经国家批准的建设项目必须占用园地的，应按国家有关规定，办理农用地转用手续后，方可占用。

（2）搞好园地规划布局。我国园地多布局在山区丘陵，因此园地规划布局要以山区丘陵为主，也要根据当地土地资源的自然条件和特长以及栽培树种的要求，选择合适的用地，进行田间规划设计。园地选择的原则就是适地适树，要根据栽培树种的要求，选择适宜的土地，以保障树种正常的生长。为达到适地适树的目的，可以根据发展园地的土地条件，选择适合当地条件的树种，确定某一树种后，再选择适合该树种生长的土地，再通过农田建设、培育地力来改变园地生产条件，使之适合选定树种的生长。

（3）改造低产园地。低产园地改造也像低产田改造一样，需要搞好基础设施建设。对山区丘陵区的园地主要是加强水土保持工程建设，把跑水、跑土、跑肥的"三跑"园地，改造为保水、保土、保肥的"三保"园地，对土质较差的园地，通过施肥、改良土壤等措施提高地力；对干旱缺水的园地，兴修水利设施，发展灌溉；对因管理或品种不好的园地，要加强剪枝、耕作、防治病虫害、改良品种等，将低产园地改造为高产园地。

（4）搞好集约经营。园地生产要改变落后的生产方式，实现由粗放经营向集约经营的生产方式转变，走产业化的道路。集约经营包括土地集约、资金集约、技术集约、信息集约。

对经营规模较大的园地，要采用先进管理技术，搞好产品的储藏和深加工，加强市场信息获取能力，积极开拓国内外市场，使生产—加工—销售一体化，增加产品的附加值，加快产业化进程。

（二）林地利用管理

林地是指生长乔木、竹类、灌木、沿海红树林等林木的土地。林地又可以分为有林地、灌木林、疏林地、未成林造林地、迹地、苗圃6个二级类。

林地是活的树木载体和森林生长的基础。作为陆地生态系统主体的森林，不但对改善生态环境，维持生态平衡起着重要的作用，而且作为人类发展不可缺少的重要自然资源，对社会和经济发展具有重要的意义。在大量林地被占、森林遭到乱砍滥伐、林地面积减少的巨大压力下，搞好林地的保护，提高林地利用程度，改善生态环境，对保障国民经济可持续发展的意义十分重大。

1. 林地利用面临的问题

（1）林地面积少，生产力和利用率低。第二次全国土地调查结果显示，2009年我国林地面积25 395.0万公顷，仅占全国土地面积的26.5%，属于林地面积占国土面积比重低、林业资源比较少的国家。人均林地面积0.15公顷左右，不足世界人均占有量的1/4。林地利用率不高，低于世界平均水平。

（2）林地资源流失严重。由于毁林开荒、乱伐滥占以及多头批准占用林地等原因，我国每年减少林地面积44万公顷。特别是一些地方，由于不合理采伐、森林火灾、病虫害等原因，林地面积大量减少。加上许多宜林地区植被遭到破坏，水土流失、荒漠化问题严重，使林地生产力受到很大破坏。

（3）采育比例失调，林木质量下降。由于在林业生产上存在着重采轻育、重生产轻保护的倾向，森林乱采时有发生，造成采育比例失调，突出的表现就是幼林增加，用材林、成熟林减少，次生林增加，优质林面积减少，阔叶林比重增加，针叶林比重减少。其次就是林区质量下降，2004—2009年全国森林郁闭度清查结果为0.56%，单位面积林分蓄积量为85.24米³/公顷，林木平均年生长率只有5.09%。

（4）林地破坏比较严重，经营管理粗放。林地的破坏主要表现在毁林开荒、乱占林地以及砍伐森林等。特别是在一些平原区也出现了大面积砍伐农田保护林的现象。此外，林地经营管理粗放，经济效益不高。在我国农林牧业部门中，林业生产的经营水平一直比较低，其经济效益远远低于农业和畜牧业。

2. 林地利用管理的主要措施

（1）禁止毁林开垦、采矿、采土及其他毁林行为。对违反《森林法》规定，进行开垦、采矿、采石、采砂、采土及其他活动，造成森林、林木受到破坏的，由林业主管部门责令停止违法行为，赔偿损失，补种毁林株数1～3倍的树木。

（2）加强林地保护，规定合理的采伐方式，严格控制年采伐量。国家根据林木生长量要大于消耗量的原则，制订年度采伐计划，严格控制森林的采伐量。国家所有森林和林木以国有林业企业为单位，集体所有森林和林木以县为单位，制定年采伐限额，由省级林业主管部门汇总，经同级人民政府审核后，报国务院批准。

（3）及时更新迹地。采伐林木的单位或个人，必须按照采伐许可证规定的面积、株数、树种、期限完成更新造林任务，更新造林的面积和株数不得少于采伐的面积和株数。对未更新的采伐迹地、火烧迹地、林中空地、水湿地及宜林荒山、荒地，要由森林经营单位制定规划，限期完成更新造林。同时，对新造幼林地和其他必须封山育林的地方，由当地人民政府组织封山育林。

（4）做好森林防火和病虫害防治工作。森林火灾和病虫害对森林危害极大，不仅给林业生产造成严重损失，而且还会对林地的天然植被造成破坏，加剧水土流失。为此，必须抓好森林防火和病虫害的防治，各级人民政府要建立森林病虫害防治机构，根据当地实际情况，规定森林防火期，划定疫区和保护区。在防火期内要严格管理，对发生火灾和病虫害的林地要及时组织灭火和灭虫。

（三）牧草地利用管理

牧草地又称草地，是指生长草本植物为主，用于畜牧业的土地。牧草地又可以分为天然草地、改良草地、人工草地三种类型。草地是农用地的重要组成部分，不仅是人类进行畜牧生产的基本生产资料，也是生态系统中物质和能量流动的重要枢纽之一。我国草地面积大，居世界第二位，但多半是位于干旱半干旱地区的天然草场，这些草场产草量低且年际变化大，而且存在严重的退化问题。搞好草地的开发利用，进行科学放牧，搞好草地改良和建设，对发展草地畜牧业，维护生态平衡都具有重要的现实意义和长远的战略意义。

1. 牧草地利用面临的问题

我国草地主要分布在东北、西北和青藏等地的年降水量小于400毫米的干旱、半干旱区。草地利用面临的主要问题有以下三点。

（1）过牧现象严重。草地利用中存在的普遍问题是不少草场严重超载放牧，有的高达草场合理载畜量的3倍，由于过度放牧，草场严重退化。其表现是草场的地表结构遭到破坏，优良草地减少，土壤退化严重，土质变粗，直至沙漠化。草场退化、载畜量和割草量减少，直接影响畜牧业的发展。

（2）滥垦、滥牧、滥采现象严重。草地利用管理制度不健全，造成许多不合理开发利用现象，概括讲就是滥垦、滥牧、滥采。滥垦是指在不具备垦殖条件和无防护措施情况下，在干旱、半干旱地区开垦草地，开垦后因缺乏保护，风蚀和荒漠化现象严重，对草原造成极大破坏。滥牧是不管草场牲畜承载能力和放牧条件，无限制放牧，结果使可利用草场越来越少。滥采是指牧民为了增加收入，无计划、无节制在草地上挖药材、挖发菜等，严重地破坏了草场内有机物，大大加速了草场荒漠化的过程。

（3）部分草地资源利用不充分。南方的一些地方由于农区的草多畜少，有相当一部分草场没有利用，在北方农区山地草场虽然开发条件很好，但由于在经营上重农轻牧、重粮轻草，草地资源非但没有得到合理的利用，反而垦草种粮、广种薄收的现象比较普遍。不少地方由于对草场利用不合理，形成了开垦草地—沙化或盐渍化—撂荒弃耕的恶性循环，既破坏了草地资源，又得不到应有的效益。

2. 牧草地利用管理的主要措施

我国草地面积大，分布面广，受地形、气候及经营管理方面影响较大，要针对各地不同情况，采取有效措施，保持草地资源的可持续利用。

（1）按草地的地域特征开发利用草地资源。因所处的地理位置不同，各自形成条件，特别是气候、土壤、地形条件不同，草地在数量、质量及利用方面各有特点。因此，必须根据草地的不同特点，因地制宜地开发利用草地，充分发挥草场的优势和潜力，做到合理开发利用：如黑龙江省西部、内蒙古自治区东部，地势平坦，水热条件好，牧草茂盛，适于放养肉牛和绵羊；青藏高原，气候寒冷，牧草低矮，适宜放牧耐寒的牦牛和藏羊。

（2）确定合理的载畜量。载畜量是指在一定时间内单位面积草场能够饲养牲畜的头数。载畜量大小直接关系牧民的收益，而对草场来讲，则关系承受能力和草地再生的限度。因此，合理的载畜量，一方面要尽可能满足放牧牲畜对牧草采食的需要；另一方面，又必须控制在草场承受范围之内。否则，载畜量过高，放牧强度过大，会造成草地因利用过度而退化，从而影响草地的合理利用。

（3）实行科学的放牧制度。对草地实行科学放牧，可以做到充分、均匀、合理利用草地。因此，在条件好的地区，采取划区放牧制度，可以充分利用草地，使草地得到系统休闲，在整个放牧季节使牲畜能够得到均衡的、高质量的饲草供应，既维护了草地生产能力，又提高了牲畜的产量和质量。

（4）进行草地改良，搞好草地基本建设。草地改良是对天然草地采取的一定农业技术措施，维护和改善草地的生长条件，提高产草量，主要包括草地浅翻、种植优良草种、草地病虫害防治和草地施肥等。草地基本建设是改善和提高草地畜牧业生产条件和草地生产力的基础措施，包括建设围栏、棚圈、人畜饮水点、草地水利设施、药源设施等。为了提高草地利用水平，各地比较重视草地改良和基本建设，这些措施对促进草场的合理利用、畜牧业发展起着重要作用。

第三节　建设用地利用管理

建设用地通常是指用于建造建筑物和构筑物及其使用范围的土地。它主要由城乡住宅和公共设施用地、工矿用地、交通水利设施用地、旅游用地、军事设施用地等组成。建设用地是国民经济各部门进行经济活动不可缺少的载体，严格规范的建设用地利用管理是土地利用管理的重要内容。

一、建设用地的利用特点及管理重点

（一）建设用地利用特点

相对于其他类型的用地而言，建设用地主要有如下特点。

1. 建设用地利用的非生态性

建设用地是以土地的非生态附着物为主要利用方式，土地对于建设来说，是发挥了地基和场所的作用，这一特性决定了在选择建设用地时，主要是考虑土地的非生态因素，而对于土地肥力等生态因素则不予考虑。因此，在建设用地与农用地发生争地矛盾时，应把质量好的土地优先用于农业。

2. 建设用地位置的特别重要性

选择建设用地，地理位置十分重要，如商业用地多配置在交通便捷、人口密集、地质条件良好的城市繁华地段，而不需要考虑土壤是否肥沃。当然，位置的优劣是一个相对的概念，如临街的土地对于商业服务是很好的位置，但对居住则是不太好的位置。

3. 建设用地的高度集约性

与农用地相比，建设用地占地面积较小，但单位建设用地面积上所投放的劳动力与资本比农用地要高得多，单位土地面积的直接经济产出也要比农用地高很多，是高度集约的土地利用。由于单位建设用地面积上可容纳较多的劳动和资本，因而相对于农用地而言，通过投入更多的劳动和资本来替代土地资源的可能性也大得多。因此，在安排建设用地时可通过集约利用来节约用地，缓解土地供需紧张的矛盾。

4. 建设用地的稳定性

建设用地以利用土地的承载力为主，其上的建筑物、构成物一旦建成就可以使用很多年，所以土地的用途较为稳定，也正因如此，土地作为建设用地后要想再转变为农用地就很困难。因此，在决定将农用地转变为建设用地时要十分谨慎，应充分论证，科学决策。

5. 建设用地的扩张性

随着社会经济的发展、人口的增加和城镇化程度的提高，建设用地呈快速扩张趋势，扩张的对象是城镇周围的耕地，扩张的特点是循交通线发展方向而推进，其形式如车辐之四射，围绕城镇，向其周边呈圈层扩散，形如水之波纹。

(二) 我国建设用地利用存在的主要问题

在工业化、城镇化快速推进的背景下，我国各类建设用地规模均有较大幅度的提升，由此也导致了一系列问题。

1. 城乡建设用地总量快速增长，浪费严重

从总量上看，1990—2010 年，全国城镇建设用地面积由近 1.3 万千米^2 扩大到 4.2 万千米^2，人均城市建设用地高于 130 米^2，超过经济发达国家城市建设人均用地 82.4 米^2 和发展中国家人均用地 83.3 米^2 的水平，土地利用十分粗放。城镇建设用地的粗放利用突出表现在各地开发区一哄而上，为招商引资不惜降低工业用地地价，搞"花园式工厂"；在城市基础设施建设上，偏好搞"大马路""宽广场"。

农村建设用地占地面积大，超标占用宅基地现象严重。2008 年，全国村庄建设用地已达到 2.48 亿亩，按照全国 7.04 亿农村人口数计算，人均建设用地达 235 米^2，大大超过国家规定的最高标准。多数省份农民超标占用宅基地现象非常严重，同时由于大量进城农民定居城市，原农村宅基地仍然保留，形成了大量"空心村"，使得大量土地被闲置和浪费。

2. 城乡建设用地结构不合理

2008 年，全国城乡建设用地总规模达到 247 382.68 千米^2，分别占建设用地总规模 330 592.92 千米^2 和居民点及工矿用地总规模 269 157.52 千米^2 的 74.83% 和 91.91%。在城乡建设用地中，城镇工矿地为 82 064.27 千米^2，占建设用地总规模的 24.82%，其中城镇用地和独立工矿用地分别为 40 550.94 千米^2 和 41 513.33 千米^2，各占城乡建设用地总量的 16.39% 和 16.78%。农村居民点用地 165 318.41 千米^2，占城乡建设用地总规模的 66.83%。以上数据表明，城乡建设用地是目前中国建设用地的主要组成部分，农村居民点用地规模较大。而我国目前正处于新型城镇化转型阶段，2012 年全国城镇化水平已经达到 52.57%。当前我国城乡建设用地结构演化速度滞后于城市化速度，城乡建设用地结构较不合理，仍需不断优化。未来应在城镇工矿用地规模稳步增长的同时，引导农村居民点用地逐步缩减。

3. 城乡建设用地布局较散乱

一方面，城镇建设用地布局不合理。因拆迁安置成本较高，在短期利益的驱使下，城镇外延扩展刻意规避现有农村居民点进行规划改造，造成城镇建设用地与农村居民点用地的混杂，形成"农村包围城市，城市又包围城市"的无序局面，其中较为突出的现象就是"城中村"的大量存在。另一方面，农村居民点内部用地格局也比较杂乱。大多数村庄都存在如下问题：屋舍建筑朝向各异，前后错落不一致；建筑功能混杂，缺乏公共活动场所和必要的基础设施配套；村庄道路质量和整体卫生环境较差。这些问题对农村居民的正常生产、生活将产生不利影响。

（三）建设用地管理重点

依据建设用地利用的特点，针对建设用地利用现存的问题，我国建设用地管理的重点应该落在节约、集约用地上：一方面尽量压缩新增建设用地，避免粗放式扩张；另一方面充分挖掘存量建设用地的潜力，充分利用闲置、空闲等建设用地，提高建设用地集约度。

1. 引导建设用地有序扩张

伴随着工业化、城市化向纵深推进，以城镇建设为主的城镇、工矿、交通、水利设施等建设用地将呈全面扩张之势。因此，需要引导其有序扩张。对城镇建设用地扩张进行严格控制，是我国土地利用管理长期以来的任务。城市建设用地规模要符合国家规定的标准，在制定城市总体规划时，其建设用地规模不能超过土地利用规划确定的城市规模。对于具体的建设项目占用土地，涉及农用地转为建设用地的，首先要符合土地利用总体规划和土地利用年度计划中的农用地转用指标，其次要符合城市规划。

2. 优化城乡建设用地结构

随着城镇化进程的推进，城乡间的人口迁移日益显著。一方面，随着城镇经济的发展、基础设施条件的改善，大量农村人口因就业、就学等向城镇集聚，由此推高了城镇建设用地需求；另一方面，农村地区的常住人口日益减少，宅基地等开始出现闲置。在这一背景下，为了满足建设用地的扩张需求，可以将一部分城镇周边的农村建设用地开发直接转为城镇建设用地，从而避免占用农用地；同时，也可以对远离城镇但闲置比例较大的村庄开展宅基地整理，将其补充为耕地，增加本区域耕地数量，从而为本区的城镇建设用地扩张提供补充耕地的空间。可见，开展农村建设用地整理是在建设用地总量约束下，优化城乡建设用地结构的重要出路。

二、建设用地扩张管控

建设用地扩张是指土地被城镇、住宅、商店、厂房、学校、医院、道路、建筑物、构筑物不断占用的现象。

社会经济的发展，特别是城镇、交通、工商业等的发展必然会占用土地，尤其是耕地。这一过程，如果与社会经济发展、社会对农产品特别是粮食的需求相协调，达到互动平衡，则可认为建设用地呈有序扩张态势。可见，建设用地的有序扩张必须在经济增长与粮食安全这两个有一定矛盾的目标中寻求一个平衡点。

建设用地有序扩张，包含两个方面的内容：①建设用地规模（数量）的有序扩张，即建设用地总规模及各类建设用地规模必须控制在一定的范围内，符合相应国家标准；②建设用地布局的有序扩张，即建设用地扩张的空间方向要符合经济规律，有利于发挥集聚效应。

（一）建设用地规模控制

我国土地利用总体规划和城乡规划对城市、乡镇、农村居民点的规模标准进行了明确规定，通过实施规划来达到控制各类建设用地规模的作用。

1. 城市规模控制

城市建设用地的规模是由人口规模和人均用地共同决定的。为了控制各城市的用地规模，防止各城市在确定人均用地时超出正常水平，国家对城市建设用地制定了规范性的标准，即《城市用地分类与规划建设用地标准》（GB 50137—2011），对城市用地的分类和人均建设用地指标及其规划调整进行了具体的规定（表9-1）。

表 9-1 城市规划人均建设用地指标

气候区	现状人均城市建设用地规模（米²/人）	规划人均城市建设用地规模取值区间（米²/人）	允许调整幅度		
			规划人口规模≤20万人	规划人口规模20.1万~50.0万人	规划人口规模>50.0万人
Ⅰ、Ⅱ、Ⅵ、Ⅶ	≤65.0	65.0~85.0	>0.0	>0.0	>0.0
	65.1~75.0	65.0~95.0	+0.1~+20.0	+0.1~+20.0	+0.1~+20.0
	75.1~85.0	75.0~105.0	+0.1~+20.0	+0.1~+20.0	+0.1~+15.0
	85.1~95.0	80.0~110.0	+0.1~+20.0	−5.0~+20.0	−5.0~+15.0
	95.1~105.0	90.0~110.0	−5.0~+15.0	−10.0~+15.0	−10.0~+10.0
	105.1~115.0	95.0~115.0	−10.0~−0.1	−15.0~−0.1	−20.0~−0.1
	>115.0	≤115.0	<0.0	<0.0	<0.0
Ⅲ、Ⅳ、Ⅴ	≤65.0	65.0~85.0	>0.0	>0.0	>0.0
	65.1~75.0	65.0~95.0	+0.1~+20.0	+0.1~+20.0	+0.1~+20.0
	75.1~85.0	75.0~100.0	−5.0~+20.0	−5.0~+20.0	−5.0~+15.0
	85.1~95.0	80.0~105.0	−10.0~+15.0	−10.0~+15.0	−10.0~+10.0

（续）

气候区	现状人均城市建设用地规模（米²/人）	规划人均城市建设用地规模取值区间（米²/人）	允许调整幅度		
			规划人口规模≤20万人	规划人口规模20.1万～50.0万人	规划人口规模>50.0万人
Ⅲ	95.1～105.0	85.0～105.0	−15.0～+10.0	−15.0～+10.0	−15.0～+5.0
Ⅳ	105.1～115.0	90.0～110.0	−20.0～−0.1	−20.0～−0.1	−25.0～−5.0
Ⅴ	>115.0	≤110.0	<0.0	<0.0	<0.0

注：①现有城镇的规划人均建设用地指标，应根据现状人均建设用地水平，按本表规定确定。所采用的规划人均建设用地指标应同时符合表中指标级别和允许调整幅度双因子的限制要求。调整幅度是指规划人均建设用地比现状人均建设用地增加或减少的幅度。

②人均耕地面积小于1亩的地区，在现状人均建设用地水平允许采用的规划指标等级中，只能采用最低一级。

③新建城市的规划人均城市建设用地指标应在85.1～105.0米²/人内确定。

④首都的规划人均城市建设用地指标应在105.1～115.0米²/人内确定。

⑤边远地区、少数民族地区以及部分山地城市、人口较少的工矿业城市、风景旅游城市等具有特殊情况的城市，应专门论证确定规划人均城市建设用地指标，且上限不得大于150.0米²/人。

人均建设用地面积是最直接影响城市建设占用土地的情况，因此一直是国家严格管理的重点。根据历年城市建设用地的实际情况分析，我国城市人均建设用地平均约为100米²，但不同规模的城市情况差异很大，总体上城市规模越大，人均建设用地越小。人口规模减小，人均用地增加。因此，单就节约土地而言，适当发展大中城市其效果要远远优于小城镇遍地开花。

2. 乡镇规模控制

（乡）镇建设用地规模主要受（乡）镇常住人口数量、产业发展等因素的影响。与城市规划类似，镇规划和乡规划对乡镇规模的确定，主要是通过乡镇常住人口和人均用地面积来进行计算的。根据2007年颁布的《镇规划标准》乡镇的人均建设用地指标可以分为四级（表9 - 2）。

表9 - 2　人均（乡）镇建设用地指标

级别	一	二	三	四
人均建设用地指标（米²/人）	>60～≤80	>80～≤100	>100～≤120	>120～≤140

（1）新建镇区的规划人均建设用地指标应按其中第二级确定，当地处现行国家标准《建筑气候区划标准》（GB 50178）的Ⅰ、建筑气候区时，可按第三级确定；在各建筑气候区内均不得采用第一、四级人均建设用地指标。由此可见，该标准对于新建镇区采取了与城市土地同等的限制，人均用地面积不超过100米²。

（2）对现有的镇区进行规划时，其规划人均建设用地指标应在现状人均建设用地指标的基础上，按表 9 - 3 规定的幅度进行调整。第四级用地指标可用于Ⅰ、Ⅶ建筑气候区的现有镇区。

表 9 - 3　规划人均建设用地指标

现状人均建设用地指标（米²/人）	规划调整幅度（米²/人）
≤60	增 0～15
>60～≤80	增 0～10
>80～≤100	增、减 0～10
>100～≤120	减 0～10
>120～≤140	减 0～15
>140	减至 140 以内

注：规划调整幅度是指规划人均建设用地指标对现状人均建设用地指标的增减数值。

（3）地多人少的边远地区的镇（区），可根据所在省、自治区人民政府规定的建设用地指标确定。

（二）建设用地布局管控

建设用地数量的扩张，最终都会落实在空间上。因此，还需要对建设用地的空间布局进行管理，对城市、镇村的空间扩展方向进行约束。

建设用地布局管控主要通过在土地利用总体规划中划定城乡建设用地的管制边界和管制区域来实现。建设用地管制分区是为引导土地利用方向、管制城乡用地建设活动所划定的空间地域。在市、县两级土地利用总体规划中，通过划分建设用地管制边界，确定相应的建设用地管制区，即市、县土地利用总体规划中要明确建设用地的"三界四区"。四区（建设用地管制区）包括允许建设区、有条件建设区、限制建设区和禁止建设区。建设用地管制边界和建设用地管制区之间存在对应关系。

1. 边界管控

为加强对城乡建设用地的空间管制，市、县、乡级土地利用总体规划应当根据管理需要，因地制宜地划定以下建设用地边界。

（1）城乡建设用地规模边界。按照土地利用总体规划确定的城乡建设用地面积指标，划定城、镇、村、工矿建设用地规模边界。

（2）城乡建设用地扩展边界。为适应城乡建设发展的不确定性，在城乡建设用地规模边界之外划定城、镇、村、工矿建设规划期内可选择布局的范围边界。扩展边界与规模边界可以重合。

（3）禁止建设用地边界。为保护自然资源、生态、环境、景观等特殊需要，划定规划期内需要禁止各项建设的空间范围边界。

2. 区域管控

建设用地边界划定后，规划范围内形成允许建设区、有条件建设区、限制建设区和禁止建设区 4 个区域（图 9-1）。

（1）允许建设区。城乡建设用地规模边界所包含的范围，是依照土地利用总体规划，可以直接依法开展城乡建设用地利用和建设行为的空间区域。

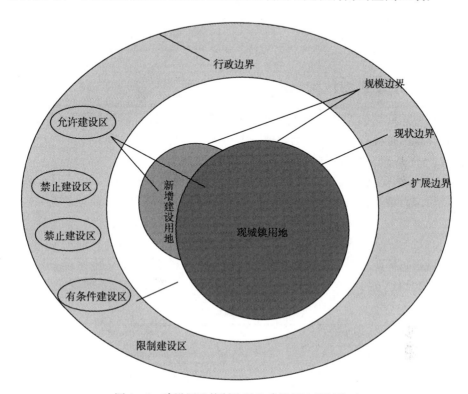

图 9-1　建设用地管制边界和建设用地管制分区

（2）有条件建设区。城乡建设用地规模边界之外、扩展边界以内的范围，是依照土地利用总体规划，需要在特定情形下依法开展城乡建设用地利用和建设行为的空间区域。特定情形有：①针对具体的城市、镇、村等空间实体，在不突破其对应允许建设区规划建设用地规模控制指标前提下，有条件建设区内土地可以用于规划建设用地的布局调整，并依程序办理建设用地审批手续，同时相应核减允许建设区用地规模；②土地利用总体规划确定的城乡建设用地挂钩规模提前完成，经评估确认拆旧建设用地复垦到位，存量建设用地达到集约用地要求的，有条件建设区内土地可安排新增城乡建设用地增减挂钩项目。

（3）限制建设区。指辖区范围内除允许建设区、有条件建设区、禁止建设区外的其他区域。

（4）禁止建设区。禁止建设用地边界所包含的空间范围，是以生态与环境保护空间为主导用途，具有重要资源、生态、环境和历史文化价值，严格禁止开展与主导功能不相符的各项建设的空间区域。禁止建设区主要包括自然保护区核心区、森林公园、地质公园、列入省级以上保护名录的野生动植物自然栖息地、水源保护区的核心区、主要河湖的蓄滞洪区、地质灾害高危险地区以及重要的历史人文景观区等。

基于以上管制区域和边界，城镇、农村的空间扩展应该主要在允许建设区内，不得突破有条件建设区。

三、建设用地结构管理

建设用地结构管理，不仅包括对各类建设用地各自的内部细分结构的管理，还包括各类建设用地比例管理。

（一）城市土地利用结构管理

《中华人民共和国城乡规划法》规定，城市的建设和发展，应当优先安排基础设施以及公共服务设施的建设，妥善处理新区开发与旧区改建的关系，统筹兼顾进城务工人员生活和周边农村经济社会发展、村民生产与生活的需要。

2012年开始实施的《城市用地分类与规划建设用地标准》规定，编制和修订城市总体规划时居住用地、公共管理与公共服务用地、工业用地、交通设施用地和绿地五大类主要用地占建设用地的比例应符合表9-4的规定。

表9-4　规划建设用地结构

类别名称	占建设用地比例（%）
居住用地	25.0~40.0
公共管理与公共服务设施用地	5.0~8.0
工业用地	15.0~30.0
道路交通设施用地	10.0~25.0
绿地与广场用地	10.0~15.0

工矿城市、风景旅游城市以及其他具有特殊情况的城市，可以根据实际情况具体确定。

（二）镇村建设用地利用结构管理

镇的建设和发展，应当结合农村经济社会发展和产业结构调整，优先安排供水、排水、供电、供气、道路、通信、广播电视等基础设施和学校、卫生院、文化站、幼儿园、福利院等公共服务设施的建设，为周边农村提供服务。乡、村庄的建设和发展，应当因地制宜、节约用地，发挥村民自治组织的作用，引导村民合理进行建设，改善农村生产、生活条件。

（乡）镇用地按土地使用的主要性质划分为：居住用地、公共设施用地、生产设施用地、仓储用地、对外交通用地、道路广场用地、工程设施用地、绿地、水域和其他用地九大类三十小类。

根据 2007 年颁布的《镇规划标准》，（乡）镇规划中的居住、公共设施、道路广场以及绿地中的公共绿地四类用地占建设用地的比例宜符合表 9-5 的规定。邻近旅游区及现状绿地较多的镇区，其公共绿地所占建设用地的比例可大于所占比例的上限。

表 9-5　（乡）镇建设用地构成比例

类别代号	类别名称	占建设用地比例（%）	
		中心镇镇区	一般镇镇区
R	居住用地	28～38	33～43
C	公共设施用地	12～20	10～18
S	道路广场用地	11～19	10～17
G_1	公共绿地	8～12	6～10
	四类用地之和	64～84	65～85

（三）城乡建设用地结构优化

随着城镇化、工业化的推进，农村人口向城镇转移的趋势日益明显。城镇建设用地由于人口规模增加、产业集聚和增长，其面积会不断扩张；农村建设用地由于人口迁出、农业机械化水平提高，在其内部会出现一些废弃、闲置土地。因此要在城镇建设用地扩张的同时对农村建设用地进行缩减，改变二者的结构比例，从而实现建设用地总规模不大幅度增加。《全国土地利用总体规划纲要（2006—2020 年）》明确提出，城镇工矿用地在城乡建设用地总量中的比例由 2005 年的 30% 调整到 2020 年的 40% 左右。

城乡建设用地结构优化主要是通过"城乡建设用地增减挂钩"这一途径来实现的。2004 年，国务院《关于深化改革严格土地管理的决定》（国发〔2004〕28 号）中第一次提出了"鼓励农村建设用地整理，城镇建设用地增加要与农村建设用地减少相挂钩"。2005 年国土资源部发布《关于印发〈关于规范城镇建设用地增加与农村建设用地减少相挂钩试点工作的意见〉的通知》（国土资发〔2005〕207 号），规定天津、浙江、江苏、安徽、山东、湖北、广东、四川等 8 省（市）作为城乡建设用地增减挂钩的试点，随后又扩展至 17 个试点省（市）。2008 年，国土资源部发布《城乡建设用地增减挂钩试点管理办法》，对试点工作进行规范。

1. 城乡建设用地增减挂钩

城乡建设用地增减挂钩是指依据土地利用总体规划，将若干拟整理复垦为耕地的农村建设用地地块（即拆旧地块）和拟用于城镇建设的地块（即建新地块）等面积共同组成建新拆旧项目区，通过建新拆旧和土地整理复垦等措施，在保证项目区内各类土地面积平衡的基础上，最终实现增加耕地有效面积，提高耕地质量，节约集约利用建设用地，城乡用地布局更合理的目标。

可见，在实施过程中，城乡建设用地增减挂钩是通过项目的形式推进的。而城乡建设用地增减挂钩项目，又是由城乡建设用地增减挂钩项目实施规划依据挂钩周转指标安排的。

2. 城乡建设用地增减挂钩项目实施规划

城乡建设用地增减挂钩项目实施规划是指挂钩项目所在地的县（市、区）人民政府，在调查分析该区农村建设用地整理条件、潜力及预测城镇建设用地需求的基础上，依据土地利用总体规划、土地整理专项规划及相关村镇规划，统筹确定城镇建设用地增加和农村建设用地减少的项目实施规划。城乡建设用地增减挂钩项目区一般在同一县（市、区）行政辖区范围内划定。

3. 挂钩周转指标

城镇建设用地增加与农村建设用地减少相挂钩的周转指标是指国家和省为了控制挂钩规模和周期，批准并下达给相关县（市、区）一定时期内的一定数量的用地规模。

第四节　生态用地利用与管理

土地利用是一种动态过程。人类在生产生活过程中对土地资源的利用具有能动性和调控力，土地利用不仅能改变自然景观的面貌与组成，更能进一步影响土地生态系统的物质循环与能量调配，对土地生态系统及环境产生作用，从而改变其生态功能与效应。因此，必须重视和强化土地利用的生态环境问题，掌握土地利用的生态系统反馈与响应机制，优化土地利用与管理措施，充分有效和科学地利用各种土地资源条件，促进土地生态系统的良性循环，使社会经济持续稳定地发展。

一、土地生态系统的特征和土地利用的生态响应

（一）土地生态系统的概念及特征

土地生态系统是地球陆地表面由相互作用、相互依存的地貌、岩石、水文、植被、土壤、气候等自然要素之间以及与人类活动之间相互作用而形成的统一整体。土地生态系统不仅是指土地各构成要素如生物、岩石、大气、水文等之间的物质迁移与能量转换，更主要的内涵是空间区域上各土地利用类型子系统之间的物质、能量、信息及价值交流与转换，既包括陆地生态系统中的自然现象，也包括人类在利用土地资源过程中形成的各种社会经济活动。与一般的生态系统相比较，其具有以下特征。

1. 尺度的宏观性

土地生态系统是一个区域性的宏观系统：在水平层面上，包括具有相对独特结构和功能的农田生态系统、草地生态系统、林地生态系统、水域生态系统、城镇工矿用地生态系统等子系统，各子系统相互影响、相互依赖；在垂直结构上，又是一个典型的立体结构，有地上层、地表层和地下层，不同层面之间联系紧密，且难以在空间尺度上明确划分。土地生态系统是区域内各种土地利用生态系统类型共同作用的综合反映，表现的是综合集成的整体特征。

2. 对象的地域性

受地域分异规律的影响，各种土地生态系统的空间分布存在着明显的地域性，其在不同尺度上表现出极为明显的差异，即使在同一个流域范围内，不同的地形地貌、水文地质、土壤类型以及不同的社会经济条件，其土地生态系统都表现出很大地域差异。因此，对土地生态系统的管理必须坚持因地制宜，立足于当地土地资源的自然禀赋和社会经济条件。

3. 空间的开放性和动态性

土地生态系统的开放性与动态性表现在两方面。①土地生态系统和人类之间的物质与能量交换。土地是一个自然历史综合体，人类活动不断参与土地生态系统的物质与能量的交换，在长期的演化过程中不断受到人类的干预，干预程度随社会经济水平的提高不断变化，从而使土地生态系统处于一个动态变化过程之中。②土地生态系统和外部系统之间的物质与能量交换。土地生态系统内部的四大基本循环——大气循环、地质循环、水循环和生物循环无一不与外界环境紧密联系，在与外界不断进行物质和能量交换的同时，其自身系统状态也在不断变化发展。

4. 系统的复杂性

土地生态系统是一个典型的复杂系统。土地生态系统位于岩石圈、大气圈、水圈、生物圈的复合界面，是自然界各种物理过程、化学过程、生物过程、物质与能量的转化与交换过程最活跃的场所，同时又是人类长期活动的历史产物，包含文化、意识、制度、政策、科技、信息、交通等多种社会经济因素，各种自然过程和社会经济过程包含于土地生态系统之中。土地生态系统作为一个庞大的系统，具有多层次结构和众多的生物种群，物质与能量的转化与交换途径众多，使系统表现出较强的自我调节能力和代偿功能；但土地生态系统的边界、结构和功能都具有一定的不确定性，系统内生态特征变化也表现出一定的随机性。

土地生态系统是土地各组成要素之间，及其与环境之间相互联系、相互依存和制约所构成的开放的、动态的、分层次的和可反馈的系统。土地生态系统功能是指在物质、能量迁移与转化过程中，土地所表现的能够满足和维持生物体以及人类生活需要的自然环境条件和效用；主要包括两方面的内容：①土地资源所反映出来的保护和改善生态环境的作用与能力，如防风固沙、保护土壤、涵养水源、调节微气候、净化环境等；②为维系生物多样性和唯一性提供生态空间保证，如提供生物栖息地、维持生物多样性等。土地生态系统既有社会属性又有自然属性，而目前土地利用大多强调人类在社会经济发展过程中的作用，以人类社会生产、生活的空间需求作为土地资源开发和利用的依据，忽视了土地生态系统本身的自然生产功能，以及由这些功能所衍生的其他生态与环境效益。

（二）土地利用的生态响应

土地作为最重要的自然资源，在被人类利用的过程中，可能会对整个土地生态系统产生重要和深远的影响，具体包括以下几个方面。

1. 土地利用与景观多样性

土地利用变化直接或间接地改变着生态系统的结构和功能，进而影响着地表各种景观过程。因此，土地利用格局的变化往往伴随着景观中斑块的数量和大小、类型的丰富度和复杂度以及格局等的变化，从而影响景观多样性。当前中国不同区域大力推进新农村建设与农村土地综合整治规划，通过土地空间协同调控整理，对田、水、路、林、村综合治理，实现"田成形、林成网、沟相通、路相连、渠系配套、设施齐全、院落美观"的农业与农村基础设施体系，进一步巩固了耕地（水田和旱地）为基质的景观格局。一方面土地整理使得斑块形状简单化，有利于保蓄能量、养分和生物，为斑块内生物提供更大活动空间，维持区域景观多样性；另一方面景观类型的减少使得景观格局异质性减弱，从而使景观多样性受破坏的概率增大。因此，土地利用的变化能够在不同程度上对景观多样性产生正面与负面的影响，实现人文景观与自然景观的融合，保持景观多样性显得尤为重要。

2. 土地利用与土地质量

土地利用变化对土地质量的影响主要表现在两个方面：①空间上土地利用的分配导致土地质量的差异，比如引起土壤侵蚀量变化、河流氮含量变化；②土地利用在时间上的变化降低或改善了土地质量，比如引起土壤养分变化等。不同土地利用方式下的土地质量存在着较大的差别。以小流域地区为例，林地或灌木林的土地质量较高，具体表现在土壤肥力、植被盖度、土壤侵蚀强度等方面。荒草地、果园或经济林和休闲地的土地质量次之，耕地的土地质量较低。而土地利用的合理配置可以减少流域的非点源污染，增强土壤肥力，减少水土流失。因此，实现土地的合理利用是维持或提高区域土地质量的重要措施。

3. 土地利用与生物多样性

土地利用变化对基因多样性的影响主要体现在由于土地利用变化引起的生

境隔离与生境条件改变，使物种基因结构产生变化；对物种多样性的影响主要体现在土地利用的变化能打破物种与环境原有的适应关系，促使物种优势度和丰富度、种间关系、物种分布格局等产生相应变化；对生态多样性的影响主要体现在土地利用改变引起生态系统物种组成发生改变，从而使生态系统组成、结构和分布等发生一系列连锁反应。

当前，土地利用及其变化（包括森林变成农田或草地及农田或草地上造林、城市化、工矿活动、交通及建筑等过程）是影响生物多样性的主要因素。以我国黄土区大型露天矿的复垦为例，黄土区多处于生态脆弱区，但煤炭资源极其丰富。近年来黄土区露天煤矿的开采造成大面积的土地被占用、损毁，减少了原有物种的有效栖息面积，导致生物多样性急剧减少。因此后期的露天矿区土地复垦工作需要从土地重塑、土壤重构、植被重建等方面进行生态修复。为此，我国在多个黄土区露天煤矿复垦地建立监测站，实时监测由于土地利用变化所导致的野生草本植物入侵状况，因地制宜采取合理的植物配置模式，不断恢复当地的生物多样性。

4. 土地利用与水文特征

随着土地利用形态与结构渐趋复杂，土地利用强度逐渐加大，土地利用对水资源的影响也越来越深刻。不同的土地利用方式与土地覆被状况会对地表水和地下水产生不同的影响。一方面，土地利用变化对水文（地表水和地下水）过程的影响主要表现在对水分循环和水质、水量的改变作用上。例如，森林具有的拦蓄洪水、滞缓地表径流以及对河川径流量的年内调节功能，森林的采伐（特别是高地上的森林）及森林向农田的转化不仅破坏了森林涵养水的能力，改变了区域水分循环系统，而且还能够增加下游洪水泛滥的频率和强度。另一方面，土地利用变化对地下水量的影响主要通过增强或减弱植被和土壤的蒸散发量和土壤的渗透能力来影响地下水的补给。在半干旱气候区，尤以黄土高原为代表，根系发达的人工林消耗掉大量的地下水和土壤水，使得土壤水亏损巨大，甚至会形成难以恢复的深厚"土壤干层"。此外，还值得注意的是，随着经济的发展，人们开始关注城市土地生态系统当中的水质危机。城镇、交通、城市规模的扩大与工业化均能导致径流污染发生量的增加，引起点源污染。

5. 土地利用与大气环境

土地利用格局变化通过生物地球物理过程和生物地球化学过程影响气候条件。土地表层不仅是大气热量最直接的来源，还是大气水分的重要来源之一。因此土地表层这些性质的改变将直接影响地表—大气之间的辐射、水、热之间的交换过程，进而改变大气的热力学和动力学特征，形成不同的气候格局和过程。人类的土地利用活动显著改变了区域土地覆被，如城市化、农业土地开发、森林砍伐等，影响了地表能量收支、波文比以及降水在土壤水、蒸散发和径流间的分配，导致的温室气体排放改变了大气圈的气体组成。土地利用或覆被变化可以改变大气中气体的含量和组成，改变大气化学性质和过程，导致大气中的 CO_2、CH 和 N_2O 等气体的浓度产生了显著变化。所以土地利用变化对区域尺度的气候系统如温度、蒸散发、降水、风场、气压等因素产生了显著的影响。

二、土地利用生态保护规划

随着人类活动的强化，人文因素的干预和影响在土地生态系统性能及动态中起着越来越重要的作用，使土地自然系统日益与地域社会、经济系统相互作用、相互渗透，成为十分复杂的自然—经济—社会复合系统。因此，对土地生态系统的合理调整、规划设计及建设有助于协调自然—经济—社会复合系统的功能，促进土地资源的可持续利用和经济社会的可持续发展，生态保护规划由此而产生。

土地的生态规划是以土地利用方式（土地利用类型或土地用途）为中心，以土地生态条件为基础，以土地生态适宜性和土地生态潜力为依据，结合当地经济社会发展规划及各部门发展要求，对土地利用结构和空间配置进行合理的安排和布局。

土地生态规划的主要内容可归纳为以下三个方面。

（一）土地生态评价

土地生态评价是土地规划的前提，只有立足于区域土地生态系统的评价结果，才能有针对性地制定相关规划及管理措施。土地生态评价的重点是对土地生态系统生产力的评估，一般包括两个相互联系的评价内容，即土地生态适宜性评价与土地生产潜力评价。土地生态适宜性评价是根据土地系统固有的生态条件分析并结合考虑社会经济因素，评价其对某类用途（如农、林、牧、水产养殖、城建等）的适宜程度和限制性大小，划分其适宜程度等级（通常可分为高度适宜、中度适宜、低度适宜或勉强适宜、不适宜 4 个等级），摸清土地资源的数量、质量以及在当前生产情况下土地生态系统的功能如何、有哪些限制性因素、这些因素可能改变的程度等。

土地生产潜力评价则从生产发展的需要出发，综合分析土地本身的生态条件，采取试验、预测模型等方法，测算和评价土地生态系统的潜在生产力，并将这种自然系统的生产潜力与土地生态系统的现实生产力进行对比，揭示今后土地生态系统最优利用能使生产力水平提高的程度。

（二）土地生态功能分区

土地生态功能分区是在一定的区域范围内，以生态系统类型为基础，以生态特征、空间结构、生产力、稳定性和人为活动对系统的生态关系及其整体功能的影响度为指标进行的生态系统类型划分和空间定位。其分区原则包括自然环境条件相似性原则、区域土地用途一致性原则、土地利用生态环境问题相对一致性原则、保持乡（镇）行政区划的完整性原则等。

　　土地生态功能区的分区方法因研究对象不同而不同。按照区域生态功能定位将其划分为不同的土地生态功能区，例如生态引导发展区、生态协调区、生态保护区等，不同区域采取相应的土地用途管制措施。

（三）生态用地管理

　　生态用地是指区域或城镇土地中以提供生态系统服务功能为主的土地利用类型，即能够直接或间接改良区域生态环境、改善区域人地关系（如维护生物多样性、保护和改善环境质量、减缓干旱和洪涝灾害和调节气候等多种生态功能）的用地类型。生态用地按照不同生态系统服务分为自然用地、保护区用地、休养与休闲用地和废弃与纳污用地四类（表9-6）。

表9-6　生态用地分类

编码	一级类	编码	二级类
01	自然土地	011	天然森林
		012	天然草地
		013	天然湿地、沼泽地
		014	天然水域
		015	沙漠
		016	冰川与永久积雪
		017	盐碱地
		018	苔原
02	保护区用地	021	自然保护区
		022	风景名胜区
		023	防护用地
		024	水体缓冲用地
03	修养与休闲用地	031	交通绿化用地
		032	疗养地
		033	体育运动设施用地
		034	观光农业用地
		035	公共绿地及屋顶绿化
		036	殡葬用地
04	废弃与纳污用地	041	废弃地
		042	垃圾处理地

考虑到各类型生态用地的生态功能大小及其在区域土地利用结构中所占比重，重点加强对林地（园地）、草原、湿地、水域与滩涂等几类生态用地的管理与保护。

1. 保证农用地中园地、林地、养殖水面等的合理比重

随着经济社会的发展，建设用地在向外扩张的同时，必然占用一定数量的农用地，因此农用地总量减少不可避免。但在土地利用管理中，不能单纯为保证耕地数量稳定而盲目转变农用地中园地、林地、牧草地、养殖水面等的用途。相对以耕地为基础的农田生态系统、林地生态系统、草地生态系统和水域生态系统受人类活动的影响较小，对生态环境具有更重要的调节作用。

2. 谨慎开发未利用地

未利用地开发是指人类通过采取工程措施、生物措施和技术措施等，对各种未利用土地资源，如荒山、荒水、荒滩、荒地等，进行投入经营与利用。绝大部分未利用地存在土地利用的障碍因素，其生态脆弱性往往比较明显，部分未利用地如滩涂、苇地还承担着特殊的生态功能，因此对未利用地开发必然带来对生态环境的扰动和变化。

因此，未利用开发活动必须在防止生态退化和环境污染的前提下，建立在土地资源调查和评价的基础上，通过可行性研究，制定相应的开发规划后方可开展。对未利用土地的开发，应遵循以下原则。

（1）必须依照土地利用总体规划进行。土地利用总体规划是我国土地开发利用的基本依据，任何土地利用活动，包括开发利用未利用土地，都必须依据土地利用总体规划的要求进行。

（2）必须在保护和改善生态环境，防止水土流失和土地荒漠化的前提下进行。土地是生态环境系统中最主要的环境要素之一，对土地的利用不当，必然会对生态环境造成破坏。由于多年来忽视了对生态环境的保护，我国的生态环境系统已经十分脆弱。因此，开发未利用土地必须重视保护和改善生态环境，这是实现土地资源可持续利用的基础。

（3）适宜开发为农用地的，应当优先开发成农用地。我国的土地后备资源十分有限，可供开发为农用地的未利用土地较少。1987—2000 年我国耕地增加明显，2000 年之后耕地总面积减少。对未利用土地的开发一直是我国新增耕地的主要来源，我国耕地增加较明显的新疆等地区，有较多的未利用地转为耕地。

3. 保护和改善城镇生态环境，防止污染和其他公害

城镇中的工矿企业、交通运输车辆、家庭炉灶，每天都要排放大量污染物，当城镇上空的各种微粒和化学污染物的浓度相当大时，常形成烟雾，对人体危害极大。由于植物有净化空气、美化环境的功能，因此保护和改善城镇的生态环境，防治污染，必须保护城市绿地，搞好绿化建设。调整乡镇企业布局，使之向工业园区集中，不仅可以保护环境，还可以节约土地，提高乡镇企业的规模效益。

三、土地利用生态保护机制

生态保护是土地利用中的一个重要内容。强调生态保护和实施可持续发展已日益成为土地利用中的主流理念与实践。然而，生态保护与传统土地利用之间往往存在冲突。建立合理规范的土地生态保护机制是既注重生态环境保护又满足区域经济、社会发展对土地利用的要求的重要保障。

1. 完善土地利用规划的相关制度体系

土地利用总体规划除了采取以行政区域为主，划分为五级规划体系外，还应建立如生态脆弱区这种跨行政区的区域性土地利用规划，以更好地保护土地生态系统。

2. 建立土地生态补偿机制

建立完善生态环境税费等制度，为建立和完善生态补偿制度提供根本保证；建立不同级别的生态功能保护区，明确生态补偿的地域范围，为生态补偿的实施提供科学基础和依据；建立多种形式的生态补偿途径，通过财政转移支付、建立生态补偿基金和重大生态保护计划实施生态补偿；颁布生态补偿管理办法，规范生态补偿基金的使用，使生态补偿能落实到实施生态保护的主体和受生态保护影响的居民手上，从而有效地促进生态保护工作。

3. 规范开发建设布局

城镇新增建设用地应依托现有城镇及基础设施，避让基本农田、地质灾害频发区和重要的生态保护用地；规划公路、铁路等项目应避让生态敏感区域；毗邻和靠近生物多样性保护区、生态敏感区的建设用地，要细碎化、镶嵌式布局。

4. 加强环境污染治理，开展土地生态建设

城市应严格管制工业、企业"三废"的达标排放，实行企业防污、治污技术和设备改造，倡导绿色工业；在新的城市建设中加强生态环境建设，努力向"生态城市"的方向发展。城市棕地一定要先治理再开发，并且要制定棕地再开发利用的环境质量评价标准。

5. 完善公共参与生态管理制度

建立和完善生态系统保护方案决策、实施和评估以及保护的公众参与制度。社会各界普遍认识到实现可持续发展目标，必须依靠公众及社会团体的支持和参与。公众、社会团体和组织的参与方式和参与程度，将决定可持续发展目标实现的进程。因此，公众参与是市场经济公平原则、现代环境民主精神的具体体现，是建设生态文明，实现人与自然和谐关系，促进社会可持续发展的一项重要措施。

第五节　实施土地利用管理的主要手段

一、国土空间规划

规划是人类为趋利避害而主动调整行为的一种本能，因此天然具有两个基本面向：一方面"达己达人"，积极寻求投入产出的最大化；另一方面"己所不欲，勿施于人"，尽量避免损益，控制负外部性。西方的规划正是源自对市场失效下的"非理性"应对，为市场的开发活动提供引导和秩序。

政府的责任是在平衡经济、社会与环境三大效益的前提下使全社会福利最大化，规划的目的则是寻求发展经济、提供公共产品、保护自然资源之间的帕累托最优。但是，在不同的发展阶段，政府编制规划的目标也各不相同。迄今为止，各级政府编制规划的主要目的仍是为了推动经济发展。

1. 国土空间规划的起源

（1）从计划到规划。20世纪50年代，我国将近代自日本舶来的"都市计划"一词改为"城市规划"，就是为了避免与国民经济和社会发展计划混淆。

1949年以后，我国学习苏联的社会主义计划经济体制，采取了"大政府、小社会"的政府管理模式，对全社会全领域实施计划管理。依照宪法规定，全国人民代表大会负责审查和批准《国民经济和社会发展五年计划》，主要是对国家重大建设项目、生产力分布和国民经济重要比例关系等做出安排，为一定时期内国民经济发展制定目标和方向。

1978年以后，随着市场化改革和权力下放，我国政治经济背景发生了重要变化，空间规划元素在五年计划体系中从无到有，不断发展完善。从1953年"一五"中的工业项目区域布局，到改革开放后市场经济下的特殊政策区域和空间分类引导，再到2006年的"十一五"，"发展计划"直接被改名为"发展规划"，国家通过编制"发展规划"开始在国土空间谋划国民经济和社会发展，通过国土空间分类引导和约束地方发展。这标志着计划经济时代中央政府作为发展主体的责任已经完成，其任务已经转变为社会主义市场经济背景下规范和引导地方政府的发展。

改革开放40年来，中央政府"行政分权＋GDP锦标赛"的做法，"激励"着市、县政府开辟和探索了各种发展路径，有效推动了国家经济的整体繁荣。市、县政府是国家经济发展和社会服务的具体执行单元，在"发展是硬道理"的经济建设导向下，特别是财政分权的大背景下，其更加关注"自然资源开发"。而在土地财政的背景下，土地资源的使用更成为各级政府博弈的焦点。

但是，大规模的资源开发不仅耗费了大量矿产、森林及耕地，还对环境保护造成了极大的压力。《国务院关于编制全国主体功能区规划的意见》（国发〔2007〕21号）明确了主体功能区规划是科学开发国土空间的行动纲领和远景蓝图，目的是平衡全国和省域国土的开发与保护分区，确立了优化开发、重点开发、限制开发和禁止开发四类区域。当然，生态保护和经济建设之间也必须保持一定的平衡，经济的持续发展必然要投入资源，于是资源开发与保护的平衡问题就只能靠资源开发利用的效率来解决，即最有效地开发资源、最大规模地保护自然。因此，资源的开发利用进入到经济地理的范畴，开发和保护的区位就成为核心议题，如何有效地在不同区位进行"资源配置"？这就引发了对空间规划的需求。

（2）关于空间的规划。自1990年出台的《中华人民共和国城市规划法》确立了城市规划的法定地位，到2008年《中华人民共和国城乡规划法》的颁布实施，规划的范畴从城市和建制镇扩展至乡村建设，耕地保护、环境保护和乡村发展等内容在总体规划中的分量不断加大。这体现出城市规划从计划经济时期"对国民经济计划的被动空间落实"逐渐演变为"城市建设管理依据""发展工具"和"公共政策工具"。

城市规划本质上是地方事务，是在服务城市经济发展的过程中形成的。随着城市日益市场化运作，城市空间和土地成为地方政府关注的重要资产，以城镇体系规划、城市发展战略规划与城市总体规划为代表的宏观规划以及以城市设计及详细规划为代表的微观规划能够有效调控经济、社会、环境，有效优化城市外部和内部结构，使城市实现协调发展。

1987年，《中华人民共和国土地管理法》正式实施。国土管理部门通过"谁来养活中国人"这个命题，发现、辨析和保卫了"18亿亩耕地"的底线，通过"全国国土规划"设立了一整套土地用途管理指标制度，并刚性分解到省、市、县，在严控土地管理和提高土地资源配置效率方面发挥了积极作用。但是，由于增长拉动型国民经济和社会发展计划、目标导向型城市总体规划的空间和土地开发远远超出土地利用规划的预期，使土地利用规划最终成为保护耕地资源、按区实施土地供给制的"计划经济堡垒"。进入21世纪后，国家不断严控土地管理、加强土地调控、严控耕地保护、促进节约集约用地，细化了各类用地空间布局，走向了基于土地资源利用的区域综合规划之路。

在规划体系不断发展完善的同时，城乡规划、主体功能规划、土地利用规划等空间性规划也在积极拓展规划的内容和范围。特别是在空间资源竞争越来越激烈的背景下，空间性规划日益受到重视，"部门权力规划化"的倾向愈演愈烈。

2008年开始实施的《城乡规划法》把建设部门规划的范围从城市扩展到

城乡，将城乡划分为适建区、限建区和禁建区。2010年颁布的《全国主体功能区规划》将全国划分为优化开发区、重点开发区、限制开发区和禁止开发区四大类地区和城市化地区、农业地区和生态地区三大类功能区。土地利用规划将规划范围划分为允许建设区、有条件建设区、限制建设区、禁止建设区。这些规划大多自成体系、决策分散、相互掣肘，规划的内容、期限和边界的差异都较大，影响行政效能和办事效率。

为完善规划体系，形成规划合力，党的十八届三中全会以来，结合国家规划体制改革，国家在省、市县两个层面开展空间规划试点，积累了丰富的经验。2018年3月国务院机构改革，国土空间规划的职能被赋予新组建的自然资源部门。同年11月，中共中央、国务院颁布《关于统一规划体系更好发挥国家发展规划战略导向作用的意见》（中发〔2018〕44号），要求"建立以国家发展规划为统领，以空间规划为基础，以专项规划、区域规划为支撑，由国家、省、市县各级规划共同组成，定位准确、边界清晰、功能互补、统一衔接的国家规划体系"。2019年5月，中共中央、国务院颁布《关于建立国土空间规划体系并监督实施的若干意见》（中发〔2019〕18号，以下简称18号文）搭建起了国土空间规划体系的四梁八柱。这两个文件的出台明确了国土空间规划在国家规划体系中的地位以及国土空间规划体系的构成，标志着国土空间规划的发展跃上新台阶。

2. 主要规划的功能定位及实施

党的十九大报告强调，"统一行使所有国土空间用途管制和生态保护修复职责""像对待生命一样对待生态环境，统筹山水林田湖草系统治理"。如何从规划融合的角度，夯实统一实施国土空间用途管制和生态保护修复的工作基础，值得深思。在此选择国土规划、主体功能区规划、土地利用总体规划等3个与国土空间用途管制、生态保护修复紧密关联的规划，对各规划的功能定位、管控目标、实施保障等进行对比分析。

（1）规划的功能及定位。

国土规划：统筹国土空间开发、保护、整治的总体部署。国土规划是通过对国土资源的开发、保护和整治以及国土重大建设活动的综合部署，从而实现经济社会发展与资源环境保护相协调的一项公共政策。该规划定位为战略性、综合性和基础性，对涉及国土空间开发、保护、整治的各类活动具有指导和管控作用，对相关国土空间专项规划具有引领和协调作用。如已获批的《全国国土规划纲要（2016—2030年）》，强调通过深入实施区域发展总体战略、主体功能区战略和三大战略，以资源环境承载能力为基础，推动国土集聚开发、分类保护和综合整治。因此，我国国土规划和世界各国的做法有相通之处，是一个推动国土空间开发保护格局优化和实施国土综合整治的顶层空间规划。

主体功能区规划：优化国土空间开发格局的基础性安排。主体功能区规划是推进形成主体功能区制度的基本依据，是国土空间开发的战略性、基础性和约束性规划，主要通过统筹谋划人口分布、经济布局、国土利用和城镇化格局，确定不同区域的主体功能，并据此明确开发方向、控制开发强度、规范开发秩序，是优化国土空间开发格局的一项基础性、协调型的区域功能部署。

土地利用总体规划：最严格土地管理制度的纲领性文件。现今的土地利用总体规划与1998年修订的《土地管理法》所设立的土地用途管制制度、非农建设占用耕地补偿制度等有着极为密切的关系。规划定位为实行最严格土地管理制度的纲领性文件，是落实对耕地实行特殊保护的政策工具，也是实施土地用途管制制度的基本依据，并形成了国家到乡镇的五级规划体系。土地利用总体规划是最为重要的资源利用保护规划，也是现阶段直接体现国家意志、上下贯通效果最好的空间规划。

（2）规划的管控指标。

国土规划指标：管控国土空间开发、保护、整治的基本准则。国土规划在倡导优化国土开发保护格局的同时，谋划提高能源资源保障能力、保护并改善生态环境、推动海陆统筹发展。规划控制指标的类型最为丰富。全国国土规划纲要指标体系涉及类型有：①引导管控国土开发秩序类指标；②合理保护和利用资源类指标；③强化生态环境保护类指标；④提升基础设施支撑能力类指标；⑤推动海洋合理开发和有效保护类指标。

主体功能区规划指标：控制国土开发秩序的框架性安排。主体功能区规划重点设置了国土开发强度、城市空间面积、农村居民点面积、耕地保有量、林地保有量、森林覆盖率等指标。其中，反映国土开发秩序管理的国土开发强度指标尤为关键，其分子项就是土地利用总体规划的建设用地规模，而且城市空间的规划目标值和土地利用总体规划的城镇工矿用地规划目标值相同。因此，该规划的指标体系侧重于土地利用总体规划相衔接，是一种控制国土开发秩序的框架性安排。

土地利用总体规划指标：实施一级土地发展权管控的资源计划配置。土地利用总体规划围绕国家对土地利用的宏观控制和计划管理，设置了约束性指标和预期性指标，主要包括耕地、基本农田、建设用地、城乡建设用地规模、新增建设用地及其占用耕地、土地开发整理复垦补充耕地等指标，采取从国家到乡镇逐级分解、分级管控的方式，并运用土地利用年度计划、农地转用报批等手段，最终落实到具体地块上，其实质是土地发展权的管控。我国是单一制国家，实行中央统一领导、地方分级管理的体制，形成了两级土地发展权管理体系。一级土地发展权管理以土地用途管制为核心，采取自上而下用地指标配置等方式进行管理，土地利用总体规划指标反映了中央政府对地方政府的一级土地发展权管理意图；二级土地发展权管理则是地方政府面向社会、面向市场来进行，以城乡规划的"一书三证"管理为代表。

（3）规划的保障及实施。

国土规划：推动国土空间开发保护制度建立的关键支撑。国土规划的保障政策和实施机制具有较强的统筹性、针对性和可操作性。全国国土规划纲要在体制机制创新等方面作出了部署，并明确健全土地、水、矿产、海域等资源开发利用以及环境保护监管的管理制度，完善相关产业和投资政策，强化耕地保护补偿、农业发展支持及生态保护补偿机制等财政机制。同时，要求建立健全部门间的沟通协商及监督检查机制，将规划实施情况纳入国家土地督察机构对省级人民政府的监督检查范围，以确保国土空间开发、保护、整治的统筹推进。

主体功能区规划：强化主体功能差别化引导的区域利益协调机制。主体功能区规划着力推动县级行政单元的主体功能定位划分，并设想通过国土开发强度控制，运用财政、投资、产业、土地、农业、人口、环境等政策予以实施保障，实质是建立起了一种区域利益协调机制。但由于相关实施政策和机制受各部门职能分工的影响，现阶段实践情况不尽如人意。

土地利用总体规划：紧抓用途管制的指标逐级管理和空间边界管控。五级体系的土地利用总体规划采用指标管控、永久基本农田划定以及"三界四区"建设用地空间管制等方式来实施，因其管控目标明确、层层落实清晰、实施监管手段到位，被称为可"落地"的规划，能将土地用途管制制度落到实处。但是，该规划统筹国土空间开发、保护、整治等活动的能力相对欠缺，有赖于更高层次的空间规划来统领和指导。

3. 多规合一

作为规划，对象一定是特定的，例如国民经济社会发展规划、交通规划、水利规划、教育发展规划等，对象都非常明确。"多规合一"的对象则不太明确，甚至还在发生变化。例如，2003 年最早开始探索国民经济社会发展规划、城乡规划、土地利用规划"三规合一"，28 个市县试点中重点探索国民经济社会发展规划、城乡规划、土地利用规划、环境功能区规划"四规合一"，2019年 5 月中央 18 号文提出"将主体功能区规划、土地利用规划、城乡规划等空间规划融合为统一的国土空间规划，实现'多规合一'"，再次明确将三个空间性规划融合为一个规划。但此时的"三规合一"，已不是彼时的"三规合一"。既然"多规合一"与空间规划有差别，那么这二者之间是什么关系呢？应该说推进"多规合一"是实现"空间规划"的手段和方式，也是开展空间规划的前提和基础。倘若没有"多规合一"，各部门仍然编制各自的空间性规划，空间规划的编制和实施将受到其他空间性规划的掣肘，空间管控的目的将不容易实现。所以，中央 18 号文件明确"坚持'多规合一'，不在国土空间规划体系之外另设其他空间规划"。

几年的试点为空间规划体系改革积累大量经验，编制和实施规划的时机已经成熟。2018 年 3 月，国务院机构改革把空间规划的职能赋予新组建的自然资源部，"空间规划"也变成"国土空间规划"，增加"国土"二字。根据《辞海》的解释，国土是一个主权国家管辖范围内的全部疆域的总称，包括领土、领空、领海和根据《国际海洋法公约》规定的专属经济区海域的总称，是一个国家的人民赖以生存和发展的场所；国土空间是由各种自然要素和人文要素组成的地域空间，这些组成要素既是资源，也是环境。作为社会经济发展的物质前提，国土是资源；而作为人们生产、生活的场所来看，国土又是环境。相比空间规划，国土空间规划更强调一国主权范围内的空间发展战略以及空间结构优化，更加突出空间规划中的人文要素，体现以人民为中心的发展思想。

2019 年中央 18 号文件明确提出，"国土空间规划是国家空间发展的指南、可持续发展的空间蓝图，是各类开发保护建设活动的基本依据""国土空间规划是对一定区域国土空间开发保护在空间和时间上作出的安排"。

我国国土空间规划体系演变的历程表明，该体系建立在主体功能区规划、城乡规划、土地利用规划的基础上，这些既有规划侧重点不同，尽管在编制中注重了衔接，但在城市化格局及点轴开发系统等方面并不是完全一致的，对同一个问题在表达上存在差异性，这是规划自身的功能问题。构建国土空间规划体系，就必须明确国土空间规划与国土规划、主体功能区规划、城乡规划、土地利用规划的异同点，推进编制思路、技术、平台、政策等方面的融合，形成规划合力，落实国家战略意图，引导空间科学合理保护开发利用和修复。

二、土地用地管制制度

现代社会经济的飞速发展和人口的迅猛增长对土地产生多种需求，由于在一定地域内土地总面积为常数，势必造成各业用地的竞争使用，根据竞争使用原则，比较经济效益低的土地用途必然存在向比较经济效益高的土地用途转化的内在冲动。土地的特殊性以及过度的市场竞争，会使土地资源的配置失去效率，社会的公正原则遭到破坏，即微观经济学中的"市场失灵"，为了实现社会的整体利益，土地用途管制制度应运而生。

（一）土地用途管制的含义

土地用途管制制度是人类社会发展到一定阶段为保护和合理利用土地资源的必然抉择，但对何为土地用途管制，学术界却存在着不同的看法，但有以下共识。

（1）土地用途管制是一种土地利用约束机制。它规范土地的使用，防止土地资源的浪费和不合理使用，保证土地资源的可持续利用，促进社会经济的可持续发展。

（2）必须经过一定的科学程序和法定程序，确定土地的具体用途。这种具体用途是一种法定用途，具有法律意义，它是符合各级土地利用总体规划及与其对应的详细规划要求的用途。

（3）土地用途变更的申请许可制。一般地，在符合土地利用规划的前提下，土地用途由甲用途变成乙用途时，必须由土地使用者提出书面申请，经土地管理部门依法审查并获批准，领取土地用途变更许可证，办理土地用途变更登记等手续后才能完成土地用途从甲用途到乙用途的变更。

（4）擅自变更土地用途的责任。土地使用者未经批准，擅自改变土地用途以及国家机关工作人员和有关管理部门非法批准改变土地用途必将受到经济、行政和法律的处罚。

因此，可以把土地用途管制定义为：国家为了保证土地资源的合理利用，通过编制土地利用规划，依法划定土地用途分区，确定土地使用限制条件，实行用途变更许可的一项强制性管理制度。

（二）土地用途管制的目标

土地用途管制制度是政府采取的最严格的土地管理制度，是政府为了保障全社会的整体利益和长远利益，消除土地利用中的各种非理性现象，处理好土地利用中的各种矛盾，保证土地资源的可持续利用而采取的一种公共干预措施。因而土地用途管制的目标是"政府目标"，它是要通过用途管制实现土地的合理利用与持续利用。具体来说，土地用途管制的目标应包括以下几个方面。

1. 土地利用整体效率最大化

效率是指资源的有效使用与有效配置。土地作为稀缺的不可移动的资源，其有效配置可从两个方面来考虑：①从土地使用者的角度来看；②从社会或宏观控制者的角度来看。对于土地使用者来说，土地利用的目标是利益最大化，在取得同样经济效果的情况下，土地使用者会通过对使用土地资源还是使用其可替代的资源进行比较权衡后才能决定使用多少土地和使用何种区位的土地，同样在既定的土地资源条件下，土地使用者如何使用土地，将土地投入到何种使用方向，也是要看哪种方式能为其获得最大的经济效益。而对于社会或宏观决策者来说，土地利用的经济效率与个别的土地使用者有所不同，其追求的是全社会土地利用整体利益的最大化。要取得土地利用整体效用最大化，其实质就是要达到区域土地利用结构的最优化，即土地在各种不同用途之间的有效配置。土地用途管制就是要解决在各种竞争性用途之间合理分配土地资源并提高土地利用效益的问题，它既考虑了每一个土地使用者的切身利益，又从宏观上考虑了社会整体利益，在结合二者利益的基础上追求土地利用的经济效率目标。

2. 协调"吃饭"与"建设"的矛盾

我国是一个人多地少，人均土地资源相对短缺的国家，土地利用矛盾十分突出。特别是随着人口的增加，经济的快速发展和城市化程度的不断提高，农业与非农业建设之间的争地矛盾将更加突出。由于农业生产用地与各种非农业建设用地所产生的经济利益存在着较大的差异，农业用地在与非农业建设用地的竞争中总是处于相对弱势的地位，土地利用的非农化现象越来越严重。因此，必须通过土地用途管制，严格限制农业生产用地向非农业建设用地的转移，以保护耕地，保障我国人口的食物安全供应，保持社会的稳定。当然，人的需要是多方面的，"一要吃饭，二要建设"，土地利用的根本目的是满足人们的各种需要，土地用途管制的目的就是要对有限的土地资源在数量上、时间上和空间上进行合理的分配，以保障各种用途的土地需求。

3. 消除土地利用中不利的外部性影响，保护环境，实现土地的可持续利用

土地在空间上互相联结，不能移动和分割，因此，每块土地利用的后果，不仅影响自身的利益、生态环境，也影响邻近土地，甚至整个区域的生态环境和经济利益，产生巨大的社会后果。也就是说，土地利用具有明显的社会性和外部性，对于土地利用产生的积极的外部性应该充分加以利用，对于土地利用中消极的、不利的外部性影响必须加以避免和限制。土地用途管制是一种政府行为，政府可根据土地资源的自然特性、经济和社会条件，合理地划分土地用途区，对每一用途区的土地使用类别、土地使用条件、土地使用强度等加以规定和限制，防止土地沙漠化和盐渍化，防止建筑物和人口的过度拥挤，保证一定的绿地等，以达到保护和改善生态环境，土地资源可持续利用的目标。

（三）土地用途管制的实施——土地用途分区

土地用途管制的主要内容就是在土地利用规划划定的土地用途区内，依照其分区使用规则，通过用途变更许可制度来实现对土地利用的控制。因此，建立有效的土地利用用途管制制度是以土地利用总体规划编制和实施为前提的，其核心是土地用途分区控制。

土地用途分区是指依据土地资源特点、社会经济发展需要和上级规划的要求，按照同一土地用途管制规则划分土地用途区。土地用途区可以是空间上连续的或不连续的区域，面积可大可小。土地用途分区的目的，是为了指导土地合理利用，控制土地用途转变。

1. 土地用途分区的类型

由土地利用总体规划体系的相关内容可知，土地用途分区通常在县级和乡（镇）土地利用总体规划中进行，一般可划定以下土地用途区：基本农田保护区、一般农地区、林业用地区、牧业用地区、城镇村建设用地区、城镇建设用地区、村镇建设用地区、独立工矿用地区、风景旅游用地区、自然和文化遗产保护区、生态环境安全控制区等。

土地用途区应依据土地用途管制的需要而划定，原则上各类土地用途区不相互重叠。土地用途分区方案与土地利用结构与布局调整方案相协调，满足规划目标的要求。土地用途区最小上图面积应符合规程要求，在乡镇土地利用总体规划中，平原地区城镇建设用地区和村镇建设用地区最小上图面积为 20 毫米^2，山区城镇建设用地区和村镇建设用地区最小上图面积为 15 毫米^2。

2. 土地用途分区的步骤与方法

土地用途区划定主要遵循以下步骤。

（1）收集资料。收集、整理土地用途分区所需的基础资料，主要有遥感图、地形图、坡耕地调查评价、农用地分等定级、土地利用专项规划、城镇村建设、自然保护区等基础资料。

（2）拟定分区类型。依据上级规划的土地用途区和本规划区域实际需要，确定土地用途区类型。

（3）编制分区草案。以土地利用现状图为底图，依据本县、乡（镇）有关规划，按照土地用途区的划定方法及最小上图面积等要求，尽可能利用明显的线形地物或规划目标，参照河川、山脊等人工、自然地物界线，兼顾行政管理界限，绘制土地用途分区草图，量算和统计分区面积。

（4）征求听取意见。将土地用途分区草案征求相关部门和群众意见，开展协调工作。

（5）划定土地用途区。在与相关规划协调一致、充分听取公众意见的基础上，划定土地用途区，落实分区界线，整理图件数据资料。

常用的土地用途分区方法有叠图法（套图法）、德尔斐法、指标法、聚类分析法。叠图法是一种客观综合的分区方法，德尔斐法是一种完全定性的分区方法，指标法是一种定性与定量相结合的方法，聚类分析法则是一种定量的分区方法。当前我国基本采用的是以叠图法为主，聚类法、德尔斐法为辅的土地用途分区方法。以县级土地利用分区为例，基本工作程序为：将县级 1∶50 000 的土地利用现状图固定；将已经统一到同一比例尺的风景旅游区规划图、自然保护区规划图以经纬网和明显地物为标志进行套合；落实国家、省批准的区域界线；将基本农田保护区图、林业发展规划图、牧业发展规划图、城镇建设规划图、村镇建设规划图、工矿业发展规划图等图件叠加在土地利用现状图上；对各行业专题规划图分区界线叠加后一致的直接作为分区界线；对不重叠界线依据土地适宜性评价结果及规划要求和行业特点判别处理；单宜性土地据评价图优先确定；多宜性土地采用聚类法、德尔斐法等处理划定；图件清绘、着色、整饰；面积量算与统计；编写技术报告、工作报告。

3. 主要土地用途区的划分要求及管制规则

（1）基本农田保护区。下列土地应当划入基本农田保护区：经国务院主管部门或者县级以上地方人民政府批准确定的粮、棉、油、蔬菜生产基地内的耕地；有良好的水利与水土保持设施的耕地，正在改造或已列入改造规划的中、低产田，农业科研、教学试验田，集中连片程度较高的耕地，相邻城镇间、城市组团间和交通干线间绿色隔离带中的耕地；为基本农田生产和建设服务的农村道路、农田水利、农田防护林和其他农业设施以及农田之间的零星土地。

已列入生态保护与建设实施项目的退耕还林、还草、还湖（河）耕地，不得划入基本农田保护区。已列入城镇村建设用地区、独立工矿用地区等土地用途区的土地，原则上不再划入基本农田保护区。

基本农田保护区的土地用途管制规则包括：①区内土地主要用作基本农田和直接为基本农田服务的农田道路、水利、农田防护林及其他农业设施，区内的一般耕地，应参照基本农田管制政策进行管护；②区内现有非农建设用地和其他零星农用地应当整理、复垦或调整为基本农田，规划期间确实不能整理、复垦或调整的，可保留现状用途，但不得扩大面积；③禁止占用区内基本农田进行非农建设，禁止在基本农田上建房、建窑、建坟、挖沙、采矿、取土、堆放固体废弃物或者进行其他破坏基本农田的活动；禁止占用基本农田发展林果业和挖塘养鱼。

（2）一般农地区。下列土地可划入一般农地区：除已划入基本农田保护区、建设用地区等土地用途区的耕地外，其余耕地原则上划入一般农地区；现有成片的果园、桑园、茶园、橡胶园等种植园用地；畜禽和水产养殖用地；城镇绿化隔离带用地；规划期间通过土地整治增加的耕地和园地；为农业生产和生态建设服务的农田防护林、农村道路、农田水利等其他农业设施以及农田之间的零星土地。

一般农地区的土地用途管制规则包括：①区内土地主要作为耕地、园地、畜禽水产养殖地和直接为农业生产服务的农村道路、农田水利、农田防护林及其他农业设施用地；②区内现有非农业建设用地和其他零星农用地应当优先整理、复垦或调整为耕地，规划期间确实不能整理、复垦或调整的，可保留现状用途，但不得扩大面积；③禁止占用区内土地进行非农业建设，不得破坏、污染和荒芜区内土地。

（3）城镇村建设用地区。下列土地应当划入城镇村建设用地区：现有的城市、建制镇、集镇和中心村建设用地；规划预留城市、建制镇、集镇和中心村建设用地；开发区（工业园区）等现状及规划预留的建设用地。

规划期间应整理、复垦的城镇、村庄和集镇用地，不得划入城镇村建设用地区；划入城镇村建设用地区的面积要与城镇、农村居民点建设用地总规模协调一致。城镇村建设用地区的土地用途管制规则包括：①区内土地主要用于城镇、农村居民点建设，与经批准的城市、建制镇、村庄和集镇规划相衔接；②区内城镇村建设应优先利用现有低效建设用地、闲置地和废弃地；③区内农用地在批准改变用途之前，应当按现用途使用，不得荒芜。

（4）城镇建设用地区。下列土地应当划入城镇建设用地区：现有的城市和建制镇建设用地；规划期间新增的城市和建制镇建设发展用地。

规划期间，应复垦、整理为农用地的城市和建制镇建设用地不得划入城镇建设用地区；区内新增建设用地应符合本乡（镇）规划的城镇建设用地规模和范围要求。划入城镇建设用地区的面积要与城镇建设用地规模相一致。

城镇建设用地区的土地用途管制规则包括：①区内土地主要用于建制镇和中心城区建设；②各项用地安排须符合经批准的城镇规划，严禁在建设用地控制边界外建设，区内新增城乡建设用地受规划指标和年度计划指标约束；③城镇建设应优先利用现有低效建设用地、闲置地和废弃地，鼓励新增建筑向高层发展，提高城镇土地利用率和容积率，确需占用耕地，应尽量利用劣质耕地，严格按照国家规定的用地定额标准，安排各项建设用地；④区内农用地在批准改变用途之前，应当按原用途使用，不得荒废、撂荒土地，能耕种的必须及时恢复耕种；⑤保护和改善城镇环境，防止水土污染；禁止建设占用城镇中规划确定的永久性绿地。

（5）村镇建设用地区。下列土地应当划入村镇建设用地区：规划期间，需重点发展的村庄、集镇的现状建设用地；规划期间，需重点发展的村庄、集镇的规划新增建设用地；规划期间，保留现状、不再扩大规模的村庄和集镇建设用地。

村镇建设用地区的土地用途管制规则包括：①本区土地主要用于村庄和集镇的居民住宅、乡村企业、乡村公共和公益设施建设。②区内建设必须符合村镇建设规划，严禁在村镇建设用地控制边界外建设。③鼓励通过土地整理、旧村改造将零散分布的村庄和乡村企业向村镇建设用地区集中。④区内建设应优先利用现有建设用地和空闲地，提高土地利用率；严格按照国家和省规定的用地标准，安排各项建设用地。⑤区内耕地在批准改变用途前，应当按原用途使用，不得荒废；保护和改善村镇环境，防止水土污染。

（6）独立工矿用地区。下列土地应当划入独立工矿用地区：独立于城镇村建设用地区之外、规划期间不改变用途的采矿、能源、化工、环保等建设用地（已划入其他土地用途区的除外）；独立于城镇村建设用地区之外，规划期间已列入规划的采矿、能源、化工、环保等建设用地（已划入其他土地用途区的除外）。

已列入城镇范围内的开发区（工业园区）不得划入独立工矿用地区。应整理、复垦为非建设用地的，不得划入独立工矿用地区。区内建设用地应满足建筑、交通、防护、环保等建设条件，与居民点的安全距离应符合相关规定。划入独立工矿用地区的面积要与采矿用地和其他独立建设用地规模相协调。

独立工矿用地区的土地用途管制规则包括：①区内土地主要用于采矿业以及其他不宜在居民点内安排的工业用地；②区内土地使用应符合经批准的工矿建设规划；③区内因生产建设挖损、塌陷、压占的土地应及时复垦；④区内建设应优先利用现有低效建设用地、闲置地和废弃地；⑤区内农用地在批准改变用途之前，应当按现用途使用，不得荒废。

（7）风景旅游用地区。下列土地应划入风景旅游用地区：风景游赏用地、游览设施用地；为游人服务而又独立设置的管理机构、科技教育、对外及内部交通、通信用地，水、电、热、气、环境、防灾设施用地等。

风景旅游用地区的土地用途管制规则包括：①区内土地主要用于旅游、休憩及相关文化活动；②区内土地使用应当符合风景旅游区规划；③区内影响景观保护和游览的土地，应在规划期间调整为适宜的用途；④在不破坏景观资源的前提下，允许区内土地进行农业生产活动和适度的旅游设施建设；⑤严禁占用区内土地进行破坏景观、污染环境的生产建设活动。

（8）生态环境安全控制区。下列土地应划入生态环境安全控制区：主要河湖及其蓄滞洪区；滨海防患区；重要水源保护区；地质灾害危险区；其他为维护生态环境安全需要进行特殊控制的区域。

生态环境安全控制区的划定应与相关专业规划相衔接。

生态环境安全控制区的土地用途管制规则包括：①区内土地以生态环境保护为主导用途；②区内土地使用应符合经批准的相关规划；③区内影响生态环境安全的土地，应在规划期间调整为适宜的用途；④区内土地严禁进行与生态环境保护无关的开发建设活动，原有的各种生产、开发活动应逐步退出。

（9）自然与文化遗产保护区。下列土地应当划入自然与文化遗产保护区：典型的自然地理区域、有代表性的自然生态系统区域以及已经遭受破坏但经保护能够恢复的自然生态系统区域；珍稀、濒危野生动植物物种的天然集中分布区域；具有特殊保护价值的海域、海岸、岛屿、湿地、内陆水域、森林、草原和荒漠；具有重大科学文化价值的地质构造、著名溶洞、化石分布区及冰川、火山温泉等自然遗迹；需要予以特殊保护的其他自然和人文景观、遗迹等保护区域。

自然与文化遗产保护区的土地用途管制规则包括：①区内土地主要用于保护具有特殊价值的自然和文化遗产；②区内土地使用应符合经批准的保护区规

划；③区内影响景观保护的土地，应在规划期间调整为适宜的用途；④不得占用保护区核心区的土地进行新的生产建设活动，原有的各种生产、开发活动应逐步退出；⑤严禁占用区内土地进行破坏景观、污染环境的开发建设活动。

（10）林业用地区。下列土地应当划入林业用地区：现有成片的有林地、灌木林、疏林地、未成林造林地、迹地和苗圃（已划入其他土地用途区的林地除外）；已列入生态保护和建设实施项目的造林地；规划期间通过土地整治增加的林地；为林业生产和生态建设服务的运输、营林看护、水源保护、水土保持等设施用地，及其他零星土地。

林业用地区的土地用途管制规则包括：①区内土地主要用于林业生产，以及直接为林业生产和生态建设服务的营林设施；②区内现有非农业建设用地，应当按其适宜性调整为林地或其他类型的营林设施用地，规划期间确实不能调整的，可保留现状用途，但不得扩大面积；③区内零星耕地因生态建设和环境保护需要可转为林地；④未经批准，禁止占用区内土地进行非农业建设，禁止占用区内土地进行毁林开垦、采石、挖沙、取土等活动。

（11）牧业用地区。下列土地应当列入牧业用地区：现有成片的人工、改良和天然草地（已划入其他土地用途区的牧草地除外）；已列入生态保护和建设实施项目的牧草地；规划期间通过土地整治增加的牧草地；火道、护牧林等设施用地。

为牧业生产和生态建设服务的牧道、栏圈、牲畜饮水点、防牧业用地区的土地用途管制规则包括：①区内土地主要用于牧业生产，以及直接为牧业生产和生态建设服务的牧业设施；②区内现有非农业建设用地应按其适宜性调整为牧草地或其他类型的牧业设施用地，规划期间确实不能调整的，可保留现状用途，但不得扩大面积；③未经批准，严禁占用区内土地进行非农业建设，严禁占用区内土地进行开垦、采矿、挖沙、取土等破坏草原植被的活动。

三、土地利用动态监测

土地利用状况不是永恒的，它常随着自然条件和社会经济条件的变化而变化。对土地利用动态变化进行监测，随时掌握土地利用变化趋势，采取相应对策，确保管理目标的实现，是土地利用监督的又一个主要方面，也是实现土地利用监督和对土地利用进行调控的技术基础。

（一）土地利用动态监测的特点与作用

土地利用动态监测具有下列特点。

1. 监测成果的多样性

为适应各级土地管理机构的需求，通过土地利用监测定期提供全国和各省、地、县的土地利用现状资料，包括面积数据和反映土地利用空间分布的图件资料。同时，除开展按固定调查项目连续监测外，还需做固定项目的专题调查。如对建设用地占而未用，耕地撂荒、开发、复垦和灾害毁地等专题项目的实时调查。

2. 监测体系的层次性

为保证监测任务的完成，各级土地管理部门都应有相应的监测机构，各级机构互为关联形成体系，体系包括国家、省、地、县若干层次，各层次组成有机整体，既要保证监测成果的统一性和可比性，又能开展本辖区的监测任务，提供本地区的监测成果。在体系中分两个基本层次，一层是国家和省级的，重点提供全国和全省的土地利用宏观数字，另一层是县、乡级的，提供本辖区的土地利用资料。两个基本层次的监测指标、技术手段和精度要求上可有区别，但在监测指标和数据传输的上下层面上应能接口。

3. 技术要求的区域性

我国地域广阔，不同地区之间的自然条件、经济发展程度和土地利用水平差异悬殊，故可将全国土地分成若干类型区和重点监测区，不同地区的监测周期、方法手段和精度要求上应有所不同。

4. 技术手段的综合性

根据我国土地利用监测的任务和要求，在技术手段上宜采用卫星遥感、航空遥感、抽样调查和实地调查相结合的方法，发挥各自优势，以求得总体功能上满足各项需要。

土地利用动态监测的作用主要有：保持土地利用有关数据的现势性，保证信息能不断得到更新；通过动态分析，揭示土地利用变化的规律，为宏观调控提供依据；能够反映规划实施状况，为规划信息系统及时反馈创造条件；对一些重点指标进行定时监控，设置预警界线，为政府制定有效政策与措施提供服务；及时发现违反土地管理法律法规的行为，为土地监察提供目标和依据等。

（二）土地利用动态监测的目的

土地利用动态监测的目的在于能及时地掌握土地利用及其时空动态变化状况，有效地利用土地资源，使其发挥最佳利用效益。目前我国开展的土地利用动态监测主要是对耕地和建设用地等土地利用变化情况进行及时、直接和客观的定期监测，检查土地利用总体规划和年度用地计划执行情况，重点核查每年土地变更调查汇总数据，为国家宏观决策提供比较可靠、准确的依据。

（三）土地利用动态监测的内容

1. 区域土地利用状况监测

通过土地利用状况的监测，来反映土地利用结构的变化，对土地利用方向的变化进行控制和引导。监测重点是耕地变化和建设用地扩展。耕地减少的去向主要是非农建设占地和农业结构调整，农业结构调整占用耕地有可逆性特点，耕地尚能恢复，而被非农建设占用，耕地就难以恢复。所以监测非农建设用地扩展是重点。

2. 土地政策措施执行情况监测

政策的制定依靠准确的信息，同时信息又是执行政策的反馈。土地利用动态监测是获取土地信息和反馈土地政策、检验土地管理措施执行结果的主渠道。如规划目标实现情况监测、建设用地批准后的使用情况监测、土地违法行为监测等。这一类的监测一般是专题监测。

3. 土地生产力监测

土地生产力受制于自然和社会经济两大因素，呈现出动态变化。尤其是自然因素对土地生产力的影响，主要影响因素是气候和大气条件。如干旱、异常的大暴雨和降雪量明显增多，冷暖急剧交替等。这些因素的变化还会在地区间、年际表现出明显的差异。另外，砍伐森林、灌溉田野、建设城市、疏干沼泽等人类活动也会导致近地面气层的温度、空气湿度、风速等的小气候变化，从而影响农业生产的地域环境。气候条件又直接影响土壤风化，影响土壤物质移动的特点和土壤中水、气、热的状况，从而使得农用地生产力呈现动态变化。这就需要进行动态监测，掌握生产力动态变化的方向与规律，为调整生产力布局和确定合理对策提供依据。如《基本农田保护条例》中规定，县级以上地方各级人民政府农业行政主管部门应当逐步建立基本农田保护区内耕地地力与施肥效益长期定位监测网点，定期向本级人民政府提出保护区内耕地地力变化状况报告以及相应的地力保护措施，并为农业生产者提供施肥指导服务。土地生产力监测的重点是土壤属性、地形、水文、气候、土地的投入产出水平等指标。

4. 土地环境条件监测

环境影响土地利用，土地也是环境的一部分。对土地环境条件的监测，重点是考察环境条件的变化、环境污染等对土地利用产生的影响。如对农田防护林防护效应的监测、基本农田保护区内耕地环境污染的监测与评价、自然保护区生态环境监测、土地植被变化监测等。除此以外，还要监测环境破坏，即指人类不合理利用环境所导致的破坏环境效能，造成生态系统失衡，资源枯竭，危及人类生存的一种环境问题。如水土流失、风蚀、土地沙化、盐渍化、地面沉降等。

(四) 土地利用动态监测的方法

土地利用动态监测方法依其不同标志可分为调查资料法和遥感资料法，实地调查法和遥感图像解译法，全面调查法和抽样调查法。

1. 遥感技术（RS）

众所周知，由于遥感对地观测技术具有覆盖面广、宏观性强、快速、多时相、信息丰富等优点，因而较普遍地应用于土地调查制图和监测中。遥感技术有卫星遥感和航空遥感两种。卫星遥感资料具有空间的宏观性和时间的连续性等特点，其优势在于大面积的动态监测。主要用于土地沙化、草原退化、土壤侵蚀、沿海滩涂的开发利用、土地受灾面积等土地利用动态变化的监测。航空遥感具有分辨率高、荷载量大、机动灵活的特点，用航空遥感作点状或带状的抽样调查或典型调查，是补充和监测卫星遥感调查的必要手段。主要可用于耕地增减变化和建设用地扩展速度的监测，农田防护林系、自然保护区生态环境监测，等等。

土地利用监测对遥感资料的要求主要有 2 点。①遥感资料分辨力。衡量卫星遥感资料在土地利用监测中应用效果的主要标志是识别地类能力和地类面积量测精度。地类判读精度和面积量测精度主要取决于遥感资料的分辨力，同时也与判读地物的光谱特征有关。②遥感资料的覆盖度。利用卫星遥感资料进行全国或全省土地利用监测，需要定期提供其辖区内全面覆盖并具有特定时效性的遥感资料，这是开展土地利用监测工作的前提。

2. 土地调查技术

土地调查的方法主要有普查、抽样调查、重点调查等。运用土地调查与统计可以对土地利用结构调整、土地等级变化等进行分析。一般在遥感资料的基础上，需要通过土地调查进行检查和补充。在遥感资料缺乏的地区或年份，也只有依靠土地调查来反映土地利用状况。

城镇地籍调查、土地详查、土地变更调查等一系列调查工作和历年土地统计工作目前已在全国普遍开展。利用这些数据和信息进行土地利用动态监测，也能够准确地反映出土地利用结构的变化情况且数据准确度较高，能满足土地微观管理的需要。缺点是工作量大，时点性差，仅适用于小范围的和专题性的监测，对区域性的土地利用监测不太适用。

3. 土地信息系统（LIS）技术

《土地管理法》第三十条规定，国家建立全国土地管理信息系统，对土地利用状况进行动态监测。土地信息系统本身是一门技术，可以对各种信息、数据和图形进行处理和输入输出。目前的土地利用动态监测，无论是采用遥感资料，还是土地详查成果，都需要借助信息系统和计算机对各种信息量进行处理，才能使土地利用监测快速、便捷、准确。

土地信息系统是以计算机为核心，以土地详查、土壤普查、规划、计划、各种遥感影像、地形图、控制网点等为信息源，对土地资源信息进行获取、输入、存储、处理统计、分析、评价、输出、传输和应用的大型系统工程。土地信息系统工程的功能主要包括：存储、自动检索、更新、三维信息共享、再生、保密等。土地信息系统是一个综合系统。与土地利用监测有关的信息系统有土地利用现状系统与规划系统、地籍系统、土地分等定级系统、土地估价系统、法规监察系统等。其中，对规划信息系统除要求有土地信息系统的一般功能外，还需要能够对各类数据分析和预测，自动生成规划方案并择优，根据监测结构进行规划方案更新等功能。

4. 动态监测预警技术

在实施土地利用动态监测时，需要对耕地的利用和保护建立专项的动态监测网络，对耕地利用系统进行预警。

耕地利用系统动态监测预警的主要内容包括警义、警源、警兆和警度等。警义是指预警的指标，这些指标包括人地关系密集度、耕地利用投入水平、生态环境背景、耕地利用效果及投资潜力。警源是指产生耕地利用系统警情的根源，可分为自然警源、外在警源和内在警源。自然警源是指各种可能引发自然灾害从而对耕地利用造成破坏的自然因素；外在警源是指由耕地利用系统外输入的警源，主要有对城市规模的不加控制、农产品价格的变化和"三废"排放等因素；内在警源则是耕地利用自身运动状态及机制，主要有耕地保护制度、地权制度、耕地开发利用行为、耕地管理行为和耕地经营收益等因素。警兆包括景气警兆和动向警兆。景气警兆一般以实物运动为基础，表示耕地生态经济系统某一方面的景气程度，如耕地面积、播种面积、耕地利用基础设施等；农产品价格、农民收入水平和征地成本等不直接表示耕地生态经济景气程度的价值指标，均属于动向警兆。警度是对耕地利用警情的定量刻画，以判定警素指标变化是否有警情或警情如何，一般分为无警、轻警、中警、重警和剧警，不同的指标，同警度的值域可能不一样，或同样的值域，不同指标的警度也不一样。耕地利用系统动态监测一般要经过确定警情、寻找警源、分析警兆、预报警度四个逻辑过程，依此来确定耕地利用变化的合理与否。

5. 抽样调查技术

抽样调查与全面调查（普查）相比具有工作量小、速度快、省费用、易实施、质量好的特点。所谓抽样调查指按随机原则在总体中选取一部分单位作为总体的代表所进行的一种专门组织的非全面调查。抽样调查是以一部分单位的有关指标去推算总体情况。

抽样调查的基本做法可采用每年进行小样本调查，推断全国土地（或耕地或农用地）利用变动。每5～10年开展较大样本调查，推断全国与各省土地利用变动，同时，根据土地管理要求在5年内可增加1～2次全国性的专门针对非农占地变动的抽样调查，用于推断全国与各省的非农占地变动情况。根据我国情况，采用分层多级抽样，综合考虑精确度和费用，确定将县级单位作为初级抽样单位，以乡级单位作为二级抽样单位，在乡级单位内以村级单位作为末级抽样单位即基本的样本点，在其中进行土地测量以取得所需要的调查数据。

思　考　题

1. 土地利用管理的法律依据和理论依据是什么?
2. 土地利用管理的主要内容是什么?
3. 什么是土地用途管制? 土地用途管制的主要内容和措施是什么?
4. 简述主要规划的功能定位及实施路径。
5. 如何进行土地利用的监督和调控?

土地市场管理

第一节　土地市场

一、土地市场的概念与作用

（一）土地市场的概念

市场是商品经济的范畴。商品交换关系的存在和发展是市场赖以存在和发展的经济基础。正如列宁所说，市场不过是商品经济中社会分工的表现，哪里有社会分工和商品生产，哪里就有市场。

最初，人们视市场为商品交换的场所，仅仅把市场看作有形市场。随着经济的发展和社会的进步，市场也在不断发展。市场的发展，不仅是指市场规模的扩大、市场种类的增加，而且也表现为无形市场的诞生。无形市场是相对于有形市场而言的。有形市场，诸如集市、城乡商业网点，都是有固定交易场所的市场；而无形市场则是靠广告、中间商以及其他交易形式寻找货源或买主，沟通买卖双方促成交易的无固定交易场所的一类市场。既然无形市场不再有固定交易场所，关于市场是商品交换场所的定义自然显得狭窄。于是，人们开始区分广义和狭义的市场。

狭义的市场是指商品交换的具体场所，广义的市场是指商品交换关系的总和。同样，土地市场也包括狭义和广义两种含义。从狭义上讲，土地市场是指以土地作为交易对象进行交易的场所；从广义上讲，土地市场是指土地这种特殊商品在交易过程中发生的经济关系的总和。

由于我国实行的是国家所有和集体所有两种形式共存的社会主义土地公有制，土地所有权不能交易，因此，土地市场是指城市土地使用权市场和农村土地使用权市场。农村土地使用权市场又包括农地使用权流转市场和农村集体建设用地使用权流转市场。

（二）土地市场的作用

1. 优化配置土地资源

土地资源的配置方式因配置手段不同而分为行政方式和市场方式。行政方式是政府用行政手段把土地资源分配给各个土地使用者，实现土地资源与其他生产生活资料的结合。市场方式是通过市场机制的作用把土地资源分配给各个土地使用者，实现土地资源与其他生产生活资料的结合。理论和实践已经证明，土地资源的行政配置是低效的，市场配置是高效的。

土地资源的流动带动了社会物质资源的流动和再分配，将土地及其相关社会资源由低效部门向高效部门转移，由低效的使用者向高效的使用者流转。在土地价格信号指引下，土地通过土地市场在城乡之间、城市内部或农村内部流动，从而进行合理的配置。

2. 实现土地资产价值，协调土地收益分配关系

土地不仅是一种重要的资源，而且是一种重要的资产。土地资产实现的条件就是土地市场，只有通过土地市场中交易双方相互作用的过程才能"发现"土地价格，从而实现土地资产价值。真实的土地价格应该是建立在市场竞争的基础上，由供求双方决定；真实的土地价格，才能理顺土地所有者、土地经营者、土地使用者之间的土地收益分配关系，进而促进土地资源的合理有效利用。

3. 调整产业结构，调控经济发展

地租、地价是土地市场中最重要的经济杠杆，是引导土地资源在不同产业中配置的重要信号。这种信号比任何其他非经济信号和指令更科学，更能促进生产力布局的优化。针对目前我国产业结构不尽合理的现状，政府可以通过行政、法律和经济的手段对土地市场进行干预，以达到调控经济结构和经济总量的目的。

二、土地市场的形成与发展

市场经济是商品经济发展到一定阶段的产物，是商品经济的高级形态。土地市场作为市场经济体系的一个组成部分，它的建立和发展必然以商品经济发展到一定阶段为前提条件，伴随市场经济发展而发展，在时间上呈现阶段性。

（一）城市土地市场的形成与发展

中国城市土地市场经历了以下几个阶段。

1. 城市土地市场的萌芽阶段

1982 年开始，深圳按城市内不同等级的土地向土地使用者收取不同标准的使用费。1984 年广州和抚顺对部分土地（经济技术开发区、新建项目、涉外项目）进行了开征土地使用费的试点工作，把土地分为若干等级进行收费。当时征收土地使用费的出发点是为了解决城市基础设施建设资金长期短缺问题，虽然对旧有的土地使用制度触动不大，但这种尝试作为城市土地使用制度改革的重要环节，迈出了土地有偿使用的第一步。

1987 年 9 月 9 日，深圳市率先试行土地出让，揭开了国有土地使用制度改革从理论探索阶段走向实践探索阶段的序幕，冲破了土地供应单纯采用行政划拨的旧土地使用制度的束缚，引进了市场机制，用地者只有通过竞争并支付地价款后才能获得土地使用权。同时，用地者通过这种方式获得的使用权可以依照合同进行转让，这就为建立城市土地市场打下了基础。

2. 城市土地市场的形成阶段

1988年4月，七届全国人大第一次会议修改了《宪法》的有关条款，规定"土地的使用权可以依照法律的规定转让"。随后，《土地管理法》也作了相应的修改。1990年5月，国务院颁布了《中华人民共和国城镇国有土地使用权出让和转让暂行条例》和《外商投资开发经营成片土地暂行管理办法》。这些举措的实施，大大推动了城市国有土地使用权的出让、转让。城镇国有土地使用制度改革由沿海扩及内地，由增量土地延及原来的存量土地。1990—1991年杭州、重庆、抚顺、乐山等城市进行试点，探索对原来的存量土地即行政划拨用地制度的改革，重点放在如何使之根据市场需要合理流动。

1992年，这项工作在全国全面展开。随之，中国出现了"土地热"和"开发区热"，土地供过于求，土地投机盛行。随着国民经济的宏观调控，这些过量供应的土地后来又被闲置。城市土地供应过度，不仅扰乱了地产市场的正常发育，而且占用了大量农田，危及我国农业生产。

3. 城市土地市场逐步完善阶段

1998年8月，第一次修正后的《土地管理法》问世，并于1999年1月1日起施行。它从内容上突出了切实保护耕地这一主题，加强了对土地使用的宏观管理。1999年《城市房地产管理法》颁布之后，我国城市土地市场在结构、功能、运行机制和市场管理方面不断完善，城市土地市场和框架体系已基本形成。2001年国务院下发的《关于加强国有土地资产管理的通知》明确指出：商业性房地产开发用地和其他土地供应计划公布后同一地块有两个以上意向用地者的，都必须由市、县人民政府土地主管部门依法以招标、拍卖方式提供。2002年国土资源部颁发了《招标拍卖挂牌出让国有土地使用权规定》，规定商业、旅游、娱乐和商品住宅等各类经营性用地，必须以招标、拍卖或者挂牌方式出让。自此，经营性国有土地使用权竞争性出让作为一种市场配置方式被正式确立，而且竞争性出让方式除了原先的招标、拍卖外，又增加了挂牌。

4. 城市土地市场参与宏观调控阶段

2003年7月国务院办公厅发布《关于暂停审批各类开发区的紧急通知》和《关于清理整顿各类开发区加强建设用地管理的通知》，标志着开始实施宏观调控战略，城市土地市场开始参与宏观调控。2003年11月国务院颁布《关于加大工作力度，进一步治理整顿土地市场秩序的紧急通知》，改变了地方政府等待观望的局面，加大了土地市场治理整顿的力度。2004年国务院颁布了

《关于深化改革严格土地管理的决定》（国发〔2004〕28号），同时国土资源部下发了6个配套文件。这些文件在严格土地执法、加强规划管理、保障农民权益、促进集约用地、健全责任制度等方面，做出了全面系统的规定。2006年8月31日，国务院发出的《关于加强土地调控有关问题的通知》（国发〔2006〕31号），向各省、自治区、直辖市人民政府和国务院各部委、各直属机构提出明确要求：进一步明确土地管理和耕地保护责任，切实保障被征地农民的长远生计，规范土地出让收支管理，调整建设用地有关税费政策，建立工业用地出让最低价标准统一公布制度，禁止擅自将农用地转为建设用地，强化对土地管理行为监督检查，严肃惩处土地违法违规行为。2008年1月3日，国务院发布的《关于促进节约集约用地的通知》（国发〔2008〕3号）要求各地区、各部门，充分认识节约集约用地的重要性和紧迫性，增强节约集约用地的责任感，切实转变用地观念，转变经济发展方式，调整优化经济结构，将节约集约用地的要求落实在政府决策中，落实到各项建设中。2009年12月17日，财政部、国土资源部、中国人民银行、监察部等五部委发布《关于进一步加强土地出让收支管理的通知》（财综〔2009〕74号），将开发商拿地首付款比例提高到五成，且规定分期缴纳全部价款的期限原则上不超过一年。土地出让金这一"新规"对于开发企业争当"地王"、地方政府过度依赖"土地财政"，起到了有效的遏制作用。2010年1月7日国务院办公厅颁发的《关于促进房地产市场平稳健康发展的通知》（国办发〔2010〕4号），为进一步加强和改善房地产市场调控，稳定市场预期，促进房地产市场平稳健康发展，提出了十一个方面的新的要求。2011年1月21日国务院颁布的《国有土地上房屋征收与补偿条例》，统筹兼顾工业化、城镇化建设与土地房屋被征收群众的利益，努力把公共利益同被征收个人利益统一起来，通过明确补偿标准、补助和奖励措施，保护被征收群众的利益，使房屋被征收群众的居住条件有改善，原有的生活水平不降低，同时通过完善征收程序，扩大公众参与，禁止建设单位参与搬迁，取消行政机关自行强制拆迁的规定。2011年5月12日国土资源部发布《关于坚持和完善土地招标拍卖挂牌出让制度的意见》，要求地方积极探索招标、拍卖、挂牌出让方式创新，控地价防地王，保持地价平稳。2012年6月1日国土资源部发布《闲置土地处置办法》，明确要求供应土地必须是"净地"，禁止"毛地"出让，并规定了闲置土地处罚办法，加强与证监会、银监会联动遏制土地闲置。

因此，可以预见，随着国家宏观调控措施的逐步落实，我国城市土地市场将逐步规范、有序。

（二）农村土地市场的形成与发展

1. 农地流转市场的形成与发展

中国农地流转市场是随着中国农村土地制度不断完善，工业化、城市化进程的不断推进而形成并逐步发展起来的。1984 年中共中央 1 号文件《关于一九八四年农村工作的通知》要求："鼓励土地逐步向种田能手集中。社员在承包期内，因无力耕种或转营他业而要求不包或少包土地的，可以将土地交给集体统一安排，也可以经集体同意，由社员自找对象协商转包，但不能擅自改变向集体承包合同的内容。转包条件可以根据当地情况，由双方商定。"这实际上就已经为农地流转的可能性做好了铺垫，并在《中华人民共和国宪法修正案（1988 年）》和现行的《土地管理法》中得到进一步明确。《中华人民共和国宪法修正案（1988 年）》第二条规定："土地的使用权可以依照法律的规定转让。"现行的《土地管理法》第二条第三款规定："任何单位和个人不得侵占、买卖或者以其他形式非法转让土地。土地使用权可以依法转让。"

2003 年 3 月 1 日开始实施的《农村土地承包法》对农地流转做出了明确规定，这标志着中国农地流转市场正式形成。《农村土地承包法》规定："通过家庭承包取得的土地承包经营权可以依法采取转包、出租、互换、转让或者其他方式流转。土地承包经营权流转应当遵循以下原则：平等协商、自愿、有偿，任何组织和个人不得强迫或者阻碍承包方进行土地承包经营权流转；不得改变土地所有权的性质和土地的农业用途；流转的期限不得超过承包期的剩余期限；受让方须有农业经营能力；在同等条件下，本集体经济组织成员享有优先权。土地承包经营权流转的主体是承包方，承包方有权依法自主决定土地承包经营权是否流转和流转的方式……土地承包经营权采取转包、出租、互换、转让或者其他方式流转，当事人双方应当签订书面合同；采取转让方式流转的，应当经发包方同意；采取转包、出租、互换或者其他方式流转的，应当报发包方备案。"这些法律规定，为农地流转市场提供了初步的法律依据。

2008 年 10 月召开了中共十七届三中全会，所做出的《中共中央关于推进农村改革发展若干重大问题的决定》指出："赋予农民更加充分而有保障的土地承包经营权，现有土地承包关系要保持稳定并长久不变……完善土地承包经营权权能，依法保障农民对承包土地的占有、使用、收益等权利。加强土地承包经营权流转管理和服务，建立健全土地承包经营权流转市场，按照依法、自愿、有偿原则，允许农民以转包、出租、互换、转让、股份合作等形式流转土地承包经营权，发展多种形式的适度规模经营。有条件的地方可以发展专业大户、家庭农场、农民专业合作社等规模经营主体。土地承包经营权流转，不得改变土地集体所有性质，不得改变土地用途，不得损害农民土地承包权益。"此次会议首次提出了农村土地承包关系"长久不变"，赋予农民更加充分而有保障的土地承包经营权；同时，从政策层面进一步明确了农地流转的原则、形式及方向，这对促进农地流转市场的发育完善起到了非常重要的作用。

2. 农村集体建设用地流转市场的形成与发展

《土地管理法》第六十三条规定："农民集体所有的土地的使用权不得出让、转让或者出租用于非农业建设；但是，符合土地利用总体规划并依法取得建设用地的企业，因破产、兼并等情形致使土地使用权依法发生转移的除外。"这表明，目前我国农村集体建设用地使用权还不能直接进入市场交易，即农村集体建设用地流转市场还没有正式开放。但是，随着国民经济的迅速发展，企业用地和个人建房用地的急剧增加，从客观上对集体建设用地产生了强烈的需求；同时，土地资产属性日益显现，土地价值也逐渐被人们重视。到 20 世纪 90 年代初期，农村集体建设用地开始自发流转。这一时期，集体建设用地流转相当普遍，在数量和规模上不断扩大，出现转让、入股、联营、出租和抵押等多种形式，形成了庞大的隐形市场。城乡接合部、经济发展较快的小城镇成为集体建设用地流转盛行的地方，珠江三角洲、长江三角洲等地区更为活跃。

20 世纪 90 年代中期开始，集体建设用地自发、无序流转的不良局面逐渐为政府所重视。1996 年，苏州市颁布了《苏州市农村集体存量建设用地使用权流转管理暂行办法》，开始对无序的集体非农建设用地使用权流转进行规范管理。1999 年 11 月，经国土资源部批准，芜湖市被确定为集体建设用地流转试点市。2000 年，国土资源部在江苏南京市、苏州市，上海青浦区，浙江湖州市，广东南海市等 9 个市区开展集体建设用地流转试点工作。2001—2002 年，国土资源部在苏州、安阳和湖州先后三次组织"土地制度创新座谈会"，各试点单位在实践的基础上总结了规范集体建设用地流转的相关经验和做法。2004 年国务院《关于深化改革严格土地管理的决定》提出："在符合规划的前提下，村庄、集镇、建制镇中的农民集体所有建设用地使用权可以依法流转。"2005 年《广东省集体建设用地使用权流转管理办法》明确了集体建设用地使用权可以出让、出租、转让、转租和抵押。2006 年 3 月，国土资源部《关于坚持依法依规管理节约集约用地支持社会主义新农村建设的通知》进一步明确，稳步推进集体非农建设用地使用权流转试点，不断总结试点经验，及时加以规范完善。2007 年 12 月《国务院办公厅关于严格执行有关农村集体建设用地法律和政策的通知》明确要求：严格控制农民集体所有建设用地使用权流转范围。农民集体所有的土地使用权不得出让、转让或者出租用于非农业建设。符合土地利用总体规划并依法取得建设用地的企业发生破产、兼并等情形时，所涉及的农民集体所有建设用地使用权方可依法转移。其他农民集体所有建设用地使用权流转，必须是符合规划、依法取得的建设用地，并不得用于商品住宅开发。2008 年 12 月，《中共中央国务院关于 2009 年促进农业稳定发展农民持续增收的若干意见》指出：农村土地管理制度改革要在完善相关法律法规、出台具体配套政策后，规范有序地推进。2009 年 3 月《国土资源部关于促进农业稳定发展农民持续增收推动城乡统筹发展的若干意见》指出：规范集体建设用地流转，逐步建立城乡统一的建设用地市场。一是明确土地市场准入条件，规范集体建设用地使用权流转；二是完善土地资源配置机制，构建城乡统一建设用地市场；三是制定集体土地收益分配办法，增加农民财产性收入。

从以上分析可以看出，农村集体建设用地流转是国民经济发展的客观需要，在经济较发达的地区，农村集体建设用地流转已经非常活跃。但是，由于立法滞后，目前农村集体建设用地流转市场还处于初始阶段，市场主体、客体、运行规则和程序等方面都不完善。随着各地试点工作的深入推进，农村集体建设用地流转市场将逐步发育完善，城乡统一的建设用地市场将逐步形成。

三、土地市场的结构体系

市场结构反映的是市场体系内部组成状况及其相互关系。作为市场体系重要组成部分的城市土地市场，其本身也是一个系统，有其内部结构。土地市场结构包括土地市场类型结构、土地市场层次结构和土地市场组织结构。

（一）土地市场类型结构

1. 各类用地市场

土地具有用途的多样性，土地市场包括各类用地市场。各类用地市场相互作用、相互制约就形成了土地利用的数量结构和空间结构。各类用地市场之间的关系是通过土地各用途之间的竞争来实现的。土地各用途之间的竞争是指土地区位选择最佳用途的竞争。在同一区位上，不同的用途可能获得的收益是不同的，另外，同一用途在不同区位上所能获得的收益也有较大的差异，土地需求者就有选择最佳区位和最适宜用途进行生产经营的动机，只要这种选择能自由地进行，各用途对土地区位的竞争就必定会产生，并出现城市土地用途置换。

城市各类用地市场主要包括住宅用地市场、商业用地市场、工业用地市场等；农用地流转市场主要包括耕地流转市场、园地流转市场、林地流转市场、草地流转市场、水域流转市场等；农村建设用地流转市场主要包括宅基地流转市场、乡镇企业用地流转市场等。

2. 土地产权市场

市场交易，从表面上看是物与物的互换，但实质上是产权的交换，反映人与人之间的关系。土地市场交易与一般商品市场交易一样，也是产权的交换，所不同的只是后者既有产权的交换，又有商品实体的位移；而前者只有产权的让渡，没有实物形态土地的空间移动。因此，土地市场实质上就是土地产权市场。土地产权不是单项的权利，而是由土地所有权和土地使用权等多项权利所组成的权利束。因此，土地产权市场主要包括土地所有权市场和土地使用权市场。以土地所有权为交易标底的产权市场就是土地所有权市场。土地所有权交易是土地全部产权的一次性、永久性让渡，即原有主体一旦让渡土地所有权，就不可能再收回，如果要重新获得土地所有权，只能通过另一次购买获得。我国城市土地实行的是国有制，农村土地实行的是集体所有制，土地所有权不允许买卖，所以不存在土地所有权市场。以土地使用权为交易标底的产权市场就是土地使用权市场。土地使用权是从土地所有权中分离出来的一种独立的产权，所以土地使用权交易是建立在产权可分解性基础之上的。与土地所有权交易不同，土地使用权交易是土地部分产权的有期限让渡，即相应的产权只在契约期内让渡，契约期满，又合法地回到土地所有者手里。我国土地市场，无论是城市土地市场，还是农村土地市场，实质上都是土地使用权市场。

（二）土地市场层次结构

1. 土地一级市场

土地一级市场是指土地所有者将土地使用权在一定期限内让与土地使用者而形成的市场，反映的是土地所有者与土地使用者之间的经济关系。我国城市土地归国家所有，政府是城市土地一级市场唯一的供给者，所以城市土地一级市场是一种垄断性市场。目前，我国城市土地一级市场存在三种交易方式：出让、出租和入股。其中，出让是一种较常用的交易方式，它又包括协议出让、招标出让、拍卖出让和挂牌出让四种方式，出租仍处于试点阶段，入股也只是股份公司土地资产交易的一种方式。

我国农村土地归农民集体所有，农村集体经济组织是农村土地一级市场的供给者，所以农村土地一级市场也是一种垄断性市场。

2. 土地二级市场

土地二级市场是指土地一级市场的土地使用权受让者将剩余年期的土地使用权让与其他土地使用者而形成的市场，反映的是土地使用者与土地使用者之间的经济关系。与一级市场不同，二级市场土地供给者不是唯一的，所以土地二级市场是一种竞争性市场。目前，我国土地二级市场主要存在四种交易方式：转让、转租、抵押和入股。土地一级市场与二级市场是相互联系、相互作用的，它们共同构成整个土地市场。一方面，一级市场的土地供给和土地价格对二级市场的土地供给和土地价格具有决定性的作用，若一级市场运行不规范，二级市场运行无序就不可避免；另一方面，二级市场的供需状况和价格高低又会反馈到一级市场，从而调节一级市场的供需和价格。这样就形成了土地使用权流动和信息传导的闭合系统。

（三）土地市场组织结构

1. 土地市场主体组织

土地市场主体是土地市场的能动要素，土地市场的存在依赖于土地市场主体的活动，没有土地市场主体也就没有土地市场。所谓市场主体，是指拥有独立的产权，能自主进行市场决策并追求自身最大经济利益的经济活动单位。产权独立、自主进行市场决策和追求自身最大经济利益是市场主体内在的、不可缺少的规定性，三者共同构成市场主体的内涵，其中，最为重要的是产权独立。产权独立是指主体对其所拥有的财产享有排他的、不可侵犯的权利，它构成了市场主体确立的产权基础。产权独立是市场主体最重要的内涵的原因有 3 点。①拥有独立的产权才能在市场活动中同他人建立起平等的契约关系。市场主体在市场活动中结成的市场关系不同于上下级之间纵向发生的"科层关系"，而是平等的市场主体之间横向发生的契约关系。平等的契约关系达成的条件是各方都具有平等、独立的地位，而各自独立的地位只能基于各自独立的产权。②拥有独立的产权，才能真正进行自主决策。只有在享有独立的产权的前提下，市场活动者的自主决策才能落到实处；否则，自主决策就难以落实。这已由我国国有企业改革实践所证实。以往，我国国有企业改革是以"放权让利"为特征的，虽然国家一再强调要落实国有企业经营自主权，但结果却不尽如人意。政府过度干预企业的现象普遍存在，其原因就在于改革未触动"产权"，国有企业没有独立的财产权利。③拥有独立的产权才谈得上自担风险，自负盈亏。作为市场主体，必须在追求自身最大经济利益的同时，承担相应的风险和责任。自担风险，自负盈亏是市场经济的通则，而自担风险，自负盈亏必须有其财产基础。若缺乏独立的产权，没有相应的财产基础，"自担风险，自负盈亏"就只能是一句空话，就会产生"拿别人的钱冒险的问题"。

2. 土地市场中介组织

由于土地具有位置的固定性、异质性、产权关系复杂性和市场信息的不完全性，为了保障土地市场有序运行，就必须建立健全土地市场中介组织。在土地市场发育的国家或地区，都有完善的地产中介组织，只不过名称不同而已，有的称为"咨询公司""鉴定公司"，有的称为"测量师行""物业估价所""地产租售代理公司"等。土地市场中介的内容十分广泛，主要包括地产法律咨询、地产投资决策咨询、地产租售代理和地产价格评估。

3. 土地市场调控组织

政府是市场调控主体，土地市场调控组织就是指各级政府。政府调控土地市场的目的就是维护土地市场秩序，使土地资源得到合理配置，土地利益得到合理分配，从而为国民经济可持续发展创造条件。

四、土地市场运行机制

土地市场是怎样运行的？土地市场秩序是怎样形成的？这就牵涉到土地市场运行机制的问题。土地市场运行机制包括市场机制和宏观调控机制。

1. 市场机制

在自由市场中，市场运行完全由一只"看不见的手"来调节，这就是市场机制。所谓市场机制，"是对市场经济体制中基于经济活动主体的自身经济利益，在竞争性市场供给、需求与价格之间相互依存和作用，连锁互动所形成的自组织、自耦合机能的理论概括"。它主要包括供给机制、竞争机制和价格机制，其核心就是竞争机制。这是因为竞争机制是供给机制和价格机制的联结器，是市场机制的保障机制。如果竞争机制不完善，价格和供需之间就会失去联系或者联系不密切，即价格对供需的变动没有反应或反应不灵敏。在市场秩序形成过程中，市场机制是最重要、最基本的调节力量。市场秩序能否形成，主要取决于市场机制能否发挥作用及其作用程度。市场机制充分发挥作用需要一定的条件，而最基本的条件就是要有一个有效而稳定的产权制度。其原因主要有三点。①若产权不明晰，市场机制就不能起作用。市场交易的实质就是产权的让渡，产权明晰是市场交易的基本前提。如果产权不明晰，就不能进入市场，没有市场自然就没有市场机制。这正如科斯所说："价格机制不能起作用，因为没有可供购买的产权。"②若市场行为主体没有明晰的、独立的产权，市场机制就不能起作用。市场机制发生作用的前提是具有特殊规定性的市场行为主体，他不仅具有追求自身利益最大化的动机，而且具有避免损失的自我约束力。具有这一特殊规定性的市场行为主体，必须是明晰、独立的产权的拥有者。如果市场行为主体没有明晰、独立的产权，就难以成为真正的市场主体，此时他们就没有通过市场活动以获取最大利益的内在动机，也没有自我约束的内在要求，因而他们对市场信号的变化不会做出应有的反应，供求与价格的连锁互动的链条就会被打断，市场机制自然就不能发挥作用。③产权制度是否具有持续性和稳定性，关系市场主体能否形成稳定的预期，决定着市场主体的行为选择，从而影响市场机制作用的程度。市场主体从事经济活动旨在追求自身最大的经济利益，若产权关系不稳定，他们从事经济活动能获得多少利益就不确定，从而使他们难以形成稳定的预期，他们必定会选择短期行为。若市场主体选择短期行为，就不利于结构调整，不利于资源配置效率的提高等。

2. 宏观调控机制

由于市场存在缺陷，市场机制存在失灵的一面，单纯依靠市场机制的调节作用不能使市场运行达到有序状态。为了维护土地市场秩序，政府就必须对土地市场运行进行宏观调控，以弥补市场机制的不足。因此，土地市场运行机制就包括市场机制和宏观调控机制，二者之间存在着内在本质的联系。一方面，从市场机制对宏观调控的作用来看，政府宏观调控措施的制定必须以市场为依据，并在市场运行中进行检验和纠正，才能提高其科学性；政府宏观调控意图要通过市场机制来贯彻，调控目标要在市场运行中实现。另一方面，从宏观调控对市场机制的作用来看，政府宏观调控为市场运行导航，规定市场的发展方向，克服市场机制在利益关系上的局限性和调节活动中的短期行为；宏观调控还可以完善市场运行条件，为市场机制发挥积极功能提供必要的前提。因此，政府宏观调控和市场机制既不是一种对立的关系，也不是一种横向关系，而是一种纵向关系。市场机制直接作用于市场主体的活动，宏观调控通过市场机制间接作用于市场主体的活动，其运行过程如图 10-1 所示。

图 10-1　宏观调控机制与市场机制的关系

第二节　土地市场管理概述

一、土地市场管理的必要性

（一）土地市场管理是由土地市场本身的特性决定的

（1）土地市场的客体——土地，是一种稀缺性资源，是人类进行各项生产、消费活动不可或缺的基本物质条件；另外，土地的利用具有巨大的社会性。因此，世界各国（地区）都对土地资源和土地市场进行严格的管理、监督和调控。

（2）由于土地的不可移动性，在土地市场上实际流转的不是土地自身，而是土地产权，而土地产权及其流转必须在国家法律确认和保护下才能充分实现。可见，土地市场的正常运行离不开国家的管理。

（3）由于土地具有保值并不断增值的特性，土地市场与其他市场相比具有更大的投机性。为此，必须由国家运用各种法律手段、经济手段以及必要的行政手段来抑制土地投机行为，管理土地市场。

（二）土地市场运行中出现的问题也要求加强土地市场管理

（1）由于缺乏有效的宏观管理和调控，土地供给和开发存在一定的盲目性。一些地区在未落实开发项目，也未进行市场预测和科学论证的情况下，盲目圈占土地，不仅造成土地闲置浪费，而且占压了大量资金。

（2）土地收益分配不合理。一方面，某些地区为了吸引更多外资，盲目实行地价优惠，有的地价之低不足以补偿征地费用，有的甚至向外商无偿提供土地，不仅造成了国家巨额土地收益流失，而且由此导致了大量"失地农民"出现，产生了严重的社会问题。另一方面，大量划拨土地使用权的非法转让、出租，导致"土地隐形市场"活跃，不仅给国家税收带来巨大损失，也干扰了土地市场的正常发育和有序运转。

（3）土地资源配置不合理。首先，在城市内部，"优地劣用"的现象普遍存在；其次，商品房大量空置，城市土地隐形浪费十分严重；再次，区域之间无序竞争，低水平重复建设严重，导致产业结构趋同，城市土地宏观配置不合理；最后，在城市内部土地利用效率低下的同时，城市规模仍在不断向外膨胀，导致城郊耕地大幅减少。这种"摊大饼"式的外延扩张与城市内部的低效率土地利用形成鲜明对比，充分说明当前城市土地资源配置尚不合理，需要加强宏观管理和调控。

二、土地市场管理的原则

1. 整合性利益原则

所谓整合性利益原则，即国家利益和土地市场交易各方利益辩证统一的原则。这一原则也是处理土地市场经济利益关系的最高原则，其实质是个体与整体、局部与全部、目前与长远利益相统一。具体来说，应处理好以下关系：①采取特殊措施，重点保护国家利益。这是土地市场管理作为政府管理市场职能的客观要求。重点保护国家利益，既是维护国家政权发展的需要，也是维护社会主义土地公有制的需要。②要切实保护土地市场交易各方利益。土地市场交易各方的经济活动构成了整个土地市场运行的基础。土地交易者的合法权益如果得不到保护，土地市场就难以发展、繁荣，国家利益也就难以实现。从这个意义讲，土地交易者利益和国家利益是一致的。

2. 平等对待原则

市场关系的平等性是市场经济的基本特征，平等对待原则是土地市场管理的基本原则。这一原则有两层含义：①参加土地市场活动的市场主体在土地市场中的身份是平等的；②市场交易行为是平等的，土地交易者在等价交换的基础上公平交易。土地市场管理就是要清除人为的不平等的竞争环境，监督市场交易，打击扰乱市场秩序的行为。与此同时，平等对待原则也是法律面前人人平等原则在土地市场管理中的具体运用和体现。

3. 控制与弹性管理原则

所谓控制与弹性管理原则，包括两方面内容：①政府在土地市场交易规则、土地市场体系建设、土地价格政策等方面要制定出标准与目标，对土地市场实行控制管理；②对土地市场交易者的具体市场行为在法律许可范围内给予充分自由，并根据市场环境变化及时调整管理措施，以维持良好的市场秩序。在贯彻这一原则时，必须处理好控制与弹性的关系。控制是为了规范土地市场主体行为，而管理的弹性是为了提高土地市场管理的效率，弹性的实现离不开控制的基础。也就是说，要鼓励和引导市场主体在法律、法规和政策允许的范围内充分发挥积极性和创造性，活跃土地市场。

4. 依法管理的原则

任何市场经济活动都必须在法律规定的范围内进行，越是放开搞活市场，越要求高度法制化的市场规则。对土地市场管理来说，从市场主体、市场行为到竞争秩序，市场活动的每个环节都必须做到有规可循，有法可依。依法管理市场，可以减少市场管理中的主观性和随意性，是实现平等对待原则的保证。实践证明，只有贯彻依法管理的原则，才能切实有效规范市场行为，维护正常的市场秩序，促进市场的健康发展。

5. 多种手段综合运用的原则

土地市场管理的手段很多，一般分为行政手段、法律手段和经济手段。一方面，我国土地市场发育不均衡，既存在区域上的差异，又存在类型上的差异，在同一区域同一类型土地市场的不同发展阶段，其发育状况也存在差异；另一方面，各种管理手段的作用和适应性也不同，一般而言，行政手段对那些需要迅速解决的问题更为有效，法律手段和经济手段更有利于土地市场的长期发展。因此，应坚持以经济手段和法律手段为主、必要的行政手段为辅的综合运用原则。

三、土地市场管理的内容

土地市场管理的内容主要包括：土地市场客体管理、土地市场主体管理、土地交易程序管理、土地市场供需管理和土地市场价格管理。

1. 土地市场客体管理

土地市场客体是指土地及土地产权。对土地市场客体的管理，主要包括以下内容：明晰土地产权，明确进入市场交易的土地产权的范围，监管发生交易的地块的开发利用情况等。

2. 土地市场主体管理

土地市场主体是指土地交易活动的参与者，主要包括土地交易双方和中介服务机构。对土地市场主体的管理，主要包括以下内容：明确土地产权主体及其权利与义务，明确土地受让方的条件、权利与义务，明确土地市场中介服务机构的条件、权利与义务，监管土地市场中介服务机构的行为等。

3. 土地交易程序管理

土地交易实质上是土地产权的交易，与一般物品交易不同，土地市场交易的程序较为复杂，其目的就在于提高交易的效率，保护交易双方的合法权益。对土地市场交易程序的管理，主要包括以下内容：制定并完善各类土地市场交易程序，监督土地市场交易双方的交易行为，提高土地市场交易过程的透明度，提高土地市场交易结果的公开度等。

4. 土地市场供需与价格管理

土地市场供需和价格是土地市场的重要信号，对土地市场供需和土地市场价格进行管理，是土地市场管理最重要的内容。国家从社会经济发展的总体和长远目标出发，通过经济手段、行政手段和法律手段，对土地市场供需与价格进行干预，以达到抑制土地投机、维护土地市场稳定、优化土地资源配置、合理分配土地收益的目的。

第三节　城市土地市场供需调控

一、城市土地供需范畴

城市土地供需不是一个单纯的概念，而是由几个相互联系又有所区别的概念所组成的范畴体系。借助于这个体系，可以更全面、更深刻地对现实的城市土地市场运行状况进行考察。完整的城市土地供需范畴体系包括以下几组概念。

1. 城市土地供需总量与供需结构

城市土地供需总量与供需结构是交互作用的，供需总量的变动会引起供需结构的改变，供需结构的改变又会引起供需总量的变动。由于总量是一定结构下的总量，结构是一定总量下的结构，所以城市土地供需矛盾表现为供需总量和供需结构的"双重矛盾"。因此，必须从总量控制和结构调整两方面来解决城市土地供需问题。

2. 城市土地存量供需与增量供需

在某一时点上，以城市建成区土地为对象而形成的供需就是城市土地存量供需，以城市规划区土地为对象而形成的供需就是城市土地增量供需。城市土地存量供需运动的结果表现为城市土地利用集约度的不断提高，如城市土地空闲地减少而使土地利用率得到提高，城市土地容积率增大而使土地利用强度得到提高。城市土地增量供需运动的结果则表现为城市用地规模不断扩展，农地景观为市地景观所替代。

3. 城市土地资源性供需与资产性供需

城市土地既是一种资源，又是一种资产，所以城市土地供需又可分为资源性供需和资产性供需。从资源利用的角度来讲，土地需求者对城市土地的使用价值所产生的需求就是城市土地资源性需求；从资产经营的角度来看，土地需求者对城市土地的价值所产生的需求便是城市土地资产性需求。与资源性需求相对应的供给，就是土地资源性供给，与土地资产性需求相对应的供给，就是土地资产性供给。一般来说，土地首先是以资源属性进入市场的，市场只不过是赋予了土地这一稀缺性资源以价值。所以，一般先有城市土地资源性供需，后有城市土地资产性供需。若首先大量出现的是城市土地资产性供需，而且城市土地资产性供需又不能及时转化为城市土地资源性供需，城市土地市场必定混乱无序。

4. 城市土地所有权供需与使用权供需

城市土地市场实质上是城市土地产权交易市场，包括城市土地所有权买卖市场和使用权转让市场。因此，从产权角度来看，城市土地供需又可分为所有权供需和使用权供需。在我国，城市土地归国家所有，其所有权不许买卖，所以，我国城市土地供需是指城市土地使用权供需。

5. 城市土地一级市场供需与二级市场供需

从市场层次来讲，城市土地市场一般分为一级市场和二级市场，那么城市土地供需又可划分为一级市场供需和二级市场供需。城市土地供需运动不仅表现为同一市场层次的土地供需运动，而且还表现为这两个市场层次的土地供需的交互运动。当一级市场土地供过于求，就会导致二级市场土地供过于求；当二级市场土地供不应求，就会向一级市场发出土地需求信号，一级市场则会根据二级市场状况做出反应，增加一级市场供给，使二级市场土地供不应求的矛盾得到解决，从而形成城市土地供需运动的良性循环。

二、城市土地市场供需调控的"三维结构"

所谓城市土地市场供需调控的"三维结构"，是指城市土地市场供需调控的方向、时间和力度，如图 10-2 所示。

（一）城市土地市场供需调控的方向

城市土地市场供需调控的方向包括两方面的内容：①选择调控目标；②确定调控措施的作用方向。相对来说，调控目标的选择相对容易，其确定依据是一定时期内土地市场发展目标。例如，当土地市场处于景气循环的萧条阶段，这时供需调控的目标是增加有效需求，促进消费从而启动土地市场，加快市场走出低谷的步伐。当土地市场处于景气循环的繁荣阶段，这时就要根据土地市场的发展状况（一般以土地价格为指示器）来判断土地市场是否过热，根据判断结果来决定调控的目标是保持还是降低其发展速度。

确定调控措施的作用方向则需要在明确调控目标的基础上，对当前土地市

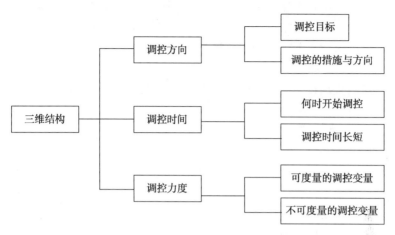

图 10 - 2　城市土地市场供需调控的"三维结构"

场的运行状态和变化趋势进行分析。城市土地市场供需调控措施的作用方向大致可分为两类：一类是刺激土地市场发展的措施，其作用方向为正，如减免税收、降低贷款利率等；另一类是抑制土地市场发展的措施，其作用方向为负，如控制贷款规模、限制土地供给量等。在土地市场景气循环的不同阶段，需要采用不同作用方向的调控措施。一般来说，在土地市场景气循环的萧条阶段和复苏阶段，应采用作用方向为正的调控措施；在土地市场出现"过热"预兆时，应采取作用方向为负的调控措施。为了判断调控方向是否正确，可以分析、评估调控措施实施之后产生的调控效应。如果调控方向正确，那么调控效应就会表现为向目标逼近的有效成果，即正向效应；如果调控方向不正确，那么调控效应就会表现为与目标偏离的运行结果或与预期相反的结果，即偏离效应或负向效应。

（二）城市土地市场供需调控的时间

确定土地市场供需调控时间，也就是要确定何时开始调控，调控时间应持续多长。在确定土地市场供需调控的时间上，必须考虑以下三个方面。①要考虑供需调控措施的决策时间，即从土地市场问题的出现—供需调控决策者对问题有了比较清楚的认识—决策者经过判断决定对土地市场实施调控行为—决策者具体确定调控方案和调控手段组合之间的时间间隔。②要考虑供需调控效应的滞后时间。供需调控措施实施之后，并不是马上就能产生调控效果，从实施供需调控措施到产生供需调控效应的这一段时间就是供需调控效应的滞后时间。③要考虑调控效应的惯性。即某种调控行为撤销之后，调控效应在一定时间内仍然存在。

由以上分析可知，在对城市土地市场实施供需调控的过程中，为了准确把握供需调控的时机，正确确定供需调控的时限，必须做到以下几点。

（1）准确掌握土地市场运行的状态和变化趋势。可以凭借历史经验进行定性分析，也可以对土地市场的变化趋势进行定量分析与界定。从提高判断的准确性来看，后者显得更为重要。

（2）超前采取调控措施。由于供需调控决策时间和调控效应滞后性的存在，必须尽早发现土地市场存在的问题，超前采取调控措施，才能做到"防患于未然"或"将问题消灭在萌芽状态"，将土地景气循环波动减至最小限度。

（3）密切注意调控效应，根据调控效应的强弱，及时修正调控手段，调整调控力度。当调控目标已基本实现时，要及时终止调控。以上三个方面都依赖于及时、充分地掌握土地市场上的各种信息，这些信息的收集、处理和分析，又依赖于土地市场监测预警系统。因此，城市土地市场的供需调控必须与完善的土地市场监测预警系统相结合。

（三）城市土地市场供需调控的力度

供需调控力度大小与作为调控手段的变量的变化相关。以土地开发投资贷款利率为例，将贷款利率提高 10％和 5％，对土地开发投资总量的调控作用的大小是不同的，前者将大幅度降低投资需求，后者可能小幅度降低投资需求。显然，供需调控手段的变量的变化幅度越大，则调控力度越大；反之，则调控力度越小。作为供需调控手段的变量，有些可以用具体数量来反映变化幅度，如土地开发投资贷款利率、按揭利率、固定资产总规模、土地开发和交易的相关税率等；有些则难以用数值来反映变化幅度，如法律手段、行政手段、规划手段、舆论手段，它们只能以采取措施的严厉程度或传递信息量的大小来衡量。措施越严厉，实施行为次数越多，传递信息量越大，调控力度也越大。

在决定土地市场供需调控力度时，应考虑如下因素：

（1）土地经济波动的幅度。这是决定调控力度的首要因素。土地经济波动的幅度越大，为了抑制其波动，需要采取的调控措施的力度也应越大。

（2）调控手段从采用到产生效应的滞后时间。不同调控手段在同等调控力度下的滞后时间是不同的。因此，在同等情况下，若采用滞后时间长的调控手段，需要加大调控力度。

（3）调控效应惯性大小。对于调控效应惯性大的手段，采用时要注意减少其力度。

（4）调控环境。若调控环境不利，例如土地市场不完善，市场信号传递效率低，调控手段执行过程中遇到的调控摩擦和阻力将增大，在采用时就必须加大调控力度。

三、城市土地市场供需调控的政策工具

城市土地市场供需调控的政策工具主要包括规划与计划、供地政策、财政政策和金融政策（图 10-3）。

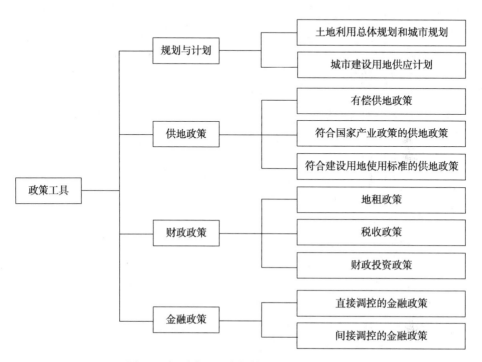

图 10-3　城市土地市场供需调控的政策工具

（一）规划与计划

1. 土地利用总体规划和城市规划

土地利用总体规划对土地市场的宏观调控作用表现在：①确定建设用地总量和耕地保有量的控制指标，制约着城市土地市场的土地供给总量；②县级土地利用总体规划以划分土地利用区的形式明确了土地用途，土地用途的转变受土地用途管制制度的制约；③土地利用总体规划是土地利用年度计划编制的重要依据。

城市规划对城市土地市场的宏观调控作用则体现在对具体地块和房地产开发项目的控制上：①土地使用控制，包括用地性质、用地面积、位置、边界范围等；②建筑控制，包括建筑类型、建筑高度、容积率、建筑密度等；③环境容量控制，包括人口密度、绿地率、空地率等；④设施配套控制，即对地上公共设施和市政设施提出定量配置要求；⑤形体景观控制。

要充分发挥土地利用总体规划和城市规划的调控作用，关键在于土地利用总体规划和城市规划相协调。土地利用总体规划与城市规划从不同的角度对不同的规划对象做出了长期部署和安排，两者既有所区别、有所侧重，又有相互交叉、相互重叠的地方，因而必须处理好两者的相互协调关系，做好土地利用总体规划与城市规划的衔接工作。《土地管理法》第二十二条规定，城市总体规划、村庄和集镇规划，应当与土地利用总体规划相衔接，城市总体规划、村庄和集镇规划中建设用地规模不得超过土地利用总体规划确定的规模。

"两规"衔接的重点体现在三个方面。①土地利用总体规划与城市规划统计指标体系的衔接。"两规"在统计数据来源、统计指标定义和统计方法上有所不同，造成了两者的依据不同，因而规划的结果也不同。要做好两者的衔接工作，首先必须使两者的基础数据一致。②城镇体系规划的衔接。土地利用总体规划和城市规划中都包含城镇体系规划，双方对城镇体系规划不一致，是造成两者建设用地规模差异的主要原因。③城市规模的衔接。土地利用总体规划和城市规划在城市规模（包括人口规模和用地规模）的确定上达成一致，是"两规"协调的关键。

2. 城市建设用地供应计划

城市建设用地供应计划，是指市、县人民政府在计划期内对城市建设用地供应的总量、结构、布局、时序和方式做出的科学安排。城市建设用地供应总量是指计划期内各类国有建设用地供应的总规模。城市建设用地供应结构是指计划期内商服用地、工矿仓储用地、住宅用地、公共管理与公共服务用地、特殊用地、水域及水利设施用地、交通运输用地等各类城市建设用地的供应规模和比例关系。城市建设用地供应布局是指计划期内城市建设用地供应在空间上的分布。城市建设用地供应时序是指计划期内城市建设用地供应在不同时段的安排。城市建设用地供应方式包括划拨、出让、租赁、作价出资或入股等方式。

为了指导全国各地编制城市建设用地供应计划，根据《土地管理法》《城市房地产管理法》和《国务院办公厅关于促进房地产市场平稳健康发展的通知》（国办发〔2010〕4号）等法律政策规定，国土资源部于2010年制定并颁发《国有建设用地供应计划编制规范》。该规范规定：市、县行政辖区内计划期供应的全部国有建设用地应纳入计划，计划期为1年；有条件的市、县可增加编制一年内分季度的阶段性计划和三年左右的滚动计划；市、县人民政府应在每年3月31日前，在国土资源部门户网站（中国土地市场网页）和相关媒体上公布年度国有建设用地供应计划。

（二）供地政策

目前，我国城市建设用地供应政策主要包括有偿供地政策、符合国家产业政策的供地政策、符合建设用地使用标准的供地政策。

1. 有偿供地政策

《土地管理法》明确规定："国家依法实行国有土地有偿使用制度。但是，国家在法律规定的范围内划拨国有土地使用权的除外。"因此，有偿供应是我国城市建设用地供应的一项基本政策。各地在供应城市建设用地时，首先应当以出让、租赁等有偿方式供应；建设单位使用城市建设用地，应当以出让、租赁等有偿方式取得。不符合法律政策明确的划拨用地范围的任何城市建设用地，均应当以有偿方式供应。近年来，有偿供地政策表现出如下新的趋势。

2006年，《国务院关于加强土地调控有关问题的通知》（国发〔2006〕31号）明确要求：工业用地必须采用招标、拍卖、挂牌方式出让。为加强对工业用地的调控和管理，促进土地节约集约利用，2006年国土资源部统一制订并发布了《全国工业用地出让最低价标准》。该标准将全国工业用地划分为十五个等别，一等地最低价标准为840元/米²，十五等地最低价标准为60元/米²。

2007年3月16日颁布的《物权法》全面规定了经营性土地使用权的招标、拍卖、挂牌出让制度，同时对土地使用权出让提出了一些新的要求。①扩大了土地使用权招标拍卖挂牌出让的范围，明确规定："工业、商业、旅游、娱乐和商品住宅等经营性用地以及同一土地有两个以上意向用地者的，应当采取招标、拍卖等公开竞价的方式出让。"②明确了建设用地使用权概念，扩大了建设用地使用权设立范围，明确规定："建设用地使用权可以在土地的地表、地上或者地下分别设立。"2007年9月28日，国土资源部发布了《招标拍卖挂牌出让国有建设用地使用权规定》（国土资源部令第39号），自2007年11月1日起施行。

根据上述三项政策规定，以下六类情形的土地必须实行招标、拍卖、挂牌方式：①供应工业、商业、旅游、娱乐和商品住宅等各类经营性用地；②其他土地供地计划公布后同一宗地有两个或者两个以上意向用地者的；③划拨土地使用权改变用途，《国有土地划拨决定书》或法律、法规、行政规定等明确应当收回土地使用权，实行招标、拍卖、挂牌出让的；④划拨土地使用权转让，《国有土地划拨决定书》或法律、法规、行政规定等明确应当收回土地使用权，实行招标、拍卖、挂牌出让的；⑤出让土地使用权改变用途，《国有土地使用权出让合同》约定或法律、法规、行政规定等明确应当收回土地使用权，实行招标拍卖挂牌出让的；⑥依法应当招标、拍卖、挂牌出让的其他情形。特别需要指出的是，2006年国土资源部下发的《招标拍卖挂牌出让国有建设用地使用权规定》中，建立了国有土地出让的集体认定程序，对不能确定是否符合协议或招标、拍卖、挂牌出让范围的具体宗地，由国有土地使用权出让协调决策机构集体认定出让的具体方式。因此，对不能确定是否符合上述招标、拍卖、挂牌出让范围六种情形的出让宗地，应当经国有土地使用权出让协调决策机构集体认定，集体认定应当采取招标、拍卖、挂牌方式的，也应当以招标、拍卖、挂牌方式出让。

为落实《国务院办公厅关于进一步做好房地产市场调控工作有关问题的通知》（国办发〔2011〕1号）的要求，完善招拍挂的供地政策，加强土地出让政策在房地产市场调控中的积极作用，国土资源部下发了《关于坚持和完善土地招标拍卖挂牌出让制度的意见》（国土资发〔2011〕63号）。该文件要求，①当前和今后一个时期，各级国土资源主管部门必须从完善土地市场机制、健全土地宏观调控体系、实施节约优先战略的基本要求出发，以"保民生、促稳定"为重点，坚持土地招标、拍卖、挂牌出让基本制度，完善土地招标、拍卖、挂牌出让政策，主动解决商品住房建设项目供地、开发利用和监管中出现的新情况、新问题，实现土地经济效益与社会综合效益的统一、市场配置与宏观调控的统一，促进城市房地产市场健康发展。②完善住房用地招标、拍卖、挂牌计划公示制度。市、县在向社会公布年度住房用地出让计划的基础上，建立计划出让地块开发建设的宗地条件公布机制，根据出让进度安排，进一步细化拟出让地块、地段的规划和土地使用条件，定期向社会发布细化的商品住房和保障性安居工程各类房屋建设用地信息，同时明确意向用地者申请用地的途径和方式，公开接受用地申请。单位和个人对列入出让计划的具体地块有使用意向并提出符合规定的申请后，应及时组织实施土地招标、拍卖、挂牌出让。公示保障性安居工程项目划拨用地时，一并向社会公示申请用地单位，接受社会监督。③调整完善土地招标、拍卖、挂牌出让政策。各地要根据当地土地市场、住房建设发展阶段，对需要出让的宗地，选择恰当的土地出让方式和政策，落实政府促进土地合理布局，节约集约利用，有效合理调整地价房价，保障民生，稳定市场预期的目标。可供选择的出让方式包括：第一，限定房价或地价，以挂牌或拍卖方式出让政策性住房用地；第二，限定配建保障性住房建设面积，以挂牌或拍卖方式出让商品住房用地；第三，对土地开发利用条件和出让地价进行综合评定，以招标方式确定土地使用权人。④大力推进土地使用权出让网上运行。出让城市国有建设用地使用权涉及的出让公告、出让文件、竞买人资格、成交结果等，都应在国土资源部门户网站和各地国土资源主管部门的网上公开发布。积极推行国有经营性建设用地网上挂牌出让方式。市、县国土资源主管部门可以通过网上发布出让公告信息，明确土地开发利用、竞买人资格和违约处罚等条件，组织网上报价竞价并确定竞得人。网上挂牌出让成交后，市、县国土资源主管部门要按照国有土地招标、拍卖、挂牌出让规范，及时与竞得人签订纸质件的成交确认书和出让合同。对竞得人需要进行相关资料审查的，建立网上成交后的审查制度；发现受让人存在违法违规行为或不具有竞买资格时，挂牌出让不成交，应重新组织出让，并对违规者进行处罚。

2. 符合国家产业政策的供地政策

产业政策是政府为了实现一定的经济和社会目标而对产业的形成和发展进行干预的各种政策的总和。其功能主要是：弥补市场缺陷，有效配置资源；保护幼小民族产业的成长；熨平经济震荡；发挥后发优势，增强适应能力。国家产业政策一般分为鼓励类政策、允许类政策、限制类政策和禁止类政策。与国家产业政策相适应，在建设用地供应上，国家制定了《限制用地项目目录》和《禁止用地项目目录》，具体明确了建设用地的三类供应政策。①限制供地政策。属于需在全国范围内统一规划布点的、生产能力过剩需总量控制的、涉及国防安全和重要国家利益的、大量毁损土地资源或以土壤为主要生产原料的、需要低于国家规定地价出让（出租）土地的、按照法律法规规定限制的其他建设项目，实行限制供地政策。②禁止供地政策。属于危害国家安全或者损害社会公共利益的，国家产业政策明令淘汰的生产方式、产品和工艺所涉及的，国家产业政策规定禁止投资的以及按照法律法规规定明令禁止的其他建设项目，实行禁止供地政策。凡列入《禁止供地项目目录》的建设用地，在禁止期限内，土地行政主管部门不得受理其建设项目用地报件，各级人民政府不得批准提供建设用地。③可以供地政策。对于符合鼓励类政策和允许类政策、不属于《限制供地项目目录》和《禁止供地项目目录》范围的建设项目，可以根据土地供应年度计划、市场供求情况等及时组织建设用地供应。

3. 符合建设用地使用标准的供地政策

所谓建设用地使用标准，是指在综合考虑国家经济发展状况、土地资源状况及当前社会经济活动采用的技术和工艺平均水平的基础上，对建设项目用地规模、用地强度等做出的定量和定性的规定。建设用地使用标准的作用，主要体现在以下三个方面：①在项目可行性研究和初设阶段，建设单位、设计单位按照指标规定测算和确定建设项目用地规模；②在建设用地预审和土地征收、建设用地供应环节，国土资源管理部门依据指标的规定核定建设项目用地面积，对在项目总平面规划设计中违背建设用地指标规定、超标准用地的，在建设用地审查中不予通过；③在建设项目竣工验收复查阶段，国土资源管理部门按照土地使用合同、划拨决定书的约定和建设用地指标规定，对建设项目实际用地面积和土地开发利用情况进行检查核验，核定建设用地规模。

从目前发布实施的各类用地标准来看，建设用地使用标准可以分为两大类：工程项目建设用地指标和工业项目建设用地控制指标。

（1）工程项目建设用地指标。工程项目建设用地指标，主要是依据工程项目通常的生产工艺、技术装备和总平面规划设计规范等条件确定的某一建设项目的用地面积标准。目前，国家已编制并批准发布了40多项工程项目建设用地控制指标，基本形成了工矿仓储、能源交通等基础设施以及科教文卫等领域的建设用地指标体系。

（2）工业项目建设用地控制指标。该指标主要针对一般制造业用地，结合经济评价和集约用地评价，给出了不同地区各类工业项目在投资强度、容积率、建筑系数、行政办公及生活服务设施用地所占比重、绿地率、土地用途等方面必须达到的最低"门槛"要求。其目的是要提高投资强度和土地利用强度，走节地高效的工业化道路，促进产业结构调整和产业升级。2008年，国土资源部修订发布了《工业项目建设用地控制指标》。该控制指标规定，工业项目的建筑系数应不低于30％，工业项目所需行政办公及生活服务设施用地面积不得超过工业项目总用地面积的7％。严禁在工业项目用地范围内建造成套住宅、专家楼、宾馆、招待所和培训中心等非生产性配套设施。工业企业内部原则上不得安排绿地，但因生产工艺等有特殊要求需要安排一定比例绿地的，绿地率不得超过20％。

（三）财政政策

财政政策是国民经济宏观调控的手段之一，也是城市土地市场供需调控的重要经济工具。财政政策在调节土地市场发展速度和供求关系上发挥着重要作用。

1. 地租政策

国家通过调整地租的高低（具体表现为土地出让金或年租金的高低以及不同地段之间的差价），来影响各类房地产的开发成本和市场对不同用途土地的需求，达到控制土地市场的供给、优化土地利用的目的。

2. 税收政策

税收政策作为财政收入政策，对土地市场供需的调控作用主要体现在两个方面。

（1）通过对土地市场运行过程中不同环节进行征税，实现对土地市场的调控。例如，通过计征土地取得过程中的契税和土地占有过程中的财产税与土地使用税，调控土地市场需求量和需求结构；通过课征土地增值税和营业税，调控土地市场的供给量和供给结构。

（2）通过减免税实现对土地市场的调控。减免税的优越性有两点：①手段灵活，政府有较多的增减自由；②减免税不一定使财政总收入减少，因为高税率不一定是高效率，超过一定限度的高税率往往会挫伤生产经营者的积极性，削弱经济主体的活力，导致资源不合理配置和浪费，最终使经济停滞倒退。

3. 财政投资政策

财政投资政策对土地市场的调控作用主要体现在财政投资的导向作用上。

（1）利用财政投资引导社会资金，调整产业结构。一般来说，地区的主导产业越强大，产业结构越合理，综合实力越雄厚，土地市场受宏观经济波动的制约和冲击越小。因此，财政投资应将适度财力投到各主导产业，保持合理的产业结构，提升综合经济实力，使之成为土地市场健康发展的坚实基础。

（2）利用财政投资引导社会资金，调节地区差异。我国实施财政投资向中西部倾斜政策以后，城市土地市场的地区差距开始缩小，东重西轻、南强北弱的格局将逐步发生改变。

（四）金融政策

如前所述，土地和资金是土地市场发育的两个"龙头"，信贷资金的投放和收缩直接影响土地市场的活力和兴衰。因此，国家金融政策是政府对土地市场供需进行调控的重要手段。金融政策对土地市场的调控可分为直接调控和间接调控。

1．直接调控

直接调控是指政府通过制定土地金融政策，依靠中央银行直接干预土地信用业务的质和量。其中，量的控制主要指中央银行直接规定银行土地开发信贷的最高限额。质的控制主要包括以下几个方面：中央银行直接限制商业银行土地开发信贷的结构；规定商业银行发放土地开发信贷的方针、基本条件；鼓励或限制商业银行对土地进行投资，以及制定和规定其他金融机构（如人寿保险公司）投资土地开发的方针和条件。

2．间接调控

间接调控是指国家通过利率和贷款成数等金融杠杆来调节货币供应量和需求量，进而调控土地市场供需。

（1）贷款利率和期限调整。利率反映资金借贷的成本，间接影响土地市场各主体的未来预期。在土地市场有供过于求的迹象时，可适当提高对土地开发贷款的利率，也可适当降低消费信贷利率，从而达到宏观调控的目标。

（2）贷款成数。这有两层含义：①指土地开发商在申请项目贷款时应具备的自有资金比例；②指土地购买者在购买时可申请到的最高贷款比例。贷款成数的高低直接影响市场的活跃程度，各国在打击土地投机时，往往以提高土地开发商申请项目贷款的自有资金比例，降低土地购买贷款成数作为操作手段。

四、城市土地市场供需调控的制度创新——土地储备制度

（一）城市土地储备制度及其产生背景

所谓城市土地储备制度，是指城市土地收购储备机构，通过征收、收购、置换、到期回收等方式，将土地从分散的土地使用者手中集中起来，由土地收购储备机构统一进行土地整理后纳入土地储备库，再根据城市总体规划、土地利用总体规划和土地利用年度计划，通过招标、拍卖、挂牌等方式有计划地将

储备土地投入市场，以供应和调控城市各类建设用地需求的一种土地管理制度。

土地储备最早于 1896 年在荷兰开始实行，后来在德国、瑞典、英国、美国、韩国等国家得到推广。国外普遍实行土地储备的背景：工业革命以后，城市人口急剧增加，土地与住宅供给压力增大，房地产投机现象严重，地价急剧上升。政府为了调控土地市场，抑制土地投机，为居民提供良好的生活环境，促进城市有序发展，开始实行土地储备。国外土地储备的基本含义是：按照城市规划的要求以及建设的需要，预先由公共机构获取并持有城市发展用地，作为未来开发之地或用来实现某一公共利益。

我国土地储备实施较晚。1996 年上海市成立了第一家土地收购储备机构——上海土地发展中心；1997 年 8 月，杭州市成立了土地储备中心；随后，南通、青岛、武汉、济南等地相继成立了不同形式的土地收购储备机构。2001 年 5 月 30 日，国务院颁布了《关于加强国有土地资产管理的通知》。该通知指出，为了增强政府对土地市场的调控能力，有条件的地方政府要对建设用地实行收购储备制度。这样，土地收购储备制度就成为我国城市国有土地有偿使用制度的又一重要内容。2007 年 11 月 19 日，国土资源部、财政部和中国人民银行联合发布《土地储备管理办法》，该办法明确规定对土地储备实行计划管理，并对土地储备的范围与程序、储备土地的开发与利用、储备土地的供应、土地储备资金的收支管理等方面做出了详细规定。这对完善土地储备制度，加强土地调控，规范土地市场运行，促进土地节约集约利用，提高建设用地保障能力都具有重要意义。

我国城市土地储备制度实施的背景有三点。①"双轨供地"。在有偿出让的土地中，绝大部分土地采用的是协议出让方式，致使出让地价偏低，国有土地资产大量流失，一些地方政府"寻租"现象严重。②"多头供地"。由于过去城市土地实行的是无偿、无期限的行政划拨使用制度，城市存量土地绝大部分在用地者手里，许多单位和个人绕开政府私自进行土地出让和转让，而且国家有关法规对这种行为是认可的（划拨土地使用者通过补办出让手续就可以转让土地，成为一个合法的土地供应者），城市政府一直未能垄断城市土地一级市场的土地供应。这一方面造成了国有土地资产的流失，土地市场秩序混乱；另一方面，由于政府手里没有储备地，其调控土地市场的能力降低，城市规划难以实施。③城市盲目扩张，耕地大量减少。由于政府在一级土地市场上未能垄断城市存量土地的供应，为了满足社会经济发展的需要，政府只能通过农地征收取得新增城市建设用地的供应权；在城市边缘地区，一些村民及村委会也在私下向用地者供给土地，从而导致城市用地规模盲目扩张，耕地大量减少。

（二）城市土地储备制度的意义

1. 有利于充分发挥政府对土地市场的宏观调控作用

政府手中没有存量土地，就没法管理土地市场或者管理效率较低。土地储备机制建立后，政府就可以通过各种方式，将分散在用地者手中的存量土地纳入"城市土地储备库"之中，使过去的"多头供地"变为政府"独家供地"，从而垄断城市土地一级市场的土地供应，提高政府调控土地市场的能力。

2. 有利于盘活城市存量土地资产，提高土地资源利用效率

城市土地既是一种重要的资源，又是一种重要的资产，如果不让其进入市场并合法地流转起来，其资产效益就无法体现，提高土地资源的利用效益也只能是一句空话。土地收购储备制度建立以后，政府可以将闲置的、低效利用的存量土地纳入"城市土地储备库"之中，对其进行整理后，以市场为导向，重新配置土地资源，既可以盘活存量土地资产，避免国有土地资产的流失，又可以提高土地资源利用效率，达到土地集约利用的目的，还可以运用储备土地的出让收益妥善安置困难或破产企业的职工，维护社会稳定。

3. 有利于土地利用总体规划和城市规划的实施

"多头供地"无法保证规划的实施。在土地收购储备过程中，由于实行规划优先的政策，加上集中统一的前期开发和整理，城市规划的有关要求和政策可以得到切实的贯彻落实，真正实现"统一规划、统一配套、统一开发、统一建设、统一管理"，从而提高城市土地资源的配置效率。

4. 有利于推行土地招标拍卖挂牌制度，建立公开、公平、公正的土地市场

只有当政府储备了足够数量的存量土地，才能推行土地招标、拍卖、挂牌制度；政府只有一律采取招标、拍卖、挂牌等竞争性的供地方式，才能建立"公开、公平、公正"的土地市场。建立"公开、公平、公正"的土地市场，是提高城市竞争力的内在要求。

（三）城市土地收购储备制度的运作程序

城市土地收购储备制度运作的一般程序如图 10 - 4 所示，它主要包括三个阶段：土地收购、土地储备、土地供应。

1. 土地收购

土地收购是指土地储备机构根据城市总体规划的要求、社会经济发展的需要、城市政府的授权以及土地储备计划，收购集体土地所有权和国有土地使用权的活动。土地收购的方式包括以下四种：

（1）土地征收。土地征收是指国家为了公共利益的需要，依照法定程序将集体所有土地变为国家所有土地，并给予原土地权利人（集体和农民个人）一定补偿的一种行政行为。

（2）土地收回。土地收回是土地储备机构代表国家依法收回闲置的、逾期

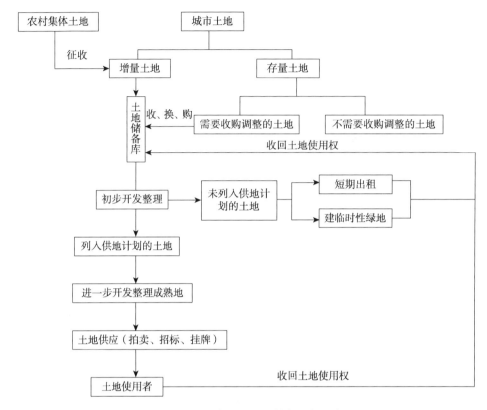

图 10-4 城市土地收购储备运行程序

未开发的土地使用权。

（3）土地置换。土地置换是在企业改制中，土地储备机构对部分使用不合理的工业用地，利用市场机制，采取差价补偿的方式，实现不同位置的土地使用权置换，从而取得待开发土地的使用权，达到重新配置土地资源的目的。

（4）土地购买。土地购买是指土地储备机构对于那些地段好、价值高，但使用不合理的土地，或者在土地转让过程中价格明显偏低的交易地块，政府通过市场机制，从原土地使用者手中购回土地使用权。

2. 土地储备

土地储备一般包括两部分内容：

（1）对收购的土地进行开发或再开发。土地储备机构在取得土地使用权后，委托专门的机构或单位，对土地实施开发或再开发，使生地、毛地变成熟地。

（2）储备。储备时间的长短根据城市发展对土地的需求情况以及土地储备中心的经济承受能力而定。国外土地储备的经验表明，城市土地的储备期一般为 2～3 年，较长的达 7～10 年。我国土地储备制度刚刚建立，财力有限、资金短缺是普遍存在的问题，所以土地储备期不宜太长，以减少资金占用量。随着土地储备运行机制的逐步理顺，土地储备的时间可以相应地延长；对储备期间的地块可以采取短期出租以增加收益，或进行临时性的绿化，美化城市环境。

3. 土地供应

土地储备机构代表政府，对纳入土地储备库的土地，根据城市发展的客观需要和土地供应计划，一律采取竞争性的出让方式拍卖、招标和挂牌，向用地者供应土地。

第四节 城市土地市场价格管理

一、城市土地市场价格管理的目的、意义和作用

城市土地市场价格管理（以下简称地价管理），是指政府为了规范土地市场的交易行为，保持土地市场的稳定和健康发展，保护土地交易各方的合法利益，而采取的以土地价格为核心的各种调控、引导和管理措施。

（一）地价管理的目的

1. 通过地价管理，使土地价格合理化

马克思的土地价格理论指出，土地是一种特殊商品，没有价值但存在价格，其价格是地租的资本化，也可以说是未来若干年土地纯收益贴现值的总和。以此，可以作为判断土地价格是否合理的标准。如果土地价格不合理，则需要对土地价格进行调控，使其重新恢复到合理的水平上。

2. 通过地价管理，使土地价格在一定时期内保持稳定

地价过高，易引发泡沫经济；地价过低，又会导致国家收益流失。这两种情况均不利于土地市场和国民经济的持续稳定发展。土地价格在一定幅度内发生上下波动等变化是正常现象，但是如果土地投机盛行，造成地价忽高忽低，变动幅度过大，则会带来不利影响，不仅扰乱土地市场正常运行，而且由于土地价格是国民经济的基础价格，还会引起整个经济特别是房地产市场的震荡。因此，必须对土地价格进行调控和管理，避免地价的异常波动，维持土地市场的稳定与发展。

3. 通过地价管理，使土地价格与国家地价政策一致

单纯依靠市场机制配置土地资源和调节地价水平往往只能体现短期的、局部的经济效益，生态、环境以及社会效益难以兼顾。为了弥补市场机制的不足，国家从社会效益、环境效益和宏观经济出发制定地价政策，对土地价格进行适当干预和调节。例如，对以营利为目的的用地，其价格主要由市场确定；

对公益事业和公共用途用地，其价格可以适当降低。

（二）地价管理的意义

1. 从宏观上看，地价管理是国民经济健康发展的保证

土地是重要的生产资料，是国民经济各行业、各部门生产活动的基础，与人们的生产生活直接相关。在我国实现土地有偿使用制度后，土地价格计入企业生产成本，其高低和稳定与否直接影响整个价格体系。当地价上涨时，将引起产品生产成本上升，产品价格也随之提高，从而使物价指数上升，通货膨胀压力增大。所以，地价一旦失控，对整个国民经济带来的冲击是不容低估的。

2. 从中观上看，地价管理是土地市场管理的核心

对土地市场来说，其本质是土地供求双方为确定土地交换价格而进行的一系列活动，因此，土地价格也是土地市场的核心。与此相应，地价管理成为土地市场管理的核心。地价又是以经济手段调节土地市场的杠杆，地价管理对保持土地市场正常有序运转有着重要意义。

3. 从微观上看，地价管理直接关系土地产权交易双方的切身利益

土地交易实质上是土地产权交易。当土地产权双方进行交易时，他们的利益关系主要是通过土地价格体现和调整的。地价的高低和变化，对交易双方都是极为敏感的。通过地价管理，可以维护交易双方的利益，使国家利益不受损失。

（三）地价管理的作用

1. 调节土地供求关系，抑制土地投机，保证土地市场均衡、平稳发展

充分发挥地价调节土地供求关系的作用。当土地市场中土地需求大于供给时，地价上升以抑制需求和刺激供给；当需求小于供给时，则地价下降，以刺激需求和抑制供给。另外，通过制定一系列地价管理措施和制度，防止囤积土地等待地价上涨以获取暴利的投机行为，必要时还可采取行政手段进行干预。

2. 促进土地资源合理配置，充分有效利用土地

通过实行土地有偿使用制度，制定合理的土地价格，促使企业节约用地，以提高土地资源利用效率。与此同时，通过土地价差，引导用地者选择用途与经济效益相适宜的土地，促使地尽其利，合理配置，避免盲目争地、多占地、占好地的现象发生，迫使不能合理使用土地者将土地转让给能够发挥土地最大效益的使用者利用。

3. 规范土地市场中交易各方行为

在土地市场中，有的交易者为了逃避国家税费，采取隐瞒不报或少报地价的非法手段进行交易活动，不仅扰乱了正常的土地市场秩序，而且给国家造成巨大的经济损失。为此，应制定规范的地价登记管理制度，保证交易者如实申报交易地价和交纳税费，对瞒报、少报行为进行严惩，迫使土地交易双方依法

交易，据实申报地价，逐步建立一个公开、公平、公正的市场。

4. 防止国有土地收益流失

一方面，通过地价管理对国有资产中的土地资产进行评估登记，查清它们的数量和分布，可以有效防止划拨土地使用权的非法转让。另一方面，在出让城市国有土地时，对土地进行评估，制定合理的出让地价，可以避免国家利益受到损失。

5. 通过地价管理，合理分配社会财富

由于地理位置和自然条件存在差异，不同城市与地区之间存在级差地租。对于某一地区或城市，国家投资进行各项建设，改善交通条件和经济环境，使得级差地租更为明显。对于这部分级差地租，国家可以通过地价形式转归国有，进而在全社会进行分配，达到合理分配社会财富的目的。

二、城市土地市场价格管理政策和制度

1. 土地使用权协议出让实行最低限价制度

《城市房地产管理法》第十三条规定："采取双方协议方式出让土地使用权的出让金不得低于按国家规定所确定的最低价。"土地使用权出让是土地有偿使用制度的内容，土地使用权出让价格高低直接决定了国家从出让土地使用权中获得收益的多少，出让价格过低将使国家利益受损。目前土地使用权出让主要有四种形式：协议出让、招标出让、拍卖出让、挂牌出让。在采取协议方式出让国有土地使用权时，往往由于协议价格过低给国家带来损失。为了避免这种情况发生，国家规定在土地使用权协议出让时，对出让金采取最低限价的措施。其作用是：①可以防止地方政府为了短期利益而压低地价，造成国家土地收益流失，避免地价不合理下跌；②可以提高土地协议出让工作的透明度，既有利于上级政府对下级政府进行监督，又保证了投资者公平竞争。

具体来说，实行这一措施，要求在土地使用权出让之前，首先对协议出让的地块进行评估，一般应根据当地基准地价确定土地使用权出让的最低价。在此基础上，出让方与受让方达成协议出让的交易地价。上级政府和有关部门有权依据地价最低标准对协议出让行为进行监督，凡是违反这一规定的协议都是无效的，应依法加以查处，以保证国家土地收益得到充分实现。

2. 地价公示制度

《城市房地产管理法》第三十三条规定："基准地价、标定地价和各类房屋的重置价格应当定期确定并公布。"事实上，地价公示制度也是国际上地价管理通行的制度。

实行这一制度，其意义在于：①帮助投资者了解地价行情，选择投资方向和地点，有利于改善投资环境，吸引外资；②有利于土地使用者根据地价变

化，根据国家地价管理和土地利用的政策规定，取得或处置土地使用权，促进土地合理利用；③公布地价可以增强土地交易的透明度，为一般土地交易者提供可信赖的地价标准，促进地价合理化，对于培育和完善我国土地市场有重要意义。

2006 年 8 月 30 日颁发的《国务院关于加强土地调控有关问题的通知》（国发〔2006〕31 号）规定，应建立工业用地出让最低价标准统一公布制度。2006 年 12 月 23 日，国土资源部颁发了《关于发布实施〈全国工业用地出让最低价标准〉的通知》（国土资发〔2006〕307 号）。该通知规定：工业用地出让最低价标准不得低于土地取得成本、土地前期开发成本和按规定收取的相关费用之和；工业用地必须采用"招拍挂"方式出让，其出让价格不得低于公布的最低价标准；低于最低价标准出让土地，或以各种形式给予补贴或返还的，属非法低价出让国有土地使用权的行为，要依法追究有关人员的法律责任。

3. 土地价格评估制度

《城市房地产管理法》第三十四条规定："国家实行房地产价格评估制度。房地产价格评估，应当遵循公开、公平、公正的原则，按照国家规定的技术标准和评估程序，以基准地价、标定地价和各类房屋的重置价格为基础，参照当地的市场价格进行评估。"

实行这一制度的目的是：以评估价格作为土地使用权流转和国家征税的依据，维护国家和土地使用权转让者、受让者的利益。具体来说，该制度要求：①对土地使用权出让、转让、出租、抵押中涉及的土地价格进行评估；②对清产核资、企业改制（如建立股份制企业、企业兼并、合资等）中土地资产的价格进行评估，避免国有资产流失；③对土地税收征收中涉及的土地价格进行评估。

4. 提前收回土地使用权的补偿制度

《城市房地产管理法》第二十条规定："国家对土地使用者依法取得的土地使用权，在出让合同约定的使用年限届满前不收回；在特殊情况下，根据社会公共利益的需要，可以依照法律程序提前收回，并根据土地使用者使用土地的实际年限和开发土地的实际情况给予相应的补偿。"

这里所指的"依法取得"，主要是指通过出让及转让方式取得土地使用权，对于通过国家无偿划拨方式取得土地使用权的土地使用者，国家收回其土地使用权主要依照《城镇国有土地使用权出让和转让暂行条例》第四十七条执行。这里所说的"特殊情况"和"社会公共利益的需要"，主要是指国家经济和城市建设的需要，例如国家从宏观经济大局考虑，兴建基础工业项目或基础设施而需要使用已出让的土地，或者城市在发展过程中需要某块已出让土地建设公共设施和市政设施。在以上情况下，可以提前收回已出让土地的使用权。但是，提前收回已出让土地的使用权是有一定条件的，而且必须依照法律程序进行，并给予土地使用者相应的补偿。其补偿金额的确定，应以土地交易者在交易活动后向国家申报并得到认可的土地价格为基础，减去已使用年限应支付的地价，同时应考虑土地开发利用情况。

这一措施对于地价管理的意义在于：如果在土地交易后申报地价，交易者为逃避税费有意压低地价，那么在土地登记中得到国家承认的土地财产价值将低于其实际价值。这样，一旦发生提前收回土地使用权情况，由于在计算补偿金额时只能以申报登记的地价为计算标准，土地交易受让人将承受交易价格申报不实带来的损失，从而迫使交易者如实申报地价，防止隐报、瞒报地价。

5. 土地价格申报制度

《城市房地产管理法》第三十五条规定："国家实行房地产成交价格申报制度。房地产权利人转让房地产，应当向县级以上人民政府规定的部门如实申报成交价，不得瞒报或作不实的申报。"

土地价格申报制度的作用在于：①使政府及时了解、掌握土地交易情况，监测地价水平的变化，有利于政府对地价实施调控和管理；②有利于加强对土地税费征收工作的管理和监督，克服瞒报、隐报地价带来的不良影响，避免国家税费的流失。

6. 政府对土地使用权转移有优先购买权

《城镇国有土地使用权出让和转让暂行条例》第二十六条第一款规定："土地使用权转让价格明显低于市场价格的，市、县人民政府有优先购买权。"政府行使土地优先购买权的意义主要在于：防止土地在转移时，土地交易双方为少缴税费而虚报、瞒报地价。因为一旦政府对虚报、瞒报地价的地块按申报的价格优先购买，受损失的将是土地转让者。国家通过行使土地优先购买权，迫使交易双方如实申报地价，避免国家土地收益流失。

7. 政府对地价上涨可采取必要的行政手段进行干预

《城镇国有土地使用权出让和转让暂行条例》第二十六条第二款规定："土地使用权转让的市场价格不合理上涨时，市、县人民政府可以采取必要的措施。"政府对地价不合理上涨进行行政干预，是为使地价上涨速度与国民经济发展速度保持一致，避免地价过快上涨对国民经济造成冲击。同时，保持一个相对稳定、适度上涨的土地价格对于培育土地市场，促进土地合理流转，充分利用土地资源也有十分重要的意义。

政府在地价不合理上涨时，可选择采取以下措施进行干预：

（1）实行地价冻结，规定地价的最高限额。

（2）实行土地交易许可证制度，限制交易数量。

（3）适当增加土地供给量，通过调整供求关系平抑地价。

（4）增强土地市场透明度，为土地交易双方提供正确的地价信息。

（5）加大对闲置土地的清查力度，严格控制囤积土地的行为。

8. 征收土地增值税

《中华人民共和国土地增值税暂行条例》第一条规定，征收土地增值税的目的是为了规范土地、房地产市场交易秩序，合理调节土地增值收益，维护国家权益。具体而言，征收土地增值税的作用有两点：①将由于社会经济发展造成的地价上涨收益收归国有；②防止交易双方申报交易地价时虚报、瞒报地价。

根据我国土地增值税条例及其实施细则，土地增值税的纳税人是以出售或其他方式有偿转让国有土地使用权、地上建筑物及其附着物并取得收入的单位或个人。征税标准是根据纳税人转让房地产所取得的增值额，按超额累进税率计算。增值额的计算是用纳税人转让房地产取得的收入减去扣除项目，或前后两次转移地价的差值。这样，若交易双方申报的地价低于实际成交价时，当土地下次转换时，以前次申报的交易价作为计税基数得出的两次之间的增值额会比以前次实际成交价为基数计算的增值额大，由此受让人下次转让时将多支付增值税而造成自身经济损失，从而促使其如实申报成交价。

9. 规范土地使用权出让收支管理

国务院办公厅《关于规范国有土地使用权出让收支管理的通知》（国办发〔2006〕100号）和《财政部国土资源部中国人民银行关于印发〈国有土地使用权出让收支管理办法〉的通知》（财综〔2006〕68号）规定：从2007年1月1日起，城市土地使用权出让收支全额纳入地方政府基金预算管理；出让收入全部缴入地方国库，出让支出一律通过地方政府基金预算从土地出让收入中予以安排，实行彻底的"收支两条线"；在地方国库中设立专账，专门核算土地出让收入和支出情况；由财政部门从缴入地方国库的土地收益中，划出一定比例的资金，用于建立国有土地收益基金，实行分账核算；国有土地收益基金主要用于土地收购储备。

为了进一步有效遏制地方政府过度依赖"土地财政"、各地频繁出现"地王"且"地王"价格不断翻新的局面，2009年11月18日财政部、国土资源部、中国人民银行、监察部、审计署联合发布《关于进一步加强土地出让收支管理的通知》（财综〔2009〕74号）。该通知要求，①各地要不折不扣地将土地出让收支全额纳入地方基金预算管理，将土地出让收入全额缴入地方国库，支出通过地方基金预算从土地出让收入中予以安排，实行彻底的"收支两条线"管理。②土地出让价款支出，要确保足额支付征地和拆迁补偿支出、补助被征地农民社会保障支出，重点向新农村建设倾斜，逐步提高用于农业土地开发和农村基础设施建设的比重；要严格按照规定将土地出让净收益的 10％用于补充城市廉租住房保障资金，根据城市廉租住房保障工作进展情况及时核拨所需资金。

10. 地价动态监测制度

2003 年国土资源部下发了《关于建立土地市场动态监测制度的通知》（国土资发〔2003〕429 号），明确了城市地价动态监测系统的运行方案与要求。为健全城市土地市场动态监测制度，进一步加强和改善宏观调控，国土资源部于 2008 年统一整合土地市场动态监测系统和建设用地供应备案系统，建立了土地市场动态监测与监管系统（以下简称监测监管系统）。国土资源部在《关于部署运行土地市场动态监测与监管系统的通知》（国土资发〔2008〕284 号）中，对监测监管系统做出了明确规定和要求。①2009 年 1 月 1 日起，全国县级以上各级国土资源管理部门要全面运行监测监管系统。②监测监管系统的内容涵盖土地供应、开发利用、市场交易、收购储备、集体建设用地等多项业务，实现了由土地来源到土地供应、开发利用和市场交易等过程的动态跟踪监管。③各级国土资源管理部门要充分运用监测监管系统，结合国家宏观调控政策、区域经济发展战略，定期对供地总量、结构、价格、变化趋势及存在的问题进行深入分析，实时跟踪研究社会热点和焦点问题，形成对土地供应和开发利用情况的分析报告，提出应对市场供求变化和促进节约集约用地的政策建议。省级和 84 个重点城市国土资源管理部门应及时编写一季度、上半年、前三季度、全年土地市场动态监测分析报告，并于次季度 10 日前报国土资源部。

三、城市地价动态监测

（一）城市地价动态监测的概念与作用

1. 城市地价动态监测的概念

城市地价动态监测是指根据城市土地市场的特点，通过设立地价监测点，收集、处理并生成系列的地价指标，对城市地价状况进行观测、描述和评价的过程。地价监测点是指在城市一定土地级别、一定地价区段内设置的具体宗地，其地价水平、宗地形状、面积、临街状况、土地利用状况、土地开发程度等方面能够代表该区域同类用途土地一般水平（或平均水平）。

2. 城市地价动态监测的作用

城市地价动态监测的目的是：调查城市地价水平及变化趋势，向社会提供客观、公正、合理的地价信息，为政府加强地价管理和土地宏观调控提供基础数据和决策数据。

城市地价动态监测的作用表现在以下三个方面：①通过城市地价动态监测，及时更新城市基准地价；②通过城市地价动态监测，建立地价信息发布及查询系统，提高土地市场地价信息透明度；③城市地价动态监测是编制地价指数的基础。

（二）城市地价动态监测的内容与指标

1. 城市地价动态监测的内容

（1）城市地价水平，包括城市土地级别、城市基准地价、监测点地价、交易样点地价、城市平均地价等。

（2）城市地价变化趋势，包括城市地价指数、城市地价增长率等。

（3）城市地价与土地供应的协调状况，包括城市地价增长率与土地年度供应计划量增长率、土地年度实际供应量增长率、土地年度闲置量增长率的比较情况等。

（4）城市地价与房屋供应的协调状况，包括城市地价增长率与房屋年度开发量增长率、房屋年度实际成交量增长率、房屋年度空置量增长率的比较情况、房屋价格增长率等。

（5）城市地价与社会经济环境的协调状况，包括城市地价增长率与城市国内生产总值增长率、城市固定资产投资额增长率、房地产投资额增长率、房地产贷款余额增长率的比较情况等。

（6）城市地价与城市土地利用协调状况，包括城市地价增长率与城市建设用地增长率、城市平均容积率增长率、城市建设占用耕地面积增长率、城市基础设施占地面积增长率的比较情况等。

2. 城市地价动态监测指标

（1）地价水平值。地价水平值是以一定范围内的平均地价反映某一时点地价水平高低状况的指标。地价水平值按照土地用途分为商业地价水平值、居住地价水平值、工业地价水平值，为了综合反映城市地价水平，在不同用途的基础上设置城市综合地价水平值。城市地价水平值按照范围大小分为区段地价水平值、级别地价水平值、城市整体地价水平值等。区域地价水平值按照区域大小分为地（市）级范围城市地价水平值、省级范围城市地价水平值、重点区域城市地价水平值和全国城市总体地价水平值等。

（2）地价变化量。地价变化量主要反映在某一时段内地价价位的变化落差，以地价增加（或减少）量表示。按照土地用途分为商业地价变化量、居住地价变化量、工业地价变化量，为了综合反映城市地价变化量，在不同用途的基础上设置城市综合地价变化量等。城市地价变化量按照范围大小分为区段地价变化量、级别地价变化量、城市整体地价变化量等。区域地价变化量按照区域大小分为地（市）级范围城市地价变化量、省级范围城市地价变化量、重点区域城市地价变化量和全国城市总体地价变化量等。

（3）地价增长率。地价增长率主要反映在某一时段内地价的变化幅度，一般是通过不同时期地价变化量与基期地价水平值的比值计算得出的，以百分率表示。按照基期的不同，地价增长率分为定比地价增长率和环比地价增长率。按照土地用途分为商业地价增长率、居住地价增长率、工业地价增长率，为了综合反映城市地价变化幅度，在不同用途的基础上设置城市综合地价增长率等。城市地价增长率按照范围大小分为区段地价增长率、级别地价增长率、城市整体地价增长率等。区域地价增长率按照区域大小分为地（市）级范围城市地价增长率、省级范围城市地价增长率、重点区域城市地价增长率和全国城市总体地价增长率等。

（4）地价指数。地价指数主要是反映在不同时点的地价水平与某一时点地价水平比较的相对关系，以地价水平值比值的100倍表示。地价指数按照基数不同分为定比地价指数和环比地价指数。定比地价指数以某一固定基期的地价水平值为基数，环比地价指数以上一统计周期地价水平值为基数。地价指数按照土地用途分为商业地价指数、居住地价指数、工业地价指数及表征城市整体地价水平相对关系的综合地价指数等指标。地价指数按照区域大小分为地（市）级范围地价指数、省级范围地价指数、跨省区域地价指数和全国总体地价指数等指标。

（三）城市地价动态监测的程序

城市地价动态监测技术路线为，通过建立监测点，采用评估等手段，收集城市不同级别、不同区段、不同用地类型土地价格及相关数据，对地价现状进行调查和观测，然后通过系列指标对城市地价状况进行全面描述，对城市地价状况做出基本的评价和判断，最后生成相关信息并向社会发布。具体而言，城市地价动态监测程序有以下六点。

1. 确定地价动态监测范围

城市地价动态监测的范围根据不同监测目标设置。城市内部按照城市某一种标准（如规划区红线、建城区界限等）界定地价动态监测范围。跨城市区域按照行政区划或者宏观经济区域划分城市地价动态监测范围。

城市地价动态监测分为国家级城市地价动态监测、省级城市地价动态监测和城市级地价动态监测三个层次。国家级城市地价动态监测、省级城市地价动态监测属于区域性城市地价动态监测，城市级地价动态监测属于城市内部地价动态监测。

国家级城市地价动态监测范围包括全国范围的城市地价动态监测、跨省区域的地价动态监测、重点城市地价动态监测等。全国范围的城市地价动态监测是指对全国范围内的直辖市、省会城市、计划单列市等大城市，以及主要中、小城市进行全面地价动态监测。跨省区域地价动态监测是指对跨省经济区域（如长江三角洲、珠江三角洲等地区）的大城市和主要中、小城市进行地价动态监测。重点城市地价动态监测范围是指对在重要区域或全国范围内有重要影响的城市进行地价动态监测。

省级城市地价动态监测范围包括全省范围的城市地价动态监测、省内分区域的地价动态监测等。全省范围的城市地价动态监测是指对全省范围内的大城市、中等城市、小城市进行全面地价动态监测。省内分区域的地价动态监测是指对省内一定区域的大城市、中等城市、小城市进行地价动态监测。

城市级地价动态监测范围包括城市主区或建成区整体地价动态监测、城市各区域和重要区段地价动态监测等。

2. 地价监测点的设立与维护

（1）地价监测点的设立原则。地价监测点应按照以下原则设立：①代表性原则，指立的地价监测点在所在区段内，其地价水平、利用条件、利用状况、开发程度等方面具有代表性；②确定性原则，指设立的地价监测点为一具体宗地，其周围条件及自身条件都比较确定；③稳定性原则，指设立的地价监测点的土地条件、利用状况以及周围土地的利用条件比较稳定，在较长的时间内不会发生分割、合并或重新规划等情况；④标识性原则，指设立的地价监测点易于识别，具有一定的标识性。

（2）地价监测点的设立步骤。地价监测点设立的基本步骤如下：①地价区段的划分；②地价区段内监测点的布设；③地价监测点初始资料的采集；④地价监测点上图与资料归档。

（3）地价区段划分的要求与方法。地价区段的划分应满足以下要求：①在同一地价区段内，地价水平比较接近或者一致；②在同一地价区段内，土地的利用状况、基础设施条件、环境条件和规划条件等基本相同；③各地价区段的面积规模适当，最小为一个街区范围，并保持地块的完整性；④各地价区段彼此相连，能够完全覆盖被监测范围。

地价区段划分的方法如下：①以已有土地级别界线、基准地价水平或交易样本地价水平等为依据，在工作底图上绘制若干条具有控制性的地价等值线；②在地价等值线的基础上，以宗地界线、街区道路、河流以及其他线状地物为依据，在工作底图上勾勒出各地价区段的边界；③在实地查勘的基础上，根据土地条件、土地利用状况和土地开发程度等，调整初步划分出的地价区段边界，并落实在工作底图上，通过编号、图形整饰形成城市地价区段分布图；④以城市地价区段分布图为依据，量算各区段的土地总面积、各用途实际土地面积等，并进行地价区段登记。

（4）地价监测点布设、初始资料采集、上图与建档。地价监测点布设要求如下：①地价监测点为形状规则的独立宗地或者地块，具有明确的界限；②地价监测点现状的容积率、开发程度、面积规模等，应与所在级别和地价区段的设定状况相近；③地价监测点总数应综合考虑城市规模等级、建成区面积等因素确定，直辖市不应低于 200 个，省会城市和计划单列市不应低于 120 个，其他不应低于 60 个，各用途地价监测点的数量应尽可能均衡；④地价监测点的分布密度至少应达到每区段 1～2 个。

地价监测点布设与初始资料采集的方法如下：①以标有地价区段界线的工作底图为基础，在各个地价区段范围内选择符合条件的宗地作为初选监测点，并将初选的地价监测点标注在工作草图上；②查阅土地登记档案，对初选监测点的登记资料进行整理，记入监测点登记表，没有登记资料的初选监测点根据实地勘察调查的情况填写监测点登记表；③根据工作草图的标注及登记资料，对初选监测点逐一进行实地勘察，包括对登记资料的核实和补充、宗地周边环境的调查、土地实际利用状况的调查、宗地影像资料的获取等；④根据勘察的资料对初选监测点进行进一步的分析和筛选，确定地价监测点；⑤对监测点进行统一编号，编号包含全国行政区划序号信息、城市类别信息、土地级别序号信息、土地用途类别信息、城市内监测点序号信息；⑥经筛选整理后确定的监测点资料要进行正式的初始登记，初始登记的主要内容包括监测点权利状况资料、利用状况资料、影响因素资料、设定条件资料、价格状况资料和其他资料等。

地价监测点布设要绘制分布图，地价监测点分布图要标明各地价监测点的代表符号、编号，以及其他图件要素。地价监测点布设要建立监测点档案，监测点档案包括监测点分布图、监测点登记表、地价区段登记表及相关资料。

（5）地价监测点的维护。每年要对地价监测点进行全面跟踪检查，并对检查情况进行登记。地价监测点的检查内容有：①使用状况方面，包括用途是否发生变化、建筑面积是否变化、内部基础设施是否改变、是否发生地质灾害等；②周边环境方面，包括总体规划是否调整、是否增加重要的基础设施和公共设施等；③权属关系方面，是否发生交易行为、是否分割或者合并、是否设定新的权利限制等。

地价监测点原则上应保持稳定，但遇到下列情况时，应该更新：①地块或地块上建筑物灭失；②地块用途发生改变；③地块被合并或分割；④地块地质条件发生规模较大的恶性改变；⑤土地长期低效利用；⑥城市主城区或建成区扩容。

地价监测点的更新包括对原有不符合条件的监测点的删除、替换和新增加监测点的设立，新增加监测点的设立可参照地价监测点的设立步骤。地价监测点更新的数量每年不得超过该城市地价监测点总数的 10％。当城市土地级别调整、基准地价更新时，原则上保留 90％以上的原有监测点，并在原有监测点的基础上进行监测点扩充。

（6）建立地价监测点资料库。地价监测点须建立专门的资料库。资料库管理的资料主要包括三点。①初始登记资料，包括：城市地价监测点登记表（初始）、地价区段登记表（初始）、地价监测点分布图、地价区段分布图、地价监测点宗地图、地价监测点影像照片等。②变更登记资料，包括：各监测年度的城市地价监测点登记表（变更）、地价区段登记表（变更）、地价监测点变更统计表等。③各季度、年度成果资料，包括：地价监测点（季度）调查表、地价动态监测指标（季度）调查表、土地招标拍卖挂牌出让情况（季度）调查表、土地交易样本（季度）调查表、地价监测点（年度）调查表、地价动态监测指标（年度）调查表、房屋交易样本（年度）调查表、土地（年度）供需情况调查表、房屋（年度）供需情况调查表、土地面积调查表、相关社会经济指标（年度）调查表、城市基准地价更新情况调查表、地价监测点评估技术要点表、地价监测点分布图、土地交易样本分布图、房屋交易样本分布图、城市地价状况年度分析报告、监测点地价评估报告等。

3. 地价动态监测数据采集

（1）地价动态监测数据内容。地价动态监测数据内容包括四方面内容。①地价监测点数据，按采集重点不同分为初始采集数据和常规采集数据。初始采集数据包括监测点的土地权属状况、土地实际利用状况、地价影响因素、监测点设定条件、监测点价格状况等基本情况；常规采集数据重点为监测点在监测时段的现状条件下评估地价、设定内涵条件下评估地价、评估时间及评估人等。②土地交易样本数据，为土地交易的相关数据。③房屋交易样本数据，为房屋交易的相关数据。④城市一般数据，为土地年度供需统计数据、房屋年度供需统计数据、城市社会经济统计数据、城市基准地价资料等。

（2）地价动态监测数据采集方法。

①地价监测点数据采集方法。地价监测点数据按采集内容分为基础数据和监测点数据。地价监测点基础数据在布设过程中通过初始调查进行采集，但要及时进行核实和变更采集。监测点地价数据通过对监测点市场价格的评估获取，有关监测点地价评估的原理和方法须遵循《城镇土地估价规程》。监测点年度地价数据每年采集一次，基准日设定在每年的 12 月 31 日；监测点季度地价数据每季度采集一次，通过抽样采集，各类别监测点抽样数不得低于其总数的 10%，基准日设定在各季度的最后一日。

②土地交易样本数据采集方法。土地交易样本数据通过市场调查采集，采集渠道为土地交易市场、土地交易登记部门和实际市场。土地交易样本数据按照以下步骤进行调查：第一，通过土地交易市场、土地交易登记部门等有关方面获取土地交易的基本数据，填入土地交易样本调查表，并对土地交易样本数据进行实地市场调查、核实，土地交易样本数据每季度采集一次；第二，招标

拍卖挂牌出让的土地交易样本数据每季度采集一次；第三，按照城市地价监测点所在的不同地价级别与区段，将土地交易样本按不同用地类别，分别标注在图上。

③房屋交易样本数据采集方法。房屋交易样本数据通过市场调查采集。数据采集渠道为房地产市场管理部门和实际市场。房屋交易样本数据包括房价和房屋租金水平等，采用样本调查的方法采集，房屋交易样本数据按照以下步骤进行调查。第一，通过房地产市场管理部门获取房屋交易的基本数据，填入房屋交易样本调查表，并对房屋交易样本数据进行实地市场调查、核实；房屋交易样本数据每年度采集一次。第二，按照城市地价监测点所在的不同地价级别与区段，将房屋交易样本按不同用地类别，分别标注在图上。

④城市一般资料的采集方法。第一，土地供需资料、城市基准地价资料主要通过资料查询和实地调查相结合的方式采集，采集的渠道主要是国土资源管理部门。第二，房屋供需资料主要通过资料查询和实地调查结合的方式采集，采集的渠道主要是房地产管理部门。第三，城市社会经济统计资料主要通过资料查询的方式采集，采集的渠道主要是统计部门和相关管理部门。城市一般资料每年度采集一次。

（3）地价动态监测资料的整理与审核。地价动态监测资料采集齐备后，应对各类登记表、调查表、汇总表和统计表等表格进行分类整理，按时间顺序进行统一编号存档。地价动态监测资料归档前，应对资料是否完整、内容是否准确、操作程序是否符合规定等进行审核。

4. 地价状况分析

（1）地价水平状况分析。地价水平状况分析主要采用地价水平值和地价变化量等指标，重点对不同时期和不同区域、不同用途和不同级别的地价水平值进行比较、排序，并说明地价的最高值、最低值等情况。

（2）地价变化趋势分析。地价变化趋势分析主要采用地价增长率、地价指数等指标，重点对不同时期和不同区域、不同用途和不同级别的地价增长率的高低进行比较和排序，并说明变动幅度最大值、变动幅度最小值等情况。

（3）地价与土地供需协调状况分析。地价与土地供需协调状况分析主要采用不同时期地价与土地供需、地价增长率与土地供需增长率的高低比较等方式进行分析。

（4）地价与房屋市场协调状况分析。地价与房屋市场协调状况分析主要采用不同时期地价与房屋供需量、地价房价比、地价增长率与房屋供需增长率高低比较等方式进行分析。

（5）地价与社会经济协调状况分析。地价与社会经济协调状况分析主要采用不同时期地价、地价增长率与社会经济指标的高低比较等方式进行分析。

（6）地价与城市土地利用协调状况分析。地价与城市土地利用协调状况分析主要采用不同时期地价与城市土地利用状况、地价增长率与城市土地利用变化的高低比较等方式进行分析。

5. 地价动态监测报告编制

（1）监测报告体系。地价动态监测报告包括：①年度报告，主要报告城市地价的年度状况；②季度报告，主要报告城市地价的各季度状况；③专题报告，分专题报告城市地价相关问题情况。

（2）监测报告内容。监测报告的主要内容如下：①基本界定，包括对监测范围、监测城市、监测分区、监测时段、数据来源、指标体系以及重要概念等的说明；②监测内容，包括地价水平与变化趋势状况、地价空间分布形态、地价与土地市场、房屋市场、宏观经济环境、城市土地利用变化协调情况等；③基本分析，主要是对地价状况进行综合分析、背景分析和预测；④技术说明，主要是对监测技术处理过程进行说明。

6. 地价动态监测信息发布

（1）信息发布内容。

①国家级发布信息。国家级地价动态监测发布的主要信息内容如下：第一，全国总体城市地价水平值、区域城市地价水平值、重点城市地价水平值；第二，全国总体城市地价增长率、区域城市地价增长率、重点城市地价增长率；第三，全国总体城市地价指数、区域城市地价指数、重点城市地价指数；第四，全国城市地价动态监测年度报告、季度报告；第五，其他相关信息。

②省级发布信息。省级地价动态监测发布的主要信息内容如下：第一，全省总体城市地价水平值、省内重点区域和重点城市的地价水平值；第二，全省总体城市地价增长率、省内重点区域和重点城市的地价增长率；第三，全省总体城市地价指数、省内重点区域和重点城市的地价指数；第四，全省总体城市地价动态指数、省内重点区域和重点城市的地价指数；第五，其他相关信息。

③城市级发布信息。城市级地价动态监测发布的主要信息内容如下：第一，城市整体地价水平值、市内各级别及各区段地价水平值；第二，城市整体地价水平增长率、市内各级别及各区段地价水平增长率；第三，城市地价指数；第四，城市地价动态监测年度报告、季度报告；第五，其他相关信息。

（2）信息发布方式。地价监测信息发布方式如下：①公告发布，通过广播、电视、报刊、网络等媒体，刊登公告；②新闻披露，通过广播、电视、报刊、网络等媒体，发布新闻；③信息系统查询，通过建立计算机查询系统，提供网上查询信息服务。

第五节 农村土地市场管理

一、农村土地市场发育现状及存在的问题

（一）农地流转市场发育现状及存在的问题

1. 农地流转市场发育现状与特点

（1）农地流转规模扩大，趋势加快。从全国总体情况看，我国农地流转规模逐步扩大，并呈现加快趋势。截至 2011 年上半年，全国农地流转面积 1 380 万公顷，占家庭承包耕地总面积的 16.2%，比 2008 年底增长了约 1 倍。

（2）农地流转区域差异明显，发达地区农地流转比重较高。截至 2010 年底，耕地流转面积占耕地承包面积比重较大的省、市为上海（59.3%）、北京（46.3%）、浙江（38.9%）、重庆（36.2%）、江苏（34.2%）、黑龙江（25.8%）、广东（23.5%）、湖南（21.4%）等。截至 2011 年 6 月，江苏省常熟市农地流转总面积 2.48 万公顷，流转总量占全市农户实有承包耕地总面积 3.40 万公顷的 72.9%。截至 2010 年底，江苏省太仓市累计流转土地面积 1.87 万公顷，占农地总面积的 80.0%。

（3）农地流转向规模化方向发展。农地流转有效地促进了农业规模化经营。江苏省苏州市通过农地流转使农业适度规模经营比例在 2011 年上半年已经达到 76%。太仓市通过流转 1.87 万公顷土地形成适度规模经营总面积 1.73 万公顷。在张云华调查的 69 个行政村中，转入农户最大经营面积 5.75 公顷（总有效样本 52 个村），转入公司最大经营面积 21.19 公顷（总有效样本 18 个村），转入耕地的 8 个农民专业合作社中，2 个农民专业合作社最大经营面积 6.67 公顷，3 个农民专业合作社最大经营面积在 6.67～13.33 公顷，2 个农民专业合作社最大经营面积在 13.33～33.33 公顷，1 个农民专业合作社最大经营面积大于 33.33 公顷。

（4）转包和出租是主要流转形式，股份合作开始兴起。转包、出租、互换、转让、股份合作是农地流转的五种主要形式，其中转包和出租是最主要的流转形式。在本质上，转包和出租并没有不同，都是土地承包人将承包土地租赁给承租人，不同之处在于转包指的是租赁给本集体经济组织内的其他成员，出租指的是租赁给本集体经济组织外的承租人。截至 2011 年上半年，全国农地转包和出租比例分别为 51.4% 和 26.7%，转让、互换、股份合作和其他形式（包括临时代耕等）的比例分别为 4.7%、5.4%、6.2% 和 5.6%。

（5）农地流转促进了农业经营体制创新。土地股份合作为农业经营体制创新创造了条件。太仓市从 2009 年起探索发展村集体合作农场，在土地股份合作制度基础上，实行"大承包、小分包"生产经营方式，创新农业经营体制。

合作农场将土地分大片承包给若干分场长，分场长包产量、生产资料、用工，制定生产激励制度，通过竞争和考核确定分场长的薪酬。分场长再雇佣农业工人进行农业生产，设定亩均管理费用标准及统一的用肥、用药以及田间管理等标准，并按月考核打分，直接挂钩结算。农场把"成本核算、绩效挂钩"作为激发和调动分场场长及员工的责任心和积极性的重要手段。加入合作农场的农户，以土地入股土地股份合作社每年可拿租金，以资金入股专业合作社每年可取股金，以劳动加入劳务合作社每月可领薪金。截至 2011 年上半年，太仓市共组建合作农场 71 家，流转土地面积 4 166.20 公顷，流出土地的农户 15 805 户，参与经营的农户 1 087 户。

（6）地租成为农业成本和收益的重要组成部分。张云华 2011 年对全国 669 个耕地流转户的专题调查表明，农地流转租金（以下简称地租）已成为农业成本和收益的重要组成部分，对转出户，地租为农业收益，对转入户，地租为农业生产成本。根据 569 个有地租数据的农户样本数据，2010 年我国农户在农地租佃中亩均农地租金为 276.85 元，即农业生产中农地要素成本为 276.85 元/亩。截至 2011 年上半年，全国农地流转面积 2.07 亿亩（1 380 万公顷），按每年亩均农地租金 275 元计，每年农业地租租金总量为 569.25 亿元，这是显性化的农业地租或农地要素成本。如此推算，全国 18 亿亩耕地每年的农业地租总量可达到 4950 亿元左右。

（7）农地流转市场平台初步建立，促进了土地有序流转。随着农地流转数量和规模的日益扩大，仅依靠村内流转或口口相传流转信息已不能适应农地流转供求双方的需要，一些地区在近几年相继发展了农地流转市场平台，主要形式有农地流转中心、交易所、交易市场等。据农业部消息，截至 2011 年上半年，全国已有超过 800 个县（市）、12 000 个乡镇建立了农地流转服务中心，初步形成了"村有信息员、乡镇有服务窗口、县市有流转大厅"的流转管理服务体系。

（8）各地纷纷出台鼓励流转的政策，推动了农地流转。为了促进规模经营与现代农业发展，各地纷纷出台了支持农地流转的政策措施，包括财政补贴、投资倾斜、就业扶持、政策倾斜等。例如，近年来，苏州市各市区先后出台了一系列针对农地流转的财政扶持政策，给予流出土地农户每亩每年 300～500 元财政补贴。2010 年，苏州市用于农地流转补贴的财政资金达 2.8 亿元，比上年增长 27.3%。

2. 农地流转市场存在的问题

（1）政府流转服务能力薄弱，市场流转信息沟通不畅。在苏州市、嘉兴市、成都市、黑河市，农地流转服务平台正在逐步建立并完善，其中一些县市起步早、设施和人员配备齐全，流转服务平台已开始有效发挥作用。但对于其他一些县市刚刚建立的农地流转服务中心来讲，各种基础条件不足，流转服务能力比较弱，在信息收集与发布、咨询服务、合同服务、纠纷调解等方面的功能还不健全。从全国来看，不少地区还没有真正建立农地流转市场服务平台，农地流转还处于自发、无序状态，政府部门的流转服务能力更加薄弱，供需双方的信息不能得到有效沟通。信息沟通不顺畅严重制约了农地正常流转。

（2）流转不规范，矛盾纠纷多。在农地流转过程中，存在土地确权不到位、流转无合同、合同不完备、缺乏利益协调机制、强制流转等不规范行为。这些不规范的行为极易产生纠纷并带来一些遗留问题。尤其是随着农业负担的减少、农业补贴的增加、农地价值的上升，农民、集体、经营主体之间很容易就地块边界、流转价格、利益分配等问题产生纠纷。现实中，此类纠纷也确实不少，成为一类主要的土地矛盾。2010年，全国除西藏外30个省（区、市）村民委员会、乡镇人民政府和农村土地承包仲裁委员会共受理土地承包及流转纠纷22.25万件，其中农地流转纠纷6.44万件，占纠纷总量的28.9%，比2009年上升0.8个百分点。

（3）流转中农民的主体地位难保障。在农村社会保障体系还不健全的情况下，部分农民主要还是依靠土地收入解决看病、上学、养老等问题。农民把土地作为最基本的生活保障，留有一亩三分地心里踏实，对于流转土地存在后顾之忧。实行农地流转规模经营可以解放大量的农村劳动力，但这些劳动力的转移就业存在困难。不少农民担心农地流转规模经营后自己无事可做，生活无着落，这也影响了农民的流转意愿。在农地流转中，农民是流转的主体。然而，从实际情况看，农民的流转主体地位往往受到侵害。一些村干部、基层政府以集体享有承包地所有权为名，宣称"土地是集体的"，任意收回、越权流转农户承包地，剥夺农民的知情权和参与权。不少农民对于村干部农地流转决策、合同内容等并不知情，对于流转价格也没多大发言权。

（4）培育规模经营主体难。农地流转规模经营一方面会产生规模效益，但另一方面也会使生产经营中的自然风险和市场风险集中于经营主体，这对规模经营也造成了一定的负面影响。经营农业效益低、风险高，既需要经营主体有一定的生产经营技术和资金投入，还需要具备抵御各种风险的能力。在目前我国农村金融支持不足、农业保险缺乏的情况下，难以培育农业规模经营主体。

（5）缺乏稳定合理的收益分配机制。我国农民普遍缺乏资金、技术、信息和市场网络，在与农业企业等的流转合作中，农民处于弱势地位，一些农民以相对低廉的租金流转土地承包经营权。流转双方往往没有建立合理收益分配机制，农民难以获得土地增值收益。大部分流转后的土地都主要用来经营高效农业、设施农业和休闲观光农业。在经营状况好的情况下，流入主体会获取较高的生产和经营利润。但农民一般只能获得一个固定的收益，而不能比照产业发展和土地经营效益提高来获得更高的土地增值收益。在农民以土地承包经营权入股流转方式中，也普遍存在农民土地股份折价低，与工商资本地位不对等的现象。农户难以获得与经营主体平等协商的权利，也很难具有根据经营效益的提高获得进一步分红的权益。

(6) 流转农地"非粮化"与"非农化"倾向明显。在农地流转过程中，耕地"非粮化"是一个值得关注的问题，大部分农地流转后存在"非粮化"倾向。由于种植传统的粮食作物收益比较低，许多经营主体流入农地种植水果、花卉等，发展高效农业、设施农业等。截至 2010 年底，流转农地中用于种植非粮食作物的面积超过 560 万公顷，占流转总面积的 45%。东北和中部一些粮食主产区流转农地用于粮食种植面积的比例相对较高。西部某市只有不到 1/5 的流转土地在种植粮食和油料。实地调查到的东部某市 10 家土地合作社或农业企业，全部利用流转的土地从事非粮食产业。此外，部分流转土地还有"非农化"现象。一些企业在原来的耕地上修水泥路、建饭店、建简易宾馆、建设农业休闲园区、发展休闲观光业等，破坏了耕作层，减少了耕地数量，加大了耕地保护的难度，容易导致农地的大规模非农化。

(7) 集体流转"工作经费"违规，使用不透明。2001 年《中共中央关于做好农户承包地使用权流转工作的通知》中明确规定："土地流转的转包费、转让费和租金等，应由农户与受让方或承租方协商确定，流转的收益应归农户所有，任何组织和个人不得擅自截留、扣缴。"然而，部分地区村集体将本村（组）土地集中起来统一流转给经营主体，获得一定的流转"工作经费"，在多数地区，这些"工作经费"直接支付给了村集体。有些村集体的"工作经费"每年有几十万元。流转"工作经费"实际上就是变相截留农地流转收益，与相关政策规定不相符。土地承包经营权是农民的用益物权，农民享有占有、使用、收益的权利，而流转的也恰恰是农民的土地承包经营权，因此集体不应分享这部分流转收益。

(8) 工商企业大规模租赁农地现象需慎重对待。2009 年和 2010 年，农地流入企业的面积均在 100 万公顷左右，到 2011 年上半年，这一面积增加到 127.67 万公顷，增长幅度为 27%，增幅较大，这一现象应引起警惕。通过调研了解到，一些工商企业下乡租赁农地的主要目的是"圈地"从事非农业活动，而不是真正用于农业经营。工商企业大规模租赁农地不利于农民土地权益的保护，在租赁农地的过程中，工商企业利用资本、信息、市场、部分基层政府和干部支持等优势，在与农民的谈判和签约中占据有利地位，租赁合同条款往往会有利于企业一方。而且企业"兼并"土地后农民土地权益受损。企业与农户的农地租赁合同期较长，租约一般都签到二轮承包期末（多数地区为 2028 年）。在这么长的合同期内，由于农地形状变化、家庭成员变动等情况，以及随着时间的推移，工商企业会成为事实上的农地主人，形成事实上的土地"兼并"，农民难以收回自己的承包地，对原本是自己的土地失去占有、使用和收益等用益物权。

（二）农村集体建设用地流转市场发育现状及存在的问题

1. 农村集体建设用地流转市场发育现状与特点

（1）公开流转范围不断扩大。长期以来，由于我国法律的禁止，农村集体建设用地流转只能隐蔽进行。直到 1998 年修改的《土地管理法》才明确肯定了乡镇企业使用农村集体土地以及因破产、兼并等致使土地使用权依法转移的情形。2000 年，国土资源部在江苏南京市、苏州市，上海青浦区，浙江湖州市，广东南海市等 9 个市（区）开展集体建设用地流转试点工作。2003 年安徽省将集体建设用地流转推广到全省 17 个市 51 个乡镇。2004 年江苏苏州市将城镇规划区外的集体建设用地流转扩大到城镇规划区内，并且规定城镇规划区、县级市人民政府所在地的镇以及国家级、省级开发区范围内的集体存量建设用地和集体经济组织内部投资举办的企业新增建设用地的，只要符合土地利用总体规划，在条件成熟的情况下，也可以实行集体建设用地流转方式供地。2005 年广东省更是明确全省范围内兴办各类工商企业，包括国有、集体、私营企业、个体工商户、外资投资企业、股份制企业、联营企业等均可使用集体建设用地。近年来，北京、成都、福建、重庆等地亦相继开展了农村集体建设用地流转实践工作。目前，农村集体建设用地流转已经突破《土地管理法》的范围，土地使用单位不再局限于农村集体经济组织和乡镇企业，在地域上也由点向面扩张，流转范围不断扩大。

（2）流转方式不断增。各地在试点过程中，探索出了多种农村集体建设用地流转方式。广东省农村集体建设用地流转方式主要有出让、作价入股（出资）、出租、转让、转租和抵押；江苏省昆山市由农户或由农民成立的合作经济组织（"投资合作社"或"富民合作社"），联合投资修建标准厂房、商铺或打工宿舍楼向外来工商投资者出租；北京市郊区集体建设用地流转方式以出租为主、转让为辅，联营、作价入股、抵押等形式较少；广东省佛山市南海区则实行土地股份合作制，由集体经济组织出面以土地招商引资，即行政村或村民小组将集体财产及集体土地折成股份集中起来组建股份合作组织，然后由股份合作组织直接出租土地或修建厂房再出租，村民出资入股；天津市滨海新区于 2005 年开始实行"宅基地换房"模式，推进集体建设用地流转；重庆市于 2008 年开始在农村集体建设用地流转中实行"地票"交易制度。

（3）流转组织化程度不断提高。相对于以前隐性流转的无序、分散局面而言，当前农村集体建设用地流转的组织化程度不断提高。大部分农村集体建设用地流转中，都由相关集体经济组织或者公司集中土地并进行开发，然后统一交由土地使用者有偿使用。实践开展较早的广东省佛山市南海区，通过以行政村或者村民小组为单位，将分散经营的集体土地集中起来，并由集体进行统一开发，然后将土地或者自建厂房提供给企业使用，农民按照股份获取收益。而江苏省苏州市则普遍成立乡（镇）农工商总公司或村经济合作社，如昆山富民合作社在农民集体土地上建造厂房、楼房出租，农民直接分享土地非农化增值收益。在安徽省芜湖市，各试点乡镇政府成立建设投资公司，对集镇建设用地成片办理土地使用或征用手续，开发形成成片建设用地后，采取协议、招标、拍卖等方式转让或出租农民集体所有建设用地使用权。因此，农村集体经济组织或者合作社以及股份公司等对建设用地集中开发与统一管理，减少了零散交易，提高了流转的组织化程度。

（4）规范管理措施日益加强。20世纪90年代中期以后，我国农村集体建设用地流转进入探索、规范管理阶段。一方面，流转管理措施的法律地位得到提升。2002年10月，安徽省政府颁布规范性文件《集体建设用地有偿使用和使用权流转试行办法》，加强了对试点乡（镇）集体建设用地流转的统一管理。2005年广东省以政府规章的形式颁布了《广东省集体建设用地使用权流转管理办法》，成为全国首部对农村集体建设用地流转进行规范管理的政府规章。另一方面，流转管理措施的内容更为完善。相关管理办法对集体建设用地使用权流转应当符合的条件、应该履行的程序、流转收益的分配、流转交易的监管进行了统一规定，从土地权利归属、交易价格审定、土地变更登记与交付、税负责任履行等方面制定了具体规则。如安徽省芜湖市首批试点乡镇中有4个制定了《集体建设用地流转试点方案》和《集体建设用地流转实施细则》，有计划地推进了集体建设用地流转规范管理工作。无疑，集体建设用地流转管理力度的加强为实现集体土地与国有土地的"同地同权同价"及"两种产权一个市场统一管理"提供了有力保障。

（5）收益分配逐渐向集体和农民倾斜。由于早期的集体建设用地流转制度改革，主要是针对土地征收补偿偏低等问题而进行的，地方政府往往直接参与流转并获取大部分土地收益，集体经济组织和农民反而只能获取小部分收益。但20世纪90年代中期以后，政府取得收益比例逐渐下降，集体经济组织获取的收益相应增加。安徽省芜湖市2000年确定市、县（区）、乡（镇）、村集体经济组织对土地流转收益和增值收益的分成比例为1∶2∶5∶2；从2002年开始，市级政府不再参加土地收益分成，县、乡（镇）、村集体经济组织分成比例为1∶4∶5。江苏省苏州市1996年规定，集体建设用地出租或按年租制方式流转的，流转方每年向政府按年租金30%的标准缴纳土地收益，并且土地管理部门还将按集体建设用地流转总额的2%收取业务费；到2002年，实行年租制的政府、集体经济组织与农民的收益分配，原则上乡（镇）以上政府为

20％，集体经济组织为40％，农民不低于40％。广东省则明确集体土地流转收益50％以上应当存入银行（农村信用社）专户，专款用于本集体经济组织成员的社会保障。这些典型地区的实践表明土地流转收益分配逐渐向集体和农民倾斜，使集体土地所有权在经济上得到了一定程度的实现。

（6）地域差异仍然明显。近年来，我国社会经济的持续高速增长与土地制度创新工作的深入，推动了农村集体建设用地流转进程。总体上，社会经济发展较快、城镇化水平较高、流转制度创新实践较成熟的地区，农村集体建设用地流转规模就大，市场化程度较高；社会经济发展缓慢、城镇化水平较低、流转制度创新实践落后的地区，农村集体建设用地流转数量有限，规范管理程度也不高。除此之外，各地集体建设用地流转发展的步伐也不一致。目前，广东省已在全省范围内开展集体建设用地流转工作；安徽省尽管于2002年颁布了全国首部由省级政府发布的集体建设用地流转管理规范性文件，但多年以来流转交易的市场化程度仍然不高。据民进中央经济委员会2008年下半年对北京、天津、河南、河北、吉林、广东、山东、江苏8个土地流转典型省（市）调研，目前北方流转方式呈现出政府"国有化"主导及农村集体组织主导两大模式，而南方农村建设用地流转则主要以农户自主流转为主。

2. 农村集体建设用地流转市场存在的问题

（1）农村集体建设用地流转的立法滞后。尽管《宪法》和《土地管理法》都确认了农村集体建设用地使用权流转的权利，但《土地管理法》第四十三条、第六十条、第六十三条，仍然将集体建设用地流转限制在狭小的范围之内；2007年颁布的《物权法》只为进一步的改革预留了空间，并没有明确规定农村集体建设用地使用权可以依法流转。目前的农村集体建设用地流转制度改革，主要是地方政府进行的制度创新以及流转试点工作，其直接依据仅限于国家政策、地方性的法规或者相关的规范管理措施，因此，有关农村集体建设用地流转市场的立法工作严重滞后。

（2）农村集体建设用地流转市场与城市国有土地市场不对称。目前，我国城市国有土地市场经过近30年的发展与完善，已经较为成熟。但农村集体建设用地流转市场建设从20世纪90年代中后期才开始，流转交易的各项管理制度仍在探索当中。特别是在土地招拍挂交易方式、地价管理、土地使用者权利保障以及流转管理程序等方面，集体建设用地流转市场不如国有土地市场健全。以广东省为例：2006年全省以公开交易方式出让国有土地3 317公顷，成交额561亿元，每公顷土地约1 691万元；办理集体建设用地使用权流转面积1 552公顷，总价款20多亿元，每公顷土地约129万元，交易规模和价款明显低于国有土地。可见，近年来农村集体建设用地流转市场的发展，较之国有土地市场存在明显差距，集体土地与国有土地的"同地同权同价"还有很大距离。

（3）农村集体建设用地自发无序流转较为普遍。农村集体建设用地自发无序流转，导致政府调控土地市场的能力被削弱，难以有效控制建设用地供应总量，影响土地利用总体规划和城市规划的有效实施，造成土地利用混乱，土地市场秩序受到干扰。这主要表现在以下三个方面。①"管"与"用"之间的矛盾突出。管理者强调少用或不用、不批或少批集体建设用地，忽略了集体经济组织对建设用地的合理需求；办理集体建设用地的程序过于繁杂，门槛太高，而使用者因利益驱使只顾眼前利益，无视土地管理政策，违法违规用地情况较为普遍。②制度建设有待进一步完善。原有的政策制度跟不上经济社会快速发展的形势；原有的管理制度和方式与基层管理创新的愿望不相适应。③对违法用地行为国土资源管理部门缺乏强有力的手段，按现行司法程序申请执行时间长、程序复杂，违法用地得不到及时纠正和处罚。

（4）农村集体建设用地隐形市场活跃，耕地保护受到冲击。受流转利益驱动，农村集体经济组织和农民耕地保护的意识淡薄，不愿意承担耕地保护的义务。未经批准随意占用耕地并出让、转让、出租用于非农建设，或低价出让、转让和出租农村集体土地，交易行为扭曲，工业用地以联营为名行转让、出租之实，住宅用地则借房屋出租或私自转让进行市场交易，造成部分村内大量出现空闲地、闲置宅基地、空闲住宅和一户多宅、超标准占地的现象。

（5）农村集体建设用地流转收益分配关系混乱。由于缺乏依法监管与市场机制，土地市场价值在流转中不能得到充分体现。农村集体建设用地使用权的价值在很大程度上依赖国家的基础设施建设，没有国家的交通、通信、供电、供水等基础设施建设，农村集体建设用地使用权就无流转对象，农村集体建设用地使用权流转中所得收益的一部分，应归国家所有。但在无规范的流转中，国家应得的收益并没有得到体现，国家土地收益流失严重，加上农村土地产权关系混乱、集体经济组织结构不完善，使得本属于农民集体及农民的土地流转收益亦难以得到法律的切实保障，造成了集体土地资产大量流失，侵犯了土地所有者的收益分配权，引发经济纠纷，危及农村社会稳定。

二、农地流转市场管理

根据目前农地流转市场现状，应从以下方面加强对农地流转市场管理。

1. 做好土地确权工作，保障农民土地承包经营权稳定

坚持以家庭承包经营为基础、统分结合的双层经营体制，赋予农民更加充分而有保障的土地承包经营权，保持现有土地承包关系稳定并长久不变，这是农地流转的制度基础，也是维护农民农地流转权益的保证。不动产登记管理部门要积极、扎实开展土地确权工作，做好农村土地丈量、确权、登记、颁证工

作，进一步明晰土地产权，明确农民土地承包经营权的占有、使用、收益、流转等各项权益。

2. 加强政府服务，规范农地流转

政府部门要加强对农地流转的服务和管理工作，营造良好的农地流转政策环境，依法支持、引导、规范农地流转。在服务对象上，要加强对流入主体和农民的服务。一方面要加强对流入主体的服务，注重流转服务平台建设，改进服务流程，提高服务水平，降低流入主体的进入成本；另一方面要加强对农户的服务，通过提高农民组织化程度，提供资金、技术、土地供需及价格信息等服务来增强农民的谈判能力。在服务内容上，一是建立健全农地流转市场，为流转双方建立流转的信息和服务平台，提供流转供求信息、价格评估服务等。二是提供合同签订与签证服务，规范流转合同文本，规范流转登记备案制度。三是规范流转行为，严格执行依法自愿有偿原则，防止强迫命令，不得以少数服从多数为由强迫农户流转。政府要维护农民农地流转的收益权，严防截留、扣缴，着力查处违背农民意愿、侵害农民权益的行为。四是建立健全协商、调解、仲裁、诉讼为主要内容的土地承包和流转纠纷调解机制，依法开展农村土地承包和流转纠纷的仲裁。

3. 建立健全农地流转市场，加快培育市场化流转机制

在我国广大农村地区，农地流转已经有了一定发展并将逐步扩展，尤其是在一些发达地区及城市郊区农村，农地流转的比例较大。在此背景下，应顺应农地流转逐步扩大的趋势，尽快建立健全农地流转市场，培育市场化流转机制。特别是培育土地使用权流转市场，通过农民、合作社、农业企业之间土地使用权的自愿转让，来实现经营规模的扩大和生产效率的提高。政府的作用主要体现在健全土地法规，界定土地产权和制定农地流转的规则上。在坚持土地承包关系长期不变和尊重农民意愿的前提下，要积极探索建立"依法、自愿、有偿"的市场化的农地流转机制。建立健全农地流转市场定价机制，引导流转双方对农地进行合理定价。完善价格形成机制，建立分类定价办法，农地流转价格应根据土地区位优劣、种植作物不同、流转期限不同等确定不同的价格。

4. 确保农民主体地位，建立合理的农地流转收益分配机制

在政府、集体和农民这三者中，农民是农地流转的主体，农民有权自主决定土地经营权是否流转和流转的方式。地方政府和村集体应做好服务工作，确保农民在农地流转中的主体地位。除了做好农村土地确权外，一要加大土地法规政策的宣传力度，让普通农民了解土地承包经营权的具体权利和在农地流转中自己享有的权益，并在农户承包合同、承包经营权证书中加以注明。二要依法保障农户的主体地位，惩处侵害农民承包地权利的行为。三要清晰界定集体与农户土地权利之间的界限，规范村集体代表农民流转土地的程序，明确村集

体在农地流转中的地位和职责，保障农民对土地的占有、使用、收益等权利。四要建立合理的农地流转收益分配机制。农地流转的转包费、租金、转让费等，应当由当事人双方协商确定或在流转委托书中进行明确，任何组织和个人不得擅自截留侵占。农地集中后进行规模化生产，并注入资本与技术等高效农业生产要素后，往往会产生比流转前传统农业更高的收益。因此，农地流转双方应在流转初期就制定增值收益分配条款，建立合理的收益分享机制，让农民从土地增值中获得进一步的收益，以避免流转双方因此而产生纠纷与矛盾。

5. 促进农地适度规模经营，有利于形成现代农业经营体系

适度规模经营，鼓励发展专业合作、股份合作等多种形式的农民合作社。将土地集中起来、连片开发、规模经营，有利于降低农地流转风险，保障农民土地承包经营权权益，进一步推进现代农业发展。农地流转要有利于形成适同时，加大保险、金融、补贴及项目支持力度，给农地流转和规模经营保驾护航。

6. 限制流转土地"非粮化"，禁止流转土地"非农化"

在农地流转中应兼顾粮食安全，解决好耕地"非粮化"问题。要大力发展粮食规模经营，鼓励和引导经营大户、合作社种粮，稳定粮食生产。降低种粮成本，提高种粮补贴与粮食价格，使得粮食生产有利可图，提高农业企业、经营大户、合作社等土地流入主体的种粮积极性。农地流转过程中，更要采取严格措施限制农地转为非农用地，落实最严格的耕地保护制度，不得以农地流转名义将农用地转变为非农用地。

对工商企业到农村大规模租赁农地进行准入限制，设计适合我国国情的限制和规范工商企业租赁农地的制度，只有符合一定条件的企业才可以租赁和经营农地。企业租赁农地应当有严格的资质和条件限制，这些资质和条件主要应当包括：企业经营领域必须与农业相关；租地企业负有保护农地的责任；企业租地如果没有从事农业生产，农户和集体有权解除租地合同等。地方政府和国土资源管理部门要加强土地用途监管，坚决制止工商企业进入农地后直接或间接改变土地农业用途，坚持农地农用、农地农有。

三、农村建设用地流转市场管理

应从以下方面加强对农村建设用地流转市场管理。

1. 农村集体经营性建设用地进入市场要符合规划和用途管制

农村集体经营性建设用地是指具有生产经营性质的农村建设用地，包括农村集体经济组织使用乡（镇）土地利用总体规划确定的建设用地，兴办企业或者与其他单位、个人以土地使用权入股、联营等形式同兴办企业、商业所使用的农村集体建设用地，如过去的乡镇企业用地。这些用地进入市场交易的前提是，必须符合土地利用总体规划和土地用途管制。入市交易应和国有土地享受同等权利和同等价格，做到同地、同权、同价。

2. 修订有关法律法规，为集体建设用地流转提供法律保障

根据中共十八届三中全会通过的《中共中央关于全面深化改革若干重大问题的决定》，为深化农村土地制度改革，需要对现行法律法规政策作出调整。如《土地管理法》中关于"农民集体所有的土地的使用权不得出让、转让或者出租用于非农建设"等规定，需要做出相应调整。

3. 加快转变政府职能，处理好政府与市场的关系以及政府与农民的关系

①建立健全土地利用规划体系，全面实施土地用途管制，充分发挥土地利用规划在引导和调控农村集体经营性建设用地流转市场方面的作用。②要加强农村集体土地的确权、登记、发证工作，为农村集体建设用地进入市场提供产权保障。③建立集体建设用地基准地价和最低价保护制度，以及土地价格评估备案制度。④培育农村集体土地产权交易平台，及时公布土地产权交易信息、成交价格、交易方式、交易时间等。⑤加快建立农村集体经营性建设用地产权流转及增值收益分配制度。⑥要处理好政府与农民的关系，维护农民权益，因地制宜，试点先行，尊重农民和农村集体组织的首创精神。总之，政府要简政放权，做好服务和管理工作，推动农村土地产权流转交易公开、公正、规范进行。

4. 推进征地制度改革

缩小征地范围，规范征地程序，改变征地补偿办法，确保被征地农民长期受益。对不属于征地范围的经营性建设用地，应允许进入土地产权流转市场交易，与国有土地同等入市，同权同价。

5. 加强农村金融制度创新

加大对农村土地产权流转的资金支持和保险力度，支持以承包土地经营权向金融机构抵押融资。

6. 加强集体建设用地流转中的执法监督网络建设，依法整治违法行为

在农村集体建设用地流转中，农村土地违法行为时有发生，其原因是多方面的，既有农民或基层干部法制观念淡薄问题，也有宣传、执法不到位的问题。从土地管理的角度出发，应切实加大土地执法网络建设，建立健全执法网络体系。特别要加强县级土地管理三级执法网络体系建设，及时发现、制止和查处农村土地违法行为，村社配备兼职的土地监察信息员，镇街国土管理所配备专职人员，县（市、区）国土资源管理部门建立一支政治素质好、业务能力强、力量充足的执法监察队伍，切实做到服务第一，依法行政，有效管理，查处有力，确保农村集体建设用地流转市场管理工作稳步推进。

思 考 题

1. 简述城市土地市场管理的目的、原则和内容。

2. 何谓城市土地市场供需平衡?

3. 简述城市土地储备制度在土地市场管理中的作用与效果。

4. 如何对城市土地市场价格进行有效管理?

参 考 文 献

毕宝德，2016. 土地经济学［M］. 北京：中国人民大学出版社.

卞正富，金丹，2008. 中国土地资源管理专业研究生教育与人才培养［J］. 中国土地科学
（5）：57‑61.

陈龙高，康建荣，杨小艳，等，2019. 基于土地科学学科内涵的土地资源管理专业培养目
标研究［J］. 实验技术与管理，36（4）：16‑19.

陈美球，刘桃菊，黄靓，2004. 土地生态系统健康研究的主要内容及面临的问题［J］. 生态
环境，13（4）：698‑701.

陈兆德，2002. 行政管理学教程［M］. 北京：中共中央党校出版.

程民选，1996. 产权与市场［M］. 成都：西南财经大学出版社.

辞海编辑委员会，2010. 辞海［M］. 上海：上海辞书出版社.

邓红兵，陈春娣，刘昕，等，2009. 区域生态用地的概念及分类［J］. 生态学报，29（3）：
1520‑1524.

董祚继，2018. 从机构改革看国土空间治理能力的提升［J］. 中国土地（11）：4‑9.

封志明，2003. 资源科学的研究对象、学科体系与建设路径［J］. 自然资源学报（6）：
742‑752.

顾龙友，2018. 我国土地调控回顾与展望［N］. 中国自然资源报，2018‑12‑20.

郭旭东，邱扬，连纲，等，2004. 基于 PSR 框架，针对土壤侵蚀小流域的土地质量评价
［J］. 生态学报，24（9）：1884‑1894.

郭旭东，谢俊奇，何挺，2006. 基于斑块层次的土地利用变化对土地质量影响的初步分析
［J］. 地理科学进展，25（3）：116‑128.

国土资源部规划司，国土资源部土地整理中心，2008. 推动用地增减挂钩促进城乡统筹发
展［M］. 北京：地质出版社.

黄贤金，陈龙乾，1999. 土地政策学［M］. 徐州：中国矿业大学出版社.

姜爱林，2003. 改革开放前新中国土地政策的历史演变（1949—1978）［J］. 石家庄经济学
院学报，26（3）：298‑305.

柯武刚，史漫飞，2000. 制度经济学‑社会秩序与公共政策［M］. 北京：商务印书馆.

科斯，1990. 企业、市场与法律［M］. 上海：上海三联书店.

雷利·芭洛维，1989. 土地资源经济学［M］. 北京：中国农业大学出版社.

李林峰，朱德举，刘黎明，等，2006. 土地整理项目对乡村景观多样性的影响研究［J］. 农
业现代化研究，27（3）：234‑237.

李青山，1995. 行政管理学［M］. 北京：中国农业大学出版社.

梁学庆，吴玲，黄辉玲，2005. 新中国 50 年土地（利用）规划的回顾与展望［J］. 中国农

业科技导报（3）：13-16.

列宁，1959. 列宁全集：第 5 卷 [M]. 北京：人民出版社.

林坚，宋萌，张安琪，2018. 国土空间规划功能定位与实施分析 [J]. 中国土地（1）：15-17.

林增杰，严星，谭俊，2001. 地籍管理 [M]. 中国人民大学出版社.

刘书楷，曲福田，2004. 土地经济学 [M]. 北京：中国农业出版社.

刘书楷，1993. 土地经济学 [M]. 北京：中国矿业大学出版社.

刘书楷，1988. 土地经济学原理 [M]. 南京：江苏科学技术出版社.

刘学录，曹爱霞，2008. 土地生态功能的特点与保护 [J]. 环境科学与管理，33（10）：
54-57.

龙开胜，2009. 集体建设用地流转：演变、机理与调控 [D]. 南京：南京农业大学.

陆红生，2015. 土地管理学总论 [M]. 北京：中国农业出版社.

吕贻峰，2001. 国土资源学 [M]. 武汉：中国地质大学出版社.

马克思，恩格斯，1972. 马克思恩格斯全集：第 23 卷 [M]. 北京：人民出版社.

马克思，1975. 资本论：第 1 卷 [M]. 北京：人民出版社.

马克思，1975. 资本论：第 3 卷 [M]. 北京：人民出版社.

穆兴民，陈雯伟，1999. 黄土高原水土保持措施对土壤水分的影响 [J]. 土壤侵蚀与水土保
持学报（4）：3-5.

彭和平，1995. 公共行政管理 [M]. 北京：中国人民大学出版社.

曲福田，2002. 土地行政管理学 [M]. 北京：中国农业大学出版社.

沈守愚，2002. 土地法学通论 [M]. 北京：中国大地出版社.

史培军，宫鹏，2000. 土地利用/土地覆被变化研究的方法与实践 [M]. 北京：科学出版社.

帅文波，2017.2016 年土地管理主要政策回顾暨 2017 年重点土地政策展望 [J]. 中国土地
（1）：8-13.

孙佑海，2004. 协调建设用地与保护耕地的关系 [J]. 中国土地（9）：11-14.

唐健，2006. 我国耕地保护制度与政策研究 [M]. 北京：中国社会科学出版社.

土地市场管理丛书编委会，2001. 土地收购储备——经营城市的必然选择 [M]. 北京：地
质出版社.

王庆日，唐健，2016.2015 年主要土地政策回顾暨 2016 年土地政策展望 [J]. 中国土地
（1）：14-19.

王秋兵，2011. 土地资源学（2 版）[M]. 中国农业出版社.

王万茂，2000. 地籍管理 [M]. 地质出版社.

王万茂，2003. 土地资源管理学 [M]. 北京：高等教育出版社.

王万茂，2001. 中国土地科学学科建设的历史回顾与展望. 中国土地科学，15（5）：22-27.

吴次芳，徐保根，2003. 土地生态学 [M]. 北京：大地出版社.

吴建国，吕佳佳，2008. 土地利用变化对生物多样性的影响 [J]. 生态环境，17（3）：
1276-1281.

吴宇哲，孙小峰，2018. 改革开放 40 周年中国土地政策回溯与展望：城市化的视角 [J].
中国土地科学，32（7）：7-14.

熊国平，2019. 本期导读：走向国土空间规划的新时代 [J]. 城乡规划 (3)：4-7.

徐绍史，2012. 创新国土资源促进生态文明建设 [J]. 国土资源通讯 (19)：23-25.

许坚，2004. 新中国的土地管理研究. 北京：中国大地出版社.

许静雯，2012. 黄土区大型露天矿复垦地野生草本植物侵入特征研究 [D]. 北京：中国地质大学.

扬子生，2002. 论土地生态规划设计 [J]. 云南大学学报（自然科学版），24 (2)：114-124.

杨钢桥，2004. 城市经营的产生、特征、内容与模式 [J]. 中国房地产研究 (3)：29-39.

叶公强，2002. 地籍管理 [M]. 北京：中国农业出版社.

伊利，1982. 土地经济学原理 [M]. 北京：商务印书馆.

袁奇峰，谭诗敏，李刚，等，2018. 空间规划：为何？何为？何去？[J]. 规划师，34 (7)：11-17，25.

袁一仁，成金华，陈从喜，2019. 中国自然资源管理体制改革：历史脉络、时代要求与实践路径 [J]. 学习与实践 (9)：5-13.

张润森，濮励杰，刘振，2013. 土地利用/覆被变化的大气环境效应研究进展 [J]. 地域研究与开发，32 (4)：123-128.

张云华，2012. 我国农地流转的情况与对策 [J]. 中国国情国力 (7)：4-7.

章炳林，1999. 土地管理总论 [M]. 北京：中国大地出版社.

赵晓丽，张增祥，汪潇，等，2014. 中国近 30 年耕地变化时空特征及主要原因分析 [J]. 农业工程学报，30 (3)：1-11.

郑海霞，封志明，2003. 中国耕地总量动态平衡的数量和质量分析 [J]. 资源科学，25 (5)：33-39.

中共中央编译局，1995. 列宁全集 [M]. 北京：人民出版社.

周三多，陈传明，鲁明泓，2003. 管理学——原理与方法（4 版）[M]. 上海：复旦大学出版社.

周三多，陈传明，2003. 管理学 [M]. 北京：高等教育出版社.

朱道林，2007. 土地管理学 [M]. 北京：中国农业大学出版社.

附件1 《全国土地过渡分类》

一级类		二级类		三级类		含　　义
编号	名称	编号	名称	编号	名称	
1	农用地					指直接用于农业生产的土地，包括耕地、园地、林地、牧草地及其他农用地。
		11	耕地			指种植农作物的土地，包括熟地、新开发复垦整理地、休闲地、轮歇地、草田轮作地；以种植农作物为主，间有零星果树，桑树或其他树木的土地；平均每年能保证收获一季的已垦滩地和海涂。耕地中还包括南方宽＜1.0米，北方宽＜2.0米的沟、渠、路和田埂。
				111	灌溉水田	指有水源保证和灌溉设施，在一般年景能正常灌溉，用于种植水生作物的耕地，包括灌溉的水旱轮作地。
				112	望天田	指无灌溉设施，主要依靠天然降雨，用于种植水生作物的耕地，包括无灌溉设施的水旱轮作地。
				113	水浇地	指水田、菜地以外，有水源保证和灌溉设施，在一般年景能正常灌溉的耕地。
				114	旱地	指无灌溉设施，靠天然降水种植旱作物的耕地，包括没有灌溉设施，仅靠引洪淤灌的耕地。
				115	菜地	指常年种植蔬菜为主的耕地，包括大棚用地。
		12	园地			指种植以采集果、叶、根茎等为主的集约经营的多年生木本和草本作物（含其苗圃），覆盖度大于50%或每亩有收益的株数达到合理株数70%的土地。
				121	果园	指种植果树的园地。
				121K	可调整果园	指由耕地改为果园，但耕作层未被破坏的土地。*
				122	桑园	指种植桑树的园地。
				122K	可调整桑园	指由耕地改为桑园，但耕作层未被破坏的土地。*
				123	茶园	指种植茶树的园地。
				123K	可调整茶园	指由耕地改为茶园，但耕作层未被破坏的土地。*

(续)

一级类		二级类		三级类		含　义		
编号	名称	编号	名称	编号	名称			
1	农用地	12	园地	124	橡胶园	指种植橡胶树的园地。		
				124K	可调整橡胶园	指由耕地改为橡胶园，但耕作层未被破坏的土地。*		
				125	其他园地	指种植可可、咖啡、油棕、胡椒、花卉、药材等其他多年生作物的园地。		
				125K	可调整其他园地。	指由耕地改为其他园地，但耕作层未被破坏的土地。*		
		13	林地			指生长乔木、竹类、灌木、沿海红树林的土地。不包括居民点绿地，以及铁路、公路、河流、沟渠的护路、护岸林。		
				131	有林地	指树木郁闭度≥20%的天然、人工林地。		
				131K	可调整有林地	指由耕地改为有林地，但耕作层未被破坏的土地。*		
				132	灌木林地	指覆盖度≥40%的灌木林地。		
				133	疏林地	指树木郁闭度≥10%但<20%的疏林地。		
				134	未成林造林地	指造林成活率大于或等于合理造林数的41%，尚未郁闭但有成林希望的新造林地（一般造林后不满3～5年或飞机播种后不满5～7年的造林地）。		
				134K	可调整未成林造林地	指由耕地改为未成林造林地，但耕作层未被破坏的土地。*		
				135	迹地	指森林采伐、火烧后，五年内未更新的土地。		
				136	苗圃	指固定的林木育苗地。		
				136K	可调整苗圃	指由耕地改为苗圃，但耕作层未被破坏的土地。		
		14	牧草地			指生长草本植物为主，用于畜牧业的土地。		
				141	天然草地	指以天然草本植物为主，未经改良，用于放牧或割草的草地，包括以牧为主的疏林、灌木草地。		
				142	改良草地	指采用灌溉、排水、施肥、松耙、补植等措施进行改良的草地。		
				143	人工草地	指人工种植牧草的草地，包括人工培植用于牧业的灌木地。		
				143K	可调整人工草地	指由耕地改为人工草地，但耕作层未被破坏的土地。*		

（续）

一级类		二级类		三级类		含　　义	
编号	名称	编号	名称	编号	名称		
1	农用地	15	其他农用地			指上述耕地、园地、林地、牧草地以外的农用地。	
				151	畜禽饲养地	指以经营性养殖为目的畜禽舍及其相应附属设施用地。	
				152	设施农业用地	指进行工厂化作物栽培或水产养殖的生产设施用地。	
				153	农村道路	指农村南方宽≥1.0米，北方宽≥2.0米的村间、田间道路（含机耕道）。	
				154	坑塘水面	指人工开挖或天然形成的蓄水量<10万立方米（不含养殖水面）的坑塘常水位以下的面积。	
				155	养殖水面	指人工开挖或天然形成的专门用于水产养殖的坑塘水面及相应附属设施用地。	
				155K	可调整养殖水面	指由耕地改为养殖水面，但可复耕的土地。*	
				156	农田水利用地	指农民、农民集体或其他农业企业等自建或联建的农田排灌沟渠及其相应附属设施用地。	
				157	田坎	主要指耕地中南方宽≥1.0米，北方宽≥2.0米的梯田田坎。	
				158	晒谷场等用地	指晒谷场及上述用地中未包含的其他农用地。	
2	建设用地	20	居民点及独立工矿用地			指建造建筑物、构筑物的土地，包括商业、工矿、仓储、公用设施、公共建筑、住宅、交通、水利设施、特殊用地等。其中，21～25及28等六个二级类（含所属二级类）及"交通用地"中的266一个三级类暂不启用，仍使用原土地利用现状分类中的"居民点及工矿用地"地类进行，"居民点及独立工矿用地"中包含的农用地、水域、其他建设用地，过渡期暂不变动。	
				201	城市	指城市居民点。	
				202	建制镇	指设建制镇的居民点。	
				203	农村居民点	指镇以下的居民点。	
				204	独立工矿用地	指居民点以外的各种工矿企业、采石场、砖瓦窑、仓库及其他企事业单位的建设用地，不包括附属于工矿、企事业单位的农副业生产基地。	
				205	盐田	指以经营盐业为目的，包括盐场及附属设施用地。	
				206	特殊用地	指居民点以外的国防、名胜古迹、风景旅游、墓地、陵园等用地。	

(续)

一级类		二级类		三级类		含　　义
编号	名称	编号	名称	编号	名称	
2	建设用地	26	交通运输用地			指用于运输通行的地面线路、场站等用地，包括民用机场、港口、码头、地面运输管道和居民点道路及其相应附属设施用地。
				261	铁路用地	指铁道线路及场站用地，包括路堤、路堑、道沟及护路林；地铁地上部分及出入口等用地。
				262	公路用地	指国家和地方公路（含乡镇公路），包括路堤、路堑、道沟、护路林及其他附属设施用地。
				263	民用机场	指民用机场及其相应附属设施用地。
				264	港口码头用地	指人工修建的客、货运、捕捞船舶停靠的场所及其相应附属建筑物，不包括常水位以下部分。
				265	管道运输用地	指运输煤炭、石油和天然气等管道及其相应附属设施地面用地。
		27	水利设施用地			指用于水库、水工建筑的土地。
				271	水库水面	指人工修建总库容≥10万立方米，正常蓄水位以下的面积。
				272	水工建筑用地	指除农田水利用地以外的人工修建的沟渠（包括渠槽、渠堤、护堤林）、闸、坝、堤路林、水电站、扬水站等常水位岸线以上的水工建筑用地。
3	未利用地	31	未利用土地			指农用地和建设用地以外的土地。
						指目前还未利用的土地，包括难利用的土地。
				311	荒草地	指树木郁闭度＜10%，表层为土质，生长杂草，不包括盐碱地、沼泽地和裸土地。
				312	盐碱地	指表层盐碱聚集，只生长天然耐盐植物的土地。
				313	沼泽地	指经常积水或渍水，一般生长湿生植物的土地。
				314	沙地	指表层为沙覆盖，基本无植被的土地，包括沙漠，不包括水系中的沙滩。
				315	裸土地	指表层为土质，基本无植被覆盖的土地。
				316	裸岩石砾地	指表层为岩石或石砾，其覆盖面积≥70%的土地。
				317	其他未利用土地	指包括高寒荒漠、苔原等尚未利用的土地。

（续）

一级类		二级类		三级类		含　　　义
编号	名称	编号	名称	编号	名称	
3	未利用地	32	其他土地			指未列入农用地、建设用地的其他水域地。
				321	河流水面	指天然形成或人工开挖河流常水位岸线以下的土地。
				322	湖泊水面	指天然形成的积水区常水位岸线以下的土地。
				323	苇地	指生长芦苇的土地，包括滩涂上的苇地。
				324	滩涂	指沿海大潮高潮位与低潮位之间的潮浸地带；河流、湖泊常水位至洪水位间的滩地；时令湖、河洪水位以下的滩地；水库、坑塘的正常蓄水位与最大洪水间的滩地。不包括已利用的滩涂。
				325	冰川及永久积雪	指表层被冰雪常年覆盖的土地。

注：* 指生态退耕以外，按照国土资发（1999）511号文件规定，在农业结构调整中将耕地调整为其他农用地，但未破坏。

附件2 第二次全国土地调查土地分类

一级类		二级类		含 义
编码	名称	编码	名称	
01	耕地			指种植农作物的土地,包括熟地,新开发、复垦、整理地,休闲地(含轮歇地、轮作地);以种植农作物(含蔬菜)为主,间有零星果树、桑树或其他树木的土地;平均每年能保证收获一季的已垦滩地和海涂。耕地中包括南方宽度<1.0米、北方宽度<2.0米固定的沟、渠、路和地坎(埂);临时种植药材、草皮、花卉、苗木等的耕地,以及其他临时改变用途的耕地。
		011	水田	指用于种植水稻、莲藕等水生农作物的耕地。包括实行水生、旱生农作物轮种的耕地。
		012	水浇地	指有水源保证和灌溉设施,在一般年景能正常灌溉,种植旱生农作物的耕地。包括种植蔬菜等的非工厂化的大棚用地。
		013	旱地	指无灌溉设施,主要靠天然降水种植旱生农作物的耕地,包括没有灌溉设施,仅靠引洪淤灌的耕地。
02	园地			指种植以采集果、叶、根、茎、汁等为主的集约经营的多年生木本和草本作物,覆盖度大于50%或每亩株数大于合理株数70%的土地。包括用于育苗的土地。
		021	果园	指种植果树的园地。
		022	茶园	指种植茶树的园地。
		023	其他园地	指种植桑树、橡胶、可可、咖啡、油棕、胡椒、药材等其他多年生作物的园地。
03	林地			指生长乔木、竹类、灌木的土地,及沿海生长红树林的土地。包括迹地,不包括居民点内部的绿化林木用地,铁路、公路征地范围内的林木,以及河流、沟渠的护堤林。
		031	有林地	指树木郁闭度≥0.2的乔木林地,包括红树林地和竹林地。
		032	灌木林地	指灌木覆盖度≥40%的林地。
		033	其他林地	包括疏林地(指树木郁闭度≥0.1、<0.2的林地)、未成林地、迹地、苗圃等林地。

（续）

一级类		二级类		含　义
编码	名称	编码	名称	
04	草地			指生长草本植物为主的土地。
		041	天然牧草地	指以天然草本植物为主，用于放牧或割草的草地。
		042	人工牧草地	指人工种植牧草的草地。
		043	其他草地	指树木郁闭度<0.1，表层为土质，生长草本植物为主，不用于畜牧业的草地。
05	商服用地			指主要用于商业、服务业的土地。
		051	批发零售用地	指主要用于商品批发、零售的用地。包括商场、商店、超市、各类批发（零售）市场，加油站等及其附属的小型仓库、车间、工场等的用地。
		052	住宿餐饮用地	指主要用于提供住宿、餐饮服务的用地。包括宾馆、酒店、饭店、旅馆、招待所、度假村、餐厅、酒吧等。
		053	商务金融用地	指企业、服务业等办公用地，以及经营性的办公场所用地。包括写字楼、商业性办公场所、金融活动场所和企业厂区外独立的办公场所等用地。
		054	其他商服用地	指上述用地以外的其他商业、服务业用地。包括洗车场、洗染店、废旧物资回收站、维修网点、照相馆、理发美容店、洗浴场所等用地。
06	工矿仓储用地			指主要用于工业生产、物资存放场所的土地。
		061	工业用地	指工业生产及直接为工业生产服务的附属设施用地。
		062	采矿用地	指采矿、采石、采砂（沙）场，盐田，砖瓦窑等地面生产用地及尾矿堆放地。
		063	仓储用地	指用于物资储备、中转的场所用地。
07	住宅用地			指主要用于人们生活居住的房基地及其附属设施的土地。
		071	城镇住宅用地	指城镇用于生活居住的各类房屋用地及其附属设施用地。包括普通住宅、公寓、别墅等用地。
		072	农村宅基地	指农村用于生活居住的宅基地。
08	公共管理与公共服务用地			指用于机关团体、新闻出版、科教文卫、风景名胜、公共设施等的土地。
		081	机关团体用地	指用于党政机关、社会团体、群众自治组织等的用地。
		082	新闻出版用地	指用于广播电台、电视台、电影厂、报社、杂志社、通讯社、出版社等的用地。

一级类		二级类		含　　义
编码	名称	编码	名称	
08	公共管理与公共服务用地	083	科教用地	指用于各类教育，独立的科研、勘测、设计、技术推广、科普等的用地。
		084	医卫慈善用地	指用于医疗保健、卫生防疫、急救康复、医检药检、福利救助等的用地。
		085	文体娱乐用地	指用于各类文化、体育、娱乐及公共广场等的用地。
		086	公共设施用地	指用于城乡基础设施的用地。包括给排水、供电、供热、供气、邮政、电信、消防、环卫、公用设施维修等用地。
		087	公园与绿地	指城镇、村庄内部的公园、动物园、植物园、街心花园和用于休憩及美化环境的绿化用地。
		088	风景名胜设施用地	指风景名胜（包括名胜古迹、旅游景点、革命遗址等）景点及管理机构的建筑用地。景区内的其他用地按现状归入相应地类。
09	特殊用地			指用于军事设施、涉外、宗教、监教、殡葬等的土地。
		091	军事设施用地	指直接用于军事目的的设施用地。
		092	使领馆用地	指用于外国政府及国际组织驻华使领馆、办事处等的用地。
		093	监教场所用地	指用于监狱、看守所、劳改场、劳教所、戒毒所等的建筑用地。
		094	宗教用地	指专门用于宗教活动的庙宇、寺院、道观、教堂等宗教自用地。
		095	殡葬用地	指陵园、墓地、殡葬场所用地。
10	交通运输用地			指用于运输通行的地面线路、场站等的土地。包括民用机场、港口、码头、地面运输管道和各种道路用地。
		101	铁路用地	指用于铁道线路、轻轨、场站的用地。包括设计内的路堤、路堑、道沟、桥梁、林木等用地。
		102	公路用地	指用于国道、省道、县道和乡道的用地。包括设计内的路堤、路堑、道沟、桥梁、汽车停靠站、林木及直接为其服务的附属用地。
		103	街巷用地	指用于城镇、村庄内部公用道路（含立交桥）及行道树的用地。包括公共停车场，汽车客货运输站点及停车场等用地。
		104	农村道路	指公路用地以外的南方宽度≥1.0米、北方宽度≥2.0米的村间、田间道路（含机耕道）。

（续）

一级类		二级类		含　义
编码	名称	编码	名称	
10	交通运输用地	105	机场用地	指用于民用机场的用地。
		106	港口码头用地	指用于人工修建的客运、货运、捕捞及工作船舶停靠的场所及其附属建筑物的用地，不包括常水位以下部分。
		107	管道运输用地	指用于运输煤炭、石油、天然气等管道及其相应附属设施的地上部分用地。
11	水域及水利设施用地			指陆地水域，海涂，沟渠、水工建筑物等用地。不包括滞洪区和已垦滩涂中的耕地、园地、林地、居民点、道路等用地。
		111	河流水面	指天然形成或人工开挖河流常水位岸线之间的水面，不包括被堤坝拦截后形成的水库水面。
		112	湖泊水面	指天然形成的积水区常水位岸线所围成的水面。
		113	水库水面	指人工拦截汇集而成的总库容≥10万立方米的水库正常蓄水位岸线所围成的水面。
		114	坑塘水面	指人工开挖或天然形成的蓄水量<10万立方米的坑塘常水位岸线所围成的水面。
		115	沿海滩涂	指沿海大潮高潮位与低潮位之间的潮浸地带。包括海岛的沿海滩涂。不包括已利用的滩涂。
		116	内陆滩涂	指河流、湖泊常水位至洪水位间的滩地；时令湖、河洪水位以下的滩地；水库、坑塘的正常蓄水位与洪水位间的滩地。包括海岛的内陆滩地。不包括已利用的滩地。
		117	沟渠	指人工修建，南方宽度≥1.0米、北方宽度≥2.0米用于引、排、灌的渠道，包括渠槽、渠堤、取土坑、护堤林。
		118	水工建筑用地	指人工修建的闸、坝、堤路林、水电厂房、扬水站等常水位岸线以上的建筑物用地。
		119	冰川及永久积雪	指表层被冰雪常年覆盖的土地。
12	其他土地			指上述地类以外的其他类型的土地。
		121	空闲地	指城镇、村庄、工矿内部尚未利用的土地。
		122	设施农用地	指直接用于经营性养殖的畜禽舍、工厂化作物栽培或水产养殖的生产设施用地及其相应附属用地，农村宅基地以外的晾晒场等农业设施用地。

（续）

一级类		二级类		含　　　义
编码	名称	编码	名称	
12	其他土地	123	田坎	主要指耕地中南方宽度≥1.0米、北方宽度≥2.0米的地坎。
		124	盐碱地	指表层盐碱聚集，生长天然耐盐植物的土地。
		125	沼泽地	指经常积水或渍水，一般生长沼生、湿生植物的土地。
		126	沙地	指表层为沙覆盖、基本无植被的土地。不包括滩涂中的沙地。
		127	裸地	指表层为土质，基本无植被覆盖的土地；或表层为岩石、石砾，其覆盖面积≥70%的土地。

附件 3 第三次全国土地调查土地分类

一级类		二级类		含　义
编码	名称	编码	名称	
01	耕地			指种植农作物的土地，包括熟地，新开发、复垦、整理地，休闲地（含轮歇地、轮作地）；以种植农作物（含蔬菜）为主，间有零星果树、桑树或其他树木的土地；平均每年能保证收获一季的已垦滩地和海涂。耕地中包括南方宽度<1.0米、北方宽度<2.0米固定的沟、渠、路和地坎（埂）；临时种植药材、草皮、花卉、苗木等的耕地，以及其他临时改变用途的耕地。
		0101	水田	指用于种植水稻、莲藕等水生农作物的耕地。包括实行水生、旱生农作物轮种的耕地。
		0102	水浇地	指有水源保证和灌溉设施，在一般年景能正常灌溉，种植旱生农作物的耕地。包括种植蔬菜等的非工厂化的大棚用地。
		0103	旱地	指无灌溉设施，主要靠天然降水种植旱生农作物的耕地，包括没有灌溉设施，仅靠引洪淤灌的耕地。
02	园地			指种植以采集果、叶、根、茎、汁等为主的集约经营的多年生木本和草本作物，覆盖度大于50%或每亩株数大于合理株数70%的土地。包括用于育苗的土地。
		0201	果园	指种植果树的园地。
		0202	茶园	指种植茶树的园地。
		0203	橡胶园	指种植橡胶树的园地。
		0204	其他园地	指种植桑树、可可、咖啡、油棕、胡椒、药材等其他多年生作物的园地。
03	林地			指生长乔木、竹类、灌木的土地，及沿海生长红树林的土地。包括迹地，不包括居民点内部的绿化林木用地，铁路、公路征地范围内的林木，以及河流、沟渠的护堤林。
		0301	乔木林地	指乔木郁闭度≥0.2的林地，不包括森林沼泽。
		0302	竹林地	指生长竹类植物，郁闭度≥0.2的林地。
		0303	红树林地	指沿海生长红树植物的林地。
		0304	森林沼泽	以乔木森林植物为优势群落的淡水沼泽。
		0305	灌木林地	指灌木覆盖度≥40%的林地。

（续）

一级类		二级类		含　　义
编码	名称	编码	名称	
03	林地	0306	灌丛沼泽	以灌丛植物为优势群落的淡水沼泽。
		0307	其他林地	包括疏林地（指树木郁闭度≥0.1、<0.2的林地）、未成林地、迹地、苗圃等林地。
04	草地			指生长草本植物为主的土地。
		0401	天然牧草地	指以天然草本植物为主，用于放牧或割草的草地，包括实施禁牧措施的草地，不包括沼泽草地。
		0402	沼泽草地	指以天然草本植物为主的沼泽化的低地草甸、高寒草甸。
		0403	人工牧草地	指人工种植牧草的草地。
		0404	其他草地	指树木郁闭度<0.1，表层为土质，生长草本植物为主，不用于畜牧业的草地。
05	商服用地			指主要用于商业、服务业的土地。
		0501	零售商业用地	以零售功能为主的商铺、商场、超市、市场和加油、加气、充换电站等的用地。
		0502	批发市场用地	以批发功能为主的市场用地。
		0503	餐饮用地	饭店、餐厅、酒吧等用地。
		0504	旅馆用地	宾馆、旅馆、招待所、服务型公寓、度假村等用地。
		0505	商务金融用地	指指商务服务用地，以及经营性的办公场所用地。包括写字楼、商业性办公场所、金融活动场所和企业厂区外独立的办公场所；信息网络服务、信息技术服务、电子商务服务、广告传媒等用地。
		0506	娱乐用地	指剧院、音乐厅、电影院、歌舞厅、网吧、影视城、仿古城以及绿地率小于65%的大型游乐等设施用地。
		0504	其他商服用地	指零售商业、批发市场、餐饮、旅馆、商务金融、娱乐用地以外的其他商业、服务业用地。包括洗车场、洗染店、照相馆、理发美容店、洗浴场所、赛马场、高尔夫球场、废旧物资回收站、机动车、电子产品和日用产品修理网点、物流营业网点，及居住小区及小区级以下的配套的服务设施等用地。
06	工矿仓储用地			指主要用于工业生产、物资存放场所的土地。
		0601	工业用地	指工业生产、产品加工制造、机械和设备修理及直接为工业生产等服务的附属设施用地。

（续）

一级类		二级类		含　义
编码	名称	编码	名称	
06	工矿仓储用地	0602	采矿用地	指采矿、采石、采砂（沙）场，盐田，砖瓦窑等地面生产用地及尾矿堆放地。
		0603	盐田	指用于生产盐的土地，包括晒盐场所、盐池及附属设施用地
		0604	仓储用地	指用于物资储备、中转的场所用地，包括物流仓储设施、配送中心、转运中心等。
07	住宅用地			指主要用于人们生活居住的房基地及其附属设施的土地。
		0701	城镇住宅用地	指城镇用于生活居住的各类房屋用地及其附属设施用地，不含配套的商业服务设施等用地。
		0702	农村宅基地	指农村用于生活居住的宅基地。
08	公共管理与公共服务用地			指用于机关团体、新闻出版、科教文卫、公共设施等的土地。
		0801	机关团体用地	指用于党政机关、社会团体、群众自治组织等的用地。
		0802	新闻出版用地	指用于广播电台、电视台、电影厂、报社、杂志社、通讯社、出版社等的用地。
		0803	教育用地	指用于各类教育用地，包括高等院校、中等专业学校、中学、小学、幼儿园及其附属设施用地，聋、哑、盲人学校及工读学校用地，以及为学校配建的独立地段的学生生活用地。
		0804	科研用地	指独立的科研、勘察、研发、设计、检验检测、技术推广、环境评估与监测、科普等科研事业单位及其附属设施用地。
		0805	医疗卫生用地	指医疗、保健、卫生、防疫、康复和急救设施等用地。包括综合医院、专科医院、社区卫生服务中心等用地；卫生防疫站、专科防治所、检验中心和动物检疫站等用地；对环境有特殊要求的传染病、精神病等专科医院用地；急救中心、血库等用地。
		0806	社会福利用地	指为社会提供福利和慈善服务的设施及其附属设施用地。包括福利院、养老院、孤儿院等。
		0807	文化设施用地	指图书、展览等公共文化活动设施用地。包括公共图书馆、博物馆、档案馆、科技馆、纪念馆、美术馆和展览馆等设施用地；综合文化活动中心、文化馆、青少年宫、儿童活动中心、老年活动中心等设施用地。

（续）

一级类		二级类		含　义
编码	名称	编码	名称	
08	公共管理与公共服务用地	0808	体育用地	指体育场馆和体育训练基地等用地，包括室内外体育运动用地，如体育场馆、游泳场馆、各类球场及其附属的业余体校等用地，溜冰场、跳伞场、摩托车场、射击场，以及水上运动的陆域部分等用地，以及为体育运动专设的训练基地用地，不包括学校等机构专用的体育设施用地。
		0809	公共设施用地	指用于城乡基础设施的用地。包括给排水、供电、供热、供气、邮政、电信、消防、环卫、公用设施维修等用地。
		0810	公园与绿地	指城镇、村庄内部的公园、动物园、植物园、街心花园、广场和用于休憩及美化环境的绿化用地。
09	特殊用地			指用于军事设施、涉外、宗教、监教、殡葬、风景名胜等的土地。
		0901	军事设施用地	指直接用于军事目的的设施用地。
		0902	使领馆用地	指用于外国政府及国际组织驻华使领馆、办事处等的用地。
		0903	监教场所用地	指用于监狱、看守所、劳改场、劳教所、戒毒所等的建筑用地。
		0904	宗教用地	指专门用于宗教活动的庙宇、寺院、道观、教堂等宗教自用地。
		0905	殡葬用地	指陵园、墓地、殡葬场所用地。
		0906	风景名胜设施用地	指风景名胜景点（包括名胜古迹、旅游景点、革命遗址、自然保护区、森林公园、地质公园、湿地公园等）的管理机构，以及旅游服务设施的建筑用地。景区内的其它用地按现状归入相应地类。
10	交通运输用地			指用于运输通行的地面线路、场站等的土地。包括民用机场、汽车客货运场站、港口、码头、地面运输管道和各种道路以及轨道交通用地。
		1001	铁路用地	指用于铁路线路及场站的用地。包括征地范围内的路堤、路堑、道沟、桥梁、林木等用地。
		1002	轨道交通用地	指用于轻轨、现代有轨电车、单轨等轨道交通用地，以及场站的用地。
		1003	公路用地	指用于国道、省道、县道和乡道的用地。包括征地范围内的路堤、路堑、道沟、桥梁、汽车停靠站、林木及直接为其服务的附属用地。

（续）

一级类		二级类		含　　义
编码	名称	编码	名称	
10	交通运输用地	1004	城镇村道路用地	指城镇、村庄范围内公用道路及行道树用地，包括快速路、主干路、次干路、支路、专用人行道和非机动车道，及其交叉口等。
		1005	交通服务场站用地	指城镇、村庄范围内交通服务设施用地，包括公交枢纽及其附属设施用地、公路长途客运站、公共交通场站、公共停车场（含设有充电桩的停车场）、停车楼、教练场等用地，不包括交通指挥中心、交通队用地。
		1006	农村道路	在农村范围内，南方宽度≥1.0米、≤8米，北方宽度≥2.0米、≤8米，用于村间、田间交通运输，并在国家公路网络体系之外，以服务于农村农业生产为主要用途的道路（含机耕道）。
		1007	机场用地	指用于民用机场的用地。
		1008	港口码头用地	指用于人工修建的客运、货运、捕捞及工作船舶停靠的场所及其附属建筑物的用地，不包括常水位以下部分。
		1009	管道运输用地	指用于运输煤炭、石油、天然气等管道及其相应附属设施的地上部分用地。
11	水域及水利设施用地			指陆地水域，海涂，沟渠、水工建筑物等用地。不包括滞洪区和已垦滩涂中的耕地、园地、林地、居民点、道路等用地。
		1101	河流水面	指天然形成或人工开挖河流常水位岸线之间的水面，不包括被堤坝拦截后形成的水库水面。
		1102	湖泊水面	指天然形成的积水区常水位岸线所围成的水面。
		1103	水库水面	指人工拦截汇集而成的总库容≥10万立方米的水库正常蓄水位岸线所围成的水面。
		1104	坑塘水面	指人工开挖或天然形成的蓄水量＜10万立方米的坑塘常水位岸线所围成的水面。
		1105	沿海滩涂	指沿海大潮高潮位与低潮位之间的潮浸地带。包括海岛的沿海滩涂。不包括已利用的滩涂。
		1106	内陆滩涂	指河流、湖泊常水位至洪水位间的滩地；时令湖、河洪水位以下的滩地；水库、坑塘的正常蓄水位与洪水位间的滩地。包括海岛的内陆滩地。不包括已利用的滩地。

（续）

一级类		二级类		含　　义
编码	名称	编码	名称	
11	水域及水利设施用地	1107	沟渠	指人工修建，南方宽度≥1.0米、北方宽度≥2.0米用于引、排、灌的渠道，包括渠槽、渠堤、取土坑、护堤林及小型泵站。
		1108	沼泽地	指经常积水或渍水，一般生长湿生植物的土地。包括草本沼泽、苔藓沼泽、内陆盐沼等。不包括森林沼泽、灌丛沼泽和沼泽草地。
		1109	水工建筑用地	指人工修建的闸、坝、堤路林、水电厂房、扬水站等常水位岸线以上的建筑物用地。
		1110	冰川及永久积雪	指表层被冰雪常年覆盖的土地。
12	其他土地			指上述地类以外的其它类型的土地。
		1201	空闲地	指城镇、村庄、工矿内部尚未利用的土地。包括尚未确定用途的土地。
		1202	设施农用地	指直接用于经营性畜禽养殖生产设施及附属设施用地；直接用于作物栽培或水产养殖等农产品生产的设施及附属设施用地；直接用于设施农业项目辅助生产的设施用地；晾晒场、粮食果品烘干设施、粮食和农资临时存放场所、大型农机具临时存放场所等规模化粮食生产所必需的配套设施用地。
		1203	田坎	指梯田及梯状坡地耕地中，主要用于拦蓄水和护坡，南方宽度≥1.0米、北方宽度≥2.0米的地坎。
		1204	盐碱地	指表层盐碱聚集，生长天然耐盐植物的土地。
		1205	沙地	指表层为沙覆盖、基本无植被的土地。不包括滩涂中的沙地。
		1206	裸地	指表层为土质，基本无植被覆盖的土地。
		1207	裸岩石砾地	或表层为岩石、石砾，其覆盖面积≥70%的土地。

图书在版编目（CIP）数据

土地管理学 / 关小克，任圆圆主编 . —北京：中
国农业出版社，2022.3（2024.1重印）
ISBN 978-7-109-29206-2

Ⅰ. ①土… Ⅱ. ①关… ②任… Ⅲ. ①土地管理学－
高等学校－教材 Ⅳ. ①F301.2

中国版本图书馆 CIP 数据核字（2022）第 042670 号

土地管理学
TUDI GUANLIXUE

中国农业出版社出版
地址：北京市朝阳区麦子店街 18 号楼
邮编：100125
责任编辑：边　疆
版式设计：王　晨　　责任校对：沙凯霖　　责任印制：王　宏
印刷：北京科印技术咨询服务有限公司数码印刷分部
版次：2022 年 3 月第 1 版
印次：2024 年 1 月北京第 2 次印刷
发行：新华书店北京发行所
开本：700mm×1000mm　1/16
印张：22.25
字数：420 千字
定价：98.00 元

版权所有·侵权必究
凡购买本社图书，如有印装质量问题，我社负责调换。
服务电话：010－59195115　010－59194918